普通高等教育"十三五"规划教材
21世纪高等院校财经管理系列实用规划教材

Futures and
Options

期货与期权教程

主　编　李柏洲
副主编　李妍聪　周　健　雷震宇

内 容 简 介

本书以理论与实践相结合、知识性与操作性相结合为编写宗旨,介绍了期货与期权市场的成熟理论、相关实务和我国期货与期权市场的最新发展。全书结构紧凑,共分八章,具体内容涵盖了期货市场的经济功能、期货市场主体、市场监管与风险控制、期货行情分析、期货市场交易制度、交易流程和交易策略,商品期货、金融期货和期权的理论与实务。对期货市场主体、交易对象、交易制度、行情分析、交易策略等,做出了概念明确、语言简练、内容务实、详略得当、谬误与废话较少的全面阐述。

本书可作为经济与金融类专业学生的教材,也可满足金融和贸易行业的从业人员、实体经济以及相关领域的经营管理者学习和参与期货从业资格考证之需。

图书在版编目(CIP)数据

期货与期权教程 / 李柏洲主编. —北京:北京大学出版社,2018.2
(21世纪高等院校财经管理系列实用规划教材)
ISBN 978-7-301-29182-5

Ⅰ.①期… Ⅱ.①李… Ⅲ.①期货交易—高等学校—教材 ②期权交易—高等学校—教材 Ⅳ.①F830.9

中国版本图书馆CIP数据核字(2018)第020619号

书　　　名	期货与期权教程	
	Qihuo Yu Qiquan Jiaocheng	
著作责任者	李柏洲　主编	
策 划 编 辑	王显超	
责 任 编 辑	王显超　翟源	
标 准 书 号	ISBN 978-7-301-29182-5	
出 版 发 行	北京大学出版社	
地　　　址	北京市海淀区成府路205号　100871	
网　　　址	http://www.pup.cn　新浪微博:@北京大学出版社	
电 子 信 箱	编辑部pup6@pup.cn　总编室zpup@pup.cn	
电　　　话	邮购部 010-62752015　发行部 010-62750672　编辑部 010-62750667	
印 刷 者	河北博文科技印务有限公司	
经 销 者	新华书店	
	787毫米×1092毫米　16开本　17.75印张　417千字	
	2018年2月第1版　2025年6月第5次印刷	
定　　　价	48.00元	

未经许可,不得以任何方式复制或抄袭本书之部分或全部内容。
版权所有,侵权必究
举报电话: 010-62752024　电子邮箱: fd@pup.cn
图书如有印装质量问题,请与出版部联系,电话: 010-62756370

前言

期货与期权作为金融衍生工具，随着经济与金融的全球一体化进程的深化，日益显现出强大的市场生命力。它不仅将实体经济与金融经济合于一体，而且创造出促使经济与金融向新的高度和深度发展的新市场形态，深刻地影响全球经济，特别是像中国这样的转型国家的经济改革与转型发展。我国期货与期权市场经过20多年的发展，在发现价格、管理风险、促进经济转型以及完善我国市场经济等方面的积极作用日益显现。近年来随着我国经济体量的不断壮大，中国期货市场的国际影响力日益显著，境内外期货价格相互影响不断加深，全力培养中国期货与期权市场人才也显得更为迫切。

在多年的金融衍生工具教学中，编者一直想编著一本内容贴近我国期货与期权市场的教材，既介绍期货等金融衍生工具的基础理论，又密切跟踪我国期货与期权市场的最新发展，方便在校学生和社会上的读者学习及参与期货从业人员资格考试，以利他们今后投身于我国期货及衍生品市场的建设和发展。现在这一想法终于在北京大学出版社的支持下实现了。

本书以理论与实践相结合、知识性与操作性相结合为编写宗旨，介绍了期货与期权市场的成熟理论、相关实务和我国期货与期权市场的最新发展。全书结构紧凑，内容涵盖了期货市场的经济功能、期货市场主体、市场监管与风险控制，期货行情分析、期货市场交易制度、交易流程与交易策略，商品期货、金融期货和期权的理论与实务。对期货市场主体、交易对象、交易制度、行情分析、交易策略等，做出了概念明确、语言简练、内容务实、详略得当的全面阐述，以满足经济与金融类专业的学生、金融和贸易行业的从业人员、实体经济以及相关领域的经营管理者学习、参与期货从业资格考证之需。

本书由李柏洲教授拟定编写大纲、统改和最后定稿，李妍聪、周健、雷震宇协助统改和定稿。李妍聪、王威、李柏洲、周健、雷震宇、周巍、李君、孔繁荣分别完成第一到第八章的编写，周健绘制了全书的示意插图，雷震宇帮助收集了大量资料。由于编者水平有限，尽管十分努力，但错漏不当之处在所难免，敬请读者批评指正。

  本书在编写过程中，参考和引用了大量国内外有关研究成果和文献，在此一并表示衷心的感谢！

编　者

2017 年 12 月

目录 Contents

第一章 期货市场 ———— 001

第一节 期货市场的形成与发展 ⋯ 001
- 一、期货市场的形成 ⋯ 001
- 二、期货市场的发展 ⋯ 003
- 三、我国期货市场的发展 ⋯ 005

第二节 期货交易的特征 ⋯ 007
- 一、期货交易的基本特征 ⋯ 007
- 二、期货交易与远期交易 ⋯ 008

第三节 期货市场的经济功能 ⋯ 009
- 一、规避风险 ⋯ 009
- 二、价格发现 ⋯ 009
- 三、资产配置的功能 ⋯ 010
- 四、其他经济功能 ⋯ 011

第四节 期货合约 ⋯ 011
- 一、期货合约标的物的选择 ⋯ 012
- 二、期货合约的主要条款 ⋯ 012
- 三、我国代表性的期货合约文本 ⋯ 015

- 本章小结 ⋯ 016
- 本章重要概念 ⋯ 017
- 思考题 ⋯ 017
- 阅读材料 ⋯ 017
- 网络资源索引 ⋯ 020

第二章 期货市场主体、市场监管与风险控制 ———— 022

第一节 期货交易所 ⋯ 022
- 一、期货交易所的宗旨与职能 ⋯ 022
- 二、期货交易所的组织形式 ⋯ 024
- 三、我国境内期货交易所 ⋯ 026
- 四、国际著名期货交易所 ⋯ 027
- 五、全球期货交易所（市场）发展趋势 ⋯ 028

第二节 期货结算机构 ⋯ 030
- 一、期货结算机构的职能 ⋯ 030
- 二、期货结算机构的组织形式 ⋯ 031
- 三、期货结算制度 ⋯ 031
- 四、我国境内期货结算概况 ⋯ 032

第三节 期货公司 ⋯ 033
- 一、期货公司的职能 ⋯ 033
- 二、期货公司的设立条件 ⋯ 033
- 三、期货公司的组织机构 ⋯ 034
- 四、我国期货公司的经营管理 ⋯ 036
- 五、期货公司营业部的经营管理 ⋯ 036

第四节　其他期货市场中介与
　　　　服务机构 ———————— 036
　　一、券商 IB ———————— 036
　　二、居间人 ———————— 037
　　三、期货信息资讯机构 ———— 037
　　四、期货保证金存管银行 ——— 037
　　五、交割仓库 ——————— 037
第五节　期货投资者 —————— 038
　　一、期货投资者按不同的入市
　　　　目的和投资策略划分 ——— 038
　　二、期货交易者按不同的身份
　　　　划分 ————————— 038
　　三、专业机构投资者按投资
　　　　领域不同划分 ————— 039
第六节　期货市场监管与风险
　　　　控制 ————————— 040
　　一、期货市场风险类型与
　　　　识别 ————————— 040
　　二、"五位一体"的监管
　　　　体系 ————————— 043
　　三、期货市场风险控制 ——— 046
本章小结 ——————————— 051
本章重要概念 ————————— 051
思考题 ———————————— 052
阅读材料 ——————————— 052
网络资源索引 ————————— 054

第三章　期货市场交易制度与
　　　　　期货交易流程 ———— 055

第一节　期货市场交易制度 ——— 055
　　一、保证金制度 —————— 055
　　二、当日无负债结算制度 —— 057
　　三、涨跌停板制度 ————— 057
　　四、持仓限额及大户报告
　　　　制度 ————————— 058
　　五、强行平仓制度 ————— 059
　　六、风险警示制度 ————— 060
　　七、信息披露制度 ————— 060
第二节　期货交易流程 ————— 060
　　一、开户 ————————— 060
　　二、下单 ————————— 062
　　三、竞价成交 ——————— 065
　　四、结算 ————————— 066
　　五、交割 ————————— 072
本章小结 ——————————— 075
本章重要概念 ————————— 075
思考题 ———————————— 075
阅读材料 ——————————— 076
网络资源索引 ————————— 079

第四章　期货行情分析 ———— 080

第一节　期货行情解读 ————— 080
　　一、期货行情表 —————— 080
　　二、常用期货行情图 ———— 082
第二节　基本分析法 —————— 084
　　一、需求分析 ——————— 084
　　二、供给分析 ——————— 085
　　三、影响供求的其他因素 —— 085
第三节　技术分析法 —————— 087
　　一、技术分析法的理论基础 — 087
　　二、价格趋势分析 ————— 088
　　三、价格形态分析 ————— 091
　　四、价格缺口分析 ————— 097
　　五、量价分析 ——————— 099
　　六、技术指标分析 ————— 100
本章小结 ——————————— 106
本章重要概念 ————————— 107
思考题 ———————————— 107
阅读材料 ——————————— 108
网络资源索引 ————————— 109

第五章　期货交易策略　110

第一节　期货对冲（套期保值）交易策略 110
　　一、期货对冲（套期保值）交易概述 110
　　二、对冲交易原则 112
　　三、对冲交易应用 112
　　四、基差与对冲交易保值效果 116
　　五、基差交易与叫价交易 121
　　六、期转现交易 124
第二节　期货投机交易策略 125
　　一、期货投机交易概述 125
　　二、期货投机交易的经济功能 126
　　三、期货投机交易的策略与方法 126
第三节　期货套利交易策略 130
　　一、期货套利交易概述 130
　　二、期货套利的交易策略 132
　　三、期现套利策略 138
第四节　期货交易的发展趋势 139
　　一、组合投资 139
　　二、程序化交易 140
　　三、量化交易 141
本章小结 142
本章重要概念 143
思考题 143
阅读材料 144
网络资源索引 146

第六章　商品期货　148

第一节　农产品期货 149
　　一、农产品期货概述 149
　　二、普通小麦期货和优质强筋小麦期货 149
　　三、早籼稻、晚籼稻和粳稻期货 151
　　四、玉米期货和玉米淀粉期货 153
　　五、大豆期货、豆油期货和豆粕期货 155
　　六、菜籽期货、菜油期货和菜粕期货 160
　　七、棕榈油期货 162
　　八、棉花期货 164
　　九、白砂糖期货 166
　　十、鸡蛋期货 167
　　十一、天然橡胶期货 168
　　十二、纤维板期货和胶合板期货 171
第二节　金属期货 172
　　一、有色金属期货 172
　　二、贵金属期货 180
　　三、黑色金属期货 183
第三节　能源化工期货 186
　　一、燃料油期货 186
　　二、沥青期货 187
　　三、焦炭期货、焦煤期货与动力煤期货 188
　　四、线性低密度聚乙烯期货、聚氯乙烯期货与聚丙烯期货 189
　　五、精对苯二甲酸期货 191
　　六、甲醇期货 192
　　七、玻璃期货 193
本章小结 194
本章重要概念 195
思考题 195
阅读材料 195
网络资源索引 198

第七章　金融期货 — 199

第一节　股票价格指数期货 — 200
　　一、股价指数与股指期货 — 200
　　二、股指期货的交易策略 — 204
第二节　利率期货 — 213
　　一、利率期货及其价格影响
　　　　因素 — 214
　　二、利率期货交易策略 — 221
第三节　外汇期货 — 224
　　一、外汇远期 — 225
　　二、外汇期货及其交易策略 — 229
本章小结 — 238
本章重要概念 — 239
思考题 — 239
阅读材料 — 239
网络资源索引 — 244

第八章　期权 — 245

第一节　期权和期权市场 — 245
　　一、期权的产生及发展 — 245
　　二、期权及其基本要素 — 246
　　三、期权交易的特点 — 249
　　四、期权的基本类型 — 251
　　五、期权市场 — 253
第二节　期权价格及影响因素 — 255
　　一、期权的内涵价值与
　　　　时间价值 — 255
　　二、影响期权价格的基本
　　　　因素 — 257
第三节　期权交易的基本策略 — 260
　　一、买进看涨期权 — 261
　　二、买进看跌期权 — 263
　　三、卖出看涨期权 — 265
　　四、卖出看跌期权 — 266
本章小结 — 270
本章重要概念 — 271
思考题 — 271
阅读材料 — 272
网络资源索引 — 277

参考文献 — 278

第一章

期货市场

学习目标与要求

了解期货市场的发展历程与国内外市场发展特点；掌握期货交易规避风险、发现价格和资产配置的基本经济功能。

重点：掌握期货交易的特征、基本经济功能。

难点：熟悉期货合约的条款内容。

期货合约简称**期货** futures，是由期货交易所统一制定的、规定交易者在未来某一特定时间和地点，买入或卖出一定数量和质量标的物的条款标准化的协议。标的物为实物商品的期货合约称作商品期货，标的物为金融资产的期货合约称作金融期货。

期货交易 futures trading 就是在期货交易所进行期货合约的买卖。期货市场是进行期货交易的场所，是组织化和规范化程度比现货市场更完善的市场形态，为人们提供了在今天提前交易未来将买入或卖出某种资产的便利。狭义的期货市场仅指期货交易所。广义的期货市场包括期货交易所、结算所、经纪公司、交易者与监管者。

第一节 期货市场的形成与发展

一、期货市场的形成

期货市场萌芽于欧洲，是商品生产和商品交换发展到一定阶段的产物，是贸易方式长期演进的结果。13世纪时，现货商品交易迅速发展，形成了罗马帝国的罗马大厦、雅典的大交易市场等交易场所，按既定的时间和固定的场地范围进行大宗的现货交易活动。

19世纪中叶，美国芝加哥因其毗邻中西部平原和密歇根湖，从一个小村落发展成为重要的衔接粮食生产和消费的集散地，中西部的谷物汇集于此，再从这里运往东部消费区。由于粮食生产特有的季节性，每年农场主在收获季节将谷物运到芝加哥，尤其在收成好的年份，短期大量的供给远远超过当地的市场需求。恶劣的交通状况使大量谷物不能及时疏散到东部地区，加之仓储设施严重不足，粮食购销商无法大量购买、储存然后再分批出售，所以粮价一跌再跌。在次年春季或收成不好的年份，因谷物供不应求，经常导致价格飞涨，加工商因缺乏原料而困难重重，消费者也深受其害。

为了防止谷物价格的暴涨暴跌，1848年，芝加哥的82位商人发起组建了芝加哥期货交易所(Chicago Board of Trade，CBOT)，提供价格信息服务，促成买卖双方达成交易。1851年，CBOT引进了远期合约。远期合约即现货的远期交易，是买卖双方在当前签订合同，规定在未来某一时间按当前确定的价格、质量和数量，进行商品交收的一种交易方式。农场主、加工商、贸易商可以利用远期合约来降低谷物价格风险，保护自身利益。随着远期合约的大量使用，这种交易方式在交易过程中面临一系列困难：由于合同的具体条款(商品的品质、交货时间、交货地点等)是根据买卖双方的具体状况达成的，交易后一旦双方状况发生变化，要转让手中的远期合约面临诸多困难。这样，远期的交收就面临较大的违约风险，使交易的不确定性增加。

针对上述情况，1865年CBOT推出了第一批标准条款期货合约，对合约条款中的谷物品质、数量、交货时间、交货地点、付款条件实现了标准化。标准化的期货合约，降低了寻找交易对手、谈判达成交易的成本，减少了交易纠纷。同时，CBOT还实行保证金制度，规定买卖双方缴纳一定数额的保证金，作为未平仓合约的履约担保。

1882年，CBOT允许以对冲(交易达成后，以相同条件再反方向交易一次)方式解除履约责任，吸引了投机者买卖期货合约，也使生产经营者能够通过对冲平仓方式解除履约责任，大大提高了期货市场的流动性。

1925年，CBOT成立了结算公司(BOTCC)，所有交易都要进入结算公司结算。

标准化合约、保证金制度、对冲机制和统一结算的实施，这些具有历史意义的制度创新，标志着现代期货市场的确立。

1874年5月，芝加哥商业交易所(Chicago Mercantile Exchange，CME)成立，此后发展成为世界上最大的肉类和畜类期货交易中心。2007年CBOT与CME合并成为芝加哥商业交易所集团(CME Group)，是目前全球最大的期货交易场所。

1872年成立的纽约商业交易所(New York Mercantile Exchange，NYMEX)，是世界上最主要的能源和黄金期货交易所之一，主要的交易品种有原油、汽油、取暖油、天然气、黄金、铂、铜等。

1876年12月成立的伦敦金属交易所(London Metal Exchange，LME)，是目前世界上最大的有色金属期货交易中心。2012年12月LME被我国香港交易所收购。

纽约商品交易所(New York Commodity Exchange，COMEX)成立于1933年，它在1974年推出黄金期货合约，后来发展成世界上黄金期货交易量最大的交易所。1994年，NYMEX与COMEX合并，2008年被CME集团收购。

二、期货市场的发展

期货市场的发展，经历了交易品种由商品期货发展到金融期货、期货期权，交易模式由期货发展到期权的过程。在此过程中，新的交易所纷纷设立，新的上市品种不断增加，交易规模不断扩大。

(一) 商品期货的发展

商品期货是指标的物为实物商品的期货合约。商品期货种类繁多，主要包括农产品期货、金属期货、能源化工期货(图1.1)。

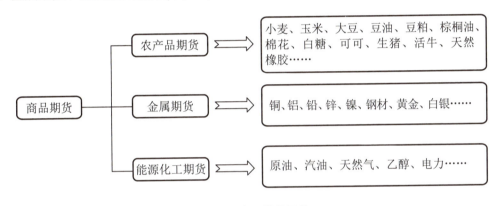

图 1.1　商品期货品种

1. 农产品期货

这是以农产品为合约标的物的期货品种。随着农产品生产、流通规模不断扩大，需要借助期货市场转移价格风险的农产品种类日益增多，新的期货品种不断涌现。

目前，全球各期货交易所的农产品期货品种有：小麦、稻谷、玉米、燕麦等谷物期货；棉花、大豆、豆油、豆粕、菜籽油、橙汁、咖啡、可可、白糖等经济作物期货；生猪、活牛、奶牛、鸡蛋、羊毛等畜禽产品期货；木材、胶合板、天然橡胶等林产品期货。

2. 金属期货

这是以有色金属和黑色金属为合约标的物的期货品种。目前，全球交易的有色金属期货品种有：铜、铝、铅、锌、镍、锡、金、银、钯等，主要的交易所是LME和COMEX。黑色金属期货品种有：螺纹钢、线材、热轧卷板、铁矿石，分别在我国上海期货交易所和大连商品交易所上市。

3. 能源化工期货

能源化工期货是以能源化工产品为标的物的期货合约。20世纪70年代初发生的石油危机，造成对世界石油市场的巨大冲击，石油产品价格波动剧烈，直接导致了石油等能源期货的产生。纽约商业交易所(NYMEX)是目前世界上最具影响力的能源期货交易所,上市品种有原油、汽油、取暖油、天然气、电力等。

(二)金融期货

金融期货是指以金融产品为标的物的期货合约。20世纪70年代,国际经济环境发生了急剧变化。随着"二战"后的布雷顿森林体系崩溃,固定汇率制被浮动汇率制取代;经济危机加剧了通货膨胀,利率管制政策逐渐取消,利率风险大大增加;股市的大起大落给股票持有者带来了巨大风险。汇率、利率、股市的频繁剧烈波动,促使人们利用期货市场的避险功能来满足金融市场的避险需求,由此诞生了金融期货。金融期货品种如图1.2所示。

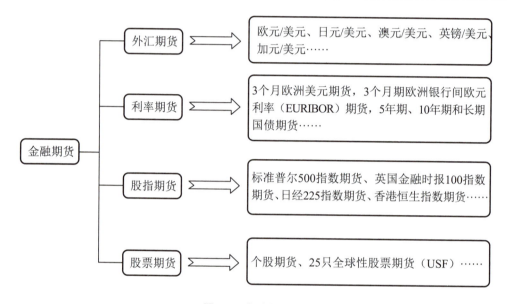

图1.2 金融期货品种

1972年5月,芝加哥商业交易所(CME)设立了国际货币市场分部(IMM),首次推出了英镑、加拿大元、法国法郎、日元、瑞士法郎等货币的外汇期货合约。此后,CME交易的外汇期货品种增加了澳大利亚元、欧元、人民币等币种。

1975年10月,芝加哥期货交易所(CBOT)上市了国民抵押协会债券(GNMA)期货合约。1977年8月,CBOT又上市了美国长期国债期货。

1982年2月,美国堪萨斯期货交易所(KCBT)开发了价值线综合指数期货合约,这是第一个以股票价格指数为标的物的股权期货品种。此后,又出现了单个股票期货品种。

金融期货的出现并且占据国际期货市场主导地位,彻底改变了期货市场的发展格局,对世界经济产生了深远影响。

(三)其他期货品种

随着人们不断深化对期货市场机制和功能的认识,发现期货市场作为一种高效的信息汇集、加工、反馈机制,期货交易作为规范、成熟的风险管理工具,其应用范围不应局限在商品和金融领域,而应拓展应用于经济、社会、政治等各个领域。因此,国际期货市场上出现了天气期货、信用期货、其他指数期货、选举期货等交易品种的设想和实践。

1. 天气期货

天气(气温、降水、风力等)的反常变化,往往会给能源、农业、旅游、保险等行业带来巨大影响。例如,凉夏(暖冬)将减少制冷(取暖)的电力需求,限制了发电企业设备的利用,也抑制了对石油、天然气、煤炭的需求,能源企业的利益会受损。

为了满足管理气候风险的需求,CME率先推出了温度期货、降雪量期货、霜冻期货、飓风期货4大类天气指数期货和期权系列品种。

温度期货包含制热日期货、制冷日期货、制热季节期货和制冷季节期货等15种天气指数期货与15种对应的期权合约。合约到期时根据实际温度与协议温度的差异进行现金结算。

降雪量期货包括月度降雪量期货和季节性降雪量期货两种期货合约和对应的期权合约。霜冻期货包括每月霜冻日期货和季节性霜冻日期货两种期货合约和对应的期权合约。飓风期货包括飓风期货与飓风期权合约。

由于天气变化的影响面广、市场基础好、天气期货的杠杆机制和现金结算方式大大提高了风险管理效率,因此天气期货上市以来,成交量不断扩大。

2. 各类指数期货

不包括股指期货的各类指数期货,主要有经济指数期货、覆盖宏观经济变动风险的GDP指数期货、房地产指数期货、消费者物价指数期货等。

经济指数期货中具有代表性的品种是美国的CRB指数期货,1986年由纽约期货交易所(NYFE)根据商品研究局价格指数(CRB)开发推出。由于CRB指数能有效反映大宗商品的总体价格趋势,同时也提供宏观经济景气变化的预警信号,已成为著名的商品价格指数,为全球市场广泛关注和应用。

(四)交易模式的发展

1982年10月1日,美国长期国债期货期权合约在CBOT上市,引发了期货交易的又一场革命。

期权交易与期货交易都具有管理价格风险的经济功能。期货交易主要为现货商提供管理风险的工具,而期权交易不仅可以帮助现货商管理风险,而且可以帮助期货商管理期货头寸风险。

由于期权交易的独特性,可以将期权与其他金融工具灵活组合以满足不同的交易策略,因此吸引了大量投资者,国际上许多期货交易所也都推出了期权品种。

三、我国期货市场的发展

自20世纪80年代开始,我国由计划经济体制转向市场经济体制的改革,是沿着价格改革和企业改革两条主线进行的。价格改革最早从农产品价格开始。随着家庭联产承包责任制在全国推广,农业生产获得了空前的发展,国家逐渐放开了对农产品流通价格的管制,由市场供求调节价格的范围不断扩大。随之而来的是农产品价格的大起大落,买难卖难问题此消彼长，引起政府用于农产品价格补贴的财政负担日益加重等一系列难题。为了解决上述难题，在系统研究国外期货市场的基础上，1988 年 3 月国务院的《政府工作报告》提出，加快商业体制改革，积极发展各类批发市场，探索期货交易。

1990 年 10 月 12 日，郑州粮食批发市场经国务院批准，作为我国第一个商品期货市场正式开业。1992 年 1 月 18 日深圳有色金属交易所开业并于 10 月推出铝标准合约的交易；5 月 28 日上海金属交易所开业；9 月，广东万通期货经纪公司作为我国第一家期货经纪公司成立；12 月，上海证券交易所推出我国标准化的国债期货合约交易。

由于对期货市场认识上的偏差，受部门、地方利益驱使及缺乏统一监管，到 1993 年，试点期的我国期货市场出现无序状态：期货交易所达 50 多家，期货经纪机构近千家，品种重复设置，盲目开展境外交易，大户联手操纵市场，市场风险不断积聚。

为了规范期货市场的发展，国务院和监管部门在 1994 年、1998 年对期货市场进行了两次清理、整顿。1999 年起颁布、实施了《期货交易管理条例》等一批规范期货市场的法规；将 50 多家期货交易所精简合并为：上海期货交易所、郑州商品交易所和大连商品交易所 3 家；对期货交易品种进行了削减；对期货经纪公司也作了清理整顿；对一批违规事件进行了处理。

进入 21 世纪以来，我国期货市场进入法制化、规范化的稳步发展阶段，法规体系和监管体制不断完善，近年新的期货品种不断加快推出，具备了在更高层次服务国民经济的能力。2006 年 5 月成立的中国期货保证金监控中心，为有效降低挪用保证金风险、维护期货交易资金安全和投资者利益发挥了重要作用。2006 年 9 月在上海成立的中国金融期货交易所，先后推出了股指期货、国债期货品种，标志着我国期货市场进入商品期货与金融期货共同发展的新阶段。截至 2017 年 12 月底，我国各期货交易所共上市期货品种 51 个，见表 1.1。

表 1.1　我国各期货交易所上市的期货品种

交易所	上市品种（交易代码）
上海期货交易所 (SHFE) 14 个	铜 (CU)、铝 (AL)、锌 (ZN)、铅 (PB)、镍 (NI)、锡 (SN)、黄金 (AU)、白银 (AG)、天然橡胶 (RU)、燃料油 (FU)、螺纹钢 (RB)、线材 (WR)、热轧卷板 (HC)、沥青 (BU)
大连商品交易所 (DCE) 16 个	玉米 (C)、玉米淀粉 (CS)、黄大豆 1 号 (A)、黄大豆 2 号 (B)、豆粕 (M)、豆油 (Y)、棕榈油 (P)、鸡蛋 (JD)、聚乙烯 (L)、聚氯乙烯 (V)、聚丙烯 (PP)、焦炭 (J)、焦煤 (JM)、铁矿石 (I)、纤维板 (FB)、胶合板 (BB)
郑州商品交易所 (ZCE) 16 个	普通小麦 (PM)、强筋小麦 (WH)、棉花 (CF)、白糖 (SR)、早籼稻 (RI)、晚籼稻 (LR)、粳稻 (JR)、菜油 (OI)、菜籽 (RS)、菜粕 (RM)、精对苯二甲酸 (TA)、甲醇 (ME)、玻璃 (FG)、动力煤 (TC)、硅铁 (SF)、锰硅 (SM)
中国金融期货交易所 (CFFE) 5 个	沪深 300 股指期货 (IF)、上证 50 股指期货 (IH)、中证 500 股指期货 (IC)、5 年期国债期货 (TF)、10 年期国债期货 (T)

伴随着期货市场的高速发展，我国期货中介机构的整体实力和服务水平全面提升。截至2016年12月底，我国共有期货公司149家，在全国开办了1 603家期货营业部，总资产为4 354亿元（含客户资产），净资产为783亿元，净资本为684.81亿元，期货行业从业人员为51 777人。（数据来源：中国证券监督管理委员会中国期货业协会编2016中国期货市场年鉴）

第二节 期货交易的特征

一、期货交易的基本特征

期货交易是在现货远期交易基础上发展起来的，交易的特征表现在以下6个方面。

（一）合约标准化

期货合约是由交易所统一制定的标准化远期合约。期货合约中除了价格以外的所有合约条款，预先由期货交易所规定，交易双方不需协商具体合同条款，节约了交易成本，并使交易纠纷下降，提高了交易效率和市场的流动性。

（二）场内集中竞价交易

期货交易实行场内交易，所有买卖指令必须在期交所进行集中竞价成交。期货交易所实行会员制，申请成为交易所会员后方能进场交易，非会员只能委托交易所会员代理进场交易。

（三）保证金交易

期货交易实行保证金制度。交易者在买卖期货合约时，需按合约成交价值5%～15%的比率缴纳交易保证金作为履约保证。这种缴纳少量交易保证金，就可以实现数倍或数十倍金额交易的以小博大特点，被形象地称为"杠杆交易"，使期货交易具有高收益、高风险的特征。

（四）双向交易

期货交易采用双向交易机制。交易者既可以买入合约作为交易的开端（称为买入建仓、多头开仓），也可以卖出合约作为交易的开端（称为卖出建仓、空头开仓，即使不拥有标的物）。双向交易给予投资者双向投资机会：在期价上升时，可以通过低买高卖获利；在期价下跌时，可以通过高卖低买获利。

（五）对冲了结

交易者在期货市场建仓后，大多不通过交割（交收现货）来结束交易，而是通过对冲（反向交易）来了结交易。在合约到期前，交易者可以通过与建仓反向的交易来解除履约责任，即买入建仓者可通过卖出相同合约、卖出建仓者可通过买入相同合约的方式，来解除到期交割实物的履约责任。对冲机制使投资者不必通过交割来结束交易，吸引了大量投资者参与交易，大大增加了期货市场的流动性。

（六）当日无负债结算

期货交易实行当日无负债结算，也称为逐日盯市。每个交易日收盘后，结算部门按当日结算价，对交易者当天的盈亏、交易保证金、手续费、税金进行结算，对应收应付的款项实行净额一次划转，并相应地增加、减少交易者的结算准备金(保证金)。如果交易者的结算准备金余额低于规定标准，则通知其在次日开盘前追加资金，从而做到"当日无负债"。当日无负债可以有效防范交易风险，保证期货市场的正常运转。

二、期货交易与远期交易

(一)期货与远期的联系

市场交易方式经历了"即期现货→远期现货→期货交易"的发展过程。现货交易可以分为即期、远期现货交易，两者均以买卖实物商品、金融产品为目的。

即期现货交易是买卖双方在购买或销售商品时，采用实时交割(一手交钱、一手交货)的交易方式，组织的是现有商品的流通。

远期现货交易是即期现货交易在时间上的延伸。买卖双方签约后，在未来某一时间进行实物商品、金融产品的交收，组织的是在未来生产、出现在市场上的商品的流通。

远期交易是期货交易的雏形。期货交易演变发展于远期交易，交易目的是规避现货市场价格波动风险或利用期货市场价格波动获取收益。

远期与期货最突出的相似处是买卖双方现在签约，约定在未来某特定时间以约定价格买卖约定数量的商品。

(二)期货交易与远期交易的区别

1. 交易对象不同

期货交易的对象是交易所统一制定的条款标准化合同，期货合约可以反复交易，转让十分便利。

远期合约是买卖双方一对一谈判达成的条款非标准化合同，交易的对象是满足双方特定需求的任何商品或资产，不一定适合第三人，所以远期合约不易转让，缺乏流动性。

2. 功能作用不同

期货交易的主要功能是规避风险和发现价格。通过在交易所的公开、公平、公正环境下，买卖双方竞价形成的真实而权威的价格，可以指导企业生产经营，又为套期保值者提供了规避价格风险的机会。

远期交易尽管能够调节供求、减少价格波动，但流动性不足限制了其价格的权威性和分散风险的作用。

3. 履约方式不同

期货交易有实物交割和对冲平仓两种履约方式，绝大多数期货合约通过对冲平仓方式履约。

远期交易虽然可以背书转让，但最终是通过实物交收方式履约。

4. 信用风险不同

期货交易有保证金和结算机构的担保，每日进行结算，信用风险小。

远期交易遇到买方资金不足不能付款、价格趋跌不愿按合约价格付款，卖方生产不足不能供货、价格趋涨不愿按合约价格交货，买卖双方都可能违约，信用风险大。

5. 保证金制度不同

期货交易实行保证金制度，买卖双方都要按合约成交价值的 5%～15% 向期货结算机构缴纳交易保证金。远期交易是否收取或收取多少保证金，由交易双方协商自定。

第三节　期货市场的经济功能

规避风险、价格发现和资产配置是期货市场的基本经济功能。除此之外，期货市场还有提供宏观经济政策制定依据、完善市场体系和增强国际定价话语权的功能。

一、规避风险

在市场经济中，企业必须面对供求因素变化、竞争加剧等各种生产、经营风险，其中价格风险尤为突出。期货市场规避价格风险的经济功能，是指交易者借助对冲（套期保值）交易方式，通过在期货和现货两个市场进行方向相反的交易，从而在期货市场和现货市场之间建立起一种盈亏冲抵机制，以一个市场的盈利弥补另一个市场的亏损，实现锁定成本、稳定收益的目的。

期货市场实现规避风险的经济功能基于下列原理：

(1) **同种商品的期货价格与现货价格走势一致**。某种商品在同时存在现货市场和期货市场的情况下，在同一时空内会受到相同的供求等经济因素的影响和制约，两个市场的价格变动趋势会相同。

(2) **随着期货合约到期日的来临，期货价格和现货价格呈现趋同性**。这是因为期货市场的交割制度，规定在合约到期时，未平仓期货头寸必须进行（实物）交割。交割时，若期货与现货价格不一致，就会出现买低卖高的无风险套利者在期货、现货两个市场之间进行套利。在交割制度、套利交易的共同作用下，期货价格与现货价格紧密联动并趋于一致。

(3) **投机者的参与是对冲（套期保值）实现的条件**。对冲（套期保值）交易没有消灭风险，只是转移风险。投机者是对冲者的交易对手和对冲者转出风险的承接者。投机者的参与，保证了期货市场的流动性，使期货市场得以实现转移现货价格风险的经济功能。

随着金融期货的迅猛发展和商品期货交易金融化程度的提高，越来越多的机构和个人将期货作为资产配置的重要组成部分，对冲其他资产的风险以实现更好的风险-收益组合。例如在通货膨胀预期条件下，投资者如果想实现资产保值，持有贵金属期货要比投资贵金属现货的成本低很多。

二、价格发现

在市场经济中，价格机制是调节资源配置的重要手段，价格信号是企业经营决策的依据。价格是买卖双方在市场交易活动中形成的，反映了商品的供求状况。与此同时，价格变化又影响供求的变动。

期货市场是高度组织化、规范化的市场，为市场有效运行提供了近似完全竞争的交易环境。期货市场实现价格发现的经济功能，是通过公开、公平、高效、竞争的期货交易运行机制，吸引交易者把影响商品价格的供求等众多因素集中反映到期货市场内，所形成的期货价格能够比较准确地反映真实的供求状况及价格变动趋势。相比其他市场，期货市场的价格发现效率更高。

通过期货交易形成的价格，具有如下特点：

(1) **预期性**。期货价格具有对未来供求关系与价格变化趋势进行预期的功能。期货交易者大都熟悉特定商品的现货行情，有经营知识、信息渠道、分析预测方法，他们结合自己的生产成本、预期利润，对商品供求与价格走势进行分析、判断，报出自己的理想价格，与众多交易对手竞争，这样形成的期货价格反映了大多人的预期，能够较客观地反映未来的供求关系、价格变动趋势。

(2) **连续性**。期货合约交易非常活跃，转手极为方便，能连续不断生成新的价格，进而连续不断地反映供求关系及其价格变化趋势。

(3) **公开性**。期货合约不允许场外交易，必须在交易所内通过公开竞价方式买卖，这使得所有买方和卖方都能获得平等的买卖机会，都能真实表达自己的意愿。公开竞争达成的期货价格信息，依据期货市场的信息披露制度，迅速通过传播媒介传递到全球市场。

(4) **权威性**。正是由于期货价格真实地反映了商品供求及价格变动趋势，具有较强的预期性、连续性和公开性，所以被视为一种权威价格。期货价格已成为现货交易的重要参考依据，大宗商品的国际贸易往往采取"期货价格＋升贴水＋运费"的定价方式。

随着期货市场的不断发展完善，尤其是全球市场联网，其价格发现功能越来越完善，期货价格可以在更大范围内综合反映更多的供求影响因素，更准确预测未来价格变动趋势。

三、资产配置的功能

随着经济全球化程度的深化和全球经济不稳定因素增多，各国经济主体面临的风险不断增加，迫切需要利用期货市场的独特优势为其持有的资产进行优化配置。国际大宗商品交易金融化程度的提高与金融期货迅猛发展，使期货市场具备了资产配置功能，能满足投资者规避风险以及个性化、分散化、多元化的资产配置需求。

（一）资产配置的原因

投资者将期货作为资产配置的组成部分基于两个原因：

(1) 借助期货能够为其他资产对冲风险。21世纪以来，全球经济不稳定因素增多，市场波动加大，特别是2007年爆发于美国的全球金融危机，严重破坏了市场秩序，给投资者带来重大损失。在此背景下，越来越多的投资者开始重视期货市场，并借助期货套期保值交易来保护持有资产的价值。

(2) 期货市场的杠杆机制、保证金制度使得投资期货更加便捷、灵活，虽然风险大但同时也能获取高额收益。借助商品交易顾问等专业投资机构，普通投资者也能较安全地参与期货市场，越来越多的投资者以直接、间接方式参与期货投资。

（二）资产配置的原理

(1) 利用期货的双向交易机制与杠杆效应，交易者可以进行反向期货交易为其持有的现货资产、投资组合对冲风险，起到稳定收益、降低风险的作用。

(2) 商品期货是良好的保值工具。期货合约的背后是现货资产，期货价格会随着通胀预期水涨船高。特别是贵金属期货，能以比投资现货低得多的成本为投资者实现资产保值。

(3) 将期货纳入投资组合，能够实现更好的风险—收益组合。期货交易方式灵活，可以结合其他资产创造出更多的投资组合，以满足不同风险偏好的投资需求。

四、其他经济功能

（一）为政府制定宏观经济政策提供参考依据

政府需要制定并执行一系列宏观经济政策，以促进和引导国民经济的平稳增长和协调发展。涉及国计民生的重要商品物资的供求状况、价格趋势，是政府制定宏观经济政策时的重点关注对象。但是，参考有零散、短暂特点的现货价格制定的政策会有滞后性，容易造成下一阶段市场供求失衡，浪费社会资源。

期货价格信号能够反映多种生产要素在未来一定时期的变化趋势，具有超前性。政府可以依据期货市场价格信号制定和调整宏观经济政策，引导企业调整生产经营规模和方向，使其符合国家宏观调控的需要。

（二）有助于市场经济体系的发展和完善

期货市场是市场经济发展到一定历史阶段的产物。建立现货市场与期货市场共同构成的现代市场体系，才能真正发挥市场机制的基础性、全面性作用。期货市场的高效安全运行，增加了金融市场与商品市场的关联度，提高了市场体系的运行效率，降低了市场交易成本，提高了市场机制优化资源配置的能力。

（三）有助于增强国际定价话语权

期货价格在国内外贸易中发挥着基准价格的作用，期货市场已成为市场定价中心。美国的期货市场规模为全球最大，交易品种最多，集中了世界上多数农产品、石油和金属的期货交易，形成的期货价格成为国际市场的基准价格。这种国际定价话语权地位，使美国获得了国际贸易的巨大收益。在经济全球化的过程中，我国作为世界上最大的货物贸易国，要保护我国的经济利益，应大力发展本国期货市场，不断增强我国在国际商品定价体系中的话语权地位。

第四节 期货合约

期货合约，是由期货交易所统一制定的、规定在将来某一特定时间和地点，交割一定数量和质量标的物的条款标准化协议。

期货合约是在现货远期合约的基础上发展过来的，它与现货远期合约的本质区别在于合约条款的标准化。期货合约条款的标准化，极大地简化了交易流程，降低了交易成本，提高了交易效率，便利了交易者对它的连续买卖，使之具有很强的市场流动性。

一、期货合约标的物的选择

现货市场中的商品和金融工具不计其数，但并不都适合作为期货合约的标的物。交易所为了保证期货合约上市后能有效发挥其经济功能，会选择具备以下条件的标的物。

（一）规格或质量易于量化和评级

期货合约的标准化条款之一是交割等级，它要求标的物的规格或品质能够量化和评级。金融工具和大宗初级产品如小麦、大豆、金属等，容易满足条件。但工业制成品由于加工程度不一，品质、属性等方面存在差异，如时装，就不适宜作为期货合约的标的物。

（二）价格波动幅度大且频繁

价格没有波动的商品，持有者不承担价格风险也就不存在避险需求，该商品在期货市场就没有交易需求。

（三）供需量大，不易为少数人控制和垄断

供需量小的商品，其价格容易被操纵。例如通过垄断现货商品，然后在期货市场进行该品种的买空交易并持仓至交割月，使交易对手无法获得现货用于交割，只能以高价平仓免除交割义务。如果交易对手平仓价格过高，会导致巨额亏损，由此引发违约风险，降低期货市场运行的安全性。

二、期货合约的主要条款

期货合约条款的设计，对期货交易各方利益及该期货品种交易能否活跃非常重要。

（一）合约名称

合约名称标明了该合约的品种名称和上市交易所名称。如"上海期货交易所螺纹钢合约"，标明了该合约是螺纹钢品种，在上海期货交易所挂牌上市。

（二）交易单位与合约价值

期货市场以"手""张"为计量期货合约数量的基本单位。1手期货合约代表的标的物的数量称为交易单位，1手期货合约代表的标的物的价值量称为合约价值。交易所规定每次买卖合约的数量为交易单位的整数倍。

期货交易所确定每一具体期货品种的交易单位时，会考虑该品种的现货市场规模与交易习惯、交易者的资金规模等因素。现货市场规模和交易者资金规模较大，合约的交易单位会确定得较大，以提高交易效率、降低交易成本；反之，则交易单位会确定得较小。例如上海期货交易所的有色金属期货品种的交易单位为5t/手，大连商品交易所的豆粕期货合约的交易单位为10t/手，中国金融期货交易所的沪深300股指期货的合约价值为300元×沪深300指数。

(三)报价单位

报价单位是指交易者在竞价申报买卖期货合约时,使用的每计量单位标的物的货币价格或指数点。例如,螺纹钢等商品期货合约的报价单位是:元(人民币)/t,股指期货合约以指数点为报价单位。

(四)最小变动价位

这是报价单位涨跌的最小变动数值。期货交易所规定,每次买卖合约申报的价格,必须是最小变动价位的整数倍。例如,我国部分期货品种的最小变动价位:黄金期货是0.05元/g,铜期货是10元/t,大豆期货是1元/t,沪深300股指期货是0.2个指数点。

最小变动价位乘以交易单位,是期货合约的最小价值变动量。例如,铜期货的最小变动价位是10元/t,交易单位是5t/手,则合约价格涨跌的最小变动价值是10元/t×5t/手=50元/手。

期货交易所确定合约的最小变动价位,会综合考虑标的物的种类、性质、市场价格波动情况和商业习惯等。较小的最小变动价位有利于增加合约的流动性,但过小会增加交易成本。较大的最小变动价位会降低合约的流动性,影响市场的活跃程度。

(五)每日价格最大波动幅度限制

每日价格最大波动幅度限制(涨跌停板幅度),是指当天期货合约的交易价格相对昨日结算价(或收盘价)的上下波动,不得高于或低于期货交易所规定的涨跌幅度,超过该幅度的报价视为无效,不能成交。我国通常以价格的百分比表示该幅度,如±5%,国外常用具体价格数额表示该幅度。

期货交易所设置涨跌停板幅度,目的是控制当天价格波动的风险。涨跌停板幅度大小的确定,取决于合约标的物市场价格波动的频繁程度和幅度大小。标的物价格波动频繁、剧烈的,交易所对其涨跌停板幅度的设置就会大些,并随价格风险的增加会临时扩大涨跌停板幅度。反之,涨跌停板幅度就设置得小些。

(六)交割月份

交割月份是指期货合约到期需要进行标的物交割的月份。期货交易所确定商品期货合约的交割月份,一般根据标的物的生产、消费、储藏、物流等特点决定。例如,农产品的生产与消费有很强的季节性,确定其期货合约的交割月份就应该有季节性特点;工业品生产与消费的季节性不明显,其期货合约交割月份就不具有季节性特点。一般来说,交易所确定的合约交割月份有每个月、单月、双月、季月、滚动月份等多种。

(七)交易时间

每家期货交易所对交易时间都有严格规定,一般每周营业5d,周六、周日及法定节假日不营业。国外不同交易所的交易时间各不相同,有的是24h全天交易,甚至周末也交易。

我国商品期货的交易时间规定为工作日的:夜盘21:00—次日2:30,9:00—11:30,13:30—15:00。

金融期货的交易时间规定为工作日的:9:30—11:30,13:00—15:00。

(八)最后交易日

最后交易日是期货合约在其交割月份的最后一个交易日。过了该期限的未平仓期货合约,必须按规定进行实物交割或现金交割。期货交易所根据不同合约标的物的现货交易特点等因素确定合约的最后交易日。

(九)交割日期

交割日期是指由期货交易所规定的,以实物交割或现金交割方式了结未平仓期货合约、进行合约标的物所有权转移的时间。

(十)交割等级

交割等级是指由期货交易所统一规定的上市期货合约标的物的品质等级。有了交割等级规定,交易双方在买卖合约时,不需再协商标的物的品质等级。在实物交割环节,只需要按交易所规定的合约标的物标准品质等级进行交割即可。

期货交易所在规定商品期货合约标的物的品质等级时,常采用国内或国际贸易中最通用和交易量较大的标准品的品质等级为标准交割等级,并允许使用与标准品的品质有一定差别的同种商品作为替代交割品。

替代交割品的品质等级也由交易所统一规定。交货人用交易所规定的替代品进行实物交割,收货人不能拒收。用替代品进行实物交割,需要按品质高低计入价格升贴水。交易所根据市场情况,统一规定并适时调整替代品与标准品之间的价格升贴水标准。

(十一)交割地点

交割地点是指由期货交易所统一规定的、进行实物交割的指定地点。交易所统一指定交割仓库,可以保证卖方交付的商品符合期货合约规定的数量和品质等级,保证买方收到符合期货合约规定的商品,防止商品在储存与运输过程中损坏。交易所在指定交割仓库时,主要考虑:仓库所在地区标的物的生产或消费集中程度,仓库的储存条件、物流条件和质检条件等。

金融期货不需要指定交割仓库,但交易所会指定交割银行。负责金融期货交割的指定银行,必须具有良好的金融资信、较强的大额资金结算能力以及先进、高效的结算手段和设备。

(十二)交易保证金

交易保证金是期货交易所规定的、交易者按合约成交价值的一定比例,向期货结算机构缴纳的履约保证金。

(十三)交易手续费

交易手续费是期货交易所按合约成交金额的一定比例或按成交手数,向交易者收取的服务费,属于交易成本,会影响市场的流动性。较高的手续费,增加交易成本,会降低市场交易量,不利于活跃市场,但可抑制市场的过度投机。

(十四)交割方式

未平仓期货合约到期的**交割方式**,分为实物交割和现金交割两种。商品期货、股票期货、外汇期货、中长期利率期货通常采用实物交割方式;股价指数期货、短期利率期货大多采用现金交割方式。

(十五) 交易代码

为了方便期货交易和市场管理,期货交易所对每一个上市期货品种都规定了交易代码。我国商品期货与金融期货各个合约品种的代码见表 1.1。

三、我国代表性的期货合约文本

在期货行情软件中,使用 F10 快捷键可迅速查到各个期货品种的标准合约文本。我国代表性的期货品种合约文本介绍见表 1.2、表 1.3、表 1.4。

表 1.2 黄金期货合约标准文本

交易品种	黄金
交易单位	1 000 克 / 手
报价单位	元 (人民币) / g
最小变动价位	0.05 元 / g
每日价格最大波动限制	不超过上一交易日结算价的 ±3%
合约交割月份	最近 3 个连续月份的合约以及最近 13 个月以内的双月合约
交易时间	夜盘 每周五 (不含周六、周日) 至周四 21:00—次日 2:30,每周一至周五 9:00—10:15,10:30—11:30,13:30—15:00 法定节日前第一个交易日的夜盘不交易
最后交易日	合约交割月份的 15 日 (遇法定假日顺延)
交割日期	最后交易日后连续 5 个工作日
交割品级	金含量不小于 99.95% 的国产金锭及经交易所认可的伦敦金银市场协会 (LBMA) 认定的合格供货商或精炼厂生产的标准金锭
交割地点	交易所指定交割金库
最低交易保证金	合约价值的 7%
交易手续费	不高于成交金额的万分之二 (含风险准备金)
最小交割单位	3 000g
交割方式	实物交割
交易代码	AU
上市交易所	上海期货交易所

表 1.3 强筋小麦期货合约标准文本

交易品种	强筋小麦
交易单位	20t/ 手
报价单位	元 (人民币)/t
最小变动价位	1 元 /t
每日价格最大波动限制	不超过上一交易日结算价 ±4%

(续)

交易品种	强筋小麦
合约交割月份	1月、3月、5月、7月、9月、11月
交易时间	每周一至五9：00—11：30，13：30—15：00
最后交易日	合约交割月份的第10个交易日
交割日期	合约交割月份的第12个交易日
交割品级	标准交割品：符合郑州商品交易所交易用优质强筋小麦标准(Q/ZSJ 001—2003)二等优质强筋小麦。替代品及升贴水见《郑州商品交易所交割细则》
交割地点	交易所指定交割仓库
最低交易保证金	合约价值的5%
交割方式	实物交割
交易代码	WH
上市交易所	郑州商品交易所

表1.4 沪深300股指期货合约

合约标的	沪深300指数
合约乘数	每点300元
报价单位	指数点
最小变动价位	0.2点
合约月份	当月、下月及随后两个季月
交易时间	工作日：9：30—11：30，13：00—15：00
最后交易日交易时间	工作日：9：30—11：30，13：00—15：00
每日价格最大波动限制	上一交易日结算价±10%
最低交易保证金	合约价值的8%
最后交易日	合约到期月份的第三个周五，遇国家法定假日顺延
交割日期	同最后交易日
交割方式	现金交割
交易代码	IF
上市交易所	中国金融期货交易所

本 章 小 结

1. 期货市场是商品生产和商品交换发展到一定阶段的产物，是贸易方式长期演进的结果。

2. 期货(futures)也即期货合约，是由期货交易所统一制定的，规定在将来某一特定时间和地点，交割一定数量和质量标的物的条款标准化合约。

期货交易 (futures trading)，就是对期货合约的买卖。它是在远期现货交易基础上演变发展过来的、与现货交易对应的交易方式。

3. 商品期货是指标的物为实物商品的期货合约。金融期货源于规避金融产品价格风险的需求，是指以金融产品为标的物的期货合约。

4. 标准化合约、保证金制度、对冲机制和统一结算的实施，这些具有历史意义的制度创新，标志着现代期货市场的确立。

5. 规避风险、价格发现和资产配置是期货市场的基本经济功能。

6. 期权交易与期货交易都具有管理价格风险的功能。期货交易主要为现货商提供管理风险的工具，而期权交易不仅可以帮助现货商管理风险，而且可以帮助期货商管理期货头寸风险。

本章重要概念

期货市场　远期合约　对冲　商品期货　金融期货　天气期货　指数期货　规避风险　价格发现　期货合约　交易单位　合约价值　报价单位　交割时间　最后交易日　交易保证金　交割方式　交易代码

思 考 题

1. 什么是期货合约、期货交易？
2. 现代期货市场是如何产生和发展的？
3. 期货交易有哪些特征？
4. 期货与远期的联系？两种交易的区别？
5. 期货市场有什么经济功能？
6. 解释期货市场规避风险的实现过程？
7. 期货市场价格发现的功能怎么理解？
8. 将期货作为资产配置的原因、原理是什么？
9. 期货合约有哪些条款？

 阅读材料

新国九条发布　期市将迎新变革

2014年5月9日，国务院发布了《关于进一步促进资本市场健康发展的若干意见》(简称新国九条)。国务院下发的文件中明确表示：

(十五) 发展商品期货市场。以提升产业服务能力和配合资源性产品价格形成机制改革为重点，继续推出大宗资源性产品期货品种，发展商品期权、商品指数、碳排放权等交易工具，充分发挥期货市场价格发现和风险管理功能，增强期货市场服务实体经济的能力。

允许符合条件的机构投资者以对冲风险为目的使用期货衍生品工具，清理取消对企业运用风险管理工具的不必要限制。

（十六）建设金融期货市场。配合利率市场化和人民币汇率形成机制改革，适应资本市场风险管理需要，平稳有序发展金融衍生产品。逐步丰富股指期货、股指期权和股票期权品种。逐步发展国债期货，进一步健全反映市场供求关系的国债收益率曲线。

新"国九条"正式颁布后，国有企业和机构投资者有望获颁期货市场准入证，这一政策转向有可能成为期货市场"大转型"的起点，让这一市场从以往以散户为主的投资者结构挣脱出来，未来期货市场的人才大战也可能就此展开。

路透社引述中信期货副总经理兼首席分析师景川的分析表示，"中国期货行业20多年发展中很痛苦的一件事情就是国有企业怎么弄，这次获得了准入证。这是本届政府全要素改革在期货行业的落地之举。"

期货市场资深专家隋东明认为：包括国有企业和民营企业在内的很多企业，之前因为各种原因被挡在了期货市场门外，新国九条则可能让大量企业成立自己的期货部门，进行期货投资和保值，这也让期货人才需求变得非常庞大。

由于之前对企业尤其是国有企业进入期市有诸多限制，包括审查、资金来源、头寸、敞口、持仓以及如何定义套期保值等，审批也很严格，很多企业为了满足风险管理的需求以及规避监管风险，会转而在国际市场进行期货保值和对冲需求，或者将这一业务外包给其他公司，而这也往往会来带一些副作用，甚至巨额亏损。

据路透社，在新国九条的支撑下，中国期货市场在规范整顿多年之后获得实质性"松绑"，其市场容量无疑将会以较快的速度增长。不过行业人士亦指出，国九条仅为框架性文件，具体的政策放开力度和节奏都有待细则的进一步出台和具体落实。

资料来源：2014-05-19 华尔街见闻．

专访重量组冠军、基金组季军张晓良

一点一滴细琢 做自己的雕塑家

作为全国期货实盘大赛的"老熟人"，张晓良在每一届大赛上都会收获一批粉丝。近几年来，他依然如初，低调、简单而又阳光，一身行头也不曾改变：冲锋衣、运动鞋，外加一只双肩包。和他闲聊起来，你就会发现原来他也是一枚幽默 BOY。

"我本人是处女座。"他自嘲着说，之所以在今年的大赛中能取得比较好的成绩，是因为回撤控制得比较好，"但我仍然觉得有可以改进的地方"。

在交易的路上，他就是这样，一点一滴，雕塑自己。交易员给人的印象，往往是生活简单，专注交易，但他的生活简单却不枯燥，打篮球，旅游，等等。他说他喜欢北欧，空气宜人，生活安逸，这是他向往的地方。

保持一颗平常心

一天时间，一个1 200万元的账户亏到仅剩200万元，是一种什么样的体验？去年夏天，张晓良的一笔股指期货单子因为方向做反，上演了这一幕。接下来的几天，他通过股指期货、商品期货的操作，账户资金又回来一大半。"当时，我就放开胆子做了。"张晓良对期货日报记者说，交易中不能把钱当钱，这样才能保持一颗平常心。

在他看来，期货市场是个零和交易的市场，这种特性更像是战场。参加期货实盘大赛，会让人更加紧张。"要保持一颗平常心，该怎么做还怎么做，不能因为比赛而改变了自己的交易习惯和风格。"他说。

每年比赛的尾声阶段，市场关注度最高，此时最为关键的是交易者的心理素质，特别是在综合得分咬得非常紧的时候，是放手一搏还是保守稳健，非常难抉择。"如果比赛中不能保持平常心，那就像平时交易中遇到对自己不利的行情一样，乱了阵脚，最终都要负出惨痛代价。"张晓良说。

尽管话不多，但说起交易，张晓良给人的感觉诚恳而又真挚。在他看来，怎么分析行情、怎么做单，其实是见仁见智的事，只要能够摸索出一套适合自己的交易方式，并且通过实践证明这套方法是可以盈利的，那剩下来的事情就是反复按照这套方法去交易就行了。

毋庸置疑，交易贵在坚持。

在今年的第十届全国期货实盘大赛中，张晓良取得了"双丰收"，他操作的两个账户，一个是重量级组第一，一个是基金组第三。他本人还获得了实盘大赛"十年特别奖"第一名。

对于这样的成绩，张晓良谦虚地认为是自己运气比较好。他今年获奖的两个账户，一个做了3个月，一个仅仅做了17天。"有时候，就是抓住一波行情就够了。"在交易中，他既做短线又做趋势，在稳稳当当前行中也不乏惊人的爆发力。

"期货日报举办的全国期货实盘大赛，为交易者提供了交流的机会。通过比赛，我们可以看清自己哪方面不足，进而取长补短。"张晓良说，与前几届参赛区别比较大的地方是，他今年在比赛中回撤率控制得比较好，风险得到很好控制后综合得分就上去了，"在对行情的把握上，我的胜率也有一定提高，特别是比赛后半段的日内短线交易"。

充分权衡风险和收益

交易中，每个人的交易风格都不同，或轻仓，或重仓，或短线，或长线。这也是每位交易者性格等的集中反映。

张晓良偏爱重仓。自参加全国期货实盘大赛以来，他用过许多昵称，大家印象最为深刻的当数"期货海盗"，也有不少人直接称他为"海盗"。

在很久以前的大航海时代，海盗大多是冒险家或者商人，他们行事果断，所到之处便有收获。

"一旦价格波动满足下单条件的时候，我就会果断去执行，该进的时候进，该退的时候退。"张晓良说，他入市以来一直坚持这种风格，无论是之前的几十万元小资金操作还是现在的数千万元大资金操作，一贯如此，没有太大变化。

他在交易中最看重的环节是什么呢？答曰：总结教训。

"盈利的时候，我把盈利看得非常淡，觉得理所应当。而发生亏损、出现明显错误的时候，我就会去反思，寻找原因。"张晓良告诉期货日报记者，"每天每一小节的开盘和收盘时间是我交易比较多的时候，还有当我关注的品种突然出现大的波动的时候，都是我进出场的点。"

就拿去年股指期货那笔"滑铁卢"交易来说，他收获最大的教训是，在交易中一定要有止损概念，稍不留神就会损失惨重。"当行情往不利方向发展的时候，触发止损点就应该果断止损，重新寻找其他交易机会。"张晓良说，"宁可止损错，也不能错过止损时机，即便事后有可能会弥补，但挽回局面需要耗费更大的精力，而且要面临更多的不确定性。"

在日常交易中，他的亏损一般不会超过持仓保证金的10%。当然，他每年也有状态不好的时候。"一旦出现连续多日亏损，最好就是先休息几天，或者换个资金小的账户练练手感，等感觉回来时再开始做主账户交易。"张晓良说。

在他看来，每位交易者都有不同的风格，关键是大家要充分理解风险和收益之间的权衡。很多人不想冒太大的风险，却一味想追求高收益，这是不现实的。有更多的交易者，不清楚自己在交易中面临着非常大的风险，在见到一些收益时就获利了结，往往是"捡了芝麻丢了西瓜"。

"我们一定要理性看待风险和收益。"张晓良着重提醒说。

未来发展看机缘

关于是否脱离个人交易，张晓良并非没有想过，但他暂时还是用自有资金进行操作，还没涉足资管这个领域。"这个要看机缘吧，如果有合适的机会，我会考虑往这方面发展的。"张晓良说。

他做交易刚起步的时候，不过二十六七岁，便依靠权证交易实现财务自由。

刚开始做期货交易时，他并不被人理解。当时，他身边很多人不了解期货，对期货还有一定误解，认为做期货就像赌博，根本没有出路。在被所有人质疑的时候，他只有一个信念：期货交易一定是有一套模式能够持续盈利，并不是完全靠运气。正是因为有这样坚定的信念，他才会花很大精力去研究这个市场，理解这个市场，并支撑他一直走到现在。

每一个进阶的过程都意味着要付出艰辛、耐心，在张晓良看来，既然选择了这条路，就要坚持下去。

"这真是一个苦逼的职业。"他总是戏谑着说，自从有了夜盘交易，只要有隔夜仓，他还是忍不住会看。

在不断向前的路上，张晓良对期货的理解也在不断进阶，这是心血的凝聚，也是思考的结晶。"你若把它当作'赌场'，你在这个市场里的胜算甚至不如赌场；你若把它当作生意场，它比任何生意做起来都更灵活便捷。"张晓良说。

"不管做什么事情，既然参与了，就要好好去学习，去深入了解。不要拿自己去和别人比，有些东西是没有可比性的，要拿自己与自己比。"他认真地对记者说，"认清自己现在相比过去有哪些进步，哪些方面还做得不够好，在未来的交易路上不断去完善，做自己的雕塑家，雕塑人性中的不足，这样才能更长久地在这个市场中生存下去。

资料来源：2016年11月21日《期货日报》第十届全国期货实盘交易大赛暨第三届全球衍生品实盘交易大赛特刊.

网络资源索引

1. http：//www.lme.com/ 伦敦金属交易所
2. http：//www.eurexchange.com/exchange-en/ 欧洲期货交易所
3. http：//www.mgex.com/ Minneapolis 谷物
4. http：//www.cmegroup.com/ 芝加哥期货交易所
5. http：//www.euronext.com/ 伦敦国际金融期货及期权交易所
6. http：//deutsche-boerse.com/dbg-de/ 德国期货交易所
7. https：//www.theice.com/index 纽约期货交易所

8. http：//www.cboe.com/ 芝加哥期权交易所
9. http：//www.shfe.com.cn/ 上海期货交易所
10. http：//www.czce.com.cn/portal/index.htm 郑州商品交易所
11. http：//www.dce.com.cn/portal/template/index.html 大连商品交易所
12. http：//www.cffex.com.cn/ 中国金融期货交易所
13. http：//www.sge.com.cn/ 上海黄金交易所

第二章

期货市场主体、市场监管与风险控制

学习目标与要求

了解期货交易所的组织形式与发展趋势；掌握不同的期货交易结算制度；熟悉期货公司的组织结构及职能；熟悉不同类型的投资者；了解期货市场监管机构与自律机构；熟悉期货市场的风险类型、成因、监管体系与风险控制。

重点：掌握期货交易结算制度与基本功能；熟悉期货公司的组织结构及职能。

难点：熟悉不同类型的期货投资者；期货市场监管体系和风险控制。

期货市场由提供集中交易场所的期货交易所、提供结算服务的结算机构、提供代理交易服务的期货公司、进行期货交易的投资者和期货市场监督管理机构组成。期货市场是一个高度组织化的市场，有着严密的组织结构和交易制度，保障了期货市场的高效运转。

第一节 期货交易所

一、期货交易所的宗旨与职能

在现代市场经济条件下，期货交易所已经发展成为具有高度系统性和严密性、高度组织化和规范化的交易服务组织，居于期货市场的核心位置。期货交易所在为期货交易提供场所、设施、交易规则和相关服务的过程中，致力于创造安全、有序、高效的市场机制，以营造公开、公平、公正和诚信透明的市场环境与维护投资者合法权益为宗旨。

为了实现上述宗旨，期货交易所需要严格履行下述职能。

（一）提供期货交易的场所、设施及相关服务

期货实行场内交易，交易双方必须在特定时间进入交易所内集中进行公开竞价达成交易。因此，期货交易所必须为期货交易提供交易场所、先进的通信设备、现代化的信息传递和显示设备等必要的设施，加上完善、周到的服务，以保证期货交易有序进行。

（二）设计合约、安排上市

设计并制定标准化合约，安排合约挂牌交易，是期货交易所的主要职能之一。期货交易所应针对经济社会发展和市场需求，精心设计、制定新的期货合约品种及具体条款，选择合适的时机在交易所上市交易，满足投资者的交易需求，履行期货市场服务实体经济的功能。

（三）制定并实施期货市场制度与交易规则

我国期货交易所应根据国务院颁布的《期货交易管理条例》、中国证监会发布的《期货交易所管理办法》等法规，建立并完善期货交易运作、期货市场管理的规章制度体系。期货交易所通过制定期货保证金制度、涨跌停板制度、持仓限额制度、大户持仓报告制度、强行平仓制度、当日无负债结算制度、风险准备金制度等一系列制度，从市场运行的每一环节控制风险，保障期货市场有序运行。

在上述制度的基础上，期货交易所需要进一步强化管理，建立健全交易、风险控制、结算、交割、违约的管理、信息管理等配套管理细则，以保证交易行为规范化和交易平稳运行。

（四）组织并监督期货交易，监控市场风险

期货市场是具有高风险的市场，有复杂、严格的交易流程。期货交易所通过实时监控，处理违规和市场异常情况，有效执行期货市场制度和交易规则，动态监控市场风险状况，及时防范与化解市场风险等系列措施，组织并监督期货交易运行。

（五）保证合约履行

期货交易所通过严格的规章制度和交易程序，为期货交易者提供履约担保。符合期货交易所交易规则的所有成交合约，到期都能履约。由此吸引了大量交易者参与期货交易，保证了期货市场竞争的充分性和期货价格形成的权威性。

（六）监管会员交易行为和指定交割仓库

期货交易所会员比一般交易者拥有更多信息，在期货市场处于较有利的地位，如果会员利用信息优势为自己谋利，必然损害一般交易者的合法利益。期货交易所必须监督会员的期货业务，查处会员的违法违规行为，保证公开、公平、公正的交易环境不受破坏。

期货交割是促使期货价格趋向于现货价格的制度保证，是期货市场联系现货市场的纽带。商品期货合约到期时，必须通过交易所指定交割仓库完成合约标的物所有权的转移。

因此，监管指定交割仓库完成好期货交割这一期货交易的最后环节非常必要。

（七）发布市场信息

期货交易所必须及时向会员、投资者和公众，公布本市场形成的期货交易价格和相关信息，保证市场信息的公开透明。

二、期货交易所的组织形式

期货交易所的组织形式，主要有会员制和公司制两种。

（一）会员制期货交易所

会员制期货交易所，是由全体会员缴纳的会员资格费作为注册资本共同出资组建，以交易所全部财产承担有限责任的非营利性社团法人。

(1) 会员资格。只有取得交易所会员资格才能进场交易或代理客户的交易。

取得交易所会员资格的方式有：以交易所创办发起人身份取得、接受发起人的资格转让、在市场上按市价购买期货交易所其他会员转让的资格、依据期交所的规则取得。

(2) 会员构成。各国交易所的会员构成及分类不尽相同，有自然人会员与法人会员、全权会员与专业会员、结算会员与非结算会员等区别。

(3) 会员的权利和义务。会员享有的基本权利包括：参加会员大会，行使表决权、申诉权；使用交易所提供的交易设施进行期货交易；获得期货交易的信息和有关服务；按规定转让会员资格，联名提议召开临时会员大会等。

会员应当履行的义务包括：遵守国家有关法律、法规、规章和政策；遵守交易所章程、业务规则及有关规定；按规定缴纳各种费用；执行会员大会、理事会的决议；接受交易所的业务监管等。

(4) 组织机构。会员制交易所设有会员大会、理事会、总经理、专业委员会和业务管理部门。

①会员大会是由全体会员组成的交易所最高权力机构，决定交易所的重大事项：章程及业务规则制定、修改、废止，选举、更换高管，审批财务预算和决算，决定交易所合并、终止等。

②理事会是会员大会的常设机构，由会员大会选举产生，对会员大会负责。理事会行使会员大会授予的职权：召集会员大会并报告工作；监督会员大会、理事会决议的实施；监督总经理履行职务行为；拟定交易所章程、交易规则修改方案，提交会员大会审议通过；审议总经理提出的财务预算方案、决算报告，提交会员大会通过；审议交易所合并、分立、解散、清算方案，提交会员大会审议通过；决定专门委员会的设置和会员接纳，对严重违规会员进行处罚等。

③专业委员会。由理事长提议，经理事会同意，可下设：

会员资格审查委员会。负责审查入会申请，调查申请的真实性及申请人的财务状况、个人品质及商业信誉，以投票方式决定是否通过入会申请后提交理事会批准。审查并处罚违反交易所制度的会员，直至报请理事会表决取消该会员的资格。

交易规则委员会。负责起草交易规则，根据理事会提出的意见进行修改。

交易行为管理委员会。负责监督会员的交易行为，使其符合国家的有关法规、交易所的交易规则和纪律要求，保证期货交易正常进行。

合约规范委员会。负责审查上市合约并向理事会提出合约的修改意见。

新品种委员会。研究新期货品种及其可行性，起草拟发展新期货品种合约的论证报告及其他必要文件，报政府监管部门批准。

业务委员会。负责监督所有与交易活动有关的问题，调查、审查和解决交易期间以及此后发现的有关问题。

仲裁委员会。负责通过仲裁程序解决会员之间、会员与非会员之间及交易所内部纠纷及申诉。

④总经理。总经理主持交易所日常经营管理工作，实施会员大会、理事会通过的制度、决议，拟定并实施经批准的交易所发展规划、年度工作计划；拟定交易所财务预算、决算方案、决算报告；拟定交易所变更、合并、分立、解散、清算的方案；决定交易所机构设置方案，聘任和解聘工作人员，决定工作人员的薪酬和奖惩。

交易所根据工作和职能需要，设置交易、交割、研究发展、市场开发、财务等业务部门，完成相关工作。

(二) 公司制期货交易所

公司制期货交易所，是以营利为目的的企业法人，由若干股东共同出资组建，股份按照有关规定转让，盈利来自服务期货交易过程中收取的各种费用。

与会员制期货交易所相同，交易者必须获得会员资格，才能进入交易所使用交易所提供的交易设施进行期货交易。公司制期货交易所的特点如下：

(1) 对交易中一方违约造成另一方的损失承担赔偿责任，投资者利益得到有效保护。

(2) 交易所及其雇员不参加期货交易，在交易中处于完全中立地位，有利于保证交易的公正性。

(3) 过多关注交易量。由于盈利来自交易规模，交易所注重交易量维护了股东利益，容易损害交易者利益。

(4) 成本、效率观念强，交易所不断投资更新交易设施，提高效率以降低运行成本。

(5) 服务收费相对较高，会增加交易商的成本。

公司制期货交易所，设置有股东大会、董事会、监事会、总经理、专业委员会等组织机构，各司其职，相互制约，以实现交易所的高效运行。

(1) 股东大会由全体股东组成，是交易所的最高权力机构。股东大会对修改公司章程、决定公司经营方针和投资计划、审议批准公司年度财务预算、决算方案、增减注册资本等重大事项作出决议。

(2) 董事会是交易所的常设机构，行使股东大会授予的权力，召集股东大会并报告工作，执行股东大会的决议，对股东大会负责。

(3) 监事会对股东大会负责，对公司财务以及公司董事、总经理等高级管理人员履行职责的合法性进行监督，维护公司及股东的合法权益。

(4) 总经理是负责交易所日常经营管理工作的高级管理人员，对董事会负责，由董事会聘任或解聘。

公司制期货交易所设置的专业委员会和业务部门，和会员制期货交易所基本相同。

(三) 会员制和公司制期货交易所的主要区别

两者的主要区别表现在以下 4 个方面：

(1) 设立目的不同。会员制交易所以公共利益为目的；公司制交易所以盈利为目的，追求利润最大化。

(2) 适用法律和承担的法律责任不同。会员制交易所适用《民法》的有关规定；会员除根据章程规定缴纳出资、分担经费外，不承担交易中的任何责任。公司制交易所首先适用《公司法》的规定，在《公司法》未作规定的情况下，适用《民法》的规定；会员除缴纳股金外，还要对交易所承担有限责任。

(3) 资金来源不同。会员制交易所的资金来源于会员缴纳的会员资格费、年费，每年运行开支后的盈余不分配给会员。公司制交易所的资金来源于股东投资，服务收费满足运行开支后的盈利，要给股东分配红利。

(4) 决策机构不同。会员制交易所最高权力机构是会员大会，常设机构是理事会；公司制交易所最高权力机构是股东大会，常设机构是董事会。

尽管存在以上 4 个方面差异，会员制和公司制期货交易所在职能上是相同的，都是为期货合约的集中竞价交易提供场所、设施、交易规则的交易服务组织，要接受政府监督管理机构的监管。

三、我国境内期货交易所

我国境内现有上海期货交易所、郑州商品交易所、大连商品交易所和中国金融期货交易所四家期货交易所。上海期货交易所、郑州商品交易所、大连商品交易所采取会员制，中国金融期货交易所顺应国际潮流，采取公司制。

上海期货交易所，1998 年 8 月由上海金属交易所、上海粮油商品交易所和上海商品交易所合并组建而成，1999 年 12 月正式营运。目前上市交易的商品期货品种有铜、铝、锌、铅、镍、锡、黄金、白银、螺纹钢、线材、热轧卷板、天然橡胶、燃料油、沥青共 14 种。2017 年 11 月 19 日，铜期货期权获得中国证监会立项批准。

郑州商品交易所，1990 年 10 月 12 日正式成立，在郑州粮食批发市场基础上，经历了从最初的现货即期交易发展到现货远期交易的过程，1993 年 5 月 28 日正式推出标准化期货合约。目前上市交易的商品期货有强筋小麦、普麦、棉花、白糖、早籼稻、晚籼稻、粳稻、菜籽油、油菜籽、菜籽粕、精对苯二甲酸 (PTA)、甲醇、玻璃、动力煤、硅铁、锰硅共 16 种。2017 年 4 月 19 日上市了白糖期货期权。

大连商品交易所，成立于 1993 年 2 月 28 日，目前上市交易的商品期货有玉米、玉米淀粉、黄大豆 1 号、黄大豆 2 号、豆粕、豆油、棕榈油、鸡蛋、聚乙烯 (L)、聚氯乙烯

(PVC)、聚丙烯、焦炭、焦煤、铁矿石、中密度纤维板、胶合板共 16 种。2017 年 3 月 31 日上市了豆粕期货期权。

中国金融期货交易所，是经国务院同意、中国证监会批准，由上海期货交易所、郑州商品交易所、大连商品交易所、上海证券交易所和深圳证券交易所出资共同发起设立的公司制金融期货交易所，2006 年 9 月 8 日在上海成立。目前上市交易的金融期货为沪深 300 股指期货、上证 50 股指期货、中证 500 股指期货、5 年期国债期货、10 年期国债期货共 5 种。

我国四家期货交易所均兼有结算职能，组织并监督结算、交割，保证合约履行；监管会员的交易行为，以保证交易在公开、公平、公正的环境中进行；监管指定交割仓库，保障期货市场紧密联系现货市场。

四、国际著名期货交易所

芝加哥期货交易所 (CBOT) 是最早 (1848 年) 成立的期货交易所，主要交易品种有玉米、小麦、大豆、黄金、白银、中长期美国国债、股指等期货，以及农产品、金属、金融期权。

芝加哥商业交易所 (CME) 于 1874 年创建，是全球最主要的畜产品期货交易中心。1972 年组建国际货币市场分部 (IMM)，在全球最先上市交易外汇期货。1982 年组建指数与期权市场分部，上市交易著名的标准普尔 500 种股价指数 (S & P500) 期货与期权。CME 的主要交易品种还有生猪、活牛、木材、化工产品期货。

纽约商业交易所 (NYMEX) 成立于 1872 年，是世界上最主要的能源与黄金期货交易所之一，主要交易品种有原油、汽油、取暖油、天然气、铂、黄金、铜等。上述三家交易所已重组为 CME 集团。

堪萨斯期货交易所 (KCBT) 成立于 1856 年，是世界上最主要的硬红冬小麦 (面包用主要原料) 交易所之一，也是全球率先上市股指期货的交易所。

伦敦金属交易所 (LME) 成立于 1876 年，是全球上市最早、品种最多、制度与配套措施最完善的金属期货交易所，主要交易品种有铜、铝、铅、锌、镍、银的期货与期权，以及 LMEX 指数的期货与期权等。该所国际化程度高，外国会员比重高，1987 年进行了公司化改组，现已被我国香港交易所收购。

伦敦国际金融期货交易所 (LIFFE) 成立于 1982 年，1999 年改制为公众持股公司，是欧洲最早建立的金融期货交易所，也是世界最大的金融期货交易所之一。2002 年与欧洲联合交易所 (EURONEXT) 合并，成为 EURONEXT 集团的下属公司。LIFFE 的主要交易品种有欧元利率、英镑利率、欧洲美元利率、英镑、瑞士法郎、日元、金融时报股价指数以及股票期权等 70 余种期货与期权合约，其中欧元利率期货成交量最大。

伦敦国际石油交易所 (IPE) 成立于 1980 年，主要交易品种有石油和天然气期货与期权、电力期货，是欧洲最大的能源期货市场。2001 年 7 月成为洲际交易所 (ICE) 的全资子公司。

欧洲交易所 (EUREX) 和欧洲联合交易所 (EURONEXT)，是在交易所合并浪潮中，经过战略整合的欧洲两家跨国界交易所联盟，主要交易品种有证券现货、金融期货与期权。

东京工业品交易所(TOCOM)成立于1951年，是世界上最大的铂金和橡胶期货交易所，主要交易品种有黄金、铂、银、钯、棉纱、毛线等，以贵金属为主。

韩国交易所(KRX)是韩国唯一的证券交易所，总部设在韩国釜山，2005年由原韩国证券交易所(KSE)、韩国期货交易所(KOFEX)和韩国创业板市场(KOSDAQ)合并而成。2010年韩国交易所衍生产品合约交易量为37.52亿手，占全世界交易量的16.8%；2011年KOSPI200指数期权合约的成交量、成交额位居世界第一。

新加坡国际金融期货交易所(SIMEX)，1999年与新加坡证券交易所(SES)合并为新加坡交易所(SGX)，主要交易品种有日经225指数期货、MSCI台湾指数期货、3个月欧洲美元期货等，有典型的离岸金融衍生品交易特征。

五、全球期货交易所(市场)发展趋势

近年来，世界经济呈现出货币化、金融化、自由化、一体化的发展趋势，全球期货市场近年也出现交易所公司化、交易电子化和全球化的三大趋势。

(一) 交易所的公司化改制

会员制作为期货交易所的组织形式，已有160多年的历史，这种互助组织形式对期货市场的建立、运转发挥了重要作用。随着电子交易技术在期货市场的运用，会员制交易所的局限性在竞争激烈的国际期货市场的表现日益突出：非营利性质降低了交易所的管理效率，不能适应竞争激烈的国际环境；缺乏向社会投资者融资来扩大交易所资本规模和实力的机制和渠道；收益不能分配给会员，使得会员管理交易所的动力不足。

为了不断提高竞争实力，扩大辐射范围和全球交易市场的份额，各大交易所纷纷采用更为积极的组织制度和管理体制。20世纪90年代以来，公司化改造成为交易所体制创新的主流，有的交易所还积极筹划上市，实现在自己的股票交易所上市。1993年，瑞典斯德哥尔摩证券交易所改制成为全球第一家股份制交易所。2000年芝加哥商业交易所成为美国第一家公司制交易所，并在2002年成功上市。我国香港期货交易所(HKFE)与香港联合交易所(SEHK)于2000年6月完成股份制改造，并与香港中央结算有限公司合并，成立香港交易及结算所有限公司(通称香港交易所，简称港交所，HKEX)，并于当年6月27日在本所上市。2006年6月，纽约－泛欧交易所集团(NYSE Euronext)合并组建为全球第一家横跨大西洋的纽交所－泛欧证交所公司，于2007年4月在纽约证券交易所和欧洲交易所同时挂牌上市。

进入21世纪后，EUREX(欧洲期货交易所)、NYMEX(纽约商业交易所)、LIFFE(伦敦国际金融期货交易所)、IPE(伦敦国际石油交易所)、SGX(新加坡交易所)等先后完成公司化改制，在运作效率、创新能力、融资能力、抗风险能力以及市场服务方面，充分发挥了公司制的优势，在自律和监管方面也实现了平衡过渡。

(二) 交易的电子化

传统的期货交易，是以场内公开喊价加手势来撮合成交的，尽管交易活跃，但交易效

率和交易规模难以大幅提升。

随着计算机和通信技术的迅猛发展，期货市场逐步引入电子化交易方式取代传统的公开喊价系统。期货经纪商的交易系统与交易所的计算机主机实现联网，交易者在计算机终端通过经纪商向交易所主机输入买卖期货合约的指令，由交易所主机自动撮合成交，交易信息迅速传向世界各地。1991年，CME、CBOT与路透社合作推出的电子化环球期货交易系统（GLOBEX），使世界各地的交易者可以24小时全天候连续交易。

电子化交易的优势，一是提高了交易速度、市场透明度、价格信息的传递速度，降低了交易差错率和交易成本，大大提高了交易效率和交易规模；二是突破了时空限制，增加了交易品种，扩大了市场覆盖面，交易者可以在全球任一地方参与同一市场的交易。

（三）交易所的合并与全球化

期货市场是一个通过现代化通信手段联结起来的公开市场，市场规模越大，其流动性就越高，形成的价格就越公平、权威。

20世纪90年代以来，新加坡、韩国、中国、德国、法国、巴西等国家和地区的期货市场快速发展，影响力增强，逐渐成为新的期货交易中心，与传统的芝加哥、纽约、伦敦、东京等国际期货交易中心之间的竞争更趋激烈，交易所日益向大型化、综合化的方向发展。

为了获得竞争优势，1994年8月，纽约商业交易所与纽约商品交易所合并，成为当时世界上最大的商品期货交易所。纽约棉花交易所与咖啡、糖、可可交易所于2004年6月正式合并为纽约期货交易所。2006年10月芝加哥商业交易所（CME）宣布，与竞争百年的同城对手芝加哥期货交易所（CBOT）合并，成立新的芝加哥交易所集团。该交易于2007年完成，全球最大的期货交易市场由此诞生。

1998年德国期货交易所（DTB）和瑞士期货期权交易所（SOFFEX）合并成立欧洲期货交易所（EUREX）。2002年巴黎、阿姆斯特丹、布鲁塞尔、里斯本证券交易所和伦敦国际金融期货交易所共同组建了泛欧交易所（EURONEXT）。2005年泛欧交易所和纽约石油交易所完成合并。

2006年6月，纽约证券交易所集团和总部位于巴黎的泛欧交易所达成100亿美元的合并协议，组成横跨大西洋的纽交所－泛欧交易所集团。2008年纽约商业交易所（NYMEX）和纽约商品交易所（COMEX）又加入CME集团，形成了统一的芝加哥期货市场。

亚洲的金融衍生品市场在合并发展上也不甘落后。1984年11月，东京纺织品交易所、东京橡胶交易所、大阪纤维交易所和东京黄金交易所合并为日本最大的东京工业品交易所。1999年12月新加坡股票交易所（SES）与新加坡国际金融交易所（SIMEX）合并为新加坡交易所（SGX）。2003年6月，香港期货交易所（FEHK）与香港联合交易所（SEHK）合并为香港交易所（HKEX）。2007年1月，日本的中央日用品交易所与大阪商业交易所完成合并。2012年，香港交易及结算所有限公司收购伦敦金属交易所（LME），表明我国也积极介入国际期货市场的兼并浪潮。

各期货交易所通过合并实现大型化、综合化，增强竞争实力的同时，积极挂牌上市以外国金融工具为对象的期货合约，呈现出交易全球化的趋势，进一步争夺全球市场交易份额。各交易所和经纪公司还通过在国外开设分支机构，开发国外市场，积极吸纳外国会员，参与本所期货交易；通过开设夜场交易，方便不同时区的外国客户；上市相同合约的各交易所联网，建立相互对冲体系。如 2004 年 2 月，欧洲期货交易所 (EUREX) 在芝加哥开设分所，上市了 CBOT 的主要品种美国国债期货。

2015 年 11 月 18 日，由上海证券交易所、德意志交易所集团、中国金融期货交易所共同出资成立的中欧国际交易所，在德国金融之都法兰克福开业，首批人民币计价产品上线。中欧所设立的初衷是向欧洲及全球投资者提供以人民币资产为标的的产品和服务，开业初期主要上市以人民币计价和结算的证券现货产品，待条件成熟时再上市金融衍生品。中欧所的顺利开业，标志着中德双方共同建设的欧洲离岸人民币证券市场正式开始运行，这既是人民币国际化进程中重要的组成部分，也是上证所和中金所国际化战略进展的重要标志，代表着我国交易所的"走出去"，对加快期货市场双向开放步伐、提升我国经济话语权和经济软实力具有重要意义。

（四）金融期货发展势不可当

近 20 年来，金融期货的交易量已远超商品期货，商品期货在期货总交易量中的份额呈明显下降趋势，金融期货占期货总交易量的份额呈不断上升趋势。

在公司化、电子化、全球化的发展趋势下，全球期货期权市场迎来了快速发展的黄金期。

第二节　期货结算机构

期货结算机构是期货市场的重要组成部分。1925 年芝加哥期货交易所成立结算公司 BOTCC，所有交易都要进入结算公司结算，现代意义的期货结算机构由此诞生。

一、期货结算机构的职能

期货结算机构是负责期货交易统一结算，收取并管理交易保证金，控制结算风险的机构。期货结算机构的职能包括结算交易盈亏、担保交易履约和控制市场风险。

（一）结算交易盈亏

期货交易的盈亏包括平仓盈亏和持仓盈亏。每一交易日结束后，期货结算机构对每一会员账户的盈亏进行结算。结算完成后，采用电子传输方式向会员发放当日盈亏结算单数据，会员以此作为对客户盈亏结算的依据。

（二）担保交易履约

买卖双方达成每笔期货交易后，都需要向期货结算机构缴纳交易保证金，由期货结算机构替代原始交易对手，承担保证每笔交易按期履约的责任，交易双方不再有任何联系，只与结算机构发生联系。如果一方因主观或客观原因不履行期货合约的义务，期货结算机构将代其履行合约义务，因此大大降低了期货交易的信用风险。

正是由于期货结算机构替代了原始交易对手，结算会员及其客户才可以随时冲销合约而不必征得原始交易对手的同意，使得以对冲平仓方式免除期货合约履行义务的机制得以运行。

(三) 控制市场风险

结算机构担保履约，是通过结算会员的交易保证金和动态监控会员账户结算准备金余额实现的。不论期货市场状况如何变化，期货结算机构都要求会员结算准备金余额保持在规定的水平之上。

当市场价格的不利变动导致会员亏损、结算准备金余额低于规定水平时，结算机构就要向会员发出追加保证金的通知。会员收到通知后应在次日开盘前补充保证金，使结算准备金余额达到规定水平，否则结算机构有权对会员的持仓进行强制平仓。如果合约价格剧烈波动，结算机构可以随时向会员发出追加保证金的通知，要求会员在 1 小时内补足结算准备金。

通过对会员结算准备金的监控，结算机构就把市场风险有效控制在可接受的范围内，保证了期货市场平稳运行。

二、期货结算机构的组织形式

根据与期货交易所的不同相互关系，期货结算机构的组织形式分为两种。

一种是期货结算机构作为期货交易所的内部机构，只为本交易所提供结算服务。这种组织形式的结算机构由交易所直接控制，便于交易所全面掌握交易者的资金、头寸情况，及时控制市场风险，但这种形式的结算机构承担风险的能力有限。

另一种期货结算机构是独立的公司，可以为一家或多家期货交易所提供结算服务。这种组织形式可以保持交易与结算的相互独立性，防止运作不规范的交易所在利益驱使下出现违规行为。交易所和结算机构各为独立法人，利益冲突在所难免，需要付出一定的沟通与协调成本。

我国的期货交易所目前均采用第一种组织形式。

三、期货结算制度

国际上，结算机构通常采用分级结算制度，大体分为 3 个层级。

第一个层级是由结算机构对本机构的结算会员进行结算。结算会员是交易所中资金雄厚、信誉良好的期货公司或金融机构。

第二个层级是结算会员对非结算会员或结算会员对自己代理的客户之间的结算。

第三个层级是非结算会员对自己代理的客户进行结算。

这种"金字塔"形的分级结算制度，通过多层级结算，逐级承担、化解期货交易风险，形成多层次的风险控制体系，提高了结算机构整体的抗风险能力，保证了期货交易的安全性。实践证明，这种分级结算制度有利于建立期货市场风险防范的防火墙。

四、我国境内期货结算概况

我国境内四家期货交易所的结算机构均是交易所的内部机构，因此期交所既提供交易服务，也提供结算服务。期货结算机构的职能除了结算交易盈亏、提供集中履约担保和监督会员交易行为、控制市场风险外，还需监管指定交割仓库，组织并监督交割。

四家期货交易所中，三家商品期货交易所采用全员结算制度，中国金融期货交易所采用会员分级结算制度。

（一）全员结算制度

上海期货交易所、郑州商品交易所、大连商品交易所实行全员结算制度，交易所的会员既是交易会员，也是结算会员，不区分结算、非结算会员。在这种制度下，交易所对会员结算，会员对其受托客户结算（图2.1）。

实行全员结算制度的交易所会员，由期货公司会员与非期货公司会员组成。期货公司会员按照中国证监会批准的业务范围开展相关业务，代理客户进行期货交易。非期货公司会员不能从事《期货交易管理条例》规定的期货公司业务。

（二）会员分级结算制度

中国金融期货交易所采用会员分级结算制度，将会员分为结算会员与非结算会员。结算会员具有与交易所进行结算的资格，可以从事结算业务；非结算会员不具有与交易所进行结算的资格。交易所对结算会员进行结算，结算会员对受托客户或非结算会员进行结算。这种会员分级结算制度接近于国际上普遍采用的结算制度。

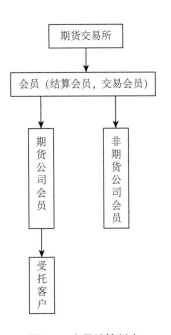

图2.1　全员结算制度

结算会员按业务范围细分为交易结算、全面结算、特别结算三类会员。结算权限越大，交易所对会员的资本金、盈利等资信状况的要求就越高。

交易结算会员只能为其受托客户办理结算、交割业务。

全面结算会员可以为其受托客户，也可以为与其签有结算协议的交易会员办理结算、交割业务。

特别结算会员只能为与其签有结算协议的交易会员办理结算、交割业务（图2.2）。

中国金融期货交易所的非结算会员即交易会员，可以从事经纪、自营业务，但不具备直接与中金所结算的资格，需要通过结算会员进行结算。

实行会员分级结算制度的期货交易所，应当配套建立结算担保金制度。结算担保金是指由结算会员依交易所规定以自有现金缴存的、用于应对结算会员违约的共同担保金，属于结算会员所有。所有结算会员都有义务共同承担市场出现的重大风险，确保市场正常运行。

结算担保金分为基础结算担保金和变动结算担保金。基础结算担保金，是指结算会员参与交易所结算、交割业务必须缴纳的最低结算担保金数额。变动结算担保金，是指结

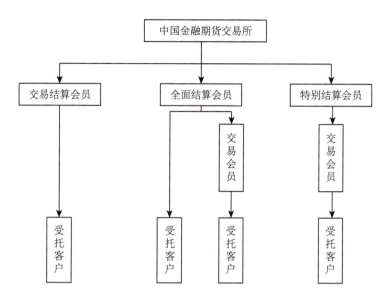

图 2.2　中金所会员分级结算制度

算会员缴纳的结算担保金中，超出基础结算担保金的部分，随结算会员业务量的变化而调整。

第三节　期货公司

期货公司又称期货经纪公司，在我国是指依照《公司法》《期货交易管理条例》《期货经纪公司管理办法》成立的，接受客户委托、代理客户进行期货交易并收取交易佣金的非银行金融服务组织。期货公司需要申请，成为期货交易所会员，取得场内交易席位，才能代理客户进行期货交易。

一、期货公司的职能

期货公司连接着期货投资者与期货交易所、期货结算机构，在期货市场发挥着以下重要职能：

(1) 代理客户入市交易。作为期货交易所的会员，期货公司根据客户交易指令，代理客户买卖期货期权合约，办理结算、交割手续，交易结果由客户承担；对客户账户进行管理，控制其交易风险。

(2) 为客户提供期货市场信息，提供相关交易咨询，充当客户的交易顾问。

(3) 进行投资者教育，为潜在客户提供交易技术、相关知识的培训，普及期货期权市场知识。

二、期货公司的设立条件

根据我国《期货经纪公司登记管理办法》，设立期货公司应当具备以下条件：

(1) 有符合规定的公司名称。
(2) 有规范的公司章程。
(3) 有固定的经营场所和合格的通信设施。
(4) 注册资金在 3 000 万元人民币以上。
(5) 具有期货从业资格的人员不少于 15 人，具备任职资格的高级管理人员不少于 3 人。
(6) 法定代表人及其他高级管理人员符合国家有关规定。
(7) 有完善的组织机构和健全的财务会计制度。
(8) 法律、法规规定的其他条件。

经过政府主管部门批准，办理登记注册手续后，期货公司才能开业。

三、期货公司的组织机构

期货公司的组织机构如图 2.3 所示。

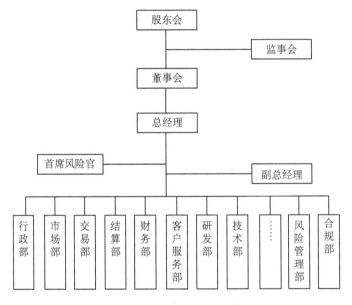

图 2.3　期货公司组织机构

股东会是期货公司的权力机构，其职责包括：决定公司的经营方针、投资计划；选举、更换董事、监事，决定其报酬；审议批准董事会、监事会报告、公司年度财务预算、决算方案、公司利润分配、补亏方案；对增减注册资本、公司合并、分立、解散、清算等作出决议；修改公司章程等。

董事会是股东会的常设机构，其职责包括：召集股东会会议，由董事长主持；对股东会负责，行使《公司法》规定的职权；审议并决定客户的期货交易保证金安全存管制度，确保客户资产安全；审议并决定公司的风险管理、内部控制制度；审议并决定公司的创新业务合规性及相应风险防范机制的建立等。

监事会是期货公司的监督机构，其职责包括：检查公司财务；监督董事、高级管理人员执行公司职务的行为，对违反法律、行政法规、公司章程或股东会决议的董事、高级管理人员提出罢免建议；要求董事、高级管理人员纠正损害公司利益的行为；提议召开临时股东会，在董事会不履行《公司法》规定的召集和主持股东会会议职责时，召集和主持股东会会议；向股东会会议提出提案等。

总经理负责期货公司的日常经营管理工作，其职责包括：主持公司经营管理工作，实施董事会决议；实施公司年度经营计划和投资方案；拟定公司内部管理机构设置方案、公司的基本管理制度；制定公司具体规章；提请聘任或解聘公司副经理、财务负责人；董事会授予的其他职权。

首席风险官，是负责监督检查公司经营管理行为的合法合规性、风险控制的公司高级管理人员，对董事会负责。期货公司应当设首席风险官。首席风险官发现公司占用、挪用客户保证金等违法、违规行为或可能发生风险，应当立即报告中国证监会派出机构和公司董事会。首席风险官不履行职责的，中国证监会及其派出机构有权责令更换。期货公司拟解聘首席风险官，应当有正当理由并向中国证监会派出机构报告。

期货公司的部门设置。期货公司一般设置有：客户服务、交易、结算、交割、风险控制、财务、研发、网络工程、行政等业务部门。各部门的主要职责是：

客户服务部负责开发客户，签订期货经纪合同，为客户办理开户手续，管理客户档案资料、市场调研和客户回访等。

交易部负责代理客户交易，将成交结果传送给客户。

结算部负责对接期货交易所、中国期货保证金监控中心、本公司与全体客户之间的全部账目结算。每日收盘后根据交易结果和交易所的有关规定，计算客户的交易盈亏、交易保证金、手续费，划拨有关款项，结算的结果应及时报送中国期货保证金监控中心和以电子传输方式送达客户。

交割部负责到期未平仓期货合约的标的商品交收和货款交接，处理有关交收文件和货物往来。也有公司将结算与交割合并为一个部门。

风险控制部负责管理和监控公司经营风险，控制客户资金风险。

技术部负责公司网络、计算机系统的规划，交易软件信息系统的维护升级、安全运行，客户交易数据库系统的优化升级、数据备份等。

研发部负责收集、分析、研究、预测期货市场信息，提供商品期货和金融期货的研究日报、周报、月报和年报，为高端客户提供及时、准确信息、各种专项报告及投资策略；协助业务部门完成对目标客户的开发与咨询；对客户和公司员工进行新业务知识培训；提出公司发展规划等。

财务部的主要职责，包括贯彻落实《会计法》等法律法规，正确进行会计核算，反映和监督公司各项财务收支和经济活动，定期编制各项财务报表、监管报表；单独设立每个客户的保证金账户，封闭运行，为客户出入金等提供相关服务；进行公司成本核算、控制、考核、分析、预测，评价公司当前和未来的财务状况和盈利能力。

人力资源部、行政部，负责公司的人力资源、行政管理、后勤保障等工作。

四、我国期货公司的经营管理

期货市场是高风险市场,期货公司要适应市场和行业特点,需要构建行之有效的法人治理结构,有明确的股东会会议制度、完善的董事会制度、独立董事制度和监事会制度,有董事、监事、高级管理人员的资格准入制度;要建立公司风险控制体系,稳健经营,确保客户的交易安全与公司资产安全。

我国对期货公司实行业务许可证制度,由中国证监会按照商品期货、金融期货业务种类颁发业务许可证。期货公司可以申请经营境内期货经纪业务、期货投资咨询业务、资产管理业务,也可申请境外相关业务。

期货经纪业务,是指代理客户进行期货交易,并收取交易佣金的业务。

期货投资咨询业务,是指基于客户委托开展的期货研究分析、期货交易咨询、风险管理顾问等营利性业务。其中,期货研究分析包括分析期货市场及相关现货市场价格与影响因素,提供分析报告;期货交易咨询包括为客户设计套期保值、套利等投资方案,拟定期货交易操作策略;风险管理顾问包括协助客户建立风险管理制度、操作流程,提供风险管理咨询、业务培训等。

资产管理业务,是指接受客户委托,根据有关法规规定和合同约定,运用客户委托资产进行投资,收取费用或报酬的业务。

进行投资者教育是期货公司的一项常规工作。专业化的投资者教育工作,是加强公司与机构投资者联系的纽带,体现出期货公司的综合服务能力。

五、期货公司营业部的经营管理

期货公司对营业部的经营管理,要严格执行《期货交易管理条例》《期货公司管理办法》《期货营业部管理规定》等法规。公司应统一制定营业部内控制度与内部合规检查制度,对营业部实行统一结算、统一风险管理、统一资金调拨、统一财务管理及会计核算;每年对营业部进行1次以上经营合规情况的现场检查。

营业部应当设置市场开发、开户与合同管理、交易、信息技术管理、财务等业务岗位或部门,确保前、中、后台业务分开。

第四节　其他期货市场中介与服务机构

期货市场上除了期货公司外,还有证券公司IB(Introducing Broker,简称券商IB)、居间人、期货信息资讯机构、期货保证金存管银行、交割仓库等其他期货市场中介与服务机构。

一、券商IB

券商IB是指符合条件的证券公司,受期货公司委托,根据我国《证券公司为期货公司提供中间介绍业务试行办法》,将客户介绍给期货公司,并为客户开展期货交易提供相关服务。证券公司目前只能为其全资拥有或者控股的期货公司,从事介绍业务,不能为其他期货公司介绍业务。

我国期货投资者现在可以通过券商 IB 协助开立期货账户。期货公司因此向证券公司提供的中间介绍业务支付一定的佣金。

二、居间人

期货居间人是指独立于期货公司和客户之外，接受期货公司委托，利用自己的客户资源和信息渠道，为期货公司居间介绍客户，独立承担基于居间法律关系产生的民事责任的自然人或组织。

居间人从事居间活动服务，有按合同规定收取酬金的权利，但无权代表期货公司签订《期货经纪合同》，也无权代表客户下达交易指令、调拨资金，不能从事期货投资咨询、代理交易业务。

三、期货信息资讯机构

期货信息资讯机构为市场提供期货行情软件、交易系统及相关信息资讯服务，是期货交易（网上交易）运行不可或缺的服务机构。期货交易系统的稳定性、信息传输的速度对投资者获取投资收益至关重要。

期货信息资讯机构通过提供差异化、稳定、快捷的交易系统来满足不同类型期货公司的需求。

四、期货保证金存管银行

期货保证金存管银行是由交易所指定，协助交易所办理期货交易结算业务的期货服务机构。商业银行经交易所同意成为存管银行，并签订存管协议后，享有相关权利并需履行相应的义务。交易所有权对存管银行的期货结算业务进行监督。

期货保证金存管银行的设立是国内期货市场保证金封闭运行的必要环节，是保障投资者资金安全的重要组织机构。

五、交割仓库

交割仓库是商品期货进入实物交割环节，提供交割服务和生成标准仓单必经的期货服务机构。在我国，交割仓库是由具备交易所规定的资产数额、齐全完好的设备、训练有素的专业人员、严格完善的仓储管理制度、良好的交通运输条件、较强的抗风险能力、财务状况和商业信誉良好的仓储单位，经申请并获得期货交易所审批后，成为交易所指定的、为期货合约履行实物交割的期货服务机构。交割仓库应与交易所签订协议，明确双方的权利义务。

期货的交割在交易所统一组织下进行。指定交割仓库的日常业务为商品入库、商品保管和商品出库三部分，应该保证优先办理期货交割商品的入库、出库。

指定交割仓库不得出具虚假仓单、限制交割商品出入库、泄露与期货交易有关的商业秘密，不能从事交易所和中国证监会禁止的其他行为。

除了以上期货中介与服务机构外，期货市场还有会计师事务所、律师事务所、资产评估机构等，为期货市场参与者提供相关服务。

第五节　期货投资者

期货投资者是期货市场的主要参与者。不同类型的投资者根据自身承受的不同风险和拥有的资本实力，以各种方式参与高风险的期货市场，以规避风险或博取风险收益。

一、期货投资者按不同的入市目的和投资策略划分

（一）对冲交易(套期保值)者

对冲交易(套期保值)者是指把期货市场作为转移价格风险的场所，以持有反方向期货头寸来对冲现货资产(商品或金融工具)市场风险的交易者。商品期货的对冲交易者通常是该商品的生产商、加工商和贸易商；金融期货的对冲交易者通常是进出口商和银行、证券公司、保险公司等。

（二）投机者

投机者是指运用自有资金，通过买卖期货合约，对资产价格的上涨下注或对资产价格的下跌下注，以获取价差收益的交易者。

（三）套利者

套利者是指发现相同品种不同交割月份的期货合约之间、不同品种的期货合约之间、不同期货交易所的期货合约之间、某资产的期货市场与现货市场出现不合理的价差，通过同时开仓买进卖出两个或更多的相关合约(资产)，持有至相关合约(资产)恢复到合理价差时，同时平仓相关合约(资产)来赚取无风险价差的个人或机构。

二、期货交易者按不同的身份划分

（一）个人投资者

参与期货交易的自然人，是个人投资者。

（二）机构投资者

与自然人相对的法人投资者，统称为机构投资者，包括生产商、加工商、贸易商，以及金融机构、养老基金、投资基金、对冲基金等。机构交易者相比个人交易者，在资金实力、风险承受能力和交易的专业能力方面更具有优势，是稳定期货市场的重要力量。

我国期货市场还将机构投资者区分为特殊法人客户和一般法人客户。特殊法人客户是指需要按法律、法规规定对资产分户管理的证券公司、基金管理公司、信托公司、社会保障基金、合格境外机构投资者等客户。特殊法人客户以外的属于一般法人客户。

根据机构投资者与期货品种的现货产业是否有关联，可以将机构投资者分为产业客户机构投资者和专业机构投资者。产业客户机构投资者是指与现货产业有关联的实体生产、贸易企业。专业机构投资者包括商品投资基金、对冲基金和有资产管理业务资格的期货公司等。

三、专业机构投资者按投资领域不同划分

(一) 商品投资基金

商品投资基金 (Commodity Pool),是指集合广大投资者的资金,委托给专业投资机构,并通过商品交易顾问 (CTA) 进行期货与期权交易,投资者承担投资风险并享受投资收益,是类似共同基金利益共享、风险共担的集合投资方式。

商品投资基金与共同基金的主要差异,在于商品投资基金专注于场内交易的期货、期权,不涉及股票、债券和其他基础金融资产,给中小投资者提供了通过专业机构参与衍生品投资,分享多元化投资的收益。

不同国家的商品投资基金,组织结构不尽相同。美国的商品投资基金组织结构如下:

(1) **商品基金经理 (CPO)**。是基金的主要管理人,是基金的设计者和运作的决策者,负责选择基金的发行方式,选择基金主要成员,决定基金投资方向等。

(2) **商品交易顾问 (CTA)**。是期货投资专家,可以指导或建议他人交易,或通过传媒向大众提供投资建议和咨询获取报酬。

在商品投资基金中,商品交易顾问受聘于商品基金经理,对商品投资基金进行具体的交易操作,决定投资衍生品的操作策略。

(3) **交易经理 (TM)**。交易经理受聘于商品基金经理,负责帮助商品基金经理挑选商品交易顾问,监视商品交易顾问的交易活动,控制风险,以及在商品交易顾问之间分配基金。

(4) **期货佣金商 (FCM)**。是接受客户指令和资产、为商品交易顾问提供交易通道的期货经纪公司。FCM 负责执行 CTA 发出的交易指令,管理期货头寸与保证金。许多期货佣金商同时也是商品基金经理或交易经理,为客户提供投资于商品投资基金的机会。

(5) **托管人 (Custodian)**。为了充分保障基金投资者的权益,防止基金资产被挪用,商品基金经理通常委托一个有资格的托管人机构,负责保管基金资产和监督基金运作。

托管人一般由商业银行等独立金融机构担任,负责记录、报告并监督基金的交易运作,保管基金资产,办理交易的交割事项,签署基金决算报告等。

商品投资基金五个当事人之间的关系如图 2.4 所示。

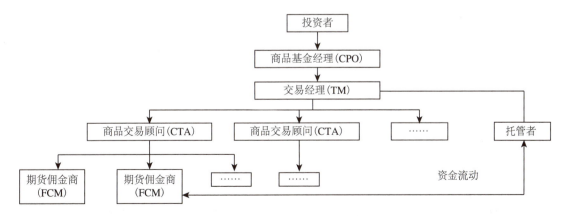

图 2.4　商品投资基金组织结构

(二) 对冲基金

对冲基金 (Hedge Fund)，又称避险基金，是指"风险对冲过的基金"。对冲基金的运作宗旨是利用期货、期权等衍生品，进行对冲、投机和套利交易，特别是经常运用对冲的方法，去冲销基础证券市场的风险，锁定套利机会。

与共同基金类似，对冲基金也是利用客户的资金进行投资。不同于共同基金的公开募集资金、必须公开投资策略、不能利用杠杆效应、不能卖空交易、保证基金份额随时可以兑现、受到严格监管等特点，对冲基金不能公开募集资金，资金私募于较富有、成熟的客户，不受严格监管，可以采用较为复杂且有独到见解的投资策略，通过做多、做空及杠杆（融资）交易，投资于公开市场上的各种货币、外币证券和衍生工具，收费较高，可能高达管理资产的 1%～2% 再加上盈利的 20%。

对冲基金按照操作方式和投资者人数，分为美国对冲基金和离岸对冲基金两类。美国对冲基金以有限合伙制为主，由发起设立基金、制定基金投资策略和负责基金日常管理的个人或机构担任一般合伙人，加上若干数量有限、权利和责任也有限的有限合伙人出资共同组成，受美国法律制约。离岸对冲基金的投资者人数、投资策略不受国内法律限制。

对冲基金按交易策略可以分为低风险对冲基金、混合型对冲基金和高风险对冲基金。

经过几十年的发展，对冲基金已演变成一种十分普遍，充分利用各种金融衍生品的杠杆效应，承担较高风险、追求较高收益的投资模式，有的对冲基金规模已经高达 1 万亿美元。

(三) 对冲基金的基金

对冲基金的基金。随着对冲基金的发展，对冲基金的组合基金出现了。这是将募集的资金投资于多个对冲基金，通过针对对冲基金的组合投资，而不是针对股票、债券等基础证券的投资，以实现风险分散的目的。目前，对冲基金的组合基金约占对冲基金行业份额的 20% 以上，已成为对冲基金行业的重要组成部分。

第六节　期货市场监管与风险控制

作为风险管理工具的期货市场，本身就具有风险。深入了解期货市场的风险类型、成因、监管体系和风险控制，在实践中自觉加强风险管理与防范，对期货市场的正常运行具有重大的现实意义。

一、期货市场风险类型与识别

(一) 期货市场风险的类型

狭义的风险定义认为，风险表现为未来结果的不确定性，这种不确定性只会带来损失，没有获利的可能性。广义的风险定义认为，风险表现为损失的不确定性，未来结果可能是损失、获利或者是无损失也无获利。期货市场的风险属于广义的风险，风险与收益成正比。按照风险偏好的不同，对冲（套期）保值者属于风险厌恶者，投机交易者属于风险偏好者。

1. 按照风险是否可控划分

(1) 不可控风险是指风险的产生与形成无法由市场主体控制，来源于期货市场以外，能对市场主体产生广泛影响的风险。例如异常恶劣的气候、突发性的自然灾害等自然因素，国家政局动荡、全球性金融危机、战争等政治、经济、社会因素等引起宏观环境变化；政府制定和实施的各种宏观管理政策带有一定的主观性，是否合理也会给市场主体带来直接或间接的风险。

(2) 可控风险是指市场主体通过采取相关措施，可以控制或管理的风险。例如交易所的技术、管理风险，交易者投机风险等，这是期货市场风险管理的重点。

2. 按照市场主体行为导致的风险划分

(1) 交易者风险。交易者是期货市场最基本的主体。投机者利用自有资金进行交易并承担风险，目的是获取风险利润，既可能获得高收益，也可能遭受重大损失；套期保值者与投机者的区别在于，其期货市场大盈大亏的不确定性可以由现货市场头寸对冲掉，但也存在因基差不利变动、管理不善导致套保失败的风险。

(2) 期货公司风险。期货公司是交易者与交易所之间的桥梁，是自负盈亏的经营主体，面临着：在利益驱使下，违法违规经营，损害客户利益遭受监管部门处罚；管理不善、从业人员缺乏职业道德或操作失误等给自身、客户甚至整个市场带来风险；对客户交易的风险控制出现疏漏，客户爆仓导致公司损失的风险。

(3) 期货交易所风险。交易所是期货市场一线的微观管理者，如果风险管理制度不健全或执行风险管理制度不严、纵容交易者违规操作会造成管理风险；如果计算机交易系统或通信信息系统出现故障会带来技术风险。

(4) 政府监管部门风险。为使期货市场协调、平稳发展，发挥其应有的经济功能，政府需要制定、实施相关的政策、法规，规范市场主体行为，对期货市场进行监管。政府宏观政策失误、政策频繁变动、对期货市场监管不力、法制不健全等，均会给期货市场带来风险。

3. 按照风险来源划分

(1) 市场风险。市场风险是因价格变动导致持有的期货合约价值发生变化的风险，是交易中最常见的风险，来源于自然、社会、政治法律、技术、心理因素等方面。市场风险可细分为利率风险、汇率风险、权益风险、商品风险等。

(2) 信用风险。信用风险是指由于交易对手不履行合约责任导致的风险。在现代期货交易的风险分担机制(交易所或期货结算机构担保履约责任)下，发生信用风险的概率极小，但在重大风险事件发生、风险监控制度不完善时，也可能发生信用风险。

(3) 流动性风险。流动性风险可分为流通量风险和资金量风险。流通量风险是指市场无法及时以合理价格建立期货合约头寸或了结头寸的风险。在市况急剧走向某个极端时，或因进行了某种特殊交易想处理资产但不能实现时，容易产生这种风险。通常用市场的广度和深度来衡量期货市场的流动性。广度是指在既定价格水平下，市场满足投资者交易需求的能力。如果买卖双方都能在既定价格水平下获得所需的交易量，市场就是有广度的；

如果买卖双方在既定价格水平下交易要受到成交量的限制，市场就是狭窄的。**深度**是指市场对大额交易需求的承接能力。如果数量很小的交易需求就使价格大幅上涨，市场就缺乏深度；如果数量很大的交易需求对价格没有大的影响，市场就是有深度的。流动性高的市场，稳定性也高，市场价格更加合理。**资金量风险**是指当交易者的资金无法满足保证金要求时，其持有的头寸面临强制平仓的风险。

(4) 操作风险。**操作风险**是指因信息系统或内部控制方面的缺陷导致意外损失的可能性，主要包括：一是因负责风险管理的计算机系统出现差错，导致不能正确把握市场风险，或因计算机操作错误而破坏数据的风险；二是储存交易数据的计算机因灾害或操作错误引起损失的风险；三是因工作责任不明确或工作程序不恰当，不能进行准确结算或发生作弊行为的风险；四是交易操作人员指令处理错误、不完善的内部制度与处理步骤等造成的风险。

(5) 法律风险。**法律风险**是指在期货交易中，由于相关行为（如签订合同、税收处理等）与相应的法规冲突，导致无法获得期待的经济效果的风险。如投资者与无期货代理资格的机构签订期货经纪合同，是不受法律保护的，通过这种机构进行期货交易就面临法律风险。

(二) 期货市场风险的成因

期货市场风险的成因主要有 4 个方面：价格波动、保证金交易的杠杆效应、交易者非理性投机和市场机制的不完善。

(1) **价格波动**。期货价格具有远期性、预期性，通常受到很多不确定因素的影响。期货市场特有的运行机制，会加剧期货价格波动的频度乃至出现异常波动，从而产生风险。

(2) **保证金交易的杠杆效应**。只需支付期货合约价值 5%～15% 的交易保证金，就可以买卖 100% 价值的期货合约。期货市场这种以小搏大的高杠杆效应，吸引了众多投机者参与，也放大了期货价格波动的风险，仅小幅价格波动就可能使交易者损失大量保证金，这是期货市场高风险的主要原因。

(3) **交易者非理性投机**。投机者是期货交易的重要一方，他们既承担价格风险，也参与价格发现，在提高期货市场流动性的同时，促进了合理价格的形成。但是，在风险管理制度不健全、制度实施不严格的市场，投机者受利益驱使，容易利用自身的资金、信息等优势进行操纵市场的违法行为。这种行为扰乱了正常的市场交易秩序，造成不公平竞争，扭曲了期货价格，给其他交易者带来交易风险。

(4) **市场机制的不完善**。在期货市场发展过程中，由于相关管理法规、市场机制不健全的原因，始终存在流动性风险、结算风险、交割风险等风险。监管部门应该高度重视，及时出台、修订、完善各项法规，不断优化市场交易机制，避免交易者因市场机制不完善而承担风险。

(三) 期货市场风险管理原理

1. 风险管理的基本流程

风险管理是指识别风险、预测和度量风险、选择有效手段处理或控制风险，把风险降低到最低水平的管理过程。

(1) 风险识别。**风险识别**是风险管理的首要环节。只有在全面识别各种风险的基础上，才能预测风险可能造成的危害，从而选择有效手段应对风险。市场主体在实践中可以采用风险列举法、流程图分析法、分解分析法来识别风险。

①风险列举法，是指风险管理部门按照业务流程，列举出各个业务环节存在的风险。

②流程图分析法，是指风险管理部门全面分析整个业务过程，逐项分析各个环节潜在的风险因素。

③分解分析法，是指把一个复杂的大系统分解为若干个简洁的小单元，从而能够分辨出较深层次的潜在风险。例如故障树分析法，就是以图示的方法来分析、判断、找出引起事故的原因、导致风险发生的失误。

(2) 风险的预测和度量。**风险的预测**是指运用科学方法，分析、研究搜集到的统计资料、风险信息和风险性质，进而估算和衡量各项风险的频度和强度，为选择适当的应对措施提供依据。度量市场风险的 VaR 风险价值法，已成为目前金融界测量市场风险的主流方法，摩根推出的计算 VaR 的模型被众多金融机构广泛采用。

(3) 风险控制。**风险控制**的最高境界是消除风险，包括以下两个内容：

一是选择风控措施，这是经成本收益权衡后的结果。例如大幅提高保证金比例，可以消除客户爆仓风险，但会导致客户放弃交易，降低市场流动性，使交易所和期货公司面临经营风险。又如交易所推出创新业务，肯定具有风险，若拒绝风险抵制创新，将牺牲整个市场的效率。

二是制定切实可行的应急预案，当风险发生后，实施预案将损失控制在最低限度。

2. 风险管理的特点

期货市场中各利益主体面临的价格风险是不一样的，各自风险管理的内容、重点和风控措施也不一样。

(1) 期货交易者。期货交易者面临着可控风险和不可控风险。可控风险中最主要的是对交易规则不熟悉引发的风险。不可控风险中最直接的是价格风险。投机交易目的是获取风险报酬，交易者必须在风险与报酬之间取得平衡。风险承受能力强的投机者可选较激进的投机方法，风险承受能力弱的投机者应选风险小的投机方法，如进行套利交易。对冲的套期保值者主要面临不可控的基差风险。

(2) 期货公司和交易所。期货公司和交易所主要面临管理风险，表现在两个方面：

一是期货公司管理客户与交易所管理会员中存在风险。当价格波动导致交易者爆仓，就构成期货公司的风险；当期货公司发生重大损失，就构成期货交易所的风险。对这两个市场中介而言，严格风险控制制度，防范风险损失是风险管理的重中之重。

二是因自身管理问题破坏正常交易秩序，导致成为引发行业风险的来源。例如期货公司或交易所的计算机系统出现故障，大面积影响客户交易等风险。

二、"五位一体"的监管体系

为了规范期货市场各利益主体的行为，保护各方的合法利益和社会公共利益，维护期货市场的正常秩序，需要政府依法行政，对期货行业实施全方位的监管。2007年8月，中国证监会根据《期货交易管理条例》及相关法规，发布了《期货监管协调工作规程（试行）》，建立了中国证监会、证监局、期货交易所、中国期货保证金监控中心和中国期货业协会"五位一体"的期货监管协调工作机制。按照"统一领导、共享资源、各司其职、各负其责、密切合作、合力监管"的原则，监管协调机制各方形成了一个分工明确、协调有序、运转顺畅、反应快速、监管有效的工作网络，保证了监管工作的顺利进行和监管效能的有效发挥。

（一）中国证监会

中国证监会是国务院直属正部级事业单位，依照法律、法规和国务院授权，对期货市场实行集中统一的监督管理，维护期货市场秩序，保障期货市场合法运行。中国证监会为防范市场风险，规范市场运作，出台了《期货交易所管理办法》《期货公司管理办法》《期货公司董事、监事和高级管理人员任职资格管理办法》《期货从业人员管理办法》《期货市场客户开户管理规定》等一系列行政规章和规范化文件，对期货交易所、期货公司（含期货从业人员）、交易者等市场各类主体进行行政管理，履行监督管理中国期货市场的具体职责。

在"五位一体"监管体系中，中国证监会负责监管协调机制的规则制定、统一领导、统筹协调和监督检查。

（二）证监局

各省、自治区、直辖市、计划单列市的证监局是中国证监会的派出机构，由中国证监会垂直领导，共同对我国证券期货市场实行集中统一监管。

各地证监局的主要职责是：根据中国证监会授权，对辖区内的上市公司，证券、期货经营机构，证券期货投资咨询机构和从事证券期货业务的律师事务所、会计师事务所、资产评估机构等中介机构的证券、期货业务活动进行监督管理，查处辖区范围内的违法、违规案件。

在"五位一体"监管体系中，证监局的具体工作包括监管期货公司的净资本，监管保证金安全，监管期货公司的董、监、高人员，处置期货公司风险等工作。

（三）中国期货业协会

中国期货行业协会（以下简称协会），是依法于2000年12月29日成立的全国期货行业自律性组织，为非营利的社会团体法人，由会员、特别会员和联系会员组成。会员是指经中国证监会审核批准设立的期货公司、从事期货业务或相关活动的机构。特别会员是指经中国证监会审核批准设立的期货交易所。联系会员是指经各地民政部门批准设立的地方期货业社会团体法人。期货公司及其他专门从事期货经营的机构应当加入期货业协会，缴纳会员费。期货业协会的权力机构为全体会员组成的会员大会。协会的章程由会员大会制定，并报中国证监会备案。协会接受业务主管单位中国证监会和社团登记管理机关民政部的指导和监管。

协会的宗旨是：在国家对期货业实行统一监管的前提下，进行期货业自律管理；发挥政府与期货业间的桥梁和纽带作用，为会员服务，维护会员合法权益；坚持期货市场的公开、公平、公正，维护期货业的正当竞争秩序，保护投资者的合法权益，推动期货市场的规范发展。

协会依据有关法律法规，履行的主要职责包括：教育和组织会员、从业人员遵守期货业法律法规和方针政策，制定行业自律性规则，建立健全期货业诚信评价制度，进行诚信监督；负责期货从业人员资格的认定、管理及撤销工作，组织期货从业资格考试、期货公司高管人员资质测试及行政法规、中国证监会授权的其他专业资格胜任能力考试，负责期货从业人员资格注册及自律管理工作；监督、检查会员、从业人员的执业行为，受理对会员、从业人员的举报、投诉并进行调查处理；受理客户与期货业务有关的投诉，对会员之间、会员与客户之间发生的纠纷进行调解等。

在"五位一体"监管体系中，协会的具体工作包括：对期货公司从业人员进行持续教育和业务培训，提高从业人员的业务技能和执业水平，按自律规则处罚违规人员；对期货公司从业人员进行保证金安全存管规定的培训，向投资者宣传期货保证金监控中心客户查询系统的功能，提醒投资者经常登录该系统核对客户权益；对期货公司董、监、高人员进行自律管理和业务培训，测试拟任董、监、高人员的资质；向会员提出期货公司风险处置自律要求，为风险处置营造好的外部环境。

（四）期货交易所

期货交易所是期货市场重要的自律监管机构，各国期货交易所的自律管理内容都包括：审查会员资格，监督交易运作规则和程序的执行，制定客户订单处理规范，规定市场报告和交易记录制度，实施市场稽查和惩戒，加强对制造假市场的监管。

我国的期货交易所，根据国务院《期货交易管理条例》，履行：提供交易场所、设施和服务；设计、安排合约上市；组织并监督交易、结算和交割；为期货交易提供集中履约担保等职责。根据中国证监会《期货交易所管理办法》，期货交易所还应当履行：制定并实施期货交易规则及其实施细则，发布市场信息，监管会员及其客户、指定交割仓库、期货保证金存管银行及其他期货市场参与者的期货业务，查处违规行为。

在"五位一体"监管体系中，期货交易所的具体工作包括：

(1) 在监管净资本中，负责提供期货交易等相关数据，参与定期或不定期现场检查，配合证监局或中国证监会采取相关监管措施。

(2) 在监管保证金安全中，负责监控期货公司的交易，发现异常情况应及时采取措施并通报给证监局。

(3) 在监管会员期货公司董、监、高人员中，依法对董、监、高人员进行自律管理；在处置期货公司风险中，依据相关法规及时采取相应措施参与市场风险处置。

（五）期货保证金监控中心

期货保证金监控中心是经国务院同意、中国证监会决定设立，并于2006年3月在国家工商总局注册登记的期货保证金安全存管机构，是非营利性公司制法人。

期货保证金监控中心接受中国证监会领导、监督和管理，主要职能是：建立和完善期货保证金监控、预警机制,及时发现并向证监会报告影响期货保证金安全的问题。为期货投资者提供期货交易结算信息查询等服务。代管期货投资者保障基金,参与期货公司风险处置。负责期货市场运行监测监控系统建设,承担期货市场运行监测监控、研究分析等工作。承担期货市场统一开户工作。为监管机构、交易所提供信息服务以及中国证监会规定的其他职能。

在"五位一体"监管体系中,期货保证金监控中心的具体工作包括:

(1) 在监管净资本中,负责提供期货保证金等相关数据,监控期货公司最低结算准备金是否符合监管要求,出现不符监管要求的情况,及时报告证监会。

(2) 在监管保证金安全工作中,协助研究保证金存管制度,负责保证金监控系统日常监控工作,向证监局通报保证金安全预警信息。

(3) 在处置期货公司风险工作中,及时预警和监控保证金缺口等风险,及时向证监局提供风险期货公司的相关数据。

(4) 按照资源共享原则的要求,建立并不断完善信息查询制度,根据监管需要为其他方开立查询端口,定期、定向发布信息等。未经证监会或信息提供方许可,不得提供信息给第三方,不得向社会提供信息。

三、期货市场风险控制

(一)交易所的风险控制

交易所是期货交易的直接管理者,监控交易所的风险是整个市场风险监控的核心。

1. 交易所的主要风险源

交易所的主要风险,源自监控执行力度和市场非理性价格波动。

(1) **监控执行力度**。为保证期货交易的顺畅进行,交易所制定有保证金制度、逐日盯市制度、最大持仓限制制度、大户报告制度等整套风险监控制度。发生风险的关键是交易所的监管行为因素,涉及是否有效、及时地执行监管措施,及时发现问题并及时处理,即执行监管制度的力度。

(2) **非理性价格波动风险**。价格频繁波动是期货市场生存与发展的基础。没有价格波动,套期保值者就无须回避价格风险,投机者也没有获取风险收益的机会,期货市场就无须存在。

理性(正常)的价格波动造成的风险,其大小在一定的范围内。非理性(异常)的价格波动造成的风险,则难以估量其范围。引起期货价格波动的因素很多,如合约设计缺陷、会员结构不合理、交易规则执行不当、监管措施不完善,尤其是人为操纵、过度投机等。其中人为的非理性投机因素是最直接、最核心的因素,它导致期货价格非理性波动,与现货市场价格背离,影响期货市场功能正常发挥。

还有两个与非理性价格波动风险紧密联系、互为因果的风险:

一是大户持仓风险。交易所如执行大户持仓限制制度不力,就可能发生大户垄断操纵、持仓过分集中,价格被操纵者左右或部位对峙难以流动,引发非理性价格波动风险,导致市场大亏大盈。

二是资金风险。当期货市场价格发生剧烈波动时，会员或客户的保证金不能满足交易所规定的要求，按当时价格平仓后账户的亏损大于权益，出现"爆仓"。如果市场出现大面积"爆仓"或巨额"爆仓"，将会是交易所和会员的灾难。

2. 交易所内部风险监控机制

正确建立和严格执行有关风险监控制度。交易所在加强前述风险监管制度的同时，还应采取以下措施加强风险监控：

制定适当的资本充足标准，加强资本充足性管理，防止信用风险发生。资本充足性要求是控制投资主体偿付能力风险、保证期货市场健全运行的重要监管工具。应要求投资主体提供额外资本以防止可能产生的巨额亏损，防止危及市场的连锁性信用风险发生。

根据资本额确定持仓限额。合理制定并及时调整保证金率，避免发生连锁性合同违约风险。加强清算、结算和支付系统管理，协调期货与现货市场，增强衍生产品的流动性，降低流动风险。加强交易系统的开发、维护、检修，防止因系统故障造成风险。加强合约的合理化设计，实行适当交易制度，保持交易的最大流动性。

建立监控交易全过程动态风险的机制。交易所应建立动态监控系统，全程监控交易运作：交易价位的变动、交易规模的变化、交易部位的转换、账户资金和持仓规模的比例等，以便及时掌握交易情况，做好风险防范。针对可能出现的非理性价格波动导致的大户持仓风险和资金（爆仓）风险，交易所更应建立风险异常监控系统，监控以下指标：

$$市场资金总量变动率 = \frac{当日市场资金总量 - 前N日市场资金总量}{前N日市场资金总量均值} \times 100\%$$

$$市场资金集中度 = \frac{\sum 前N名会员期货市场交易资金}{市场资金总量} \times 100\%$$

$$某合约持仓集中度 = \frac{\sum 交易资金处于前N名会员某合约持仓总量}{某合约的持仓总量} \times 100\%$$

$$某合约持仓总量变动比率 = \frac{当日某合约的持仓量}{前N日某合约的持仓量均值}$$

$$会员持仓总量变动比率 = \frac{当日合约持仓总量}{前N日某合约的持仓总量均值}$$

$$现价期价偏离率 = \frac{现货价格 - 期货价格}{现货价格} \times 100\%$$

$$期货价格变动率 = \frac{当日期货价格 - 前N日期货价格的平均价}{前N日期货价格的平均价} \times 100\%$$

一旦发现上述指标异动，应立即查明原因，采取相应措施予以控制、排解。

建立和严格管理风险基金。设立风险基金以应付会员无力偿还债务是必需的，当会员申请会籍时，须缴纳指定数目的保证基金，用于会员无力偿债；交易商交给结算机构的手续费，部分被用于专项设立的赔偿或风险基金。目前，我国期货交易所建立和管理的风险基金，由风险准备金和结算担保金组成。

风险准备金根据《期货交易管理条例》由期货交易所设立，资金来源于会员向交易所缴纳的手续费（占 20% 比例）和符合国家财政政策规定的其他收入，用于为维护期货市场正常运转提供担保和弥补不可预见风险造成的亏损。

结算担保金根据《期货交易管理条例》和期货交易所规定，由结算会员缴纳，用于担保结算会员的违约风险。

(二) 期货公司的风险控制

期货公司是期货交易的中介者和直接参与者，处于交易风险管控的核心位置，不但要管理好运营过程自身面临的各种风险，还应管理好客户交易可能产生的风险。

1. 期货公司的主要风险

管理风险。管理风险是指期货公司管理不当可能出现的损失，如客户尚未办理委托，就为客户代理交易，或客户资金尚未到位便允许客户开仓交易等。

价格预测风险。由于期货价格变化复杂，从业人员预测期货价格往往会出现偏差，如给客户造成损失，就会失去客户信任，损失客户资源。

业务操作风险。例如经纪业务，帮助客户制定有效的交易计划、建议客户进行合理的分散化投资、准确协助客户下单等，有赖于从业人员的业务经验，直接关系公司的业绩。

客户信用风险。客户违约直接导致期货公司代为履约造成损失。客户信用风险的原因，一是机构客户因法人代表变更、所有权变动、经营状况恶化等造成违约；二是因市场价格急剧变动，客户无力承受而违约。这要求期货公司全面了解客户资金信用状况。

技术风险。期货公司交易系统的软、硬件出现故障，会造成技术风险。

法律风险。例如期货公司履约不当，造成客户提出法律诉讼会引起法律风险。

道德风险。客户的道德风险表现在爆仓后市场风险转化为信用风险；从业人员的道德风险表现在内外勾结或不守职业道德造成公司损失。

2. 期货公司内部风险控制机制

期货公司为了生存和发展，通常采用以下风险控制措施：

严格遵守净资本管理的有关规定。2007 年 4 月中国证监会发布的《期货公司风险监管指标管理试行办法》，确立了以净资本为核心的期货公司财务风险监控指标体系，要求期货公司建立与风险监管指标管理相适应的内部控制制度，建立动态的风险监控和资本补足机制，确保经调整净资本等风险监管指标持续符合监管要求。充足的资本是期货公司应对和解决风险的基础和保障，净资本是期货公司风险监管指标体系的核心指标，是在期货公司净资产的基础上，按照变现能力对各资产负债项目进行风险调整后得出的衡量期货公司抗风险能力的综合性风险监管指标。该《办法》规定，期货公司风险监管指标不符合规定标准的，责令整改，整改后风险监管指标仍不符合规定标准，严重影响正常经营的，中国证监会可以撤销期货公司部分或全部期货业务许可，关闭其分支机构。

设立首席风险官制度。2008 年 5 月 1 日起，中国证监会施行《期货公司首席风险官管理规定》(试行)。首席风险官是负责对期货公司经营管理行为的合法合规性和风险管理状况进行监督检查的期货公司高级管理人员，对期货公司董事会负责，向期货公司总经理、董事会、公司住所地中国证监会派出机构报告公司经营管理行为的合法合规性和风险管理状况。首席风险官发现期货公司：涉嫌占用、挪用客户保证金的，公司资产被抽逃、占用、挪用、查封、冻结或用于担保的，净资本无法持续达到监管标准的，公司发生重大诉讼或仲裁可能造成重大风险的，股东干预公司正常经营的或中国证监会规定的其他情形，应立即向公司住所地证监会派出机构报告，并向公司董事会、监事会报告。首席风险官应当配合期货公司按照证监会派出机构的整改意见进行整改，将整改情况向公司住所地证监会派出机构报告。

控制客户信用风险。控制客户信用风险涉及：严格开户程序。按证监会要求和交易所规定，履行客户开户环节的标准验证工作，做好对客户的适当性管理。将资信差、不符合期货投资要求的客户拒之门外。严格委托程序。在接受客户委托时，严格依法操作，及时向客户提示风险，履行通知义务，为客户追加保证金留出合理时间，对客户执行强制平仓要适度，避免不必要的法律风险。根据客户资信进行风险管理。加收高于交易所保证金比率标准一定比率的保证金，严格执行最大持仓限额要求，以控制客户交易风险。培训客户。加强客户风险意识，提高其交易技能，减少客户大幅度亏损。

严格执行保证金和追加保证金制度。保证金是客户履约的保证，客户必须在规定时限内追加保证金以达到每日无负债，对不追加保证金的客户实行强制平仓。客户在途资金不能开新仓，可作为追加保证金，但在价格波动剧烈时不能作为不强行平仓的依据。

严格经营管理。必须坚持财务、结算的真实性，全面监督客户交易和自营交易过程的资金运行，严禁违规经营。

加强对从业人员的管理。加强经纪人的职业道德教育和业务培训，提高从业人员的业务素质，提高公司整体竞争力。

健全信息技术管理。加强对信息系统的投入和管理，避免因技术故障引发风险，因公司责任造成客户损失的，应当赔偿。

(三) 投资者的风险控制

1. 投资者的主要风险

价格风险。价格风险是期货价格变动方向与投资者预期、下单方向相反导致的，是投资者的主要风险源。

代理风险。代理风险是投资者签订期货经纪合同时，未选择到资信、经营状况好的期货公司可能产生的风险。

交易风险。这是在交易过程中产生的风险，包括因市场流动性差，难以迅速、及时、方便地成交产生的风险，不能在规定时间补足保证金面临强制平仓的风险。

交割风险。这是交割环节产生的风险，非现货生产经营者应在最后交易日前及时平仓，避免进入交割过程。

投资者自身因素导致的风险。预测价格的能力差。交易者预测价格缺乏系统的方法和经验，仅凭消息或主观猜测，当价格方向与判断相反时，亏损不可避免。满仓操作，承担过大风险。投机交易时只看到获利机会而忽视高风险的满仓操作，一旦价格波动幅度过大，就会导致大的亏损甚至爆仓。缺乏处理高风险投资的经验。期货交易的杠杆效应放大了风险，未养成及时止损习惯甚至拒绝止损的交易者，投资失败是不可避免的。缺乏经验的套期保值交易，失败也是经常发生的。

2. 投资者的风险防范措施

投资者为了保障自身财务安全，获取正常的投资权益，可以采取的风险防范措施：

充分了解和认识期货交易的基本特点。要想在期货市场生存和发展，投资者必须事前全面学习和深入了解期货交易，对交易风险和获取风险报酬有正确的认识。

慎重选择期货公司。选择资信好、服务佳、安全可靠的期货经纪公司，避免代理风险。

制定正确的投资策略。学习、掌握期货价格变动规律，客观认识自己的投资能力和财力，制订正确的投资策略，将风险降低到可以承受的程度。

规范自身行为。严格遵守法律法规，诚实守信，加强风险意识，增强心理承受能力，不断提高投资业务技能。

3. 机构投资者的内部风险控制机制

巴林银行破产事件，对运用期货等金融衍生工具的机构投资者是一次深刻的教训，大量的机构投资者纷纷采取措施，加强内部风险监控：

建立由董事会、高层管理部门和风险管理部门组成的**风险管理系统**。高层管理部门负责制定风险管理的制度程序，经董事会批准；董事会定期检查机构和业务的风险暴露状况，对风险管理程序进行评估、修正；风险管理部门是联系董事会、高层管理部门、业务部门的纽带，必须独立于业务部门。

制定合理的风险管理流程。流程包括：风险衡量系统，对机构在交易中的各种风险进行全面、客观、及时的衡量；风险限制系统，为风险设置界限，当风险暴露超过界限时要及时报告管理层；资讯管理系统，风险管理部门衡量的风险应及时地报告给管理部门和董事会。

建立相互制约的业务操作内部监控机制。前台部门负责交易操作，严格按规定操作、按权限调拨与管理交易资金，向中台和后台报告交易情况。中台部门是高层管理人员直接领导下的监督职能部门，与高管中的风险管理人员组成一个管理阶层，在不受任何制约的条件下，负责监督与控制前台与后台的一切业务操作，随时向有关的风险管理人员报告监督情况。后台部门负责每天的交易复核、对账，确认买卖委托和到期合约，处理各类财务，独立监管前台交易并完成后续结算，随时协助前台人员准备盈亏报告，进行交易风险评估。

加强高层管理人员对内部风险监控的力度。高管人员在领导有关部门监控内部风险时，应采用总量控制、程序化交易方式，以实现在期货交易中降低风险并获取盈利。监控交易风险的手段包括：管理目标、交易形式、交易管理手段、交易人员的授权权限（防止过度持仓）、交易损失与收益的评估标准、交易监控手段、计算盈亏差额的结算原则，必须由监控部门做出书面文字规定，强制交易人员执行。依据上述监控手段，高管人员就可有效监控金融衍生工具的交易。

本 章 小 结

1. 期货市场主要由期货交易所、期货结算机构、期货公司和期货交易者四类市场主体构成。期货交易所是期货市场的核心；期货结算机构是期货市场的重要组成部分；期货公司是交易者与交易所之间的中介与桥梁；交易者是期货市场的主要参与者。

2. 期货交易所是买卖标准化期货合约的场所，其主要职能是：提供期货交易的场所、设施及相关服务，设计合约、安排上市，制定并实施期货市场制度与交易规则，组织并监督期货交易，监控市场风险，保证合约履行，监管会员交易行为和指定交割仓库，发布市场信息。

期货交易所分为会员制和公司制两种组织形式。全球期货交易所(市场)发展趋势：交易的电子化，交易所的公司化改制、合并与全球化，金融期货发展势不可当。

3. 期货结算机构是期货市场的重要组成部分，其主要职能：结算交易盈亏、担保交易履约、控制市场风险。期货结算机构分为交易所内设和独立的结算公司两种组织形式。

4. 期货公司又称期货经纪公司，是接受客户委托、代理客户进行期货交易并收取交易佣金的非银行金融服务组织。

期货公司的职能：根据客户交易指令，代理客户买卖期货期权合约，办理结算、交割手续，交易结果由客户承担；对客户账户进行管理，控制其交易风险。为客户提供期货市场信息，提供相关交易咨询，充当客户的交易顾问。进行投资者教育，为潜在客户提供交易技术、相关知识的培训，普及期货期权市场知识。

5. 期货交易者(投资者)按不同的入市目的和投资策略，可以分为对冲交易(套期保值)者、投机者和套利者三类。他们是期货市场存在和发展的基础。

6. 风险表现为损失的不确定性，未来结果可能是损失、获利或者是无损失也无获利。期货市场的风险可划分为不可控风险与可控风险。

7. 期货市场风险的成因主要有四个方面：价格波动、保证金交易的杠杆效应、交易者非理性投机和市场机制的不完善。

8. 中国证监会根据《期货交易管理条例》及相关法规，发布了《期货监管协调工作规程》(试行)，建立了中国证监会、证监局、期货交易所、中国期货保证金监控中心和中国期货业协会"五位一体"的期货监管协调工作机制。

本章重要概念

期货交易所　会员制　公司制　CME　CBOT　LME　期货结算机构　分级结算制度　期货公司　券商IB　居间人　期货保证金存管银行　交割仓库　对冲交易者　投机者　套利者　商品投资基金　商品交易顾问(CTA)　对冲基金　期货市场监管机构　期货业自律机构　风险　市场风险　信用风险　流动性风险　操作风险　法律风险　风险识别　风险的预测　风险控制　"五位一体"的监管体系

思 考 题

1. 期货交易所的宗旨和职能是什么？
2. 我国期货交易所是何组织形式？
3. 期货结算机构有哪些职能？有何组织形式？
4. 期货公司有哪些职能？设立期货公司需要什么条件？
5. 期货公司有哪些经营业务？
6. 什么是介绍经纪商？
7. 其他期货中介与服务机构有哪些？
8. 期货投资者有哪两种分类？
9. 期货市场机构投资者有哪些？
10. 按照风险的来源划分，期货市场有哪些风险？
11. 解释我国期货市场"五位一体"的监管体系？

阅读材料

坚定推进期市开放 建设国际大宗商品定价中心

2016年5月25日，在上海期货交易所主办的第13届上海衍生品市场论坛上，中国证监会副主席方星海表示，要推进商品期货市场对外开放，同时开发上市更多符合实体经济需要、市场条件具备的期货新品种，包括推出原油等大宗商品期货品种和商品期权，不断提升期货市场的国际化程度和影响力。

方星海说，经过20多年发展，中国期货市场共上市了46个商品期货品种，覆盖了农产品、金属、能源、化工等主要产业领域。同时，市场法规制度体系日益健全，监管有效性不断提升，近十多年来成功抵御了国际金融危机等冲击，未出现大的风险事件。我国商品期货市场在发现价格、管理风险以及促进经济转型等方面的积极作用日益显现。中国期货市场的国际影响力日益显著，境内外期货价格相互影响在加大。

方星海表示，我国已是绝大部分大宗商品的最大消费国，建设国际大宗商品定价中心具有至关重要的意义。国际上主要的大宗商品已从传统的生产商、贸易商主导定价，转变为期货市场定价。如果决定价格的期货市场在中国，我国对价格的影响力就会比较大，国内企业和投资者对价格的走势就会有更好的了解，就能提前采取套利措施。从完善我国金融市场体系、建设上海国际金融中心来讲，大宗商品定价中心的形成也是必需的。为此，应重点做好以下五个方面工作：

一是改革完善以市场需求为导向的期货产品上市机制。应不断改革完善相关制度流程，开发上市更多符合实体经济需要、市场条件具备的期货新品种，包括推出原油等大宗商品期货品种和商品期权。

二是推进商品期货市场对外开放，引入境外投资者参与中国商品期货市场。我们将以特定品种方式逐步引入境外投资者参与国内商品期货市场交易，既创造条件让更多境外期货公司进入我国，把境外投资者引进来，也鼓励境内期货公司走出去，把境外客户带进来。在品种选择上，将以原油、铁矿石、天然橡胶等国际化程度较高的品种为起步，逐步拓展到其他产品。支持期货交易所在境外设立交割仓库和办事处。

三是吸引国内企业和金融机构广泛参与商品期货交易。目前国内商业银行只能参与黄金、白银期货交易，还不能开展国内其他大宗商品期货交易，一些国内商业银行选择到境外从事相关品种的期货或场外衍生品业务，这种路径成本和风险都比较高。需要适当的制度安排，在风险可控的前提下，研究推动商业银行和其他有关金融机构有序进入商品期货市场。同时，继续推动取消相关政策限制，鼓励和支持产业企业利用期货市场套期保值和管理风险。

四是不断规范市场秩序，提升监管的有效性。期货公司要坚持做好风险管理的主业，配合期货交易所做好市场风险控制，并勤勉尽责，落实好对客户尤其是大客户的管理和服务责任。期货交易所要进一步提高运行和一线监管水平，满足日益增大和国际化的市场的需要。相关的期货法律法规要加快完善。

五是加强国际交流合作，不断提升期货市场的国际化程度和影响力。中国证监会与58个国家和地区的证券期货监管机构签署了监管合作谅解备忘录，已经或正在建立密切的沟通协调机制。三家商品期货交易所已与世界主要期货交易所签订了合作谅解备忘录。证监会将加强与境外期货监管机构、交易所在跨境监管合作、人员互访、培训研究、信息互换等方面的对话沟通，增进了解，促进共识，共商发展。鼓励支持国内期货业走向国际市场，为他们走出去创造条件。

方星海指出，我国建设国际大宗商品定价中心面临千载难逢的良好机遇，全世界没有另外一个大国具备这样的良好机遇，抓不住这个机遇就要犯历史性错误。必须看到，形成大宗商品定价中心的过程将充满激烈的竞争。我们有规模和增长的优势，但体制机制的市场化程度不够，法规还不健全，人才也不足。我国形成定价中心的道路将是不平坦的，但只要方向正确，走出一步就是胜利。我们有信心建设一个开放、包容、竞争、合作的期货市场，更好地服务于中国和世界经济。

资料来源：摘编自2016年5月26日《期货日报》1版，记者阚燕梅.

上海自贸区试点金融综合监管

上海印发《发挥上海自贸试验区制度创新优势开展综合监管试点探索功能监管实施细则》(简称《实施细则》)，将所有的金融服务业均纳入监管，实现金融监管的全覆盖，同时对涉及的金融服务、监管信息实现共享。

专家表示，上海开展金融综合监管试点，探索功能监管，有利于发挥自贸区制度创新优势，为国家层面金融监管探索路径、积累经验；有利于促进金融监管与金融创新的良性互动，推进自贸区金融开放创新；有利于健全完善金融风险防范体系，守住不发生区域性金融风险的底线。

自贸区金融监管全面覆盖

《实施细则》强调，上海推进金融综合监管试点的任务之一，是重点加强对处于监管真空、交叉地带的机构和行为的监管，实现机构、人员、业务、风险全覆盖。

一是全面覆盖经营机构。上海正在编制分业监管机构清单、重点监测金融行为清单。分业监管机构清单涵盖由一行三会及其派驻机构负责准入和日常管理的各类持牌金融机构，以及由市政府有关部门和区(县)政府负责管理的类金融机构。重点监测金融行为清单列出包括P2P网络借贷、股权众筹融资、私募股权投资或私募证券投资、通过互联网开展资产管理和跨界从事金融业务等活动、以投资理财名义从事金融活动、非融资性担保以及其他疑似金融活动。

二是全面覆盖金融产品。措施包括：规范金融产品设计、宣传、营销行为，加强金融广告信息监测和自动预警，对接广告监测、网络舆情监测、城市网格化综合管理、金融风险舆情监测等各类信息，支持行业协会建立理财产品登记和信息披露制度，重点推进互联网金融产品信息披露平台建设，完善产品信息披露和风险提示制度。

三是全面理顺监管分工。《实施细则》提出以合同法律关系和产品属性为基础明确管理部门，统筹配置监管资源，强化综合监管和功能监管。对需要经过市场准入许可的行业领域，由相关监管或主管部门负责日常监管；对无须市场准入许可，但有明确监管或主管部门指导、规范和促进的行业领域，由相关监管或主管部门牵头负责日常管理；对没有明确监管或主管部门的行业领域，与金融功能有一定关联、难以直接定性的经营活动，根据业务实质认定业务属性，由联席会议明确相关工作牵头部门。

搭建监管信息共享机制

《实施细则》提出，为进一步推进信息互联共享，结合上海实际构建以"一个平台、两份清单、三类数据库、四种信息源"为框架的信息共享机制。

一个平台，是指建立上海金融综合监测预警平台；两份清单，是指梳理形成分业监管机构清单和重点监测金融行为清单；三类数据库，是指机构信息数据库、产品信息数据库和从业人员数据库；四种信息源，是指金融管理与市场运行信息、社会公共信用信息、行业协会自律信息、媒体舆情与投诉举报信息。在此基础上，进一步丰富信息共享内容，优化共同参与机制，提高分析预警能力。

根据《实施细则》，上海将建立金融综合监管联席会议，每季度召开一次例会，围绕难点重点议题，明确工作职责，议定实施方案，目的是通过加强组织领导和统筹协调，提升协调效率和响应速度，确保各项政策措施有效落实。

资料来源：摘编自 2016 年 7 月 20 日《期货日报》，记者鲍仁.

网络资源索引

1. http：//www.csrc.gov.cn/pub/newsite/ 中国证监会
2. http：//www.cfachina.org/ 中国期货业协会
3. http：//www.nfa.futures.org/ 美国 NFA
4. http：//www.cfachina.org/zggl/glzd/201608/t20160802_2053605.html 期货从业人员管理办法
5. http：//www.fjsfa.org/ 福建省证券期货业协会
6. http：//www.ssfa.org.cn/eap/main 山东省证券期货业协会
7. http：//www.bjqh.org/ 北京期货商会
8. http：//www.grains.org/ 美国谷物协会
9. http：//www.fao.org/home/en/ 联合国粮农组织

第三章

期货市场交易制度与期货交易流程

学习目标与要求

掌握保证金制度、当日无负债结算制度、涨跌停板制度、持仓限额及大户报告制度、强行平仓制度、风险警示制度、信息披露制度的概念；熟悉期货交易流程。

重点：熟悉期货交易流程，包括开户、下单、竞价、成交回报与确认、结算与交割各环节。

难点：掌握期货结算的术语、期货结算公式。

第一节 期货市场交易制度

为了维护期货交易的公开、公平、公正原则，对期货市场实施有效的风险管理，保障期货市场平稳、高效运行，发挥期货市场的经济功能，期货交易所制定了相关交易制度与规则，包括保证金制度、当日无负债结算制度、涨跌停板制度、持仓限额制度、大户报告制度、强行平仓制度、风险警示制度、信息披露制度等。

一、保证金制度

保证金制度是期货市场风险管理的重要手段。在我国，保证金分为结算准备金和交易保证金。**结算准备金**是会员(客户)为了交易结算，预先存入交易所专用结算账户、尚未用于交易即未被合约占用的资金，也称为**可用资金**。

当达成期货交易时，买方和卖方必须按照成交的期货合约价值的5%～15%，向期货结算机构缴纳**交易保证金**，用于结算和保证履约。在期货成交时，从会员（客户）的结算准备金账户中划入期货结算机构的交易保证金，是结算准备金中已被持仓期货合约占用、不能再用于开仓的资金，也称为**保证金占用**。

当会员（客户）对所持期货合约进行平仓结束交易后，解除了合约到期需进行现货交割的履约义务，期货结算机构会将该交易保证金全部、及时地退回到会员（客户）的结算准备金账户，会员（客户）的可用资金增加。

在我国，缴纳商品期货的交易保证金除使用现金外，也可使用经交易所认定的标准仓单或可流通国债等有价证券。

国际期货市场上实施的保证金制度，一般有以下特点：

(1) 对交易者的保证金要求与其面临的风险相对应。交易者承担的风险越大，对其要求的保证金就越多。如在美国期货市场，对投机者要求的保证金多于对套保者和套利者要求的保证金。

(2) 交易所根据期货合约的特点设定最低保证金标准，并根据市场风险状况及时调节保证金标准。比如，期货合约的价格波动越大，交易者面临的风险也越大，设定的最低保证金标准也越高。当投机过度时，交易所会提高保证金比率，增加交易者入市成本，以抑制投机，控制市场风险。

(3) 保证金分级收取。一般来说，交易所或结算机构只向其会员收取会员保证金；作为交易所会员的期货公司向其客户收取客户保证金。这对于分层次分担、管理期货市场风险有重要意义。

我国的期货保证金制度，除了采用国际通行的做法外，在规定商品期货交易保证金比率方面，形成了自身的特点：

(1) 对期货合约上市运行的不同阶段，规定不同的交易保证金比率。一般来说，距离交割期越近的合约，交易者面临到期交割可能性越大。为了防止实物交割过程可能出现的违约风险，促使不愿交割实物的交易者尽快平仓了结，交易所会随着交割期的临近，逐步提高交易保证金比率。

(2) 随着期货合约持仓量增大，交易所逐步提高该合约交易保证金比率。这是因为当持仓合约代表的期货商品数量远远大于相关商品现货数量时，表明期货市场投机交易过多，市场风险在增大。因此，随着持仓期货合约量的增大，交易所会逐步提高该合约的交易保证金比率，以控制市场风险。

(3) 当某期货合约出现连续涨跌停板时，交易保证金比率相应提高。

(4) 当某品种的某月份期货合约，其结算价在若干交易日连续涨跌幅达到一定程度时，交易所有权对部分或全部会员的单边或双边持仓，采取：同比例或不同比例提高交易保证金、限期平仓、强行平仓和限制部分或全部会员出金、暂停部分或全部会员开新仓、调整涨跌停板幅度等一种或多种措施，以控制风险。

(5) 当某期货合约交易出现异常情况时，交易所可按规定的程序，调整交易保证金比例。

二、当日无负债结算制度

当日无负债结算制度又称为"逐日盯市制度",是指在每个交易日结束后,期货结算机构和期货公司按照当日结算价,对交易者的保证金账户进行结算,包括所有交易的盈亏、交易保证金、手续费、税金的结算。根据结算结果,对各会员(客户)应收应付的款项实行净额一次性划转,相应增加或减少会员(客户)的结算准备金。

当交易造成亏损导致交易者账户中的结算准备金余额低于规定标准,期货结算机构(期货公司)会通知交易者,在下一交易日开市前30分钟向账户中追加保证金至规定水平,以做到"当日无负债"。

实行当日无负债结算制度,要求交易者及时向账户追加资金,防止发生爆仓风险,这对于控制期货市场整体风险,维护期货市场的正常运行具有重要作用。**爆仓**是指交易者的账户出现了透支,结算准备金余额为负数。

当日无负债结算制度在执行过程的特点,主要有:

(1) 对所有账户的交易,分别按不同品种、不同月份的期货头寸,进行具体、及时的结算,使每一个交易账户的盈亏都得到及时的确认。

(2) 结算账户的交易盈亏,不仅结算平仓盈亏,也结算未平仓合约的浮动盈亏。

(3) 逐日结算持仓头寸占用的交易保证金。

(4) 通过分级结算体系实施结算。交易所(结算机构)对会员进行结算,会员根据交易所(结算机构)结算结果对客户进行结算。当会员(客户)账户的结算准备金余额少于规定,会被通知及时追加资金或自行平仓。未在规定时间内追加保证金或自行平仓的,交易所(期货公司)会强行平仓,发生的费用、损失由会员(客户)承担。

三、涨跌停板制度

涨跌停板制度又称为每日价格最大波动限制制度,是指在一个交易日内,期货交易价格相对上一交易日结算价格的最大涨跌波动幅度(百分比或固定数量),超过该涨跌幅度的报价被视为无效报价,不能成交。

实行涨跌停板制度的目的,在于该制度能够有效减缓、抑制突发性事件和过度投机对期货价格冲击造成的狂涨暴跌,减缓日交易价格波动,锁定会员和客户每一交易日持仓最大盈亏,为实施保证金制度、逐日盯市制度创造有利条件。因为只要向会员(客户)收取的交易保证金数额,大于涨跌停幅度内可能发生的亏损金额,就能保证当日期货价格在达到涨停、跌停板时,不会出现账户透支。

我国期货市场的涨跌停板价格,是以相对上一交易日结算价格涨跌一定百分比幅度来规定的。价格波动幅度大的期货品种,交易所设定的涨跌停板幅度相应也大一些。交易所会根据各期货品种的市场风险状况,调整涨跌停板幅度。

(1) 新上市的期货品种、新上市的期货合约,首日涨跌停板幅度为合约规定涨跌停板幅度的2~3倍。如果有合约成交,下一交易日恢复到合约规定的涨跌停板幅度;如果无合约成交,下一交易日继续执行前一交易日的涨跌停板幅度。

(2) 当某合约价格出现同方向连续涨跌停板、遇国家法定长假或交易所认为市场风险出现明显变化时，交易所可以根据市场风险调整涨跌停板幅度。

(3) 对同时适用交易所规定的两种或两种以上涨跌停板情形的，按照规定的涨跌停板最高值确定涨跌停板幅度。

在合约价格出现涨跌停板时，交易所为了控制风险会采取如下措施：

(1) 当某合约以涨跌停板价格成交时，交易所按照平仓优先和时间优先原则进行成交撮合，但平当日的新开仓不适用平仓优先的原则。

(2) 当某合约出现连续涨（跌）停板单边无连续报价时，空头（多头）交易者会因为无法平仓而出现大规模、大面积亏损，由此可能引发整体市场风险。为了避免发生整体市场风险，交易所实行强制减仓。对当日以涨跌停板价格申报的未成交平仓单，以此价格与该合约的净盈利持仓者按照持仓比例自动撮合成交，来迅速、有效化解市场风险，防止因亏损的一方无法平仓而出现大量违约。

四、持仓限额及大户报告制度

持仓限额制度是指交易所规定会员（客户）可以持有的、按单边计算的某合约投机头寸的最大数额。**大户报告制度**是指交易所根据市场风险状况公布持仓报告标准，会员（客户）的某合约持仓达到规定标准，就应该向交易所报告。在国际期货市场上，实行这一制度的特点有：

(1) 交易所可以根据不同期货品种的具体情况和市场风险状况，制定并调整持仓限额和持仓报告的标准。

(2) 进入交割月份的期货合约，持仓限额及持仓报告的数量标准，要低于一般月份合约，监控更加严格。

(3) 持仓限额通常只针对投机头寸，对冲交易（套期保值）的头寸及套利头寸可以向交易所申请豁免。

通过实行这一制度，可以方便期货交易所重点监管持仓大户，了解其持仓动向和意图，有效防范操纵期货价格的行为，防止期货市场风险过度集中于少数交易者。

我国的三家商品期货交易所，在设定持仓限额和大户报告标准时，有如下规定：

(1) 交易所可以根据不同期货品种的具体情况，分别确定各个品种每一月份合约限仓数额及大户报告标准。

(2) 当会员（客户）某品种持仓合约的投机头寸，达到交易所规定持仓限量的80%时，会员（客户须通过期货公司）应向交易所报告其资金、头寸情况。

(3) 当某合约的市场总持仓量大时，其单户持仓限额及持仓报告标准就设置得较高；反之，当某合约的市场总持仓量小时，其单户持仓限额及持仓报告标准就设置得低一些。

(4) 按照期货合约在挂牌交易的不同阶段，分别确定不同的限仓数额。一般月份合约的持仓限额、持仓报告标准设置得高；临近交割时，限仓数额和报告的标准设置低，风险控制更严格。

(5) 期货公司会员、非期货公司会员、一般客户分别适用不同的持仓限额、持仓报告标准。

我国的期货交易所还规定：采用限制会员持仓与限制客户持仓相结合的办法，以控制市场风险；各交易所对对冲（套期保值）头寸实行审批制，不限制持仓；在中国金融期货交易所，对冲和套利交易的持仓均不受限制；同一个交易者在多家期货公司开仓交易，其持仓某一合约的合计，不得超过该交易者的持仓限额；会员（交易者）的持仓达到限额，不得同方向开仓交易。

五、强行平仓制度

强行平仓是指交易所为了控制期货交易风险，按有关规定，对会员（客户）的持仓实行强制平仓的措施。强行平仓分为交易所对会员的强行平仓和期货公司对客户的强行平仓。强行平仓主要发生在下列情形：

(1) 因会员、客户账户的结算准备金余额不足进行的强行平仓。当期货价格发生不利变动，当日结算后出现账户结算准备金余额不足以维持现有头寸，交易者未按交易所（期货公司）通知在规定时间补足保证金或者主动减仓，并且市场行情继续向不利于交易者持仓的方向发展时，交易所（期货公司）会强行平掉交易者部分或者全部持仓头寸，平仓退回的交易保证金用于填补客户的结算准备金缺口。

(2) 因交易者违反持仓限额制度进行的强行平仓。当交易者超过了规定的持仓限额，又未在交易所（期货公司）规定的期限内自行减仓，其超出持仓限额的那部分头寸将被强行平仓。这一措施有力地支持了持仓限额制度。

我国的各期货交易所规定，当交易者出现下列情形之一时，交易所、期货公司有权对其持仓强制平仓：

(1) 会员、客户账户的结算准备金余额小于零，并且未在规定时间补足。
(2) 客户、从事自营的交易会员持仓量超出限额。
(3) 根据交易所紧急措施应予强行平仓的。
(4) 因违规受到交易所强行平仓处罚的。
(5) 其他应予强行平仓的。

强行平仓的执行程序如下：

(1) 通知。交易所向会员下达"强行平仓通知书"。
(2) 执行及确认。
①开市后，会员（客户）必须首先自行平仓，达到平仓要求，执行结果由交易所审核。
②超过自行平仓时限未执行完毕的，剩余部分由交易所直接执行强行平仓。
③强行平仓执行完毕后，由交易所记录执行结果并存档。
④发送强行平仓结果。

我国的期货公司，有专门的风险控制人员在实时监督交易者的持仓风险。当交易者账户中结算准备金余额为负值时，期货公司会及时通知交易者追加保证金或自行平仓。如果交易者没有按通知行动，期货价格仍向不利于交易者持仓的方向变动时，期货公司会根据各自的强行平仓标准，对交易者的持仓进行强行平仓。

六、风险警示制度

风险警示制度是指交易所认为必要时，可以分别或同时采取：要求报告情况、谈话提醒、书面警示、发布书面警示、公告等措施中的一种或多种，以警示或化解市场风险。

七、信息披露制度

信息披露制度是指期货交易所按照有关规定，公布期货交易有关信息的制度。期货交易所公布真实、准确的期货交易信息，以体现期货市场的公开、公平、公正原则，有助于交易者根据所获信息作出正确的决策。

我国《期货交易所管理条例》规定，期货交易所应当及时公布上市期货合约的成交价、成交量、持仓量、最高价与最低价、开盘价、收盘价与结算价、其他应公布的即时行情，保证即时行情的真实、准确。期货交易所不得发布价格预测信息。未经期货交易所许可，任何单位和个人不得发布期货交易即时行情。

《期货交易所管理办法》规定，交易所应当以适当方式发布：即时行情；持仓量、成交量排名；期货交易规则及其实施细则规定的其他信息。涉及商品实物交割的，期货交易所还应当公布标准仓单数量和可用库容情况。期货交易所应当编制并及时公布交易情况周报表、月报表、年报表。期货交易所对期货交易、结算、交割资料的保存期限，应当不少于20年。

第二节　期货交易流程

完整的期货交易流程，涉及开户后的下单、竞价成交、结算、交割四个环节。绝大多数期货交易是通过对冲平仓方式了结履约责任的，进入交割环节的比重非常少，所以交割并非是期货交易的必经环节。

一、开户

只有具备期货交易所会员资格的期货公司会员和非期货公司会员，才能进入期货交易所交易期货。非会员的普通投资者交易期货之前，需要选择一家具有合法代理资格、运作规范、信誉好、资金安全、收费合理的会员期货公司，作为自己的经纪人，与其确定委托－代理期货交易的合同关系，即开户。中国期货保证金监控中心有限责任公司(以下简称监控中心)，负责交易者期货账户的开户与管理工作。期货公司为客户申请、注销各家期货交易所的交易编码，必须通过监控中心办理。开户的具体流程如图3.1所示。

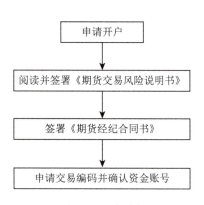

图 3.1　开户流程

(一) 申请开户

投资者经过比较，选定期货公司后，即可向其提出开立期货交易账户的委托申请，确立投资者 (委托人) 与期货公司 (代理人) 的经纪合同关系。

个人投资者应当携带中华人民共和国居民身份证，亲自办理开户手续，签署合同资料，不得委托。

机构投资者应当出具组织机构代码证、营业执照、机构的授权委托书、代理人的身份证。证券公司、基金公司、信托公司、保险公司等金融机构，合格境外机构投资者等法律、规章规定的需要资产分户管理的特殊机构交易者，其有效身份证明文件由监控中心另行规定。

期货公司应当仔细审核客户的真实身份，确保开户资料的合规、真实、准确和完整。

(二) 阅读《期货交易风险说明书》并签署

期货公司在与客户签订《期货经纪合同》前，必须向客户提供《期货交易风险说明书》。该说明书向投资者揭示期货交易中的各种风险及其处理办法，主要包括期货头寸风险、保证金损失与追加的风险、被强制平仓的风险、交易指令不能成交的风险、套期保值面临的风险、不可抗力导致的风险等。

个人投资者应当仔细阅读、理解，然后在《期货交易风险说明书》上签字。机构投资者在仔细阅读、理解后，由其法定代表人或授权代理人在该说明书上签字并加盖机构公章。

(三) 签订《期货经纪合同》

期货公司接受开户申请与客户签订《期货经纪合同》时，应当向客户说明格式合同条款的含义。客户需要补充合同内容的，应当写在格式合同文本上，作为今后解决纠纷的依据。个人客户直接在合同上签字。机构客户应当由其法定代表人或授权代理人，在该合同上签字并加盖公章。

(四) 申请交易编码并确认资金账号

期货公司为客户申请各家期货交易所的交易编码，必须通过监控中心办理。监控中心应当对期货公司提交的客户资料进行复核，将通过复核的客户资料传送给各家期货交易所。期货交易所收到监控中心传送的客户交易编码申请资料后，根据业务规则分配、发放和管理客户交易编码，并将客户申请的处理结果通过监控中心反馈给期货公司。监控中心应当为每一个客户设立统一开户编码，建立统一开户编码与客户在各家期货交易所交易编码的对应关系。当日分配的客户交易编码，期货交易所应当允许客户在下一个交易日使用。

客户与期货公司签署期货经纪合同、获取交易编码后，应当按规定缴纳开户保证金，为下单交易做好准备。期货公司应当将客户缴纳的保证金存入期货经纪合同指定的客户账户中，供客户交易使用。

2015 年 7 月 10 日，监控中心期货互联网开户云平台上线试运行，拉开了期货公司网上开户的大幕，当日全国 103 家期货公司上线该平台，2 102 位客户通过该平台办理了开户手续。期货网上开户申请人准备好身份证和银行卡，在一台配有摄像头、麦克风的电脑前，完成阅读协议、上传个人资料、视频认证、安装数字证书、签署协议等约 10min 的流程，在得到交易所批准后，即可在下一个交易日开始交易。2015 年 12 月 18 日，期货互联网开户云平台移动端手机开户功能上线试运行，首日全市场有 1 000 多名投资者通过手机办理了开户手续。手机开户不需要调试麦克风、摄像头等设备，更为便捷，商品期货开户仅需 10min，金融期货开户因为需要进行知识测试，大约需要 30min。（资料来源：期货日报）

二、下单

交易者按规定缴纳开户保证金后，即可进行期货交易的下单操作。所谓下单，是指交易者进行每笔期货交易时，向期货公司下达委托代理交易指令的行为。交易指令的内容包括：买卖期货合约的品种及月份、买卖方向、开平仓类型、价格、数量等。交易前，投资者应当熟练地掌握期货交易的相关指令。

（一）常用交易指令

为了满足交易者的不同交易目的，国际上有多种期货交易指令。目前，我国各期货交易所普遍采用的期货交易指令如下：

(1) 限价指令。**限价指令**是指交易者下达的指明了具体买卖价格的指令，期货公司在执行时必须按限定价格或更好的价格成交。该指令的特点是按交易者的预期价格成交，但成交速度慢，如期货行情不触及限定价格，指令就无机会成交。

(2) 市价指令。**市价指令**是指交易者下达的不指明具体买卖价格、要求期货公司按当时市场价格立刻成交的指令。该指令的特点是成交速度快，指令下达后不可撤销，在期货价格剧烈波动时，成交价格可能远离交易者的预期价格。该指令在交易者急于买进或卖出时采用。

(3) 撤销指令。**撤销指令**也即撤单，是指期货行情走势偏离预期价格无法成交，交易者取消先前下达的指令，释放被指令锁定的头寸或资金。

(4) 止损指令。**止损指令**是指当市场价格达到交易者预先设定的触发价格时，按即时市场价格执行的指令。利用止损指令，交易者可以有效锁定利润，或将损失降至最低限度。

(5) 套利指令。**套利指令**是指同时买入和卖出两种或两种以上期货合约的指令，包括跨品种套利指令、跨期套利指令和跨市场套利指令。

(6) 停止限价指令。**停止限价指令**是指当市场价格达到交易者预先设定的触发价格时，即变为限价指令予以执行的指令。其特点是可将损失或利润锁定在预期范围，但成交速度比止损指令慢，有时甚至无法成交。

（二）指令下达方式

交易者制定了详细周密的期货交易计划后，就可以按计划下单了。目前，我国交易者的下单方式主要采用网上下单，电话下单和书面下单等方式已较少使用。

1. 网上下单

交易者通过互联网进入期货公司的网上期货交易系统，即可进行网上下单。交易者的指令经互联网传到期货公司后，再通过专线传到期货交易所主机进行撮合配对成交，成交信息可迅速反馈到交易者的网上交易系统界面。

以下是网上下单页面。

(1) 用户登录。

(2) 委托下单。

(3) 查询委托。

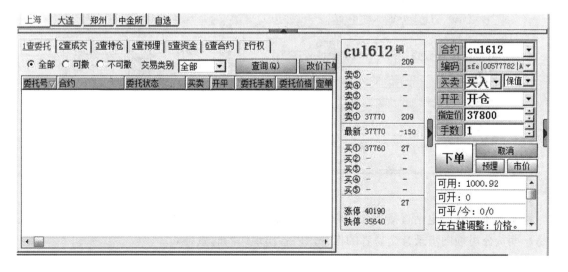

(4) 查询成交、持仓。

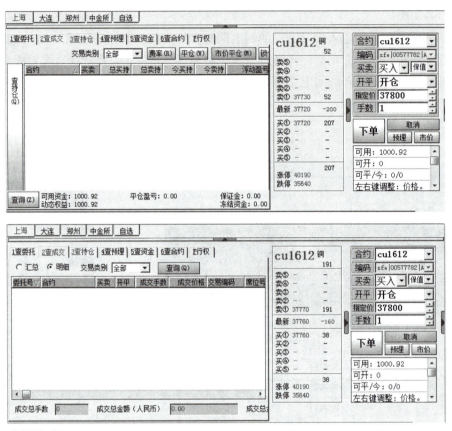

(5) 查询资金。

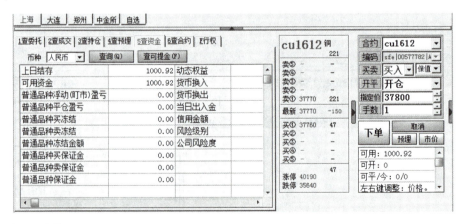

2. 电话下单

交易者可通过电话直接下达指令给期货公司，由期货公司将指令传送到交易所参与交易。期货公司须同步录音交易者的指令，以备出现纠纷时查证。

3. 书面下单

交易者填写交易单并签字后，交给期货公司由其将指令传送至交易所参与交易。

三、竞价成交

期货交易竞价的方式，有当今的计算机撮合成交和传统的公开喊价两种。

(一) 计算机撮合成交方式

计算机撮合成交方式，是根据公开喊价原理设计的、由期货交易所计算机交易系统对买卖双方交易指令进行自动化配对成交的过程，相对传统的公开喊价方式具有准确、连续的特点，但也会因交易系统出现故障造成风险。

国内期货交易所的计算机交易系统，按照价格优先（价高的买申报优先于价低的买申报成交，价低的卖申报优先于价高的卖申报成交）、时间优先（买卖方向、价格相同的，交易所主机接收到的先申报者优先于后申报者成交）的原则，对交易者的卖出申报按由低到高的价格顺序排队，对买入申报按由高到低的价格顺序排队，对相同价格的申报按进入系统的时间先后排队。

当买入价 (bp) 大于或等于卖出价 (sp) 时自动撮合成交，成交价等于买入价、卖出价和前一成交价 (cp) 三者中居中的一个价格：

$$当\ bp \geq sp \geq cp，成交价 = sp；$$
$$当\ bp \geq cp \geq sp，成交价 = cp；$$
$$当\ cp \geq bp \geq sp，成交价 = bp。$$

开盘价由集合竞价产生。在每一交易日开市前的 5 分钟，前 4 分钟为买卖指令竞价申报时间，后 1 分钟为集中配对撮合成交时间，交易所主机对接受的累积买卖申报实行一次性集中撮合成交，产生当日开盘价。

集合竞价按价格优先、时间优先原则对买卖申报进行排序、配对撮合，采用最大成交量原则确定成交价（即以某价格作为成交价可以得到最大的成交量）：高于集合竞价产生的成交价的买入申报全部成交；低于集合竞价产生的成交价的卖出申报全部成交；等于集合竞价产生的成交价的买申报或卖申报，申报数量少的一方全部成交。

集合竞价中未成交的申报单，自动参与开市后的连续竞价（在开市时段的任何时点，对买卖申报逐笔连续撮合成交的竞价方式）交易。

(二) 公开喊价方式

公开喊价方式分为连续竞价制和一节一价制两种形式。

连续竞价制是指经纪人在交易所的交易池内面对面地公开喊价，辅以必要的手势，以保证买、卖报价的准确性。这种流行于欧美期货市场的传统竞价成交方式，现在已被计算机自动撮合方式取代，仅有少数期货交易所还在使用。

一节一价制是指把每个交易日分成若干节，每节只有一个价格的制度。每节交易由主持人最先叫价，所有场内经纪人根据主持人叫价申报买卖数量，直至双方在该价格上的申报数量相等时为止。这种叫价方式曾在日本流行过。

(三) 成交回报与确认

当交易指令成交后，交易所会通过期货公司的网上交易系统，提供成交回报供交易者确认。**成交回报**的内容包括：交易品种、买卖方向、成交价格、数量、成交时间等。对于电话下单、书面下单的交易者，期货公司应按约定方式提供成交回报。

交易者对期货交易结算单(收盘结算后期货公司发送的成交回报)记载的内容有异议的，应当在下一交易日开市前向期货公司提出书面异议。对交易结算单记载内容无异议的，交易者应当在交易结算单上签字确认或者按照期货经纪合同约定的方式确认。交易所保存期货公司的交易记录应该至少20年，期货公司保存交易者的记录应该至少2年。对于交易者的异议，期货公司应当根据原始交易记录予以核实。

四、结算

期货结算是指交易所结算机构或结算公司，根据交易所公布的结算价格，计算出交易双方的盈亏并进行期货合约头寸、交易保证金的清算和划转。

目前，我国上海、大连、郑州三家商品期货交易所，实行全员结算制度，交易所对所有会员的账户进行结算，收取和追收交易保证金。期货交易所应当在当日及时将结算结果通知会员。会员期货公司根据期货交易所的结算结果，对交易者的账户进行结算、收取和追收交易保证金，将结算结果按照与交易者的约定方式在当日及时通知交易者。

中国金融期货交易所实行会员分级结算制度，其会员分为结算会员和非结算会员。中金所只对结算会员进行结算并收取、追收交易保证金；中金所的结算会员对非结算会员进行结算，收取和追收交易保证金。

(一) 结算公式

1. 期货交易与结算术语

期货交易的全过程可以概括为开仓、持仓、平仓。

开仓也称为建仓，是指交易者新买入或新卖出一定数量期货合约的交易行为。由于期货具有双向交易机制，因此有**买入开仓**(多头开仓)和**卖出开仓**(空头开仓)两种类型。

持仓是指交易者开仓后持有这些未平仓合约或未平仓头寸的交易行为。买入并持有的期货合约叫多头头寸或称交易者处于多头(交易)部位，简称多头；卖出期货合约后持有的是空头头寸或称交易者处于空头(交易)部位，简称空头。

交易者在最后交易日结束前，择机卖出已买入持有的合约或者买回已卖出持有的合约，以结束持仓的交易行为称为**平仓**，即通过品种相同、数量相等、方向相反的期货交易，冲销了持有的期货合约，解除了到期进行现货交割的义务。由于期货的双向交易机制，与开仓相对应，平仓也分为**买入平仓**(对应卖出开仓)和**卖出平仓**(对应买入开仓)两种类型。

这样的一开一平(或者到期交割)，就完成了一个期货交易过程。由于绝大多数交易者的目的是从期货合约的价格变化中获利，所以绝大多数的期货持仓，通常在合约到期日之前均已平仓，并不进行实物交割。

在同一价位，有人平仓、有人开仓称为**换手交易**。当原来的多头在某一价位卖出平仓，又有新的多头在同一价位开仓买进时，称为**多头换手**；当原来的空头在某一价位买进平仓的同时，新的空头又在同一价位卖出开仓称为**空头换手**。

投资者不断地开仓、平仓，市场总持仓量即未平仓合约总量也在不断变化。

买卖双方开仓时，要向交易所或结算机构缴纳交易保证金。这是用于确保交易者履约的资金，所有权属于交易者。平仓后，交易所或结算机构会将该交易保证金退回到交易者的账户。

交易所确定交易保证金的缴纳比率，一般为期货合约成交价值的 5%～10%。由于期货合约市场价格的波动，交易所可以根据市场风险状况增、减调节交易保证金比率，持仓的交易者即使持仓量未变，其保证金账户中实际可用于弥补亏损和提供履约担保的结算准备金余额也在随时增减，但必须保持在交易所规定的最低水平之上。

交易者账户中的结算准备金余额低于规定水平，期货公司就会通知交易者在次日开市前追加保证金至规定水平或开市后自行平仓。若交易者未能追加保证金或自行平仓，期货公司有权对交易者的持仓实施部分或全部强制平仓，直至其账户的结算准备金余额符合规定水平，防止出现爆仓风险。

结算价是每天收盘后，结算机构计算各会员的未平仓合约交易保证金、账户浮动盈亏的基准价。我国三家商品期货交易所，以合约当日成交价格按照成交量加权的平均价，作为当日**结算价**；当日无成交价格的，以上一交易日的结算价作为当日结算价。中国金融期货交易所，以合约最后一小时成交价格按照成交量加权的平均价作为当日结算价。

开盘价是指某期货合约当日交易开始前 5min 经集合竞价产生的成交价；**最高价**是指某单位时间（如一天、一周、一小时）内某合约成交的最高价格；**最低价**是指某单位时间（如一天、一周、一小时）内某合约成交的最低价格；**最新价**是指某期货合约当日即时成交的价格；收盘价是指某期货合约当日最后一笔成交的价格。**成交量**是指某商品期货合约当日成交的双边累计数量，单位为手；**持仓量**是指某商品期货合约当日未平仓的双边累计数量；中金所的金融期货合约成交量、持仓量按单边计算。

2. 期货交易盈亏的计算规则

当期货合约价格出现上升趋势时，交易者可以进行在低价位 P_1 处先买，在高价位 P_2 处后卖（低买高卖）的**做多**买进期货合约操作，如图 3.2 所示。

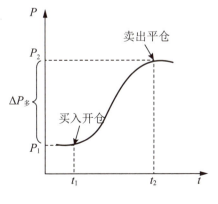

图 3.2 做多示意图

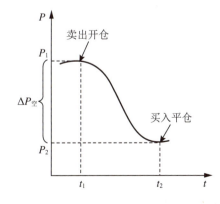

图 3.3 做空示意图

(1) 今开仓平仓　　　　　　　今收盘后无持仓；
$$\Delta P_{多}= P_2 - P_1 =卖平价-买开价 \quad 负值为亏损； \tag{3.1}$$
(2) 今开仓持仓　　　　　　　今收盘后有持仓；
$$\Delta P_{多}= P_2 - P_1 =今结价-买开价 \tag{3.2}$$
(3) 历史开仓平仓　　　　　　今开盘前有持仓，收盘后无持仓；
$$\Delta P_{多}= P_2 - P_1 =今卖平价-昨结价 \tag{3.3}$$
(4) 历史开仓持仓　　　　　　今开盘前与收盘后有持仓；
$$\Delta P_{多}= P_2 - P_1 =今结价-昨结价 \tag{3.4}$$

当期货合约价格出现下降趋势时，交易者可以进行在高价处 P_1 先卖，在低价处 P_2 后买（高卖低买）的 做空 卖出期货合约操作，如图3.3所示。

(1) 今开仓平仓　　　　　　　今收盘后无持仓；
$$\Delta P_{空}= P_1 - P_2 =卖开价-买平价 \quad 负值为亏损； \tag{3.5}$$
(2) 今开仓持仓　　　　　　　今收盘后有持仓；
$$\Delta P_{空}= P_1 - P_2 =卖开价-今结价 \tag{3.6}$$
(3) 历史开仓平仓　　　　　　今开盘前有持仓，收盘后无持仓；
$$\Delta P_{空}= P_1 - P_2 =昨结价-今买平价 \tag{3.7}$$
(4) 历史开仓持仓　　　　　　今开盘前与收盘后有持仓；
$$\Delta P_{空}= P_1 - P_2 =昨结价-今结价 \tag{3.8}$$

为简化书面表达，公式中的简略术语：今是指当日；昨是指上一交易日；买开价 是指买入开仓价；卖开价 是指卖出开仓价；买平价 是指买入平仓价；卖平价 是指卖出平仓价；买价 是指不需区别开仓或平仓的买入价格；卖价 是指不需区别开仓或平仓的卖出价格；今结价 是指当日结算价；昨结价 是指上一交易日结算价；历史开仓 是指上一交易日及以前的开仓；历史持仓 是指上一交易日及以前的持仓；以下同。

3. 当日盈亏的分项计算

当日盈亏＝平仓盈亏＋持仓盈亏
$$=(平历史仓盈亏+平今仓盈亏)+(历史持仓盈亏+今开仓持仓盈亏) \tag{3.9}$$

(1) 平历史仓盈亏＝∑(卖平价-昨结价)×卖平量
$$+\sum(昨结价-买平价)\times 买平量 \tag{3.10}$$

(2) 平今仓盈亏＝∑(今卖平价-今买开价)×卖平量
$$+\sum(今卖开价-今买平价)\times 买平量 \tag{3.11}$$

(3) 历史持仓盈亏＝∑(今结价-昨结价)×买持量
$$+\sum(昨结价-今结价)\times 卖持量 \tag{3.12}$$

(4) 今开仓持仓盈亏＝浮动盈亏
$$=\sum(今结价-买开价)\times 买持量$$
$$+\sum(卖开价-今结价)\times 卖持量 \tag{3.13}$$

公式中的简略术语：平历史仓是指平上一交易日及以前的持仓；平今仓是指平当日开

的仓；买平量是指买入平仓的数量；卖平量是指卖出平仓的数量；买量是指不区别开仓或平仓的买入数量；卖量是指不区别开仓或平仓的卖出数量；买持量是指买入持仓的数量；卖持量是指卖出持仓的数量；以下同。

4. 当日盈亏的总公式计算

当日盈亏＝平仓盈亏＋持仓盈亏

$$= \sum(卖价-今结价) \times 卖量 + \sum(今结价-买价) \times 买量$$
$$+ \sum(昨结价-今结价) \times (昨卖持量-昨买持量) \quad (3.14)$$

5. 当日交易保证金计算公式

当日交易保证金＝∑今结价 × 持仓手数 × 交易单位 × 交易保证金比例 (3.15)

计算<u>股指期货</u>的盈亏时，要在公式(3.10)～(3.15)中的每一个∑式后乘以合约乘数。

6. 当日结算准备金余额计算公式

当日结算准备金余额＝昨结算准备金余额＋(入金－出金)
+(昨交易保证金－今交易保证金)＋当日盈亏－手续费(等) (3.16)

7. 客户权益计算公式

<u>客户权益</u>＝上日结存 ± 出入金 ± 交易保证金 ± 平仓盈亏 ± 浮动盈亏
－当日手续费 (3.17)

8. 可用资金计算公式

<u>可用资金</u>＝客户权益－交易保证金 (3.18)

9. 风险度计算公式

<u>风险度</u>＝交易保证金 / 客户权益 ×100% (3.19)

风险度是期货公司对交易者账户进行风险管理的主要指标：当风险度等于100%时，期货公司不再接受客户新的开仓指令；当风险度大于100%时会发出《追加保证金通知》，交易者必须在下一交易日开市前30分钟追加保证金至风险度≤100%，否则期货公司将对交易者的持仓进行强制平仓。

(二) 交易所对会员期货公司的结算

(1) 每天收盘后，交易所对每一会员的盈亏、交易手续费、交易保证金等款项进行结算。结算完成后，交易所以电子传输发放结算单据方式，向会员提供当日结算数据：会员当日平仓盈亏表、会员当日成交合约表、会员当日持仓表、会员资金结算表，期货公司会员以此作为对客户结算的依据。

(2) 会员每天应及时获取交易所提供的结算数据，做好核对工作，并妥善保管至少两年，有争议的应保管至争议消除为止。

(3) 会员对结算结果有异议，应在次日开市前30分钟书面通知交易所；遇特殊情况，应在次日开市后两小时内书面通知交易所。未提出异议，视作会员认可结算数据的准确性。

(4) 交易所完成结算后，将会员资金的划转数据传递给结算银行。结算银行应及时将划账结果反馈给交易所。

(5) 会员资金按当日盈亏进行划转，盈利划进会员结算准备金账户，亏损从结算准备金账户中划出。当日结算后交易保证金数额，超过了昨日数额，则从结算准备金账户中划出；低于昨日数额，划进结算准备金账户。手续费、税金等各项费用从结算准备金账户中扣划。

(6) 每日结算完毕，会员结算准备金低于最低余额时，该结算结果视为交易所向会员发出的追加保证金通知。次日开市前，会员必须补足资金至交易所规定的结算准备金最低余额。

(三) 期货公司对客户的结算

(1) 与交易所的结算程序一致，每日收盘后期货公司对每一客户的盈亏、手续费、交易保证金等进行结算。期货公司向客户收取的交易保证金不得低于交易所的标准。

(2) 期货公司完成对客户的结算后，将交易结算单及时传送给中国期货保证金监控中心，投资者可以通过网络到中国期货保证金监控中心查询期货交易结算信息。结算单载有：账号与户名、成交日期、成交的期货品种及月份、成交价和数量、买/卖、开仓/平仓、当日结算价、保证金占用额、客户权益、可用资金、交易手续费及其他费用、税款等需载明的事项。

(3) 当客户结算准备金低于期货公司规定的最低余额时，期货公司应当按照期货经纪合同约定的方式，通知客户追加保证金。

【例3.1】投资者小许在某期货公司开户后，存入保证金20 000元。7月1日开仓买入豆粕合约4手(每手10t)，成交价3 600元/t。当日平仓卖出2手，成交价3 620元/t。当日结算价3 640元/t，交易保证金比例为5%。计算该客户当日结算准备金余额(不计手续费、税金)？

解：1. 按分项计算

当日盈亏＝平仓盈亏＋持仓盈亏

平仓盈亏中没有平历史仓，用式(3.11)：

平今仓盈亏＝∑(今卖平价－今买开价)×卖平量
　　　　　＋∑(今卖开价－今买平价)×买平量
　　　　　＝(3 620 － 3 600)×2×10 ＝ 400(元)

持仓盈亏中没有历史持仓，用式(3.13)：

今开仓持仓盈亏＝浮动盈亏
　　　　　　　＝∑(今结价－买开价)×买持量
　　　　　　　＋∑(卖开价－今结价)×卖持量
　　　　　　　＝(3 640 － 3 600)×(4 － 2)×10 ＝ 800(元)

当日盈亏＝400＋800 ＝ 1 200(元)

2. 按总公式计算

当日盈亏＝平仓盈亏＋持仓盈亏
　　　　＝∑(卖价－今结价)×卖量＋∑(今结价－买价)×买量
　　　　＋∑(昨结价－今结价)×(昨卖持量－昨买持量)

$$= (3\ 620 - 3\ 640) \times 2 \times 10 + (3\ 640 - 3\ 600) \times 4 \times 10 = 1\ 200(元)$$

3. 当日交易保证金计算

当日交易保证金 = ∑今结价 × 持仓手数 × 交易单位 × 交易保证金比例
$$= 3\ 640 \times 2 \times 10 \times 5\% = 3\ 640(元)$$

4. 当日结算准备金余额计算

当日结算准备金余额 = 昨结算准备金余额 + (入金 − 出金)
+ (昨交易保证金 − 今交易保证金) + 当日盈亏 − 手续费
$$= 20\ 000 - 3\ 640 \times 2 \times 10 \times 5\% + 1\ 200 = 17\ 560(元)$$

【例3.2】7月3日，小许再买入2手豆粕合约，成交价为3 630元，当日结算价为3 660元，交易保证金比例不变。计算该投资者当日结算准备金余额（不计手续费、税金）。

解：1. 按分项计算

当日盈亏 = 平仓盈亏 + 持仓盈亏

没有平仓盈亏，只计算持仓盈亏，用式(3.12)和(3.13)：

历史持仓盈亏 = ∑(今结价 − 昨结价) × 买持量
+ ∑(昨结价 − 今结价) × 卖持量
$$= (3\ 660 - 3\ 640) \times 2 \times 10 = 400(元)$$

今开仓持仓盈亏 = 浮动盈亏
$$= \sum(今结价 - 买开价) \times 买持量$$
$$+ \sum(卖开价 - 今结价) \times 卖持量$$
$$= (3\ 660 - 3\ 630) \times 2 \times 10 = 600(元)$$

当日盈亏 = 400 + 600 = 1 000(元)

2. 按总公式计算

当日盈亏 = 平仓盈亏 + 持仓盈亏
$$= \sum(卖价 - 今结价) \times 卖量 + \sum(今结价 - 买价) \times 买量$$
$$+ \sum(昨结价 - 今结价) \times (昨卖持量 - 昨买持量)$$
$$= (3\ 660 - 3\ 630) \times 2 \times 10 + (3\ 640 - 3\ 660)(0 - 2) \times 10 = 600 + 400 = 1\ 000(元)$$

3. 当日交易保证金计算

当日交易保证金 = ∑今结价 × 持仓手数 × 交易单位 × 交易保证金比例
$$= 3\ 660 \times 4 \times 10 \times 5\% = 7\ 320(元)$$

4. 当日结算准备金余额计算

当日结算准备金余额 = 昨结算准备金余额 + (入金 − 出金)
+ (昨交易保证金 − 今交易保证金) + 当日盈亏 − 手续费
$$= 17\ 560 + (3\ 640 \times 2 \times 10 \times 5\% - 3\ 660 \times 4 \times 10 \times 5\%) + 1\ 000 = 14\ 480(元)$$

【例3.3】7月6日，小许将4手大豆合约全部平仓，成交价为3 670元，当日结算价为3 650元，交易保证金比例不变。计算该投资者当日结算准备金余额（不计手续费、税金）。

解：1. 按分项计算

当日盈亏＝平仓盈亏＋持仓盈亏

没有持仓盈亏；平仓盈亏中没有平今仓盈亏，用式(3.10)：

平历史仓盈亏＝∑(卖平价－昨结价)× 卖平量
　　　　　　＋∑(昨结价－买平价)× 买平量
　　　　　　＝(3 670 － 3 660)× 4 × 10+(3660 － 3630)× 2 × 10+(3660 － 3600)× 2 × 10
　　　　　　＝ 2200(元)

当日盈亏＝ 2200(元)

2. 按总公式计算

当日盈亏＝平仓盈亏＋持仓盈亏
　　　　＝∑(卖价－今结价)× 卖量＋∑(今结价－买价)× 买量
　　　　　＋∑(昨结价－今结价)×(昨卖持量－昨买持量)
　　　　＝(3 670 － 3 650)× 4 × 10+(3 650 － 3 630)× 2 × 10+(3650 － 3600)× 2 × 10
　　　　＝ 2 200(元)

3. 当日交易保证金计算

当日交易保证金＝∑今结价 × 持仓手数 × 交易单位 × 交易保证金比例
　　　　　　　＝ 3 650 × 0 × 10 × 5%＝ 0(元)

4. 当日结算准备金余额计算

当日结算准备金余额＝昨结算准备金余额＋(入金－出金)
　　　　　　　　　＋(昨交易保证金－今交易保证金)＋当日盈亏－手续费
　　　　　　　　＝ 14 880 ＋ 7 320 － 0+2 200 ＝ 24 400(元)

最终，小许的客户权益＝上日结存 ± 出入金 ± 交易保证金 ± 平仓盈亏
　　　　　　　　　 ± 浮动盈亏－当日手续费
　　　　　　　　＝ 14 880 ＋ 7 320+2 200 ＝ 24 400(元)

【例3.4】我国股市在2015年6月遭遇股灾。中证500股指期货IC1507合约(合约乘数为每点200元)在6月26日星期五以9 380点低开，上冲到9 390点后就一路走低。小岳发现期指有继续下跌的趋势后，果断在9 360点价位开仓卖出1手IC1507合约。下午2:00时后该合约在8 629点处跌停，小岳在该价格平仓买入1手IC1507合约结束交易。计算小岳当日做空期指收益。

解：当日盈亏＝平今仓盈亏
　　　　　　＝∑(今卖开价－今买平价)× 买平量 × 合约乘数
　　　　　　＝(9 360 － 8 629)× 1 × 200 ＝ 146 200(元)

五、交割

在期货合约到期之前，大多数交易者是通过对冲平仓来了结期货交易的。但是，在期货合约最后交易日收盘后仍持有合约，交易双方就要按交易所的**交割**规则和程序，通过转移该合约所载标的物的所有权，或者按照结算价结算现金差价，来了结到期未平仓合约。其中，以转移标的物所有权了结到期未平仓合约的方式，称为**实物交割**；按结算价进行现

金差价结算了结到期未平仓合约的方式，称为**现金交割**。通常，商品期货以实物交割方式为主；股价指数期货、短期利率期货以现金交割方式为主。

（一）交割的作用

交割是期货联系现货的纽带。尽管期货市场的交割量仅占总成交量的很少比例，但交割环节对期货市场的整体运行却起着十分重要的作用。期货交割是促使期货价格趋向于现货价格的制度保证。

当期市过度投机，发生期价严重偏离现价时，交易者就会在期、现两个市场间进行套利：当期价过高，现价过低时，交易者会卖期货、买现货，期货供给增加导致价跌，现货需求增加导致价涨，最终缩小期现价差。

反之，期价过低现价过高，套利操作又会使期现价差趋于正常。通过交割（套利），期现两市实现联动，使期市发挥价格晴雨表的作用。

（二）实物交割方式

实物交割方式是指期货合约到期时，根据交易所的规则和程序，交易双方转移合约标的商品所有权，了结未平仓合约的过程，分为集中交割、滚动交割两种方式。

1. 集中交割

集中交割也称一次性交割，是指在交割月的最后交易日闭市后，交易所对所有未平仓的交割月合约进行交割配对，按规定程序一次性集中进行交割。

2. 滚动交割

滚动交割是指进入合约交割月后，交易者可以在第一个交易日到最后交易日期间的每天进行交割。交易者可以灵活选择交割时间，减少储存时间，降低交割成本。

国际上大多数的商品期货都采用集中交割的方式。我国上海期货交易所采用集中交割方式；郑州商品交易所采用滚动与集中交割相结合的方式，合约进入交割月就可以申请交割，最后交易日闭市后，对未平仓合约进行集中交割；大连商品交易所对一部分品种采用二种交割结合的方式，另一部分品种采用集中交割方式。

（三）交割结算价

交割结算价是指进行实物交割时，作为商品交收依据的基准价格。

上海期货交易所采用集中交割，交割结算价为合约最后交易日的结算价；但是，黄金期货采用最后5个交易日的成交价按成交量的加权平均价。

郑州商品交易所采用滚动交割与集中交割相结合的方式，其交割结算价为期货合约配对日前10个交易日（含配对日）的交易结算价的算术平均价。

大连商品交易所滚动交割的交割结算价，为期货合约配对日的结算价；集中交割的交割结算价，为交割月第一交易日到最后交易日所有成交价的加权平均价。

交收的如果不是标准品质的实物商品，要以交割结算价为基础，加上不同等级商品品质的价格升、贴水。在交易所异地交收，要加上异地交割库与基准交割库的物流升、贴水。

(四) 实物交割流程

采用集中交割方式时，最后交易日未平仓的期货合约必须进行交割。客户的实物交割必须由会员代理，以会员名义在交易所进行交割：

(1) 交易所对交割月持仓合约作交割配对。配对前，上海期货交易所要求买方申报交割意向；郑州商品交易所的买方或者卖方均可申请交割。

(2) 交换标准仓单与货款。买方通过会员期货公司、交易所交付货款给卖方；卖方通过会员期货公司、交易所交付标准仓单给买方。

(3) 增值税发票流转。卖方客户开具的增值税发票，由双方会员转交给买方客户并协助核实，交易所负责监督。

(五) 标准仓单的生成、流通和注销

在实物交割中，买卖双方不是直接交收实物商品，而是交收代表商品所有权的标准仓单。**标准仓单**是指由期货交易所统一制定的，由交易所指定交割仓库在完成商品入库验收、确认商品品质合格后签发给货主的标准化提货凭证。标准仓单经交易所注册后生效，可用于交割、转让、提货、质押等。

标准仓单的持有形式为"标准仓单持有凭证"，代表标准仓单所有权，是在期货交易所办理交割、交易、转让、质押、注销的凭证，受法律保护。

在实践中，标准仓单的主要形式是仓库标准仓单，其**生成**需要经过交割预报、商品入库、验收、指定交割库签发、交易所注册等环节。此外，还有经交易所批准的现货生产企业的厂库标准仓单。所谓厂库，是指某品种的现货生产企业的仓库，经交易所批准并指定为期货履行实物交割的地点。厂库标准仓单则是指经过交易所批准的、指定厂库按照交易所规定的程序签发的、在交易所标准仓单管理系统生成的实物提货凭证。

标准仓单的**流通**是指其既可用于在交易所进行实物交割、交易，还可在交易所外转让。在交易所进行实物交割的标准仓单流转程序是：

(1) 卖方将标准仓单授权给其经纪会员，以办理实物交割业务。

(2) 卖方会员将标准仓单提交给交易所。

(3) 交易所将标准仓单分配给买方会员。

(4) 买方经纪会员将标准仓单分配给买方。

标准仓单**转让**是指会员自行协商买卖标准仓单的行为。客户的标准仓单转让须委托会员办理；达成转让意向的买卖双方会员，应向交易所提交标准仓单转让申请；交易所审核标准仓单转让申请后，为买卖双方会员办理标准仓单过户、货款结算划转手续。

标准仓单**注销**是指标准仓单持有人提货或申请转化标准仓单为一般现货提单，由指定交割库办理标准仓单退出流通的过程，这一过程须通过会员进行。

(六) 现金交割

现金交割是指合约到期时，买卖双方按照交易所的规则、程序、交易所公布的交割结算价，结算现金差价、了结到期未平仓合约的过程。

中国金融期货交易所的股指期货合约采用现金交割，规定股指期货合约最后交易日收

盘后，按标的指数最后 2 个小时的算术平均价作为交割结算价，划付持仓双方的盈亏，了结全部到期未平仓期指合约。

本 章 小 结

1. 期货交易的基本制度，包括保证金制度、当日无负债结算制度、涨跌停板制度、持仓限额及大户报告制度、强行平仓制度、风险警示制度和信息披露制度等。
2. 期货交易的完整流程，是指选择优秀的期货经纪公司并开户后，需要完成下单、竞价、成交回报与确认、结算与交割各环节的操作。
3. 期货交易的集合竞价与连续竞价。
4. 期货结算的术语、期货结算公式。
5. 交割环节的作用。
6. 标准仓单的生成、流通和注销。

本章重要概念

结算准备金　交易保证金　逐日盯市制度　爆仓　涨跌停板制度　持仓限额　大户报告　强行平仓　风险警示　信息披露　开户　下单　价格优先　时间优先　集合竞价　连续竞价　结算　开仓　持仓　平仓　多头换手　空头换手　结算价　开盘价　最高价　最低价　最新价　收盘价　成交量　持仓量　历史开仓　历史持仓　平历史仓　交割　实物交割　集中交割　滚动交割　交割结算价　标准仓单　现金交割

思 考 题

1. 什么是结算准备金、交易保证金？
2. 什么是当日无负债结算制度？
3. 什么是涨跌停板制度？
4. 什么是持仓限额及大户报告制度？
5. 什么是强行平仓制度？
6. 什么是信息披露制度？
7. 简述期货交易的基本流程。
8. 竞价有哪两种方式？
9. 期货结算的定义是什么？
10. 什么是期货交割？交割有何作用？
11. 2011 年 8 月初，受美债危机困扰，市场避险情绪高涨，黄金需求大增，国际期货市场价格突破了 1 600 美元/盎司。小钱存入保证金 10 万元，决定投机上期所的黄金期货合约(交易单位为每手 1 000g，交易保证金比例为 10%)。

A. 8 月 3 日，小钱买入 3 手黄金期货合约，成交价 341 元/g。随后他在 345 元/g 价位卖出平仓 2 手，当日结算价为 344 元/g。用分项公式、总公式计算其当日盈亏、结算准备金余额？

B. 8 月 8 日，小钱再买入 1 手黄金合约，成交价 350 元/g，当日结算价为 352 元/g。用总公式计算其当日盈亏、结算准备金余额？

C. 8 月 11 日，小钱将 2 手黄金期货全部平仓，成交价为 374 元/g，当日结算价为 371 元/g。用总公式计算其当日盈亏、结算准备金余额？

阅读材料

期货资管："麻雀"变"凤凰"不是梦

记者 许倩

2015 年上半年，期货公司资管规模大幅增长，但相对基金管理公司、证券公司、私募基金管理机构平均上万亿元的资管规模，其不足 500 亿元的量级，太过弱小。令人欣慰的是，近一段时间股市"蛮牛+快熊"的行情，又一次为期货公司资管创造了难得的发展机遇，使包括银行在内的资金方、普通投资者知悉并重视期货行业与对冲资产配置。作为最了解对冲的资产管理机构，期货公司在量化对冲产品设计和管理方面有着天然的优势，未来有望凭借量化对冲的投资理念及自主管理的业务形态，上演一出"麻雀变凤凰"的好戏。

量化投资与价值投资一样，是一种投资哲学，在量化的指导下，可以发展各种策略和产品形态，比如基于股票现货和股指期货的量化对冲，或者基于基本面研究的主观对冲。量化对冲产品一般把 80% 的资金配置在证券市场，其余 20% 的资金配置在期货市场。期货市场虽是小众市场，但它是众多投资机构管理风险、配置资产不可或缺的重要场所。

广发期货资产管理部原董事总经理黄邵隆认为，量化对冲等追求中性收益的投资策略将是未来期货公司资管发力的方向。

信达期货总经理陈冬华认为，未来 10 年，期货资管发展的方向是量化，量化投资的理念运用 100 年后依然有效，是因为火爆的量化对冲产品在风险可控的前提下可以追求相对稳定的收益。作为券商系期货公司，信达期货将与券商股东协同发展，在高净值客户、证券资管、证券自营方面推行量化对冲。

专注于宏观对冲的凯丰投资，恪守在自己擅长交易的投资领域，旗下的对冲系列产品在 2015 年 6 月中旬以来的股市下跌中，净值逆势上涨 19.2%，在 7 月份的 13 个交易日中，又实现 17% 的收益。该机构负责人告诉记者，上半年股市太过疯狂，一些投资者质疑我们产品的业绩。现在这些投资者认识到稳健增值、安全复利的重要性。该机构扩充投研团队，灵活调整部门架构，在宏观金融部、产业部、量化技术部、交易部之间形成有效的交流与融合，发挥部门间的协同作用。该公司量化技术部的高频做市系统已经完成，高频交易策略日益成熟，同时中低频策略也在不断丰富。

阿巴马资产管理公司董事总经理詹海涛说，量化对冲追求无风险绝对收益，分散选股，无权重股之分，产品不管在牛市还是熊市都表现稳定，市场需求也大。6月以来公司多个产品净值屡创新高，7月发行一只5亿元规模的量化对冲产品，其中1亿元配置在期货市场。

资料来源：摘编自2015年7月27日《期货日报》资产管理版．

专心致志做交易 开开心心过生活

记者 王伟 专访轻量组冠军王超

"江山代有才人出"，期市江湖也是如此。在第十届全国期货实盘交易大赛中，集成期货参赛账户"mile"获得轻量组冠军，这个账户的实际操盘手就是王超。

一朝参赛人尽知

2012年开始接触期货，算起来王超的期市经历才只有4年时间。与动辄有着十几年资历的资深操盘手相比，这个不到30岁的年轻人算得上是新手，但就是这个众人眼里的新手，第一次参加期货日报主办的全国期货实盘交易大赛，即取得一鸣惊人的成绩，荣获第十届全国期货实盘交易大赛轻量组冠军。通过不断努力，假以时日，未来的操盘手之路或不限量。

"这是我第一次参加比赛，通过指定交易商集成期货的推荐，了解了实盘大赛并参与进来。参赛后才知道这个平台的影响力这么大，汇集了全国这么多的操盘手，大家同台竞技，让我收获了很多。"王超告诉记者，参加实盘大赛对他来说是一次自我反思，在比赛过程中找到了自己的优缺点，也让交易水平能够得到全面提升。

对于获得轻量组冠军，王超有些波澜不惊。他说："参赛本不是为了获得冠军而来，只是顺其自然，做好每天的交易就行了，比赛规则很科学，该得到的它会很公平地给你。"

对于自己取得的成绩，王超还是很满意的。"未来进步的空间是如何去驾驭更大的资金，我的手法稳定性强，行情适应度高，但资金规模一直很难加上去，我一直在努力克服这个问题，只是收效甚微。"王超表示，希望通过实盘大赛的磨炼和未来的交易成长，能不断突破瓶颈，取得更大的进步。

盈利在于控风险

总结实盘大赛盈利的秘诀，王超认为，关键在于坚决控制风险。"亏损的单子不能硬扛，这是期货交易的大忌。如果硬扛，亏损容易扩大，会影响接下来的操作和心态。如果心态乱了，手法也会跟着全乱，得不偿失。"王超告诉期货日报记者，参赛以来，他最大的突破就是控制风险的意识更强了，因为比赛规则规定，亏损大会影响得分，所以他在比赛中的一些亏损单会处理得更快。

在王超看来，自己的交易风格就是炒单，需要快字当先。他说自己并不做数据分析，凭盘感和1分钟K线中的关键点，决定何时进场、何时出场。"比赛中的交易手法和平时一样，但比赛后期几个月的交易做得更保守一点。"王超坦言。

在品种选择上，王超倾向于选择交易量大、浮动大、参与人数多的品种，一般情况下，他的交易控制在3～5个品种。他在下单方面，也能体现出一个年轻人的快速和果断，"快速行情下10s以内，慢速行情下3min以内，一天的交易一般在100～200个回合。"王超描述说。

总结自己的交易，王超表示，盈利最大的单子一般都是进去瞬间得到的，回撤一般是逆势的单子没有及时止损，或者被秒杀的单子。这给他带来的启示就是，交易中必须要时刻绷紧止损这根弦，"进去不对，立马砍仓，没有非得几个点砍的固定限制。出现连续亏损后，下单会谨慎，差的行情我不会再参与，只做胜率高的行情，宁可不赚，也不能赔。最深刻的是两次动力煤大赔，大赔后的几天我做得比较保守，控制好风险。"王超举例说。

期货缘分很奇妙

说起与期货市场的奇妙缘分，王超告诉期货日报记者，大学毕业后，他先在当地电视台实习，然后留下来工作，一待就是两年，但每个月的工资还不到1 000元，生活捉襟见肘。

后来，他有了一次去煤矿企业工作的机会，以为能在井上工作，但结果是要到井下干苦力，"真的很不喜欢，就直接回家不干了，本身家庭条件就不好，回到家的几个月压力很大，找不到努力的方向，那段时间我的女友，也就是现在的老婆，一直支持我、鼓励我。"王超感慨地说，2012年，一次偶然的机会，他和一位初中同学吃饭，听同学说正在学习期货交易，这是他第一次知道期货的存在。考虑了一段时间，他决定去找同学一起练习期货，这位同学也是他期货路上的第一位引路人。

2012年年底，王超进入了同学学习交易的期货公司，在那里他才真正知道了什么是期货、什么是炒单。"刚开始有位老师教止损，就这样被强制性塑造了止损意识。练习了几个月，发现虽然赔不了多少钱，但也赚不到钱。因为在人家公司必须要按他们的操作去做，所以我决定开户，完全按照自己的想法去做。"王超说。

据王超回忆，他当时借了1万元，找自己感觉舒服的品种去交易。可能因为运气好，当时菜粕期货非主力合约突然出现一段很活跃的行情，刚开始做就每天赚钱，一个月后出现了两天超大的行情，权益连续翻倍增长。"从一单一单地开，最后加到二十单。实际上，我这种做法每次加单都是一个坎儿，但在这段行情下，我的交易信心和盘感都得到了很大提升。之后我做得一直很小心，也一直很顺利。"王超说。

开心生活最重要

就这样一路走下来，王超越来越喜欢期货市场，也越来越深入其中，乐在其中。在王超看来，期货带给他的魅力就是可以更好地实现人生自由，包括时间和金钱都能够掌握在自己手中。

"记得上高中的时候，大家都对将来做什么工作有些憧憬，我就想，如果有一个工作，能对着电脑动动键盘自由买卖赚差价就好了，不用阿谀奉承，也不用尔虞我诈，可以简简单单地活着。现在看来，当时所憧憬的东西就是期货，是期货市场圆了我当年的梦想。"王超向期货日报记者说道。

在期货市场无论成功还是失败都带给他很多启示，"期货市场让我学会了时刻保持敬畏之心，同时保持冷静。此外，交易中我最看重的是精神状态，没有一个好的状态，交易很难取得成功。"王超总结说，刚进入期货市场的新手，首先一定要有风险意识，要时刻敬畏行情，再者就是有一个好的心态，这些都是在期货市场长期生存的基本功。

"我个人感觉保持好心态最重要也最难，不能激进，也不能保守，要克服本性，拒绝贪婪。做期货交易考验的是操盘手的心态和技术，不是赌博。在交易过程中，无论遇到什么情况都不能情绪化，一旦发现情绪出问题，要立马停止交易。"王超认为，除此之外，无论操盘手采取什么样的交易手法，都要建立一套属于自己的完善的交易体系，保持交易的一致性，不能什么做法都去尝试，这样不仅耽误时间，还会走很多弯路，甚至离成功越来越远。

据王超介绍，4年的期货交易经历带给他最深的感悟就是，交易时一定要专心致志、心无旁骛，而生活中就不要去想交易的事，"不能让交易影响到生活，交易中的很多情绪会不自觉地带到生活当中，但要学会克服。无论得失，开心最重要。"王超坦诚地说。

回首走过的期货道路，王超认为，比起市场上的其他操盘手，他的路走得很顺畅，几乎没遇到什么坎坷。他说："记得当初的愿望是30岁之前能攒够10万元，现在真的很知足了。期货会让人的欲望无限放大，想要的越来越多，却发现身边失去的也越来越多，所以一切随缘随心，开心就好。"

资料来源：2016年11月21日《期货日报》第十届全国期货实盘交易大赛暨第三届全球衍生品实盘交易大赛特刊．

网络资源索引

1. http：//www.cfachina.org/ZCFG/XZFG/201211/t20121108_1430140.html 期货交易管理条例
2. http：//www.qihuow.net/newsOne.php?newsId=323 期货学习网
3. http：//www.docin.com/p-253028948.html 期货市场基本制度
4. http：//www.doc88.com/p-982397889899.html 期货市场基本制度与交易流程
5. http：//futures.cngold.org/qhzs/c3786091.html 什么是期货的每日无负债结算制度
6. http：//baike.baidu.com/link?url=C_l8SctJaz-ml0kkGaZqk0GOovwVh7_7C6XwuV69SWQSybaqI8LAPJ0wvszgDcfmWTjajMupquGkXEwLKAVTha 期货结算制度
7. http：//baike.baidu.com/link?url=anmhWq_D_uTFU9SEpp209ZK7DKohVQdVqhpLJSqjzWuVhkid92a9q617tnx6Un9ldb43m1u3WB_SK8vNSb5xk9BhH3wckrLH3-5uiM6oAqHiGNjS3RBvxj6wg93ELg6r 期货结算

第四章

期货行情分析

学习目标与要求

掌握期货交易的基本分析法、技术分析法。能够运用供求规律、价值规律和政治、自然等因素分析、研判期货行情。

重点：熟练掌握报价行情表上的合约术语及价、量行情，熟悉分时图、K线图、各种技术指标的使用。

难点：掌握技术分析中的图形分析方法、指标分析方法。

第一节 期货行情解读

期货交易的行情由期货行情表、期货行情图提供的信息反映出来。

一、期货行情表

期货行情表提供了某一时点上某种期货合约交易的基本信息。表4.1是上海期货交易所沪铜合约2016年8月20日的成交信息。

表中相关术语的简要解读如下：

(1) 合约代码。期货行情表中的每一个期货合约用合约代码标识。**合约代码**由期货品种交易代码与合约到期月份组合起来标识，如cu1705，cu是沪铜品种的交易代码，1705代表合约到期月份是2017年5月份。表4.1中cu有12个不同月份的合约同时在交易，合约到期月份依次为2016年9月、10月、11月、12月、2017年1月、2月、3月、4月、5月、6月、7月、8月。

表 4.1　上海期货交易所沪铜合约 2016 年 8 月 20 日的收市行情

序号	合约名称	最新	现手	买价	卖价	买量	卖量	成交量	涨跌	涨幅%	持仓量	日增仓
1	沪铜指数	37320	99066	----	----	----	----	99066	-20	-0.05%	507340	-1232
2	沪铜主连	37290	12	37280	37290	47	2	74784	-40	-0.11%	234210	-390
3	沪铜1609	37220	6734	37210	37230	23	4	6734	-10	-0.03%	108754	-1800
4	沪铜1610	37290	74784	37280	37290	47	2	74784	-40	-0.11%	234210	-390
5	沪铜1611	37380	14224	37340	37380	12	1	14224	0	0.00%	99590	776
6	沪铜1612	37440	2670	37400	37490	15	1	2670	-10	-0.03%	36862	190
7	沪铜1701	37480	574	37470	37550	9	1	574	-40	-0.11%	12468	-12
8	沪铜1702	37590	36	37320	37610	1	1	36	30	0.08%	3728	18
9	沪铜1703	37670	22	37300	37800	1	1	22	60	0.16%	3884	-14
10	沪铜1704	37710	6	37380	37850	3	3	6	70	0.19%	2072	-4
11	沪铜1705	37770	14	37600	37870	1	1	14	70	0.19%	2240	2
12	沪铜1706	----	----	37280	37830	1	1	0	0	0.00%	2098	0
13	沪铜1707	----	----	37770	38200	1	2	0	0	0.00%	1260	0
14	沪铜1708	37730	2	37500	----	6	----	2	-80	-0.21%	174	2

(2) 开盘价是期货合约在当日开市前 5min 内，经集合竞价产生的成交价格。集合竞价未产生成交价，以集合竞价后的第一笔成交价为开盘价。

(3) 最高价是单位时间周期 (1 个交易日或 1 个交易小时) 内合约成交的最高价格。

(4) 最低价是单位时间周期内合约成交的最低价格。

(5) 最新价是合约最新一笔成交的价格。

(6) 涨幅是最新价相对于昨日结算价的涨跌相对幅度。

(7) 涨跌是合约最新价与昨日结算价之绝对价差。

(8) 买价是某合约当前买方申报买入但未成交的最高申报买价 (1 个档)。

(9) 买量是与当前的最高申报买价对应的买入数量，单位是"手"。

(10) 卖价是某合约当前卖方申报卖出但未成交的最低申报卖价 (1 个档)。

(11) 卖量是与当前的最低申报卖价对应的卖出数量，单位是"手"。

(12) 成交量是开盘后到当前为止的某合约买卖双方已成交的双边累计合约数量，单位是"手"。

(13) 持仓量是到目前为止某期货合约交易中未平仓合约的手数。我国商品期货双边计算持仓量：如买卖双方均为开仓，则至少增仓 2 手；如一方开仓另一方为平仓，持仓量不变；如双方均为平仓，持仓量至少减少 2 手。金融期货只计算单边持仓量。

(14) 收盘价是合约当日交易的最后一笔成交价。

(15) 结算价是合约当日所有成交价按成交量的加权平均价，与成交价对应的成交量作为权重。当日无成交价的，以昨日结算价作为今日结算价。

(16) 昨收盘是某合约上一交易日的最后一笔成交价。

(17) 昨结算是某合约上一交易日的结算价。

二、常用期货行情图

常用的记录期货价格走势的主要行情图有分时图、闪电图、K线图、竹线图等。

1. 分时图

分时图是使用价格－时间平面坐标，在横轴上将时间等分，按时间顺序记录每分钟的最新价格并将这些价格点连线的图示方式。通过分时图，可以得到每天开市期间每一分钟价格变动对应的点连接而成的分时价格轨迹曲线，该线也称为分时价位线，如图 4.1 所示。

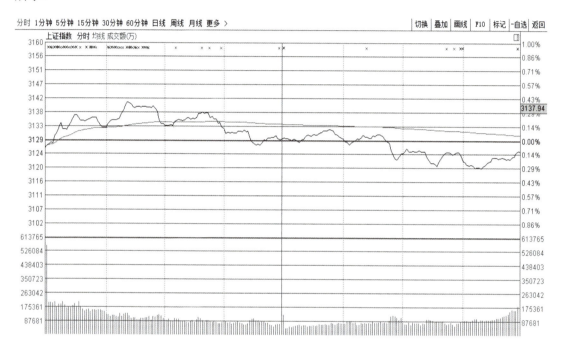

图 4.1 分时图

2. 闪电图

闪电图是将每一个成交价，都在价格－时间平面坐标图中按时间顺序标出并将这些成交价连线的图示方式，如图 4.2 所示。

用分时图、闪电图观看价格变动过程十分清晰，缺点是在一幅电脑画面中不能反映1个交易日以上的较长时间的价格变动，只能用于日内交易。

3. K 线图

K 线图形似蜡烛，也称为蜡烛图。每根蜡烛代表一个单位时间，时间单位可以是 1 分钟、5 分钟，也可以是一天、一周或一年。若单位时间周期是一个交易日，则记录该日价格变动的 K 线图称为日 K 线图。类推，有小时 K 线图，周 K 线图，月 K 线图等。

K 线图的蜡烛体用于记录期货合约的开盘价、收盘价，反映价格的实际涨跌；上下影线则记录单位时间内的最高价、最低价，如图 4.3 所示。

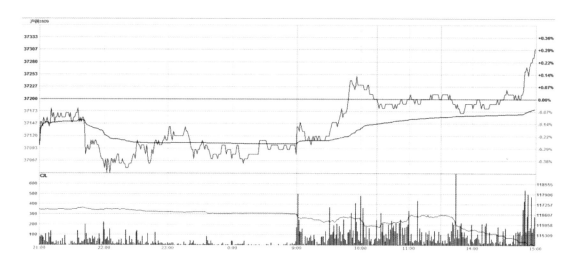

图 4.2 闪电图

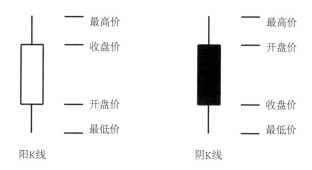

图 4.3 K 线图

K 线图直观简洁地记录了 1 个单位时间周期的开盘价、收盘价、最高价、最低价 4 个价格，形象鲜明，很容易分辨单位时间周期内价格的低开高收，还是高开低收等价格变动状况，可以在一幅电脑画面上反映较长时期的价格变动。

4. 竹线图

竹线图也称为条形图，它更简洁的用一条竖线段记录最高价、最低价变动的轨迹，开盘价用短横线标于竖线左侧，收盘价用短横线标于竖线的右侧，如图 4.4 所示。

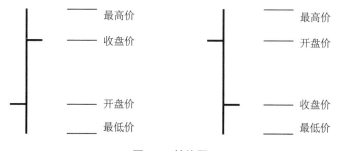

图 4.4 竹线图

5. 行情图报价栏中的术语

外盘统计的是以卖出价、主动买指令成交的手数。**内盘**统计的是以买入价、主动卖指令成交的手数。外盘＋内盘＝总手。外盘数量大说明买方强势；内盘数量大为卖方强势。

多开与空开，也称为买开与卖开，是多头开仓和空头开仓的简称。多平与空平，也称为卖平与买平，是多头平仓和空头平仓的简称。

双开，是买卖双方同时在开仓，一方买开仓，另一方卖开仓。双平，是买卖双方同时在平仓，一方卖平仓，另一方买平仓。

多换，是多头换手的简称，在某一价位，新多头在买开仓，原多头在卖平仓。空换，是空头换手的简称，在某一价位，新空头在卖开仓，原空头在买平仓。

第二节　基本分析法

期货交易的基本分析方法，是指根据商品的供求规律和价值规律，以及影响期货价格的政治因素、自然因素、大户操纵等其他基本因素，来分析、预测期货价格中、长期走势的分析方法。

一、需求分析

(一) 需求及其构成

需求(量)是指在一定时间、地点，在各种价格水平下买者愿意且有能力购买的某种商品(量)。本期需求量由国内消费量、出口量、期末结存量构成。

(1) 当期国内消费量。**当期国内消费量**包括居民消费量和政府消费量，主要受消费者人数、收入水平(购买能力)、消费结构、相关产品价格等因素影响。

(2) 当期出口量。**当期出口量**主要受国际市场供求状况、内外销价格比、关税非关税壁垒、汇率等因素影响。若总产量一定，出口增加则国内供给减少；出口减少则国内供给增加。

(3) 期末结存量。当本期商品供大于求时，期末结存量增加；当供不应求时，期末结存量减少。**期末结存量**的变化既反映本期产品供求状况，又对下期供求产生影响。

(二) 影响需求(量)的因素

(1) 价格。根据需求定理，当其他条件不变时，一种商品的价格上涨，会导致该商品的需求量下降；一种商品的价格越低，其需求量越大。

(2) 收入水平。消费者的收入水平决定其购买力。收入增加，消费者会增加对多数商品的需求量；收入减少，消费者会减少对多数商品的购买量。

(3) 偏好。人们对某种商品的偏好程度增加，会增加对该商品需求量。反之，人们不喜好某种商品，即使其价格较低，其需求量也不会增加。

(4) 替代品和互补品价格。梨和苹果存在替代关系，如果替代品(梨)的价格下降，而被替代品(苹果)价格不变，会减少被替代品(苹果)的需求量。汽油和汽车存在互补关系（同时消费），如果互补品汽油价格上涨，会引起汽车需求量下降。

(5) 预期。消费者预期某种商品未来价格上涨（下跌），会影响到该商品当期需求量增加（减少）。

二、供给分析

（一）供给及其构成

供给（量）是指在一定的时间、地点，在各种价格水平下，卖方愿意且能够提供的商品数量。本期供给量由期初库存量、当期国内产量、当期进口量构成。

(1) 期初库存量。这是指上一期期末的商品结存量，分为生产者存货、经营者存货和政府储备。期初存量多少直接影响本期供给。库存充裕，能制约价格上涨；库存不足，则难以抑制价格上涨。

(2) 当期国内生产量。当期国内生产量直接影响市场供给，进而影响期货价格。农产品产量受气候条件影响大，分析农产品期价，需要关注播种面积、气候等作物生产条件、生产成本、政府农业政策等因素的变化情况，以准确掌握当期生产量。

(3) 当期进口量。进口是国外生产者对本国的供给，进口商品占国内消费比重越大，则进口数量变化对市场供给量和商品价格的影响也越大。实际进口量会因政治、经济等原因而发生变化。应尽可能掌握国内外经济政治形势、进口政策、进口量、汇率等信息对期价水平的影响。

（二）影响供给的因素

(1) 价格。根据供给定理，在其他条件不变的情况下，价格越高（低），供给量会越大（小）。

(2) 生产成本。当售价不变时，成本（各种生产要素投入）上升（或下降）时，会导致利润下降（或上升），厂商将减少（或增加）供给。

(3) 技术和管理水平。技术进步和管理水平提高，会提高劳动生产率，使得商品生产成本下降、利润上升，供给增加。反之会减少供给。

(4) 替代品和互补品价格。相同的资源可生产替代品。如果小麦价格上涨，玉米价格不变，则农民会增加小麦的种植，减少玉米的种植，使得小麦供给量增加、玉米供给量减少，这是替代品价格变化的影响。再看互补品，豆油、豆粕是同一生产过程的两种产品，如果豆油价格上涨，豆粕的供给也会增加，反之亦然。

(5) 预期。生产者对未来预期乐（悲）观，会增加（减少）产量和供给。

三、影响供求的其他因素

（一）经济周期波动因素

经济周期由繁荣、衰退、萧条、复苏 4 个阶段构成。

(1) 繁荣阶段，供给量满足不了日益增长的需求，刺激价格不断上涨至较高水平。

(2) 衰退阶段，由于需求萎缩，远远小于供给量，使库存增加导致价格猛烈下跌。

(3) 在萧条 (危机) 阶段，价格下跌虽停止，但社会购买力低导致销售困难，价格仍处于地板上。

(4) 复苏阶段，需求的增加刺激生产恢复和扩大，促使价格逐渐回升。

现货、期货价格会在经济周期各阶段发生涨跌波动。观察国内外 GDP、货币供给量、通胀水平等指标可帮助判断当前或未来所处的不同经济周期阶段，进而把握价格涨跌趋势。

(二) 金融货币因素

金融货币因素对期货市场的影响主要表现在利率、汇率两个方面。货币政策是各国普遍采用的主要宏观经济政策，核心是对货币供应量的管理。

为了刺激经济增长、增加就业，中央银行实行宽松的货币政策，降低利率，增加货币供应量，一般物价水平会随之上升。为了抑制通货膨胀，中央银行实行紧缩的货币政策，提高利率，减少货币供应量，物价和期价随之下降。利率既影响商品价格，也直接影响资产的定价，因为资产价格取决于未来收益与利率之比。一般而言，利率上升，资产价格下跌；利率下降，资产价格上升。

国际贸易和国际投资多以美元作为计价货币，美元汇率的涨跌波动直接影响现货、期货价格波动，美元贬值直接导致期货价格上涨，美元升值导致期货价格下跌。股市、债市、黄金市场的涨跌也影响到期货价格的波动。

(三) 政治因素

期货市场对国内、地区和国际政治局势的变化异常敏感。罢工、大选、内战、国际冲突、制裁等都影响经济运行，直接影响期货价格短期剧烈波动。

(四) 政策因素

一国政府的财政、产业政策和措施，国际组织的政策变化也对期价产生直接影响。

(五) 自然因素

地震、旱涝、台风、严寒、虫灾等气候、地理灾害，直接影响大宗商品的生产、运输、仓储、消费、供求变化，导致期价波动。

交易者必须密切关注这些事件的影响，增加预测期价的准确性。

(六) 投机因素、心理因素

期货市场有大量投机者，交易目的是利用期货价格波动获利。投机大户经常虚张声势，操纵市场，从中获利。投机者对市场的心理预期变化，会导致市场价格涨跌。当市场信心十足时，即使没有利好消息，价格也可能上涨；当市场失去信心时，即使没有利空消息，价格也会下跌。在期货交易中，市场心理变化与投机行为交织在一起，相互依赖、相互制约，产生综合效应。

(七) 其他因素

专业咨询机构发表的观点和文章，投资基金的行为，多空双方资金性质等因素，有时也会对期货价格的波动产生影响，需要投资者密切关注。

第三节　技术分析法

一、技术分析法的理论基础

技术分析是指分析市场交易行为本身，即分析记录日常交易状况的价格、成交量、持仓量等数据按照时间顺序绘制成的图形或指标系统，以预测期货价格未来走势的方法。技术分析使用的图表，是交易行为轨迹的记录，无虚假与臆断。技术分析提供的量化指标，可以指示出行情转折处，告诉交易者去追随趋势。

(一) 技术分析法的三大假设

(1) 包容假设。技术分析笃信"市场行为反映和包容一切"。投资者交易时，交易行为(以交易价格、成交数量和持仓量来体现)本身，已反映了影响市场价格的诸多供求因素。因此，研究市场交易行为本身就可判断价格走势，交易者无须关心影响价格变动背后的因素。

(2) 惯性假设。技术分析笃信"价格趋势呈惯性运动"。期货价格虽呈现出不断上下波动的现象，但在价值规律、供求规律作用下存在沿一定方向运行的趋势，只有在外力(因素)作用后才会改变运行方向。

技术分析力图用技术图形、指标，尽早确认当前价格趋势、未来价格反转信号，以便把握交易获利的时机。

(3) 重复假设。技术分析笃信"历史会重演"。过去的价格走势(形态)，会在未来再现。交易者可利用这些历史经验和规律对价格走势作出判断，进行有效的操作。

(二) 道氏理论

技术分析方法的基本思想来源于美国人查尔斯·道创立的道氏理论。道氏理论的主要原理如下：

(1) 市场价格指数可以解释和反映市场的大部分行为。道提出平均价格涵盖一切信息的假设，即技术分析的第一个假设。市场平均指数反映了无数投资者的综合市场行为，平均指数在每日的波动中包容消化了所有已知的可预知情况、各种可能影响证券供求的情况。

(2) 市场具有三种波动趋势。道氏理论认为，虽然市场中价格的起伏形态各异，但是最终可以将它们划分为三种不同级别的趋势类型，即主要趋势、次要趋势和短暂趋势。

主要趋势体现市场价格波动的最基本的方向，是指持续一年或一年以上的长期上涨(或下跌)趋势，分为牛市和熊市两类。投资要顺势而为，不要逆势而动。

次要趋势是对主要趋势的中期性调整，可以是牛市中出现的中等规模下跌或回调，也可以是熊市中出现的中等规模上涨或反弹。

短暂趋势是价格的日常波动，它是形成次要趋势的基础，时间很少超过三个星期，通常少于6天。短期趋势的随机性大，难以预测变动幅度，且易受人为操纵，这与客观反映经济动态的中长期趋势有本质的不同，因而一般不用作趋势分析的对象。

(3) 根据成交量判断趋势的变化。道氏理论认为，成交量会随着主要趋势而变化；反过来，根据成交量也可以对主要趋势做出一个判断。

通常，在多头市场，当价格上升时，成交量增加；当价格下跌时，成交量减少。在空头市场，当价格滑落时，成交量增加；在价格反弹时，成交量减少。

(4) 收盘价是最重要的价格。道氏理论并不看重一个交易日当中的最高价、最低价，只看重收盘价，因为收盘价是市场对当天价格的最后评价。这是又一个经过时间考验的道氏理论规则。

(三) 基本分析与技术分析的关系

在分析期货价格时，不同的交易者对基本分析、技术分析会有不同的侧重。原因在于两者的预测依据各有不同，各有长短，孰优孰劣难分伯仲。

基本分析注重分析影响价格的因素、变量之间的因果关系，优势在于预测价格中长期变动趋势。它基于市场供求变动而做出判断，需要掌握大量影响供求变动的信息。实际分析中，还要分清主要因素、次要因素，抓大放小。分析的结果有时滞。

技术分析更关注价格本身的波动，优势在于预测期价的短期变化、入市和出市时机的选择。技术分析基于过去、当前的价格判断未来价格走势，无须掌握大量的影响价格因素的信息，凭借各种图形、指标就可及时做出分析和预测。

低买高卖、高卖低买是交易中亘古不变的法则。交易者做出买、卖方向判断后，还需要正确把握何时买卖的入市、出市时机，否则，结果可能事与愿违。

交易者应将两种方法相结合，互补长短，从而做到逢低吸纳，逢高抛出。

二、价格趋势分析

价格趋势分析常用的工具有：支撑线和阻力线、趋势线、黄金分割线与百分比线。

(一) 支撑线和阻力线

支撑线又称为抵抗线，是指当价格跌到某个价位附近时，会停止下跌甚至还有可能回升，这是因为多方在这个价位买入造成的。这个起着阻止或暂时阻止价格继续下跌的价位就是支撑线所在的位置。支撑线的作用是阻止或暂时阻止价格继续下跌。

阻力线又称为压力线，是指当价格涨到某个价位附近时，会停止上涨甚至还有可能回落，这是因为空方在这个价位卖出造成的。这个起着阻止或暂时阻止价格继续上升的价位就是压力线所在的位置。压力线的作用是阻止或暂时阻止价格继续上升。

支撑线和阻力线的示意如图 4.5 所示。

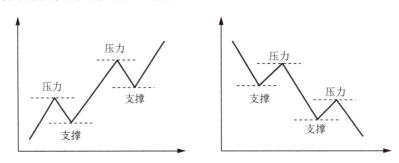

图 4.5　支撑线和压力线

支撑线、压力线的相互转化：一条支撑线如果被跌破，该支撑线就会转化为价格上升的压力线。同理，一条压力线如果被突破，这个压力线将成为价格下跌的支撑线。支撑线和压力线相互转化、改变的条件，是它被有效的、足够强大的价格变动突破。

支撑线、压力线的确认和修正：每条支撑线、压力线都是根据价格变动人为画出的图表。确认一条支撑线或压力线要考虑3个因素：价格在该区域停留的时间长短、该区域价格变化伴随的成交量大小、该价格区域离当前的时间远近。价格在某区域停留的时间越长、伴随的成交量越大、离当前时间越近，则该支撑或压力区域对当前价格变动的影响就越大，反之越小。

价格变动使得原先确认的支撑线或压力线不再具有支撑、压力作用，就要根据3因素修正原先的支撑线、压力线。

(二) 趋势线

趋势线能够衡量价格的波动方向，由趋势线的方向可以明确地看出价格运行的趋势。

在价格上升趋势中，将一组K线中两个价格低点连成一条直线，就可以得到上升趋势线，上升趋势线对价格下跌起支撑作用。如图4.6(a)的直线L。

在价格下降趋势中，将一组K线中两个价格高点连成一条直线，就可以得到下降趋势线，下降趋势线对价格上升起压力作用。图4.6(b)的直线L。

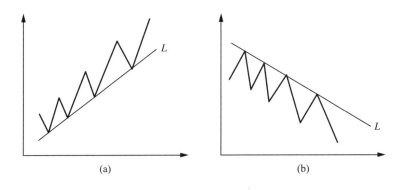

图4.6 上升趋势线和下降趋势线

要得到一条真正起作用的趋势线，需要经过多方面的验证才能最终确认：

首先，必须明确有趋势存在。在上升趋势中，必须确认一组K线中有两个依次上升的价格低点；在下降趋势中，必须确认一组K线中有两个依次下降的价格高点，才能确认趋势的存在，连接两个K线价格点的直线才有可能成为趋势线。其次，画出直线后，还应得到第三个点的验证，才能确认这条趋势线是有效的。所画出的直线被价格K线触及的次数越多，其作为趋势线的有效性越被得到确认，用它进行预测就越准确有效。一条趋势线延续的时间越长，就越具有有效性。

趋势的级别。按照价格运行时间的长短、波动幅度的大小，趋势可分为不同级别的主要趋势、中级趋势、短期趋势。任何趋势都是下一个更大趋势的组成部分，或是上一个更小趋势的细分部分，如图4.7所示。顺势交易是指应该从大趋势到小趋势进行深入分析，先月线、后周线、再日线，才能看对大方向(主要趋势)，然后跟随价格趋势的方向进行上涨做多、下跌做空的交易。

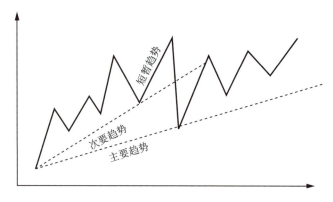

图 4.7　3 种级别的趋势

趋势线主要有两个作用：第一，起支撑价格上涨(上升趋势线)或阻止价格上涨(下降趋势线)的作用。第二，价格突破趋势线后就要发生原价格趋势的反转。越是重要的趋势线被突破，转势的信号就越强烈。如图 4.8 所示。

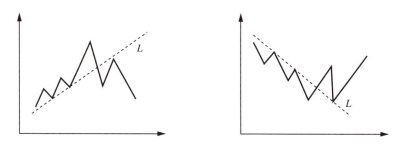

图 4.8　趋势线被突破后价格转势

(三) 黄金分割线与百分比线

黄金分割线、百分比线是两类重要的水平切线，在实践中得到广泛应用。

1. 黄金分割线

数学比率 0.382、0.618、1.382、1.618，是四个最为重要的黄金分割率，价格运动极容易在这四个黄金比率处产生支撑位或压力位。

画黄金分割线时，先找到上升行情结束、调头向下的价格最高点，或者是下降行情结束、调头向上的价格最低点。

当上升行情结束价格开始调头向下时，我们极为关心价格下降将在什么位置获得支撑。假设，价格上涨的最高点是 10 元，应用黄金比率数，得到：

$6.18 = 10 \times 0.618$，$3.82 = 10 \times 0.382$，即 6.18 元和 3.82 元的黄金分割线处极有可能成为支撑价位。

当下降行情结束价格开始调头向上时，我们极为关心价格上升将在什么位置遇到阻力。假设，价格下跌的最低点是 10 元，应用黄金比率数，得到：13.82=10×1.382，16.18=10×1.618，即 13.82 元和 16.18 元的黄金分割线处极有可能成为阻力价位。

2. 百分比线

百分比线（图 4.9）考虑的是人们的心理因素和一些整数的分界点。当价格持续向上并涨到一定程度时，肯定会遇到压力。遇到压力后，价格就要向下回落，百分比线可以大体预测价格回落的位置。

常用的百分比数一共 10 个：1/8 1/4 3/8 1/2 5/8 3/4 7/8 1，1/3 2/3，其中 1/2、1/3、2/3 这三个数最为重要。在很大程度上，价格回撤到 1/3、1/2、2/3 处是人们的一种心理倾向。如果没有回落到 2/3 以下，就好像价格没有回落够似的；如果已经回落到 2/3，人们自然会认为价格已经回落够了。用分数表达百分比，是为了突出整数的简约习惯，如 1/8=12.5%，1/2=50%。

以开始上涨的最低点和开始向下回撤的最高点两者之间的价差，分别乘上几个特别的百分比数，可以得到未来支撑可能出现的位置。

对于下降行情中的向上反弹，百分比线同样也适用寻找压力位，其方法与上升情况完全相同。

图 4.9　百分比线

三、价格形态分析

价格形态理论通过研究长时期的价格 K 线变动轨迹图形，分析多空双方在长时期争斗的力量对比规律，总结和归纳出打破均衡的反转突破形态和保持均衡的持续整理形态，可以为我们的投资行动提供指导。

（一）反转突破形态

反转突破形态是指价格由上升趋势转为下跌趋势，或者由下跌趋势转为上升趋势。

属于价格底部转势形态的图形有：双底、头肩底、V 形、圆弧底等；

属于价格顶部转势形态的图形有：双顶、头肩顶、倒置 V 形、圆弧顶等。

1. 双重顶和双重底

双重顶和双重底就是众所周知的价格 M 头和 W 底，在实践中出现得非常频繁。

先分析图 4.10(a) 的双重顶。在上升趋势的末期，价格在第一个高点 A 建立了新高点，之后受阻进行正常的回档，在 A 点处留下大成交量。受上升趋势线的支撑，这次回档在 B 点附近停止，成交量随价格下跌而萎缩。此后价格继续上升，但是多头力量不足，上升时不能创出新高，在 C 点 (与 A 点等高) 遇到压力，价格回落，这样就形成了 A 和 C 两个顶的价格形状。

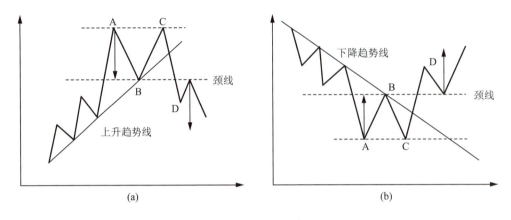

图 4.10 双重顶底

价格 M 头形成以后，有两种可能的前途：第一种前途是价格未下破 B 点的支撑位置，在 A、B、C 三点构成的狭窄范围内上下波动，演变成后面将要介绍的矩形。第二种前途是价格下破 B 点的支撑位置继续向下，这种情况才是真正的双重顶反转突破形态。前一种情况只能说是出现了一个潜在的双重顶反转突破形态。

以 B 点作平行于 A、C 连线的平行线 (图中的一条虚线)，就得到一条非常重要的直线——颈线。一个真正的双重顶反转突破价格形态的形成，除了必要的两个相同高度的高点以外，还应该向下突破颈线支撑。

双重顶反转突破的价格形态一旦得到确认，就可以用它进行后市的预测了。其测算功能是：从突破颈线算起，价格的跌幅将至少是从双顶高点到颈线的垂直距离，即从 A 或 C 到 B 的垂直距离。

对于双重底，如图 4.10(b) 所示，只需将对双重顶的分析反过来表述就可以了。

2. 头肩顶和头肩底

头肩顶和头肩底是实际价格形态中出现得最多的形态，是最典型和最可靠的反转突破形态。图 4.11 是该形态的简单图示。

从图 4.11 可以看出，这种形态一共出现了 3 个顶 (底)，也就是出现了 3 个局部的高点 (或局部低点)。中间的高点 (或低点) 比另外两个都高 (低)，称为头，左右两个相对较低 (高) 的高点 (低点) 称为肩。

先来分析头肩顶形态 [图 4.11(a)]。在上升趋势中，成交量大增，价格上涨创下第一

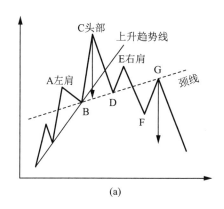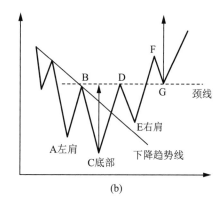

图 4.11　头肩顶与头肩底

个高点 (左肩 A) 后，遇到空头抵抗和获利回吐的压力开始回落，形成左肩。

价格回落在 B 点受到上升趋势线的支撑，随后又开始上涨创出新高 (头部 C)，此处的成交量可能因换手充分而创纪录，但过高的价位使持仓者产生恐慌心理，竞相抛售使价格下跌形成头部。

价格再次回调在低于左肩 A 的 D 处获得颈线 (连接 B 到 D 的直线) 的支撑后，第三次继续上涨，但前段的巨额成交量不再重现，涨势不再强悍，未能达到前一高点 C 即开始回落，形成了右肩 E。

图中有两条支撑线：上升趋势线和颈线。价格从头部 C 点下跌，跌破上升趋势线，说明上升势头受到了空头的阻力；当价格从右肩 E 点开始下跌，在跌破颈线后，才能说头肩顶反转形态已经形成。这时虽可能会有价格的反抽，但反转向下的趋势已势不可当。下跌的深度，可以借助头肩顶形态的测算功能预测：从下破颈线算起，至少与头部 C 到颈线的垂直距离相等。

头肩顶是长期价格趋势的转向形态，一般出现在一段升势末段。右肩与左肩高度相当，有时较左肩稍低，即颈线向右下倾斜。成交量左肩最大，头部次之，右肩最小，呈梯状递减；下破颈线时无须大成交量配合，但继续下跌时，则成交量会放大。

头肩底是头肩顶的倒置形态，为可靠的买进时机。形态的构成和分析，与头肩顶类同，只是方向正好相反，上升改成下降，高点改成低点，支撑改成压力。

但是，在成交量方面，头肩底与头肩顶有重大区别：头肩底向上突破颈线，必须有较大成交量配合，否则，可能是假头肩底形态；头肩顶形态完成后，向下突破颈线时无须成交量放大。

3.V 形 (单顶和单底)

单顶 (或单底) 是指价格趋势的反转没有过渡，事先没有任何征兆，多数由从市场外突如其来、不能预见的消息引发，价格直接由暴涨迅速转为暴跌 (或者相反)，市场出现剧烈的价格波动，并伴随巨大的成交量。

出现 V 形反转，意味着原价格趋势的发展严重偏离了正常范围，因而出现了矫枉过正。图 4.12 是这种形态的简单示意。

在实际操作中 V 形反转是最难捕捉的反转形态，因为它转势速度过快，机会稍纵即逝。

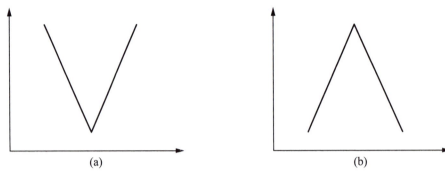

图 4.12　V 形

4. 圆弧形态

将价格在一段时间的顶部高点用折线连起来，每一个局部的高点都考虑到，可能得到一条类似于圆弧的弧线，覆盖在价格之上，形成圆弧顶。将每个局部的低点连在一起也能得到一条弧线，托在价格之下，形成圆弧底，如图 4.13 所示。

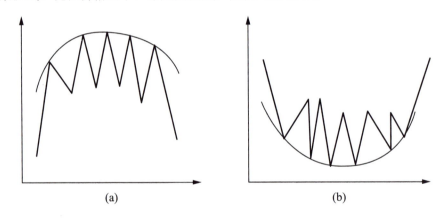

图 4.13　圆弧形态

圆弧的形成过程与头肩形中的复合头肩形有相似的地方，只是圆弧形的各种顶或底没有明显的头肩的感觉。这些顶部和底部的地位都差不多，没有明显的主次之分。

识别圆弧形，成交量很重要。无论是圆弧顶还是圆弧底，在它们的形成过程中，成交量都是两头多，中间少。越靠近顶或底成交量越少，到达顶或底时成交量达到最少（圆弧底在达到底部时，成交量可能突然大一下，之后恢复正常）。在突破后的一段时间，都有相当大的成交量。

圆弧形态形成所花的时间越长，今后反转的力量就越强，越值得我们去相信这个圆弧形。圆弧形态完成、价格反转后，多出现爆发性行情，急速涨跌，极少出现回档、反弹，持续时间短。确认形态后应立即顺势而为，以免踏空、套牢。

(二)持续整理形态

持续整理的价格形态有三角形、矩形、旗形、楔形。

1. 三角形

三角形主要分为三种类型：对称三角形、上升三角形和下降三角形。

对称三角形大多数是发生在一个大趋势进行的途中，它表示原有的趋势暂时处于休整阶段，之后还要随着原趋势的方向继续行动。

图 4.14 是对称三角形的一个简化图形。这里原有趋势是上升，所以，对称三角形态完成以后是突破向上。从图中可以看出，对称三角形有两条向右收敛的直线，上面的直线向下倾斜，起压力作用；下面的直线向上倾斜，起支撑作用。两直线的交点称为顶点。图中的1、2、3、4、5、6 都是转折点。正如趋势线的确认要求第三点验证一样，对称三角形一般应有 6 个转折点，这样，上下两条直线的支撑压力作用才能得到验证。

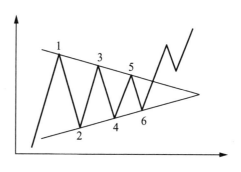

图 4.14 对称三角形

上升三角形是对称三角形的变形。对称三角形的上边线，由向下倾斜变成水平方向就形成上升三角形，如图 4.15(a) 所示。在上升三角形中上方的压力是水平的，没有价格变化，而下方的支撑则是越撑价格越高。由此可见，上升三角形相比对称三角形，有更强烈的上升意识，多方比空方更为积极，通常以上升三角形被向上突破，作为这个持续整理过程终止的标志。

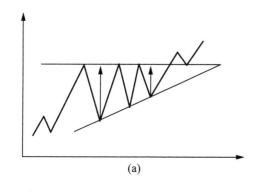 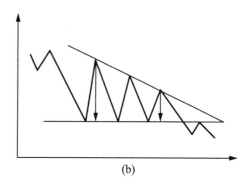

图 4.15 上升三角形与下降三角形

下降三角形与上升三角形正好反向，是看跌的价格形态。它的基本内容与上升三角形可以说完全相似，只是方向相反。从图 4.15(b)，可以很清晰地看出下降三角形所包含的内容。

2. 矩形

矩形又叫箱形，也是一种典型的整理形态，在涨势、跌势中都会出现。价格在两条水平直线之间，作横向延伸的上下波动。

矩形在形成之初，多空双方全力投入，各不相让。空方在价格涨到某个位置就抛出，多方在价格跌到某个价位就买入，一段时间后就形成两条明显的上下界线。随着时间的推移，双方的战斗热情会逐步减弱，市场遂趋于平淡。

如果原来是上升趋势的，那么经过一段矩形整理后，会继续原来的趋势，多方会采取主动并占优势，使价格向上突破矩形的上界。如果原来是下降趋势，则空方会采取行动，使价格向下突破矩形的下界。图4.16是矩形的简单图示。

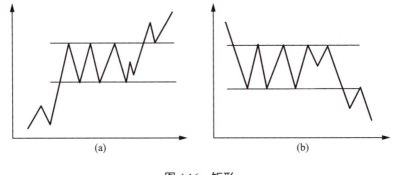

图 4.16　矩形

3. 旗形

它的形状是一个下倾或上倾的平行四边形，称为上升旗形、下降旗形，如图4.17所示。

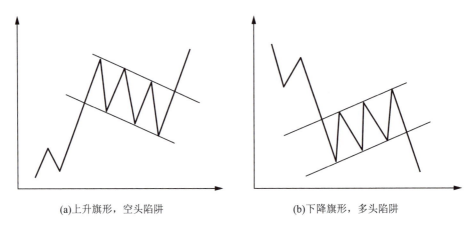

(a)上升旗形，空头陷阱　　　　(b)下降旗形，多头陷阱

图 4.17　旗形

旗形大多发生在市场极度活跃、价格近乎直线上升或下降的情况，这种价格剧烈运动是产生旗形的条件。由于价格上升或下降得过于迅速，市场必然会有所休整，旗形就是完成这一休整过程的主要形式之一。旗形的上下两条平行线起着压力和支撑的作用，这两条平行线有一条被突破是旗形完成的标志。

上升旗形 [图 4.17(a)]，是涨势中出现的一轮下跌行情。反弹高点的连线平行于回落低点的连线，且往下倾斜，看上去像迎风飘扬的旗帜，左边的价格线像旗杆。虽然价格重心不断下移，但它是主力设置的空头陷阱。

下降旗形 [图 4.17(b)]，是下跌趋势形成后的反弹，出现由左向右上方倾斜的平行四边形。这是空方主力为散户精心布置的多头陷阱。

4. 楔形

如果旗形中上倾或下倾的平行四边形变成上倾或下倾的三角形，我们就会看到楔形，分为下降楔形、上升楔形，如图 4.18 所示。

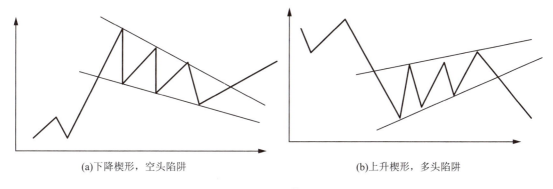

图 4.18　楔形

下降楔形 [图 4.18(a)] 的特征：价格大幅上升之后，从高处回落，跌至某一低点后回升，但未能升到上次高位，甚至相差较远便再回落；第二次回落跌破了上次低点，但很快回升。两次上涨高点的连线和回落低点的连线均下移，相交于右下方，构成下倾的楔形。

投资者应警惕这种市场主力的诱空陷阱，它实质上是买入信号。

上升楔形 [图 4.18(b)] 的特征：价格经历一段大幅下跌后，出现强烈的技术性反弹，反弹到某个高点，就掉头回落；股价回落过程轻微而缓和，未跌到上次低点便获得支撑上升，并且升过上次高点，形成一浪高于一浪的趋势；第二次的上升止于另一高点后，价格再度回落。分别用直线连接两个局部高点和两个局部低点，且高点的连线和低点的连线都呈逐渐上升态势，相交于右上方，构成上倾的楔形图。

投资者应警惕这是市场主力的诱多行为，它应该是卖出信号。

四、价格缺口分析

价格缺口，通常也称为跳空，是指交易开盘时，因价格快速大幅波动，出现了没有期货成交的一段价格区域，一直到收盘时，这段没有成交的价格区域仍全部或部分保留着，便形成了价格缺口 (图 4.19 和图 4.20)。经过几天甚至更长时间的价格变动，价格缺口区域出现成交，称为缺口的封闭或回补。

缺口的出现表明价格向某方向运行的动力大小：缺口越宽，动力越大；反之，动力越小。不同类型的缺口，将形成日后不同效能的价格压力或支撑区域。

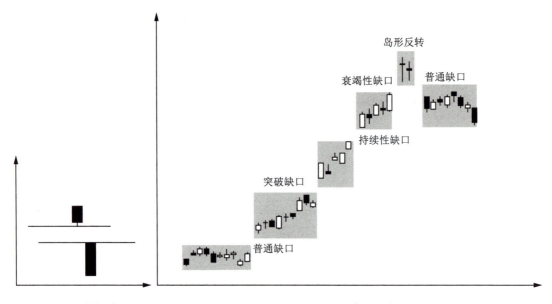

图 4.19　价格缺口　　　　图 4.20　四种价格缺口

缺口理论将价格缺口划分为普通缺口、突破缺口、持续性缺口、衰竭性缺口 4 种类型，人们可以根据不同的缺口类型，预测行情走势的变化方向和变化力度。

1. 普通缺口

普通缺口经常出现在矩形、对称三角形等整理形态中，具有成交量小、短期 (3 天左右) 必补的特征。整理形态中出现的普通缺口，不影响股价短期内仍是盘局的走势，支撑和阻力的效能较弱，缺口亦很快会被填补。

普通缺口短期必补的特征，给投资者提供了短线机会：当向上的普通缺口出现后，在缺口上方相对高点抛出，待普通缺口封闭后买回；当向下的普通缺口出现后，在缺口下方的相对低点买入，待普通缺口封闭后卖出。这类短线操作的前提：必须判明为普通缺口，股价涨、跌能达到一定幅度。

2. 突破缺口

突破缺口是股价向上或向下急速运动，跳出原有形态产生的价格缺口。突破缺口蕴藏有较强的动能，以激烈的价格运动出现，预示行情会发生重大变化，具有很大的分析价值。

突破缺口的形成，在很大程度上取决于成交量的变化，特别是向上突破缺口。若突破时成交量明显放大，且缺口未被封闭 (至少未完全封闭)，则为真突破缺口；若突破时成交量未明显放大，或成交量放大、但缺口短期很快封闭，则为假突破缺口。

突破缺口一旦形成，行情必向突破方向的纵深发展，投资者必须立即行动：向上突破缺口确认后立即买入；向下突破缺口确认后立即卖出 (图 4.20)。

3. 持续性缺口

价格突破后，在急速的上升或下跌途中出现的第二个缺口，就是持续性缺口，它是趋势持续的信号。任何离开形态或密集交易区域后的急速上升或下跌，所出现的价格缺口大多是持续性缺口。缺口形成时，成交量可能不会放大，但如果放大的话，则表明趋势强烈，有可能会出现两个或更多持续性缺口。

持续性缺口表明，价格将沿既定方向持续发展，涨、跌幅度大体等于从突破缺口到持续性缺口之间的垂直距离，这就是缺口的测量功能。

投资者可在向上持续性缺口附近买入；在向下持续性缺口附近卖出；不必担心套牢、踏空与否的问题。

4. 衰竭性缺口

衰竭性缺口一般发生在行情趋势的末段，表明行情即将结束。若一轮行情前已出现突破缺口、持续性缺口，则随后出现的很可能是衰竭性缺口。

判断衰竭性缺口最简单的方法就是观察价格缺口是否在短期封闭，若短期封闭，则衰竭性缺口可以确认。分析时，容易将衰竭性缺口与持续性缺口混淆，注意它们的最大区别在于：衰竭性缺口只出现在行情趋势末端，且伴有大成交量。

衰竭性缺口的出现，表示价格趋势将暂告一段落。如果在上升途中，即表示即将下跌（图 4.20），投资者应抓紧卖出；若在下跌趋势中出现，表示即将回升，若升势确认，才可以买进。

五、量价分析

期货市场的量价分析，以价格、成交量和持仓量 3 个变量为分析基础。

（一）成交量与价格的关系

(1) 价格随成交量递增而上升，表示价格将继续上升。

(2) 在涨势中，价格创了新高，成交量没有创新高，形成量价背离，暗示价格将回跌。

(3) 成交量是价格上涨的动力，价格涨而成交量萎缩，显示上涨缺乏动力，价格将反转回落。

(4) 价格随成交量递增而下跌，当成交量放大时，价格在低位徘徊没有创新低，表明多头市场已形成，价格将上涨。

(5) 价格向下跌破支撑线、均价线，同时出现大成交量，表明价格将继续下跌。

(6) 价格先随缓慢增加的成交量逐渐上升，后随成交量剧增而骤升，接着成交量大幅萎缩，价格急剧下跌，表示涨势结束，反转向下是大势所趋。

(7) 价格持续下跌一段后，出现恐慌性抛售，随着成交量剧增，价格下跌创新低，预示空头市场即将结束，价格可能上涨。

(8) 价格长时间上涨，出现急增的成交量，此后价格上涨乏力，在高位徘徊，预示不久价格将转势下跌。

（二）持仓量与价格的关系

持仓量增加，表明资金流入期货市场；持仓量减少，表明资金流出市场。持仓量的增、减取决于交易者的买、卖行为（表 4.2）。

表4.2　买卖行为与持仓量的变化

	买进	卖出	持仓量
双开	多头开仓	空头开仓	增加
多换	多头开仓	多头平仓	不变
空换	空头平仓	空头开仓	不变
双平	空头平仓	多头平仓	减少

持仓量与价格变动关系：

(1) 持仓量增加，价格上升，表示新的多头大量开仓，近期价格将继续上升。

(2) 持仓量增加，价格下跌，表示新的空头大量开仓，近期价格将继续下跌。

(3) 持仓量减少，价格上升，表示多头获利卖出平仓，近期价格会转跌。

(4) 持仓量减少，价格下跌，表示空头获利买进平仓，近期价格会转升。

(三) 价格与成交量、持仓量的关系

(1) 成交量、持仓量增加(多开)，价格上升，表示新的买方大量吸纳，行情看好，近期价格可能继续上升。

(2) 成交量、持仓量增加(空开)，价格下跌，表示新的卖方大量抛售，近期价格将继续下跌，但过度抛售会引发反弹。

(3) 成交量、持仓量减少(空平)，价格上升，表示卖空者大量补进平仓，短期内价格向上，但不久将可能回落。

(4) 成交量、持仓量减少(多平)，价格下跌，表示买空者大量抛售平仓，市场出现技术性调整，短期内价格可能继续下降，但不久后可能回升。

(5) 成交量增加、持仓量减少(多平、空平)，价格上升，表示买空者获利回吐，卖空者补进平仓，后市看淡，价格将下跌。

(6) 成交量增加、持仓量减少，价格下跌，表示买空者抛售平仓，卖空者获利回补，后市看好，价格将上升。

价格与成交量、持仓量的关系见表4.3。

表4.3　价格与成交量、持仓量的关系

	价格	成交量	持仓量	价格方向
1	涨	增加	增加	继续上涨
2	跌	增加	增加	继续下跌
3	涨	减少	减少	转为下跌
4	跌	减少	减少	转为上涨
5	涨	增加	减少	转为下跌
6	跌	增加	减少	转为上涨

六、技术指标分析

对期货价格、成交量和持仓量数据，按照一定的方法进行计算得到的一系列技术指标及其图表，可以用于分析、预测未来市场价格的变化，帮助交易者作出投资决策，这种方法就是技术指标分析法。

常用的技术指标有三大类，一类为趋势类指标，如移动平均线 (MA)、平滑异同移动平均线 (MACD)；另一类为摆动类指标，如随机摆动指标 (KDJ)、相对强弱指标 (RSI) 等；第三类为压力支撑型指标，如布林线 (BOLL)。

在应用技术指标时，需要观察和注意以下现象，以便采取行动。

(1) 指标的背离，即技术指标的走向与价格 K 线的走向不一致。

(2) 指标的交叉，即技术指标的两条曲线发生了黄金交叉 (金叉) 和死亡交叉 (死叉)。

(3) 指标的高位和低位，即技术指标进入到超买区或超卖区。

(4) 指标的徘徊，是指技术指标处在模棱两可状况，没有明确的方向预判。

(5) 指标的转折，是指技术指标的图线发生转势，可能是一个趋势的结束和新趋势的开始。

(6) 指标的盲点，是指使用技术指标分析预测价格走向出现无能为力的时候。

(一) 趋势类指标

1. 移动价格平均线 MA

以 n 个时间单位的收盘价加和后被 n 除，得到 n 个时间单位的算术平均价格：

$$MA(n)=(C_1+C_2+C_3+\cdots+C_n)/n$$

式中，C_n 为某日收盘价；n 为移动平均周期，也称参数。

n 天移动平均线反映了投资者 n 天的平均持筹成本。连续 n 个时间单位的算术平均价相连接，即得到移动平均价格 (MA) 曲线 (简称均价线、均线)。时间单位可以是月、周、日、时、分钟。

均价线 (MA 曲线) 过滤了价格不规则的偶然波动，可以观察到价格波动的趋势，其特点是：

(1) 追踪趋势。均价线能追随价格 K 线的波动趋势，揭示价格的运动方向，不轻易改变趋势。时间单位参数 n 越少，均价线对价格 K 线随机变动的反应越灵敏，会紧贴 K 线运行；反之，n 越大，均价线对价格 K 线近期波动的反应越不灵敏，不会紧贴 K 线运行。

(2) 滞后性。当价格 K 线的趋势发生反转时，均价线追踪趋势的特点使其调头的速度落后于价格 K 线的趋势，时间单位的周期参数 n 越大，这种滞后性越明显。

(3) 稳定性。算术平均的方法，使一个时间单位价格较大的变动，平均成多个时间单位价格较小的波动，价格趋势便相对稳定。

(4) 助长助跌的支撑、压力特性。在价格 K 线下方的均价线，具有支撑价格 K 线继续上涨的作用；在价格 K 线上方的均价线，具有阻止价格 K 线上涨的作用。

2. 移动价格平均线组合

多根均价线的组合，能比单根均价线更真实地反映市场的平均成本和价格运动方向。短周期 3 条日均价线组合的参数是 5、10、20(30)；中周期 3 条日均价线组合的参数是 10、30、60；长周期 3 条日均价线组合的参数是 60、120、250。

均线多头排列。当价格 K 线形态向好并位于均线组合的上方，均线组合中短期均价线在上方、中期均价线居中、长期均价线在下方，多条均价线同时向右上方移动，出现有利于多头的局面，称为**均线多头排列**，可以做多并持仓。如图 4.21(a) 所示。

均线空头排列。当均线组合中长期均价线在上方、中期均价线在中间、短期均价线在下方，价格 K 线在均线组合的最下方，多条均价线同时向右下方移动，出现有利于空头的局面，称为**均线空头排列**，可以做空并持仓。如图 4.21(b) 所示。

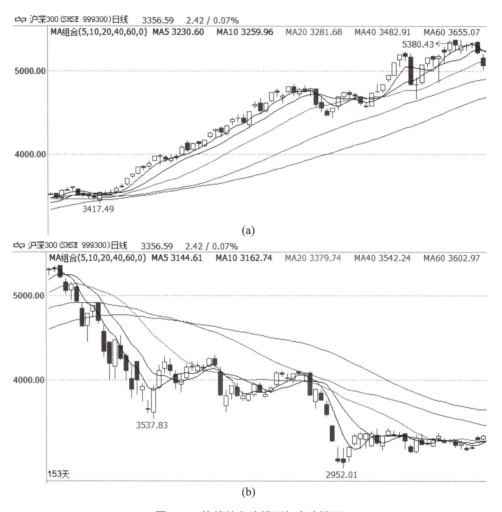

图 4.21　均线的多头排列与空头排列

3. 葛兰威尔法则

该法则由发明均价线的美国投资专家葛兰威尔提出，它以 K 线与均线的偏离关系发出的信号，作为买卖决策的依据（图 4.22）。

买入点法则：均价线从下降逐渐转为水平后，开始向上抬头，价格从下方上穿均价线，这是最好的买入时机①；价格跌破均价

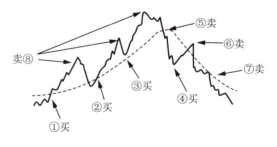

图 4.22　均价线与葛兰威尔法则

线后，不久又返身向上冲破均价线时，是买入机会②；价格连续上升远离均价线后突然下跌，在均价线附近受支撑再度向上，就是买入时机③；价格跌破均价线后连续暴跌并远离均线，极有可能再次趋向均价线，是买入时机④。

卖出点法则：当均价线由上升逐渐走平并要下跌时，价格从均价线上方向下跌破均价线时，这是最好的卖出时机⑤；均价线过了价格峰顶后已由上升趋势转为向下，价格从上方向下穿过均价线，是卖出时机⑥；价格连续下降远离均价线，突然上升但在下降的均价线附近再度受阻下跌，是卖出时机⑦；价格持续上涨后远离均价线，引起空方打压，多头顺势获利平仓，这是卖出机会⑧。

4. 平滑异同移动平均线（MACD）

使用 MACD 指标进行行情预测，是运用快速移动平均线 DIF(白线) 与慢速移动平均线 DEA(黄线) 聚合与分离的征兆功能，来判断买进、卖出时机和信号。MACD 指标的数值，由在零轴上方和下方按时间顺序排列的红、绿色柱线长短来显示，如图 4.23 所示。

图 4.23 MACD 指标

在 O 轴之上，DIF 线、DEA 线均为正值，属于多头市场。若 DIF 线从下方向上黄金交叉(简称金叉)DEA 线，是买入信号；若 DIF 线从上方向下死亡交叉(简称死叉)DEA 线，意味着价格要回调，应该获利了结。

在 O 轴之下，DIF 线、DEA 线均为负值，属于空头市场。若 DIF 线死叉 DEA 线，是卖出信号；若 DIF 线金叉 DEA 线，预示价格将反弹，应该空头平仓了结。

如果价格 K 线走高，DIF 曲线走低，二者的切线成喇叭型，称为二者顶背离，预示价格升势将尽，尤其是 DIF 线两次死叉 DEA 线，应该多平离场。

如果价格 K 线走低，DIF 曲线走高，二者的切线成收敛型，称为二者底背离，预示价格跌势将尽，先不急于做多，等价格真正止跌回升时，再跟进做多更安全。

(二) 摆动类指标

随机摆动指标 KDJ，是目前期货、股票市场最常用的技术分析工具。它由 K、D、J 3 条曲线组成，指标取值范围为 0～100，如图 4.24 所示。

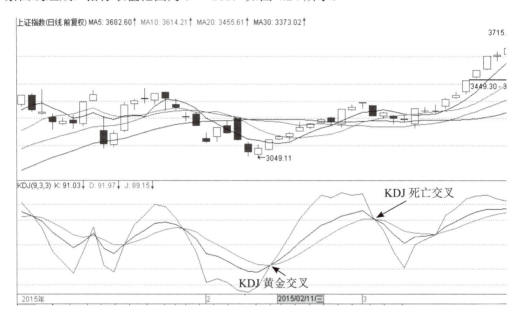

图 4.24　KDJ 指标的黄金交叉

KDJ 指标在应用时主要从 4 个方面进行考虑：KDJ 取值的绝对数字、KDJ 曲线的形态、KDJ 指标的交叉、KDJ 指标的背离。

1.KDJ 的取值

按一般划分标准，K、D、J 三值在 20 以下为超卖区，价格随时可能反弹，是买入信号；K、D、J 三值在 80 以上为超买区，价格随时可能回落，是卖出信号；K、D、J 三值在 20～80 之间为徘徊区，宜观望。

2.KDJ 曲线的形态

当 KDJ 曲线在 50 上方的高位时，如果 KDJ 曲线的走势形成 M 头或多重顶等顶部反转形态，可能预示着价格由强势转为弱势，价格即将大跌，应及时卖出。当 KDJ 曲线在 50 下方的低位时，如果 KDJ 曲线的走势出现 W 底或多重底等底部反转形态，可能预示着价格由弱势转为强势，价格即将反弹向上，可以逢低少量建仓。

3.KDJ 曲线的交叉

KDJ 曲线黄金交叉的两种形式：第一种，当股价经过一段很长时间的低位盘整行情，并且 K、D、J 三线都处于 50 线以下时，一旦 J 线和 K 线几乎同时向上突破 D 线时，表明市场跌势已经结束，价格即将转强，可以开始买进，进行中长线建仓 (图 4.24)。

第二种，当价格在上升过程中经过一段时间的盘整后，并且 K、D、J 线都处于 50 线附近徘徊时，一旦 J 线和 K 线几乎同时再次向上突破 D 线，成交量再度放出时，表明市场处于强势之中，价格将再次上涨，可以加码买进或持仓待涨。

KDJ 曲线死亡交叉的两种形式：第一种，当价格经过前期一段很长时间的上升行情后，价格涨幅已经很大，一旦 J 线和 K 线在高位 (80 以上) 几乎同时向下突破 D 线时 (图 4.24)，表明市场即将由强势转为弱势，价格将大跌，这时应卖出大部分持仓。

第二种，当价格经过一段时间的下跌后，价格向上反弹的动力缺乏，各条均线对价格形成较强的压力时，KDJ 曲线在经过短暂的反弹到 80 附近，但未能重返 80 以上时，一旦 J 线和 K 线再次向下突破 D 线时，表明市场将再次进入极度弱市中，价格还将下跌，可以再卖出或观望。

4.KDJ 曲线的背离

KDJ 曲线的背离就是指 KDJ 指标曲线的走势方向和价格 K 线的走势方向相反。

当价格 K 线走势一峰比一峰高，一直在上涨，而 KDJ 指标的走势在高位一峰比一峰低，这叫做价格与指标的顶背离。顶背离现象一般是价格将高位反转的信号，表明价格中短期内即将下跌，是卖出的信号。

当价格 K 线走势一峰比一峰低，在向下跌，而 KDJ 的走势在低位一底比一底高，这叫做价格与指标的底背离。底背离现象一般是价格将低位反转的信号，表明价格中短期内即将上涨，是买入的信号。

顶背离的研判准确性要高于底背离。当价格在高位，KDJ 在 80 以上出现顶背离时，可以认为价格即将反转向下，投资者应及时卖出；而价格在低位，KDJ 也在低位 (50 以下) 出现底背离时，一般要反复出现几次底背离才能确认。

(三) 压力支撑型指标

布林线 (BOLL) 指标，是美国分析家布林根据统计学中的标准差原理设计出来的、非常简单实用的研判价格运动趋势的压力支撑型技术分析指标。

一般而言，价格的运动总是围绕着某一价值中枢 (如均价线、成本线等)，在一定的范围内波动。布林线指标在此基础上，引进了"价格通道"的概念，认为价格通道的宽窄会随着价格波动幅度的大小而变化，而且价格通道具有变异性，它会随着价格的变化而自动调整。

BOLL 指标中的"价格通道"概念是价格趋势理论的直观表现形式。当价格波动很小，处于盘整时，价格通道就会变窄，预示着价格的波动处于暂时的平静期；当股价波动超出狭窄的价格通道的上轨时，预示着股价的异常激烈的向上波动即将开始；当股价波动超出狭窄的股价通道的下轨时，同样也预示着股价的异常激烈的向下波动将开始。当价格在布林线的中轨上方即上通道运行时，表明价格趋势处于强势；当价格在布林线的中轨下方即下通道运行时，表明价格趋势处于弱势，如图 4.25 所示。

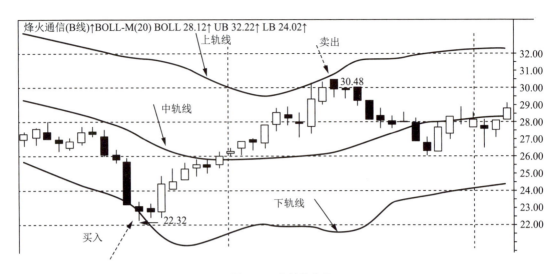

图 4.25　布林线指标

当价格从下方向上突破并站上布林线的下轨，或从上轨、中轨回落站稳下轨，结合 W 底形态及 KDJ 等技术指标确认，有经验的投资者会建立 30% 左右的试探性仓位；站上中轨后会加仓到 70% 以上。

在价格持续触及布林线的上轨或冲出上轨后，且相关技术指标显示上升趋势有转弱迹象，有经验的投资者会分批卖出；价格下破中轨后会全部卖出。

当布林线的上、中、下轨线同时向上运行时，表明价格强势特征非常明显，价格短期内将继续上涨，投资者应坚决持仓待涨或逢低买入。

当布林线的上、中、下轨线同时向下运行时，表明价格的弱势特征非常明显，价格短期内将继续下跌，投资者应坚决持币观望或逢高卖出。

当布林线的上轨线向下运行，而中轨线和下轨线却还在向上运行时，表明价格处于整理态势之中；如果价格是处于长期上升趋势时，则表明价格是上涨途中的强势整理，投资者可以持仓观望或逢低短线买入。如果价格是处于长期下跌趋势时，则表明价格是下跌途中的弱势整理，投资者应以持币观望或逢高减仓为主。

本 章 小 结

1. 期货报价行情表显示不同期货品种当时交易的价、量行情。

2. 期货交易的基本分析方法，是指根据商品的供求规律和价值规律，以及影响期货价格的政治因素、自然因素、大户操纵等其他基本因素，来分析、预测期货价格中、长期走势的分析方法。

3. 除了供求规律、价值规律外，影响商品供求的其他因素有：经济周期波动因素、金融货币因素、政治因素、政策因素、自然因素、投机因素、心理因素和其他因素。

4. 技术分析法的三大假设是包容假设、惯性假设和重复假设。道氏理论的主要原理，一是市场价格指数可以解释和反映市场的大部分行为，二是市场具有三种不同级别的趋势类型，即主要趋势、次要趋势和短暂趋势。

5. 价格形态理论通过研究长时期的价格 K 线变动轨迹图形，分析多空双方在长时期争斗的力量对比规律，总结和归纳出打破均衡的反转突破形态和保持均衡的持续整理形态，可为我们的投资行动提供指导。

6. 常用的技术指标有 3 大类：一类为趋势类指标，如移动平均线 (MA)、平滑异同移动平均线 (MACD)；另一类为摆动类指标，如随机摆动指标 (KDJ)、相对强弱指标 (RSI) 等；第三类为压力支撑型指标，如布林线 (BOLL)。

本章重要概念

开盘价　最高价　最低价　最新价　涨幅　涨跌　买价　买量　卖价　卖量　成交量　持仓量　收盘价　结算价　昨收盘　昨结算　分时图　K 线图　多开　多平　空开　空平　双开　双平　多换　空换　需求(量)　当期国内消费量　当期出口量　期末结存量　供给(量)　期初库存量　当期国内生产量　当期进口量　包容假设　惯性假设　重复假设　主要趋势　次要趋势　短暂趋势　支撑线　阻力线　趋势线　黄金分割线　百分比线　反转突破形态　双底　头肩底　V 形　圆弧底　双顶　头肩顶　倒置 V 形　圆弧顶　持续整理形态　三角形　矩形　旗形　楔形　普通缺口　突破缺口　持续性缺口　衰竭性缺口　MA　均线多头排列　均线空头排列　MACD　KDJ　BOLL

思 考 题

1. 什么是常见行情图 (分时、K 线)？
2. 什么是基本面分析？
3. 什么是需求分析和供给分析？
4. 影响供求的其他因素有哪些？
5. 影响商品期货价格的因素有哪些？
6. 解释技术分析理论的三大假设和道氏理论？
7. 什么是价格趋势？
8. 什么是价格形态？
9. 什么是价格缺口分析？
10. 如何应用成交量、持仓量、价格的关系分析期货市场走势？
11. 什么是技术指标？
12. 移动平均线的作用是什么？
13. MACD 指标是如何使用的？

阅读材料

肖永志 趋势线有助于发现并抓住趋势

价格走势具有一定的趋势性，市场趋势一般可以分为上涨、下跌和震荡。趋势在某些时候会转变，上涨转为下跌或转为震荡，等等。如何及时发现并抓住趋势呢？趋势线或许能助你一臂之力。

画出正确的趋势线

若近期价格走势呈现出重心下移的趋向，则连接近期 K 线收盘价的两个阶段性高点，得到一条直线，该直线就是下降趋势线，如图 4.26 所示。反之，若近期价格走势呈现出重心上升的趋向，则连接近期 K 线收盘价的两个阶段性低点，得到一条直线，该直线就是上升趋势线。如果价格 K 线不是"挤"在趋势线的同一侧，而是分开在趋势线的两侧，那么这条趋势线就有问题，需要重画，直到价格 K 线基本处于趋势线的同一侧。

图 4.26　塑料 1605 合约日 K 线走势

趋势线角度与规模的潜在作用

趋势线与水平线形成夹角的大小，决定着这条趋势线的效果。越陡峭的趋势线，效果越差；越接近水平角度的趋势线，效果就越好。

一个形态的时间距离长短，决定着这个形态的规模大小。陡峭趋势线的两点间时间距离过短，说明它的规模比较小，它未来的作用也将偏小。陡峭趋势线的价格快速涨（跌）是短期内形成的，无法持续下去，作用也比较小。

突破趋势后的走势预判

一旦趋势线被突破，表明原来的趋势未来可能会转向横盘震荡，或出现反转走势。如果突破后价格走势凶猛，意味着原来趋势被反转的概率很大，如图 4.26 中下降趋势线被突破后，以持续阳 K 线上行。如果突破后价格走势相对疲软，意味着原来趋势仅是"暂停"，很大概率进入了震荡状态，之后仍会继续原来的趋势。

如何运用趋势线

当趋势线未被突破时，可继续原来的趋势做交易。图 4.27 中，2015 年 12 月 21 日以前，应以空头思路为主，逢高抛空。21 日突破以后，应暂停空头思路，平掉以前的空单；如果突破比较强势，则交易思路应反转为多头思路，逢低买多为主。

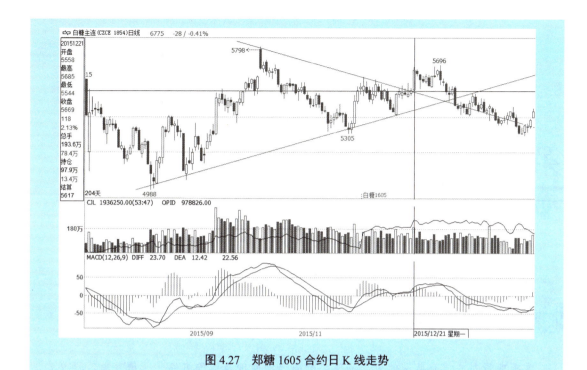

图 4.27 郑糖 1605 合约日 K 线走势

当趋势线被突破时，应重点关注多空力量的变化，着重分析 K 线和量能，进而判断原来趋势是转为横盘还是反转。在震荡行情中，既不能空头思维，也不能多头思维。总之，找出正确的趋势线十分重要。在趋势线未被破坏前，保持之前的趋势看法和交易思路。在趋势线被破坏后，应及时终止之前的趋势看法和交易思路，加强审视新的多空力量对比状态，从而奠定正解的交易思路。

资料来源：摘编自 2016 年 3 月 9 日《期货日报》4 版．

网络资源索引

1. http：//www.jrj.com.cn/ 金融界
2. http：//www.zgjrjw.com/ 中国金融界网
3. http：//www.xinjr.com/ 中国新金融网
4. http：//www.eastmoney.com/ 东方财富网
5. http：//www.cnfol.com/ 中金在线
6. http：//finance.sina.com.cn/ 新浪财经
7. http：//www.stockstar.com/home.htm 证券之星
8. http：//www.10jqka.com.cn/ 同花顺
9. http：//www.cfi.net.cn/ 中财网
10. http：//business.sohu.com/ 搜狐财经
11. http：//money.163.com/ 网易财经
12. http：//www.p5w.net/ 全景网
13. http：//finance.qq.com/money/futures/ 腾讯期货

第五章

期货交易策略

学习目标与要求

掌握期货对冲（套期保值）交易策略的概念、原理及操作方法；了解基差、持仓费、正向和反向市场，通过基差变化判断套保效果；了解基差交易和叫价交易；熟悉期货投机交易策略的特点和功能；熟悉不同的期货套利交易策略的原理及操作。

重点：掌握买入对冲交易、卖出对冲交易，熟悉基差变化与套保效果。

难点：掌握跨期套利。

期货市场的交易策略分为对冲、投机和套利 3 大类。对冲者利用期货（还可以利用远期、期权）合约，来减少面临的因现货市场价格变化导致的风险。投机者利用期货合约对今后市场价格的走向下注。套利者采用两个或更多期货合约进行相互冲销的交易来锁定盈利。

第一节 期货对冲（套期保值）交易策略

一、期货对冲（套期保值）交易概述

经济活动中市场主体时刻面临着来自市场变化导致的价格、信用等风险，规避风险是期货市场的 3 大基本经济功能之一。

采用期货的**对冲（套期保值、Hedge）** 交易策略，是指对冲（套期保值）者，通过买进或卖出与其持有的现货资产种类相同或相关、数量相等或相当、到期月份相同或相近的期

货合约，从而在期货与现货两个市场之间建立起一种盈亏冲销机制，以规避现货市场价格波动风险的交易方式。对冲交易策略实际上是用期货市场的收益，来冲销因现货市场价格波动导致的资产损失。

利用期货合约进行对冲交易之所以能够规避现货价格风险，是基于两个基本经济原理：

1. 价格平行性

价格平行性是指同品种资产的期货价格与现货价格，会受到相同经济因素的影响和制约，两个价格的变动方向是一致的，变动幅度也大致相同，如图 5.1 所示。

2. 价格收敛性

价格收敛性是指期货的交割制度和市场上的套利交易，保证了在期货合约到期日，期货价格收敛于现货价格。

期货交割制度规定，合约到期时未平仓期货合约必须进行交割。交割时如果期货价格与现货价格不同，就会出现套利者，在期货与现货两个市场进行低买高卖(买低价的现货卖高价的期货，或是买低价的期货卖高价的现货)，赚取无风险利润，最终促使期货价格趋同于现货价格。

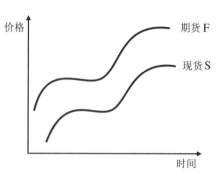

图 5.1　价格平行性

比如中国金融期货交易所规定，沪深 300 股指期货合约在最后交易日收市后，采用现金交割方式，以交割结算价为基准，划付持仓双方的盈亏，了结所有未平仓股指期货合约。沪深 300 股指期货的交割结算价，规定为最后交易日标的指数最后 2h 的算术平均价。这就是在交易制度上规定，期货价格在合约到期日必须收敛于现货价格。

在期货交割制度与套利交易的共同作用下，期货价格收敛于现货价格。图 5.2 显示了交割日之前期货价格高于现货价格的情形。套利者通过买入现货、卖出期货，从而促使现货价格上升，期货价格下降，两个价格趋于一致。图 5.3 显示了交割日之前期货价格低于现货价格的情形，此时买入期货等待交割比直接买入现货更便宜，大量的买入会促使期货价格上升，导致在交割时期货价格与现货价格趋于一致。

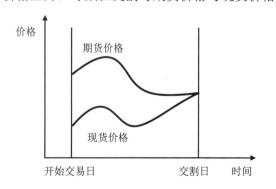

图 5.2　到期日之前期货价格高于现货价格

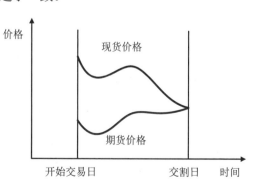

图 5.3　到期日之前期货价格低于现货价格

二、对冲交易原则

采用期货合约来对冲现货资产的价格风险,应该遵循以下 4 项交易原则。

1. 交易方向相反原则

对冲者在期货市场与现货市场上应该进行相反方向的操作。当对冲者持有现货资产或将要在现货市场买进资产,即处于现货多头时,要在期货市场卖出期货合约,建立期货空头头寸。反之,对冲者处于现货空头时,在期货市场则应买进期货合约,建立期货多头头寸。

有时在现货市场既不是多头,也不是空头时,也可以采用期货合约做对冲,但是这时建立的期货头寸是作为未来要交易的现货的替代物,期货头寸的方向应该与未来要交易的现货方向相同。

2. 资产种类相同或相近原则

这是指对冲者选用的期货合约,其标的资产必须与持有的现货资产在品种、品质、规格等方面要相同或相近。如果期货市场没有与现货品种相同的期货合约,则应该选择相近品种的期货合约进行替代,因为相近品种资产的期、现价格有较高的相关性,价格变动的方向和幅度较为相似,有利于实现对冲现货资产价格风险的目的。

3. 数量相同或相近原则

这是指做对冲时,对冲者采用的期货合约数量代表的标的资产数量,应该与需要保值的现货资产数量相等或相近,即应该保证期货头寸与现货头寸的价值变动大体相当,最终,能够使期货市场的盈亏与现货市场的亏盈数额大致相同而相互抵销。

4. 到期时间相同或相近原则

这是指用于对冲的期货头寸持有的时间段,应该覆盖现货资产风险暴露的时间段,即所选期货合约的交割月份应该与将要买卖现货的时间相同或相近。当对冲者不再承担现货价格风险时,应该同时将用于对冲的期货头寸平仓,结束对冲交易(套期保值)。如果提前将期货头寸平仓,则现货头寸仍会处于风险暴露状态;如果现货头寸已经了结,仍然保留的未平仓期货头寸就会变成单一市场的投机性头寸,需要承担期货市场的相应风险。

遵行以上对冲交易的四项原则,就可以在期货市场与现货市场之间建立起盈亏冲抵机制,大为降低企业生产经营中面临的现货商品或资产价格波动风险。

三、对冲交易应用

价格波动的方向无非是上涨和下跌,回避现货价格波动风险的对冲交易也分为两种:一种是回避某种现货资产价格上涨的风险,称为**买入对冲**交易;另一种是回避某种现货资产价格下跌的风险,称为**卖出对冲**交易。两种方向对冲交易的区别见表 5.1。

表 5.1 买入对冲交易与卖出对冲交易的区别

市场 对冲类型	现货市场	期货市场	目　的
买入对冲交易	现货空头或未来要买入现货	期货多头	防范现货市场价格上涨风险
卖出对冲交易	现货多头或未来要卖出现货	期货空头	防范现货市场价格下跌风险

(一) 买入对冲交易

1. 买入对冲交易的定义

回避未来某种现货商品或资产价格上涨风险的**买入对冲交易**，又称多头套期保值，是指对冲者预期现货价格上涨，通过在期货市场买入与现货资产品种、数量、交割日期相同或相近的期货合约，用较低的成本(仅支付保证金)建立期货多头头寸以替代现货。

此后当对冲者购买现货的同时，卖出平仓先前买入的期货合约，以期货的盈利冲抵其空头现货价格上涨导致的成本上升损失。

2. 买入对冲交易的适用对象与范围

(1) 加工制造企业为了防止日后采购原料时价格上涨。

(2) 供货方已经和需求方签订现货买卖合同，未来交货。但供货方签合同时尚未购进货源，担心日后采购时货物价格上涨。

(3) 需求方认为当前现货价格适中，但由于资金不足、缺少外汇或者仓库已满等原因，不能立即进货，担心日后购进现货时价格上涨。稳健的措施就是买入期货合约对冲未来的现货价格上涨风险。

3. 买入对冲交易的操作

买入对冲交易，是交易者在当前买入期货合约以代替购买现货，为回避未来购买现货时价格上涨、成本上升常用的保值(避险)方法。具体操作是根据保值目标，在期货市场上买入对应品种、合适的数量与交割月份的期货合约；此后在买进现货时，同时卖出平仓先前买进持有的期货合约，从而完成对冲交易(套期保值)。

【例5.1】某铝型材加工商的主要生产原料是铝锭。该企业根据供求关系分析，铝锭价格将会上涨，但是当前原料库存已满且能满足生产使用，如果现在购入铝锭会增加仓储费用、资金占用成本，今后购买则会面临铝锭价格上涨风险。为了回避3个月后购进500t原料时价格上涨、成本上升的风险，该企业决定进行买入铝期货的对冲交易。

3月初，铝锭现货价格为20 400元/t，期货价格为21 300元/t，该企业买入100手(每手5t)8月份到期的铝期货合约。

6月初，现货市场铝锭价格涨到21 000元/t，期货价格也涨到21 900元/t。该企业在购买500t现货铝锭时，卖出平仓100手期货多头头寸，结束对冲交易。该企业买入对冲交易结果见表5.2。

通过期初买入期货合约以规避现货价格上涨风险的对冲交易操作，铝型材厂在期货市场盈利600元/t，正好冲抵了6月初购买原材料价格高于3月初导致的成本上升600元/t。该企业实际购买铝锭的成本为

$$现货实际购买价格 - 期货市场盈利 = 21\ 000 - 600 = 20\ 400(元/t)$$

与3月初现货价格水平完全一致。该企业通过采用期货合约的对冲交易，将6月初的原料现货价格锁定在3月初的价格水平上，成功地回避了铝锭价格上涨的风险。

表 5.2 买入对冲交易（价格上涨情形）

市场 时间	现货市场	期货市场
3月初	价格为 20 400 元 /t	价格为 21 300 元 /t，买入 100 手
6月初	价格为 21 000 元 /t，买入 500t	价格为 21 900 元 /t，卖出平仓 100 手
结果	现货价格上涨 600 元 /t，成本上升共 300 000 元	期货合约盈利 600 元 /t，每手 5t 盈利 3 000 元，盈利共 300 000 元
	期货市场盈利完全弥补现货市场亏损，实现完全保值	

假如 6 月初的铝锭价格不涨反跌，现货、期货价格每吨都下跌了 600 元，则铝型材厂的对冲交易结果见表 5.3。

表 5.3 买入对冲交易（价格下跌情形）

市场 时间	现货市场	期货市场
3月初	价格为 20 400 元 /t	价格为 21 300 元 /t，买入 100 手
6月初	价格为 19 800 元 /t，买入 500t	价格为 20 700 元 /t，卖出平仓 100 手
结果	现货价格下跌 600 元 /t，成本下降共 300 000 元	期货合约亏损 600 元 /t，每手 5t 亏损 3 000 元，共计亏损 300 000 元
	现货购买成本下降完全冲抵期货亏损，实现完全风险对冲	

由此可见，对冲交易对于能够降低成本的价格下跌也进行了冲销，因为成本下降的盈利被期货合约的亏损冲抵了：

$$现货实际购买价格 - 期货市场亏损 = 19\ 800 - (-600) = 20\ 400(元/t)$$

本例说明，铝型材厂进行对冲交易的目的是回避价格波动风险，追求生产经营的稳定性，不是为获取价格波动的风险收益。通过对冲交易操作，不论市场价格如何涨跌波动，企业都可以回避风险（经营结果的不确定性），锁定成本（利润）。当然在本例的对冲交易中，企业在成功回避价格上涨风险的同时，也要放弃价格下跌时获得更低成本的机会。

(二) 卖出对冲交易

1. 卖出对冲交易的定义

回避未来某种现货商品或资产价格下跌风险的**卖出对冲交易**，又称空头套期保值，是指对冲者预期价格下跌，通过在期货市场卖出与现货资产品种、数量、交割日期相同或相近的期货合约，以较低的成本建立期货空头头寸替代现货。此后一段时间，当对冲者卖出现货的同时，应该买入平仓先前卖出的期货合约，以期货的盈利对冲其多头现货价格下跌的损失。

2. 卖出对冲交易的适用对象与范围

(1) 生产商、贸易商持有某种商品或资产或者已按固定价格买入未来交收的商品或资产（均为现货多头），担心未来价格下降，导致商品或资产价值下降或销售收益下降。

(2) 生产商、贸易商预计在未来销售某种商品或资产，但售价尚未确定，担心市场价格下跌，导致销售收益下降。

3. 卖出对冲交易的操作

卖出对冲交易，是交易者目前卖出期货合约以代替出售现货，为回避未来销售现货时价格下跌、销售收益下降常用的保值方法。具体操作是根据保值目标，在期货市场上卖出对应品种、合适的数量与交割月份的期货合约；此后在销售现货时，同时买入平仓先前卖出持有的期货合约，从而完成对冲交易。

【例5.2】10月初，某地玉米现货价格1 610元/t，年产玉米5 000吨的某农场对现价满意，但担心1个月后新玉米集中上市时售价下跌。该农场决定做卖出对冲（套期保值），当日卖出500手（每手10t）次年1月交割的玉米期货合约，成交价为1 580元/t。

11月，随着新玉米大量上市及需求疲软，价格大幅下滑，农场销售玉米的均价为1 370元/t，与此同时将期货合约买入平仓，平仓价为1 340元/t。卖出对冲的保值结果见表5.4。

在本例中，农场通过在期货市场建立替代性的空头头寸，即采用期货的卖出对冲交易，成功规避了玉米价格下跌的风险。农场在期末收获玉米销售时，由于售价下跌相当于现货每吨亏损了240元。期货市场的空头头寸，由于价格下跌每吨盈利了240元，正好对冲了现货市场的亏损。如果农场在期初没有进行卖出对冲交易，现在就要承受价格下跌的损失了。

表5.4 卖出对冲交易（价格下跌情形）

市场 时间	现货市场	期货市场
10月6日	市场价格1 610元/t	卖出次年1月玉米合约价格1 580元/t
11月6日	平均售价1 370元/t	买入平仓次年1月玉米合约价格1 340元/t
盈亏	相当于亏损240元/t	盈利240元/t

在本例中，如果价格出现与预期反向的上涨变化，在期末现货价格涨至1 840元/t，期货价格涨至1 810元/t，卖出对冲交易结果见表5.5。

表5.5 卖出对冲交易（价格上涨情形）

市场 时间	现货市场	期货市场
10月6日	市场价格1 610元/t	卖出次年1月玉米合约格1 580元/t
11月6日	平均售价1 840元/t	买入平仓次年1月玉米合约价格1 810元/t
盈亏	相当于盈利230元/t	亏损230元/t

在价格上涨情形中，农场销售玉米现货的收益增加230元/t，但需要对冲期货市场的亏损230元/t，实际售价仍为1 840 − 230 = 1 610(元/t)，与期初进行卖出对冲保值时的

现货价格相等。

在本例中，农场不进行卖出对冲交易似乎更好，因为可以获得 230 元/t 投机性收益。但是，要知道农场参与卖出对冲交易的目的，是为了规避价格不利变化、经营结果不确定的风险，而不是获取投机性收益。事实上，进行对冲交易在规避价格风险的同时，也放弃了获取投机性收益的机会。如果农场不进行对冲交易，虽然可以在价格变化有利时获得投机性收益，但也要承担价格不利变化时的风险，增加经营结果的不确定性。

四、基差与对冲交易保值效果

(一) 完全对冲保值与不完全对冲保值

在例 5.1 和例 5.2 中，均假设在对冲交易中，期货头寸盈（亏）与现货头寸亏（盈）幅度完全相同，两个市场的盈亏完全冲销，这种保值效果被称为**完全对冲保值**或理想对冲保值。现实中的对冲交易，两个市场的盈亏是不可能刚好完全冲销的，其保值效果是**不完全对冲保值**或非理想对冲保值，盈亏完全冲抵只是理想化的情形。导致不完全对冲保值的原因主要有：

(1) 期货价格与现货价格变动幅度不一致，使一个市场的盈利略大于或小于另一个市场的亏损，盈亏冲抵后存在一定的净盈利或净亏损。在相同或相近的价格变动影响因素作用下，同一资产在期货市场和现货市场的价格走势方向趋同，但受到供需等各种因素的影响，两个市场价格变动程度存在不一致。例如，农产品在收获季节来临时，期货价格受预期供给大量增加因素的影响，其价格下跌幅度往往大于现货市场价格下跌幅度；或者在消费旺季来临时，期货价格上涨幅度往往小于现货价格上涨幅度，从而导致两个市场价格变动整体走势虽然相同，但变动幅度存在差异。

(2) 用于对冲的期货合约标的物品质等级与被对冲的现货商品品质等级，如果存在差异，会使两者价格变动虽然在方向上相同，但在变动程度上出现差异。

(3) 期货市场建立的头寸数量与被对冲的现货数量存在差异时，即使两个市场价格变动幅度完全一致，也会出现两个市场的盈亏不能完全冲抵的情况。这主要因为期货交易的数量必须是交易单位的整数倍，而现货头寸数量不可能刚好等于期货交易单位的整数倍，导致两种头寸数量存在差异，影响两个市场盈亏冲抵的效果。

(4) 因缺少对应的期货品种，对冲者只能采用相近的期货品种来对冲现货资产的价格风险。由于期现品种差异导致两者的价格变化存在差异，会使期货市场的盈亏不能完全冲抵被对冲现货的亏盈，从而导致不完全对冲保值。

(二) 基差

基差是用于分析当现货和期货两个市场的价格变动幅度不一致时，衡量对冲交易保值效果的指标。

1. 基差的定义

基差 (Basis) 是指某一特定地点的被对冲资产的现货价格，与用于对冲的同种资产近期月份期货合约之间的价格差：

$$基差 = 现货价格 - 期货价格$$

通常期货价格高于现货价格，称为期货价格升水、现货价格贴水，基差为负值。如果期货价格低于现货价格，出现期货价格贴水、现货价格升水，基差为正值。

由于在期货合约有效期内，现货价格和期货价格都在不断波动，所以基差也在不断变动，但是基差的波动幅度要小于现货价格或期货价格的波动幅度，这为以较小的基差风险代替较大的现货价格风险的对冲（套期）保值提供了条件。在期货合约到期日之前，基差可能为负或者为正。期限很短的合约，期货价格接近于现货价格。在期货合约到期时，期货价格收敛于现货价格，基差趋近于零。

2.影响基差的因素

基差主要受以下因素影响：

第一，时间差价。距期货合约到期时间的长短，会影响持仓费的高低，进而影响基差值的大小。持仓费又称为持仓成本，是指为拥有或储存某种现货商品或者资产而支付的仓储费、保险费和利息等费用的总和，体现的是期货价格构成中的时间价值，其高低与持有现货商品时间的长短有关。距交割期越近，持仓费越低。当期货合约到期时，持仓费会减少到零，基差也将变为零。

第二，品质差价。期货价格反映的是标准品级的商品价格，如果实际交易的现货品质与交易所规定的期货合约标的物品级不一致，则这种品质差价需要由基差大小来反映。

第三，地区差价。如果现货所在地与交易所指定交割地不一致，则由基差的大小来反映两地间的运费差价。

3.正向市场与反向市场

基差能反映市场所处的状态。当不存在品质差价和地区差价的情况下，期货价格高于现货价格时，基差为负值的市场状况称之为正向市场或正常市场。当期货价格低于现货价格，基差为正值时的市场状况称之为反向市场或逆转市场。

同品种不同交割月份的合约，距离交割期较近的合约称为近期合约或者近月合约，距离交割期较远的合约称为远期合约或者远月合约。当远期合约价格高于近期合约时，是正向市场；当近月合约价格高于远月合约时，是反向市场。

正向市场反映了持仓费。持仓费与期货价格、现货价格之间的关系可以用下例说明：假设某企业在3个月后需要某种商品，它可以选择现在买入3个月后交割该商品的期货合约，持有到期接受现货交割；它也可以选择立即买进现货，储存3个月后使用。购买期货除了支付一定比例的交易保证金外，不再需要其他成本。而购买现货需要支付3个月的仓储费、保险费和全额货款的资金占用利息。

如果期货价格与现货价格相同，企业都会选择购买成本低的期货合约而不愿购买成本高的现货，造成对期货合约的需求增加、对现货需求的减少，从而推动期货价格上涨、现货价格下跌，直至期货价格高出现货价格的部分与持仓费相同。这时，企业选择购买期货还是现货在成本上没有区别。因此，在正向市场中，期货价格高出现货价格的部分，与持仓时间的长短和持仓费的多少有关，构成期货价格中的时间价值。一般来说，距离交割的期限越近，持有现货的成本就越低，期货价格高出现货价格的部分就越少。当交割月到来时，持仓费将降至零，期货价格将收敛于现货价格。

反向市场的出现主要有两个原因：一是近期对某种商品或资产的需求非常迫切，远大于近期产量和库存量，推动现货价格大幅上涨，高于期货价格。二是预期某种商品未来的供给会大幅增加，导致其期货价格大幅下降，低于现货价格。反向市场的价格关系并非意味着持有现货不承担持仓费，只不过由于要满足当前的迫切需求，购买者愿意承担更高的成本。随着当前的迫切需求逐步消化，时间会推动反向市场逐步回归到正向市场。

4. 基差的强弱变动

随着时间的流逝，由于供求因素对期货、现货两个市场不同程度的影响和持仓费等因素，现货价格与某交割月份的期货合约价格的变化幅度可能不同，所以基差会出现变化。

当现货价格涨幅大于期货价格涨幅，以及现货价格跌幅小于期货价格跌幅时，即**现货价格走势**相对期货价格走势**更强**时，称为**基差走强**，如图5.4所示：基差为负值且绝对数值越来越小 [图5.4(a)]，或基差从负值变为正值 [图5.4(b)]、或基差为正值且数值越来越大 [图5.4(c)]。

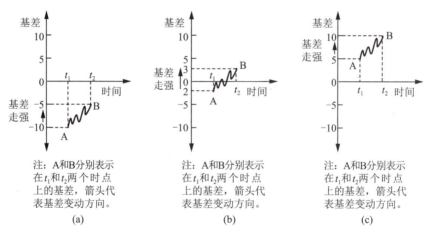

图 5.4 基差走强

当现货价格涨幅小于期货价格涨幅，以及现货价格跌幅超过期货价格跌幅时，即**现货价格走势**相对期货价格走势**更弱**时，称为**基差走弱**，如图5.5所示：基差为负值且绝对数值越来越大 [图5.5(a)]、或基差从正值变为负值 [图5.5(b)] 或基差为正值且数值越来越小 [图5.5(c)]。

(三) 基差变动与对冲交易保值效果

对冲交易转移价格风险的效果，主要是由基差的变化决定。期货价格与现货价格趋同的走势并非每时每刻完全一致，基差会出现波动，使对冲交易的保值效果存在不确定性，即**基差风险**。但是，基差的波动幅度要显著小于现货价格的波动幅度，并且基差的变动可以通过对持仓费、季节等因素进行分析、预测。对冲者需要随时关注基差的变化，选择有利时机进行对冲，以取得较好的保值效果，甚至获得额外收益。对冲 (套保) 交易的实质是用较小的基差风险替代较大的现货价格风险。

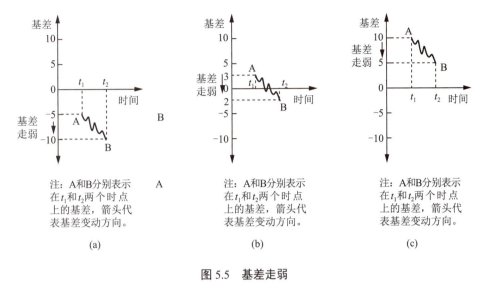

图 5.5 基差走弱

通过以下实例可以了解基差变动与对冲交易保值效果的关系。

1. 基差变动与买进对冲交易

【例 5.3】4 月初,豆粕现货价 3 060 元/t,某饲料公司预计 3 个月后需购入豆粕 3 000t。为了防止豆粕价格上涨,该公司买入 9 月交割的豆粕期货合约 300 手(每手 10t),成交价格 2 810 元/t。

7 月初,豆粕现货涨价至 3 500 元/t,公司以此价买入 3 000t,同时以 3 180 元/t 的价格卖出平仓期货合约。对冲结果见表 5.6。

表 5.6 买入对冲交易(基差走强情形)

市场 时间	现货市场	期货市场	基 差
4 月初	市场价格 3 060 元/t	买入 9 月豆粕合约 2 810 元/t	250 元/t
7 月初	买入价格 3 500 元/t	卖出平仓豆粕合约 3 180 元/t	320 元/t
盈亏	相当于亏损 440 元/t	盈利 370 元/t	走强 70 元/t
	期货盈利未能完全冲抵现货购买成本上升,不完全风险对冲, 亏损 70 元/t		

本例中,由于现货价格涨幅大于期货价格涨幅,基差走强 70 元/t。现货市场亏损 440 元/t,期货市场盈利 370 元/t,两者相抵后存在净亏损 70 元/t。通过对冲交易,该企业豆粕实际采购价:现货价格－期货盈利＝3 500－370＝3 130 元/t,比 5 月初的现货价格 3 060 元/t,高出 70 元/t,这正好是基差走强的变化值。这一结果表明,进行买入对冲交易,如果基差走强,两个市场盈亏相抵后,存在净亏损,现货市场的价格风险不能被完全对冲。

【例5.4】3月初,天然橡胶现货价22 000元/t。某轮胎厂为防止天然橡胶原料涨价,买入7月交割的天胶合约200手(每手5t),成交价格23 000元/t,对其未来生产所需要的1 000t天然橡胶进行对冲交易保值。

6月初,天然橡胶现货价格不但未涨,反而跌至20 000元/t,该厂购入1 000t,同时卖出对冲平仓期货合约,平仓价格21 200元/t。保值效果见表5.7。

表5.7 买入对冲交易(基差走弱情形)

市场 时间	现货市场	期货市场	基　差
3月初	市场价格22 000元/t	买入7月天胶合约,价格23 000元/t	－1 000元/t
6月初	买入价格19 000元/t	卖出平仓天胶合约,价格20 200元/t	－1 200元/t
盈亏	相当于盈利3 000元/t	亏损2 800元/t	走弱200元/t
盈亏	现货购买成本下降冲抵期货亏损后,盈利200元/t		走弱200元/t

本例说明,现货价格跌幅大于期货价格跌幅,基差走弱200元/t。期货市场亏损2 800元/t,现货市场盈利3 000元/t,盈亏冲抵后净盈利200元/t。通过对冲交易,现货实际购买价格＝现货实际采购价格＋期货亏损＝19 000＋2 800＝21 800元/t,比5月初的现货价格22 000元/t,节省200元/t,这正好是基差走弱的变化值。这一结果表明:进行买入套期保值,如果基差走弱,两个市场盈亏冲抵后存在净盈利,使对冲者获得比预期更理想的现货价格。

2.基差变动与卖出对冲交易

【例5.5】3月初,某糖厂与某饮料厂签订销售合同,约定6月初糖厂向饮料厂按当时该地现货价格交付100t白糖,目前白糖现货价格为5 600元/t。糖厂担心未来糖价下跌,于是在期货市场卖出10手(每手10t)9月交割的白糖合约,成交价5 900元/t,以对冲糖价下跌风险。

6月初,现货价格跌至5 200元/t,期货价格跌至5 400元/t。糖厂按现货价格卖出100t白糖的同时,将9月期货合约对冲平仓,对冲交易保值效果见表5.8。

表5.8 卖出对冲交易(基差走强情形)

市场 时间	现货市场	期货市场	基　差
3月初	价格5 600元/t	成交价格5 900元/t	－300元/t
6月初	卖出价格5 200元/t	平仓价格5 400元/t	－200元/t
盈亏	相当于亏损400元/t	盈利500元/t	走强100元/t

本例中,由于现货价格跌幅小于期货价货格跌幅,基差走强100元/t。现货市场销售收入减少400元/t,期货市场盈利500元/t,期、现市场盈亏冲抵后存在净盈利100元/t。糖厂实际售价＝5 200＋500＝5 700(元/t),在期货头寸盈利冲抵现货跌价销售的亏

损后，比 3 月初的现货价格还高出 100 元 /t，这 100 元 /t 正是基差走强的结果。这一结果表明：进行卖出对冲交易保值，如果基差走强，可使对冲者在规避价格风险后实现净盈利。

【例 5.6】6 月初，钢材现货价格 4 280 元 /t。某经销商持有 5 000t 待售，为了防止价格下跌，他卖出 500 手 (每手 10t)11 月交割的螺纹钢合约，进行对冲交易保值，成交价 4 700 元 /t。

到了 9 月初，钢材价格出现上涨，该经销商以 4 750 元 /t 价格售出钢材，同时将期货合约对冲平仓，成交价 5 230 元 /t。对冲交易保值结果见表 5.9。

表 5.9 卖出对冲交易（基差走弱情形）

市场 时间	现货市场	期货市场	基差
6 月初	价格 4 280 元 /t	卖出 11 月螺纹钢合约，价格 4 700 元 /t	− 420 元 /t
9 月初	卖出价格 4 750 元 /t	买入平仓，价格 5 230 元 /t	− 480 元 /t
盈亏	盈利 470 元 /t	做空亏损 530 元 /t	走弱 60 元 /t

本例中，由于现货价格涨幅小于期货价格涨幅，基差走弱 60 元 /t。期货市场亏损 530 元 /t，现货市场盈利 470 元 /t，期货、现货两个市场盈亏未能完全冲抵，存在净亏损 60 元 /t。经销商实际钢材售价＝现价－期市亏损＝ 4 750 － 530 ＝ 4 220(元 /t)，比期初售价 4 280 元 /t 少卖 60 元 /t。这正是基差走弱 60 元 /t 产生的基差风险。

3. 基差变动与对冲保值效果小结

以上分析的买入对冲和卖出对冲，对基差不同变动情形下的对冲保值效果小结见表 5.10。

表 5.10 基差变动与对冲保值效果

	基差变化	对冲保值效果
买入 对冲 交易	走弱	两市盈亏相抵后为净盈利，不完全保值
	走强	两市盈亏相抵后为净亏损，不完全保值
	不变	两市盈亏刚好相抵，完全保值
卖出 对冲 交易	走强	两市盈亏相抵后为净盈利，不完全保值
	走弱	两市盈亏相抵后为净亏损，不完全保值
	不变	两市盈亏刚好相抵，完全保值

五、基差交易与叫价交易

尽管基差风险小于单一市场的价格风险，但它还是会给交易者带来不利影响。随着近年对基差的深入研究，国际期货市场出现了以基差为轴心的基差交易方式，并且衍生出叫价交易方式，两种交易方式都可以用于回避基差风险。

(一) 基差交易

基差交易是交易者为了规避基差风险，采取以某月份期货价格为计价基础，加上确定的基差来固定现货交易价格的方法：

$$现货成交价格 = 期货价格 + 预先确定的基差 \tag{5.1}$$

【例 5.7】某批发商在 3 月份以 5 000 元/t 的价格购入白糖储存，计划在 6 月份出售。为了规避价格风险，该批发商同时以 5 200 元/t 的价格等量卖出白糖期货合约进行对冲保值，期初的卖出对冲基差为 - 200 元/t。该批发商预计，在期末销售白糖同时对冲平仓期货时，如能达到期初的基差值，就能实现完全保值；基差如能达到 - 100 元/t(走强)时，就能冲销掉仓储、保险等成本，并实现合理的利润。

为了规避储存期间基差风险的影响，该批发商建仓后便开始寻求基差交易对手。几天后，一家饮料厂与批发商达成基差交易：在 6 月份按当时期货价格加 - 100 元/t 的基差，完成现货白糖的买卖交割。该锁定的基差保证了批发商以后无论现价、期价如何涨跌变化，都能实现 100 元/t 的利润。

6 月份双方交割现货时，市场的现货价格为 5 050 元/t，期货价格为 5 170 元/t，期末的基差为 - 120 元/t(比期初走强 80 元/t)，见表 5.11。

表 5.11 基差交易

	现货市场		期货市场
3 月	5 000 元/t		5 200 元/t
6 月	基差交易 5 170 - 100 = 5 070 元/t	无基差交易 5 050 元/t	5 170 元/t
盈亏	5 070 - 5 000 = 70 元/t	5 050 - 5 000 = 50 元/t	30 元/t

批发商与饮料厂以基差交易方式确定的现货交割价格，是期末期货价格加上 - 100 元/t 的基差：5 170 - 100 = 5 070(元/t)，相比期初的现价多销售了 70 元/t。加上期初卖出期货合约，期末对冲平仓盈利 30 元/t，批发商最终售糖销售收入为 5 100 元/t，实现了预期 100 元/t 的盈利目标。

如果批发商未进行基差交易，则只能按 6 月份市场的现货价格 5 050 元/t 销售，加上卖出期货对冲盈利的 30 元/t，实际销售收入为 5 080 元/t。

进行基差交易，关键是确定合理的基差。基差定得合理，才能找到交易对手，实现冲抵成本、确保合理的利润。

对于期初的买入对冲(基差走弱有利)，基差定得太小不容易找交易对手，定得太大难以冲抵成本保证利润。

对于期初的卖出对冲(基差走强有利)，基差定得太大难找交易对手，定得太小也难冲抵成本保证利润。

(二) 叫价交易

叫价交易是由基差交易衍生出来的交易方式，分为买方叫价和卖方叫价两种方式。在基差交易中，基差确定后，期货价格的选择成为关键，不同日期有不同的期货价格，交易双方一般在期初约定了交易时间，也就确定了交易日当天的期货价格。

在叫价交易中，双方并不约定具体的交易时间，所以期货价格并未事先确定，而是由交易一方在对方允许的时间范围内选定。如果确定具体交易时点期货价格的权利属于买方，称为**买方叫价交易**。反之，由卖方确定具体交易时点的期货价格称为**卖方叫价交易**。

【例 5.7】买方叫价交易

榨油厂 A 有一批菜粕现货，并做了卖出对冲保值。批发商 B 是 A 的客户，需要购进菜粕，但考虑价格会下跌，不愿现在确定价格，要求此后商议成交价。于是 A 提议作叫价交易，成交价为 1 月期货价格加 −20 元/t(即基差为 −20 元/t)，并由 B 在 3 周内选择具体的期货价格，B 接受条件达成交易。

2 周后菜粕期货价格大幅下跌到 2 400 元/t，B 认为价格到底了，选择该期货价格作为计算现货成交价格的依据，并通知 A 平仓先前卖出的期货合约。卖方 A 的账户见表 5.12。

表 5.12　买方叫价交易：卖方收益

	现货市场	期货市场	基差
当天	市场价格 2 480 元/t	卖出期货，价格 2 510 元/t	−30 元/t
2 周后	卖出现货 2 400 − 20 = 2 380(元/t)	平仓价格 2 400 元/t(买方选定)	−20 元/t
盈亏	2 380 − 2 480 = −100(元/t)	2 510 − 2 400 = 110(元/t)	
	110 − 100 = 10 元/t		

在买方叫价交易中，**卖方**保证了合理的利润 10 元/t，买方保证了现货来源并获得确定价格的权利。

【例 5.8】卖方叫价交易

仍以上例进行分析。榨油厂 A 预期菜粕价格会上涨，不愿立即确定销售价格，但愿意以特定的基差销售。批发商 B 需要在 3 周内补充库存，先在期货市场作了买进对冲保值，基差为 −30 元/t。为保证货源，B 同意以基差为 −30 元/t 在 3 周内购买 A 的菜粕，并由 A 在 3 周内选定期货价格。

2 周后菜粕现货价格上涨，期货价格达到 2 530 元/t，A 认为价格到顶，选定此价并通知 B 将期货平仓。买方收益见表 5.13。

表 5.13　卖方叫价交易：买方收益

	现货市场	期货市场	基差
当天	市场价格 2 480 元/t	买进期货 2 510 元/t	−30 元/t
2 周后	买进现货 2 530 − 30 = 2 500(元/t)	平仓 2 530 元/t(卖方选定)	−30 元/t
盈亏	2 480 − 2 500 = −20(元/t)	2 530 − 2 510 = 20(元/t)	
	20 − 20 = 0(元/t)		

通过卖方叫价交易，买方规避了基差风险，实现了完全保值，锁定了 2 480 元/t 的采购成本又保证了货源。卖方掌握了叫价主动权，如果价格上涨能获得实际好处。

进行基差交易的对冲保值者，目的是回避基差变动风险。在回避基差风险的同时可能会失去盈利的机会，这是基差交易的机会成本。交易者必须准确预测市场，以便采取适当的交易方式。

六、期转现交易

期货转现货（简称期转现）交易，是从对冲保值延伸发展而来的交易方式。现货商利用期货市场进行对冲保值时，恰当地使用期转现交易，可以在实现商品保值的同时完成现货交易。

（一）期转现交易的概念

期转现交易是指持有方向相反的同品种相同交割月份合约的交易双方，经协商一致并向交易所提出申请，获得交易所批准后，分别将各自持有的合约按双方商定的价格（一般应在交易所规定的价格波动范围内）由交易所代为平仓，同时按双方协议价格交收仓单（或货物）和货款的行为。期转现交易在商品期货与金融期货中都有广泛应用，我国三家商品期货交易所均已推出期转现交易。

期转现交易的优越性在于：

(1) 生产、贸易企业利用期转现可以节省期货交割成本，灵活商定交货品级、地点和方式，提高资金利用效率。

(2) 期转现比平仓后购销现货更便捷，双方商定期货平仓价和现货交收价，同时规避了两个市场的风险。

(3) 期转现比远期现货交易和期货实物交割更有利。远期合约存在违约和被迫履约问题。期货实物交割存在商品等级、交割时间和地点缺乏灵活性问题，交易成本高。期转现有效地解决了上述问题。

（二）期转现的交易流程

(1) 寻找交易对手。可自行找，也可通过交易所发布期转现意向。

(2) 双方商议交易价格。首先商定期货平仓价，再确定现货交收价。

(3) 向交易所提出申请并办理期转现手续。用非标准仓单交割的，需提供相关的现货买卖协议等证明。

(4) 交易所核准。交易所对接到的期转现申请和相关资料进行核对，符合条件的予以批准，并在批准当日将买卖双方的期货头寸平仓。不符合条件的，通过双方会员及时通知交易者。

(5) 办理标准仓单、非标准仓单期转现手续。如果用标准仓单进行期转现，在批准日的次日，买卖双方到交易所办理仓单过户和货款划转，交纳相关手续费。如果用非标准仓单进行期转现，买卖双方按照现货买卖协议自行进行现货交收。

(6) 纳税。买卖双方在规定时间到税务部门办理纳税手续。

【例 5.9】豆粕期货市场，5 月初，买方 A 的开仓价为 3 100 元/t，卖方 B 的开仓价为 3 280 元/t，豆粕交割成本为 30 元/t，储运、利息等成本为 10 元/t。

6月中，期货价格涨到3 180元/t，现货价格涨到3 080元/t。双方达成期转现协议：期货平仓价为3 190元/t，现货交收价比期货平仓价低50元/t，为3 140元/t。

进行期转现后，买方A实际购买豆粕的价格为3 140 - (3 190 - 3 100) = 3 050(元/t)，比期货建仓价低50元/t，也比到期交割的市场现货价格低，降低了购买成本。卖方B实际销售豆粕的价格为3 140 + (3 280 - 3 190) = 3 230(元/t)，既节省了到期交割的成本，还高于市场现货价格将商品售出。

第二节　期货投机交易策略

期货市场的交易主体主要有两类，一类是对冲保值者，交易期货的目的是规避现货价格波动的风险。另一类是期货投机者，交易期货的目的是利用期货合约的绝对价格波动或相关期货合约间相对价格波动赚取差价收益。

一、期货投机交易概述

期货投机交易是指交易者通过预测期货合约未来价格的变化，以在期货市场获取差价收益为目的进行的交易行为。期货交易的保证金杠杆效应、双向交易与对冲机制、当日无负债结算机制、强行平仓制度，使得期货投机交易具有高收益、高风险的特点。

期货投机交易的基本准则是低买高卖或者高卖低买。预期价格上涨，买进期货合约的行为称为多头投机交易，价格确实上涨并有了差价后，投机者卖出平仓期货合约后便可获得投机利润。预期价格下跌，卖出期货合约的行为称为空头投机交易，价格确实下跌并有了差价后，投机者买进平仓期货合约后便可获得投机利润。

期货市场的投机者大体可分为以下几类：

(1) 按交易主体的不同，划分为机构、个人投机者。机构投机者是指利用自有资金或从公众手中筹资，专门进行期货投机交易的各类基金、金融机构、企业等。个人投机者就是从事期货投机的自然人。

(2) 按持有不同的期货头寸方向，分为买进期货合约的多头投机者和卖出期货合约的空头投机者。

(3) 按不同的期货合约持仓时间，分为：持仓数周、数月的长线交易者，持仓几天的短线交易者，不持仓过夜的当日交易者，频繁买进卖出赚取微利的抢帽子者。

期货投机交易与证券投机交易方式相比，具有以下特点：

(1) 双向交易。期货与证券(股票、债券)交易制度的最大差异在于交易的双向性，既能买进做多又可卖出做空。不论市场价格涨跌，只要期货投机者对价格趋势把握正确，就能赚取风险利润。

(2) 短期性。期货市场上价格波动频繁，变幻莫测。投机者主要是利用期货合约短期的价格波动进行买空卖空式投机，赚取差价，不做合约到期的实物交割。即使是做长线投机，交易者持仓时间也不会超过几个月；此外，合约有到期期限，使得期货投机只能是短期投资。

(3) 规范性。期货交易只能在规范的交易所内进行，投机交易要受市场的法律法规约束，规范化程度高，自由度和可选择性较小。并且，投机者还要接受市场监管机构的实时监控，在可控制的约束下进行投机交易。

二、期货投机交易的经济功能

投机交易是期货市场不可缺少的交易策略，它发挥着特有的作用，促进了期货市场的健康发展。

1. 承担价格风险

期货市场的主要经济功能之一，就是为生产经营者提供现货价格风险转移工具。如果期货市场上仅有转移风险的对冲保值者，则只有在买入对冲、卖出对冲交易的价格、品种、数量完全相等时才能达成交易。但是在实践中，二者间的不平衡是经常存在的，达不成交易，风险也就转移不出去。只有愿意承担风险的投机者加入期货市场，对冲保值者有了众多交易对手才能顺利交易，最终实现期市的避险功能。

2. 促进价格发现

期货在场内交易的制度，使期货交易所汇集了期货合约标的商品的全部供求信息，众多买卖指令竞价产生的互动作用，综合反映出所有市场参与者对未来价格走向的预测，使得价格趋于合理，促进了期货市场价格发现机制形成。交易所适时发布的期货行情与信息，使期货市场外的企业也能利用期货价格信息进行经营决策。

3. 减缓价格波动

投机者总是力图通过正确判断、预测未来价格走向来赚取差价利润。当期货市场供大于求，市场价格低于均衡价格时，投机者会低价买进合约，增加需求，促使期价上涨，供求重新趋于均衡；反之，当期货市场供不应求，期货价格高于均衡价格时，投机者会高价卖出合约，增加供给，促使期价下跌，供求再次趋于均衡。投机交易对于缩小期货价格波幅发挥了很大作用。

要实现减缓期货市场的价格波动，前提是要求投机者一要理性操作，二要适度投机。违背市场规律、操纵市场的过度投机，会破坏供求关系，加大市场风险。遏制过度投机，打击操纵市场行为是各国期货市场监管机构的重要职责。

4. 提高市场流动性

期货市场是否健康发展，很大程度取决于市场流动性的高低，也就是市场交易的活跃程度。投机者的参与，为对冲保值者提供了更多交易机会，扩大了交易量，从而提高了市场流动性。

三、期货投机交易的策略与方法

期货市场的双向交易制度和保证金杠杆效应吸引了大量投机者。经验表明，一般投机者进行期货投机交易是一项输多赢少的高风险投资,所以选择期货投机交易策略,必须遵守一定的原则,掌握必要的投资方法。

1. 趋势原则

顺势交易是保证投机盈利的根本。为了尽可能准确地判断期货合约未来价格变化趋势,在交易之前应该充分了解期货合约,综合利用基本分析、技术分析方法,全面、准确地研究期货品种与价格走势,始终掌握市场主动权。

2. 止损原则

期货市场的价格波动是变幻莫测的,交易前判断的价格趋势,交易后可能完全与预测相反。这时就要严格执行交易前制定的止损计划,防止损失扩大危及本金的安全。

3. 制订交易计划

经验教训表明,制订明确的交易计划是期货投机成功的前提。制订交易计划可以使投机者被迫考虑:有哪些考虑不周、被遗漏或重视不够的问题,当前处于何种市场环境,计划采取何种交易方向,何时应改变交易计划以适应市场的变化等。在交易计划中还应设定最低获利目标、所能承受的最大亏损限额,在交易前对交易盈亏有足够的心理准备。

4. 认真执行交易计划

选取适合自己特点的交易方法,以适应复杂多变的市场环境并取得投机的成功。

(一) 期货投机建仓方法

1. 选择入市时机

首先,应该运用基本分析方法,研究当前期货市场处于牛市还是熊市状态,并运用技术分析方法判断市场涨跌的空间和持续时间。其次,权衡投机的风险与获利前景,只在获利概率大于亏损概率时才入市。最后,用技术分析方法决定具体入市和出市时机,上涨趋势明确才买,下跌趋势形成才卖,趋势不明朗不匆忙开仓。

2. 平均买低、卖高策略

买入合约后,遇价格下跌,可适量加仓,以降低平均买价,一旦反弹,可在较低的价格水平止亏盈利,这就是平均买低策略。卖出合约后遇价格上升,也可适量加仓,提高平均卖价,一旦价跌,可在较高价位止亏盈利,这就是平均卖高策略。

【例 5.10】某投机者预测白糖期货价格要上涨,在 5 015 元/t 价位开仓买进 1 手(每手 10t)。此后遇价格不涨反跌,他在 5 005 元/t 处加仓 1 手,2 手合约平均买进价格为 5 010 元/t,只要价格反弹到 5 010 元/t 就可以不亏。如果没有买第 2 手,则需价格反弹到 5 015 元/t 才能不亏。

投机者在运用平均买低或平均卖高策略时,必须以对市场大势的看法不变为前提。在预期价格将上升时,开仓后可以允许价格小幅下跌,前提是确信价格最终仍会上升。在预期价格将下跌时,开仓后允许价格可小幅上升,前提是价格上升必须是短期的,最终仍会下跌。没有这一前提,做平均买低或平均卖高只会增加损失。本例中,买入第二手合约后若价格仍在下跌,跌到 4 995 元/t 时 2 手损失为 20×(5 010 − 4 995)=300(元)。如果不做平均买低，只损失 $10\times(5\,015-4\,995)=200$(元)。所以，为了保险，做期货投机一般只在持仓获利的前提下，才能增加持仓。

3. 金字塔式买入卖出

如果建仓后市场行情发展与预期相同并且获利，投机者可以增仓扩大盈利。增仓的原则是：仅在持仓盈利的前提下增仓；增仓的数量随着盈利增加依次递减。

【例 5.11】预测 9 月玉米合约将上涨，小张在 2 210 元/t 价位买入 5 手(每手 10t)，此后价格迅速涨到 2 220 元/t，带来浮盈 $10\times5\times(2\,220-2\,210)=500$ 元。为让利润滚动，小张在该价位再买 4 手，持仓 9 手，平均成本为 $(2\,210\times50+2\,220\times40)/90=2\,214.4$(元/t)。此后在 2 230、2 235、2 245 元/t 价位又分别增仓 3 手、2 手、1 手，总持仓达到 15 手，持仓均价为 2 222.3 元/t。操作过程如图 5.6 所示。

价格(元/t)	增仓数	总持仓均价(元/t)
2 245	1	2 222.3
2 235	2	2 220.7
2 230	3	2 218.3
2 220	4	2 214.4
2 210	5	2 210

图 5.6　金字塔式买入示意图

这就是金字塔式买入建仓、持仓策略，在价格底部的首次开仓数量大，盈利后在价格上升、盈利增加过程中依次递减增仓的数量。

总持仓均价的升跌幅小于合约市价的升跌幅，使得在市价回落时，持仓不至于受到严重威胁，投机者可以有充足时间卖出平仓合约并取得相当的利润。本例中，如果市价从 2 245 元/t 开始回落到 2 233 元/t，仍然高于总持仓均价 2 222.3 元/t，小张有充裕时间全部平仓，获利为 $(2\,233-2\,222.3)\times15\times10=1\,605$(元)。

金字塔式卖出的方法，可照此类推。倒金字塔式买入卖出的方法只会造成亏损，不应采用。

4. 合约交割月份的选择

建仓时除要选对品种和决定买卖时机外，还要确定合约交割月份。投机者选择合约月份时，首先，应选择交易活跃的合约月份，避开交易不活跃的合约月份，即选择流动性高的合约月份。其次，要关注远月合约价格与近月合约价格间的关系。

在正向市场，当商品期货行情上涨且远月合约价格相对偏高时，近月合约价格也会上升以保持两个合约间的正常持仓费关系，此时近月合约涨幅会高于远月合约；当行情下跌时，近月合约的跌幅会小于远月合约。所以，做多头的投机者应该买入近月合约，做空头的投机者应卖出远月合约。

在反向市场，商品期货行情上涨且远月合约价格相对偏低时，远月合约涨幅会高于近月合约涨幅；行情下跌时，近月合约受影响较大，跌幅会大于远月合约。所以，做多头的投机者应该买入远月合约，做空头的投机者应卖出近月合约。

(二)期货投机平仓方法

投机者建仓后应密切注意行情趋势的变动,见好就收、适时平仓以获取投机利润,尤其在行情不利变动时,及时平仓可限制损失。

1. 遵循限制损失、让利润滚动的原则

当交易出现损失且损失达到计划止损数额时,应该立即对冲平仓,认输离场。即使是有经验的投机者,也不可能每次投机都获利。出现亏损不可怕,怕的是在侥幸心理和赌博心理状态下不及时止损,造成更大损失。当行情趋势出现有利变动时,不应急于平仓,而应尽量延长持仓时间,充分获取有利趋势带来的利润。

2. 灵活运用止损指令

止损指令是执行限制损失、让利润滚动原则的有力武器,可为投机者提供必要的保护。在制定交易计划时,可根据技术分析方法来确定止损价格,既不要将止损价格定得太靠近当时市场价格,以免价格稍有波动就得平仓;也不要将止损价格定得离市场价格太远,导致不必要的损失。

【例5.12】投机者小施计划进行小麦期货的多头投机交易,确定最大止损额为20元/t。他在2 440元/t价位开仓买入1手后,立即下达了在2 420元/t价位的卖出平仓止损指令。如果行情下跌达到2 420元/t,通过该指令的成交,他的这笔投机虽有损失但可以将损失限制在20元/t范围。

如果市场趋势按预期发展,小施为防止出现市价回落侵蚀到手利润,便在市价涨到2 460元/t时,撤销原2 420元/t价位的止损指令,新下达了2 450元/t价位的卖出平仓止损指令。市价一旦回落到2 450元/t,指令成交,小施可以获得10元/t利润。

如果市价没有回落而是继续上涨到2 480元/t,小施再次撤销先前2 450元/t的止损指令,重新下达2 470元/t价位的卖出平仓止损指令。如果价跌,可保证30元/t的利润。如此类推,就是让利润滚动的操作方法。

做空头投机交易,卖出合约后就应下达买入平仓的止损指令。当市场趋势出现有利变动时,应不断下调止损指令价格下达新的平仓指令,以实现限制损失、让利润滚动的目的。

(三)做好资金和风险管理

在期货投机过程中,做好资金与风险的管理工作包括:投资组合设计、在各个期货品种上如何分配资金、止损点设计、权衡收益与风险比率、经历成功/挫折后应采取何种措施,以及选择激进/稳健交易策略、每笔交易金额配置等。

资金账户的大小、投资组合的搭配以及在每笔交易中的金额配置,都会影响到最终的投机效果。

1. 一般性资金管理要领

投资额应限定在总资本的1/3到1/2以内。即每一交易回合,投机使用的资金不要超过总资本的一半,要留一半资金防备出现持仓亏损或补交保证金。

投入单个品种的资金应控制在总资本的1/10到1/5以内,防止将风险过度集中在单个品种上。

将单个品种上的最大亏损金额限制在总资本的 5% 以内,这是投机者在出现交易失败时愿意承受的最大亏损。

在任何市场板块品种上投入的资金额必须限制在总资本的 1/5 到 1/3 以内,防止风险集中。比如金、银期货品种属于贵金属板块,大豆、豆油和豆粕期货品种属于油脂板块。

2. 决定头寸大小

选定了期货品种,选准了入市时机,就要决定买卖多少手合约了。一般的原则是每一笔开仓不能超过总资本的 1/10。如总资本 10 万元的投机者,每次开仓只能投入 1 万元。如橡胶期货价格为 15 500 元/t,交易保证金比率为 5%,开仓买卖 1 手合约需资金 3 875 元,则 1 次开仓不要超过 2 手合约。

3. 分散投资与集中投资

分散投资是限制风险的方法。期货投机主张纵向投资分散化,即选择少数熟悉的期货品种,在不同阶段分散资金投入来规避风险。集中投资则是在有利时机,集中资金重点投入某一品种以取得短期最大的收益。

投机者要根据不同市场情形,灵活运用以上策略和方法,以取得投机交易的不断成功。

第三节　期货套利交易策略

一、期货套利交易概述

(一) 期货套利的定义

期货套利是指在价格联动性很强的两个期货合约上,同时建立方向相反的多空头寸,构成这两个期货合约之间的对冲交易,并在未来某时点将两个合约同时平仓,以套取两个合约期初与期末间的相对价格差,所以期货套利也称为价差套利、价差交易或套期图利。如果利用期货市场和现货市场之间的价差进行套利,称为期现套利。期货套利通常被视为期货投机交易的特殊方式。

套利者选择交易的两个期货合约,在大体相同的内外部因素影响下,具有相同的价格变动趋势,存在合理的价差范围。尽管两个期货合约的价格波动幅度存在差异,但是两者之间的价差扩大或缩小有规律可循,具有可预期性;在非正常因素干扰下两个合约间的价差会偏离合理价差范围,但在该非正常因素影响消除后,两个合约的价差会回复到合理范围内。套利者并不关注单个合约的绝对价格,而是关注两个合约之间的相对价差,这是套利能否盈利的关键。

(二) 期货套利的分类

根据所选择的期货合约的不同,期货的价差套利通常划分为跨期套利、跨品种套利和跨市套利。

(1) **跨期套利**是指在同一市场(交易所),同时买入、卖出相同品种、不同交割月份的期货合约,以期在有利时机同时将持有的合约对冲平仓获利。

(2) **跨品种套利**是指利用两种或三种品种不同、但价格关联度高的期货合约进行价差套利,即买入某一交割月份的期货合约,同时卖出相同交割月份、价格关联度高的另一种期货合约,以期在有利时机同时将持有的套利合约平仓获利。

(3) **跨市场套利**是指在某交易所买入(或卖出)某交割月份的某种期货合约,同时在另一交易所卖出(或买入)相同交割月份的同种期货合约,以期在有利时机分别将持有的两个交易所的合约同时平仓而获利。

(三)期货套利与期货投机的区别

期货套利与期货投机的区别,主要体现在:

(1) 期货投机是利用单一期货合约绝对价格的波动赚取利润,投机者关注的是单一合约绝对价格的涨跌。期货套利是利用同一市场或不同市场的、价格关联合约之间的相对价格差异套取利润,套利者关注的是两个或多个期货合约间的相对价格差异。

(2) 期货投机在一段时间内只买或者只卖一种期货合约。期货套利在一段时间内买一种期货合约,同时卖另一种价格关联的期货合约,或者在另一交易所卖相同品种、相同交割月份的期货合约;套利者在一段时间内同时承担多头和空头的双重角色。

(3) 期货投机赚取的是单一期货合约价格有利变动的收益,单一合约价格变动幅度大,投机者承担的风险也大。期货套利赚取的是多个期货合约间的相对价差,由于相关市场或相关合约的价格变动方向大体一致,合约间相对价差变动幅度小,所以套利者承担的风险小。

(4) 期货套利的交易成本低于期货投机。由于期货套利的风险小,交易所收取的保证金低于期货投机,可以减少套利资金的占用。国外鼓励套利交易,规定买卖两个合约的单笔套利交易佣金虽然高于单笔投机交易,但是比两笔投机交易的佣金之和低。

(四)套利交易的功能

期货套利对期货市场的正常运行和健康发展,起到了非常重要的作用。期货套利的功能主要有以下表现。

(1) 套利交易有助于被扭曲的价差关系恢复到正常水平,有效发挥期货市场的价格发现功能。期货市场价格的扭曲,表现为期货价格与现货价格、相关期货合约价格之间的价差波动超出正常范围。套利者发现这一套利机会,就会大量卖出价格相对较高的合约,买进价格相对较低的合约,将相关合约间的价差拉回到正常水平。

(2) 套利交易可以抑制过度投机。欲操纵市场获取高额收益的投机者,会利用各种手段将期货价格拉抬或打压到非正常水平。这时套利者会进行大量套利交易,有效抑制期货市场的过度投机。

(3) 套利交易能够增强市场的流动性,活跃远月合约的交易。套利者通过在不同合约上同时建立多空头寸的交易行为,大大增强了合约的流动性。尤其是在近月和远月合约上同时进行的跨期套利交易,提高了远月合约交易的流动性。

二、期货套利的交易策略

不同于单方向做多或者做空的投机操作，套利交易由同时买入或卖出价格相关的两个期货合约构成，这两个合约可以形象地称为套利交易的两条"腿"（或称为两条"边"）。在跨品种套利中，涉及的相关品种若不止两种，如在大豆、豆粕和豆油三个品种的套利中，就会出现一个多头、两个空头或两个多头、一个空头的三条腿。

(一) 价差的缩小与扩大

期货套利交易，是套利者在发现相关合约出现不合理价差时开仓交易，等待相关合约的价差回归合理时平仓结束交易，以获取套利收益。如果套利者认为当前两个相关合约的价差过大，他会期望套利开仓后价差能够缩小；同理，如果套利者认为当前两个相关合约的价差过小，他会期望套利开仓后价差能够扩大。

如果期末（或平仓时）的价差小于期初建仓时的价差，则价差是缩小的；反之，则价差是扩大的，如图 5.7 所示。

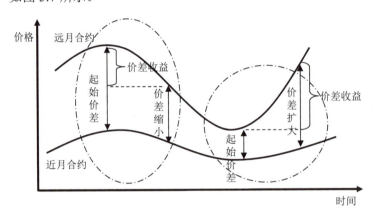

图 5.7　套利价差变化

预期**价差缩小**，应卖价高的一腿，同时买价低的一腿，做**卖高买低**的牛市套利策略（也称为**卖出**套利）。

预期**价差扩大**，应买价高的一腿、同时卖价低的一腿，做**买高卖低**的熊市套利策略（也称为**买进**套利）。

由于两个合约之间的价差变化比单个合约的价格变化小得多，所以两个合约间的对冲套利交易的收益和风险比单个合约的投机交易小，深受投资基金和稳健风格的投资者青睐。期货交易所鼓励套利交易，收取的交易保证金和佣金比率较投机交易低，套利的收益也比投机交易更稳定。

(二) 期货套利的盈亏计算

套利者特别关注两个合约之间的**价差**。**开仓**时的**价差**计算，是用价格较高的一腿减去价格较低的一腿。

例如，小陈买进 6 月黄金期货合约卖出 9 月黄金期货合约，价格分别是 238 元/g 和

241元/g，9月合约价格高于6月合约。期初的开仓价差，就是用价格较高的9月合约价格，减去价格较低的6月合约价格，价差为3元/g。

平仓时的价差计算，需要保持方法的一致性，仍然用期初价高的合约减去价低的合约。

如前例，小陈持仓一段时间，6月黄金合约价格上涨到245元/g，9月黄金合约涨幅相对较小，为246元/g。现在小陈对交易部位进行平仓，那么期末平仓时的价差计算，仍然用期初价高的9月合约价格减去期初价低的6月合约价格，价差为1元/g，期末的价差比期初缩小了2元/g。只有计算方法保持一致，才能正确比较价差的变化。

价差套利的盈亏计算，是分别计算各个合约的盈亏，然后加总得到整个套利交易的盈亏。

如前例，小陈以238元/g买进6月黄金合约，以241元/g卖出9月黄金合约。持有一段时间后，他在有利时机以245元/g卖出平仓6月合约，以246元/g买入平仓9月合约：

6月黄金合约的盈亏 = 245 − 238 = 7(元/g)

9月黄金合约的盈亏 = 241 − 246 = − 5(元/g)

套利盈亏 = 7 − 5 = 2(元/g)

(三) 卖出套利与买进套利

套利交易策略虽有多种，但操作的基本规律是相同的，可以分为卖出套利和买进套利两大类。

1. 卖出套利

如果套利者预期两个套利合约间的价差将缩小，可以通过卖出价格较高的合约，同时买进价格较低的合约进行卖出套利；若价差变动方向与套利者预期相同，在价差缩小的适当时机同时将两份合约平仓即可获利。

【例5.13】套利者小张以272元/g的价格卖出12月黄金合约，以270元/g的价格买进6月黄金合约，套利建仓时的价差为2元/g。2周后，两合约的价差缩小到1元/g时，小张同时将两合约平仓，赚取了1元/g的套利利润。

2. 买进套利

如果套利者预期两个套利合约间的价差将扩大，可以通过买进价格较高的合约，同时卖出价格较低的合约进行买进套利；若价差变动方向与套利者预期相同，在价差扩大的适当时机同时将两份合约平仓即可获利。

【例5.14】小张以270元/g的价格买进12月黄金合约，以269元/g的价格买进6月黄金合约，套利建仓时的价差为1元/g。3周后，两合约的价差扩大到3元/g时，小张同时将两合约平仓，赚取了2元/g的套利利润。

(四) 套利交易指令

套利交易指令通常不需要标明两个合约的具体价格，只需标明两个合约的价差即可。常用的指令有套利市价指令和套利限价指令。

1. 套利市价指令

这是指交易将按当前市场能获得的最好价差尽快成交的指令。如果套利者希望以当前价差尽快成交，可选择使用该指令。下达这一指令，不需注明价差大小，只需注明买进、卖出的合约品种和月份，其优点是成交速度快。成交的具体价差，取决于指令执行时的市场行情变化情况。如果成交时市场行情发生较大变化，成交的价差可能与套利者的目标价差有较大出入，这是该指令的缺点。

【例5.15】套利者小刘认为当前郑商所白糖1月和5月合约分别为6 047元/t和6 075元/t，28元/t的价差过小，存在价差扩大的套利机会。为尽快成交，他下达套利市价指令：买入5月白糖合约；卖出1月白糖合约；市价指令。

在市价指令中，小刘没有明确标明套利价差的数值，但市价指令表明他希望以当前28元/t的价差尽快成交。如果市场行情没有突然变化，该市价指令可使小刘在28元/t的价差处快速建仓。

2. 套利限价指令

这是指交易将按指定的或更优的价差成交的指令。如果套利者希望以理想价差成交，可选择使用该指令。下达这一指令，需要注明具体的价差大小、买进、卖出的合约品种和月份，其优点是可以保证以理想的价差成交，缺点是如果行情没有达到指定价差，不能保证交易成交。

【例5.16】套利者小刘认为当前郑商所棉花1月和5月合约分别为12 800元/t和12 875元/t，75元/t的价差过大，存在价差缩小的套利机会。于是他下达限价指令：卖出5月棉花合约；买入1月棉花合约；5月棉花合约价格高于1月合约价格75元/t。

使用限价指令意味着只有当1月与5月合约的价差等于或小于75元/吨时，该指令才能被执行。不论两个合约的价格是同时上涨或是下跌，只要价差达到指令要求就能成交。

(五) 跨期套利

跨期套利是指套利者以赚取差价为目的，在同一品种不同交割月份的两个合约上建立数量相等、方向相反的交易部位，在有利时机同时将交易部位对冲平仓结束交易的操作方式。

根据套利者对近月合约与远月合约买卖方向的不同，跨期套利又分为牛市套利、熊市套利和蝶式套利。

1. 牛市套利

牛市套利的操作方式为**买近卖远**。当市场出现供给不足、需求旺盛的牛市环境时，会导致近月合约价格的涨幅大于远月合约价格的涨幅，或者近月合约价格的跌幅小于远月合约价格的跌幅，未来两个合约的价差趋向于**缩小**。在这种情况下，无论在正向市场还是在反向市场，买入近月合约(估值较低)同时卖出远月合约(估值较高)进行牛市套利，盈利的概率更大(图5.4)。

【例5.17】3月1日，玉米5月合约价1 580元/t，7月合约价1 600元/t，两者价差为20元/t。套利者预期玉米价格将上涨，并且价差会缩小，于是买进1手5月合约同时卖出1手7月合约。

5月1日，5月、7月合约的价格分别上涨为1 610元/t、1 620元/t，差价为10元/t，缩小了。交易者同时对二合约平仓，结束套利，盈亏见表5.14。

表5.14　牛市套利实例

3月1日	1 580 元/t 买1手5月玉米合约	1 600 元/t 卖1手7月合约	价差20元/t
5月1日	1 610 元/t 卖1手5月合约	1 620 元/t 买1手7月合约	价差10元/t
各腿盈亏	30元/t	－20元/t	(缩小)10元/t
套利盈利	30－20＝10元/t，×10t/手＝100元		

这就是买近(低)卖远(高)的牛市套利，条件是价差缩小，套利就会盈利。在正向市场中，价差扩大的幅度受制于持仓费水平，价差过大产生的套利行为，会限制价差扩大的幅度，而价差缩小的幅度则不受限制，进行牛市套利损失有限获利潜力巨大。

在上涨行情(牛市)中很可能出现近月合约涨幅＞远月涨幅，使正向市场变为反向市场，价差会大幅缩小，使牛市套利获利巨大。

2. 熊市套利

熊市套利的操作方式为**卖近买远**。当市场出现供给过剩、需求不足的熊市环境时，会导致近月合约价格的跌幅大于远月合约价格的跌幅，或者近月合约价格的涨幅小于远月合约价格的涨幅，未来两个合约的价差趋向于**扩大**。在这种情况下，无论在正向市场还是在反向市场，卖出近月合约(估值较高)同时买入远月合约(估值较低)进行熊市套利，盈利的概率更大(图5.4)。

【例5.18】3月1日，玉米5月合约价1 580元/t，7月合约价1 600元/t，价差20元/t。套利者预期玉米价格将下跌，价差会扩大，于是卖出1手5月合约同时买进1手7月合约。

5月1日，5月、7月合约价格分别下跌为1 560元/t、1 590元/t，价差扩大到30元/t，交易者同时对二合约平仓，结束套利，盈亏见表5.15。

表5.15　熊市套利实例

3月1日	1 580 元/t 卖1手5月合约	1 600 元/t 买1手7月合约	价差20元/t
5月1日	1 560 元/t 买1手5月合约	1 590 元/t 卖1手7月合约	价差30元/t
各腿盈亏	20元/t	－10元/t	(扩大)10元/t
套利盈亏	20－10＝10元/t，×10t/手＝100元		

这就是卖近(高)买远(低)的熊市套利，条件是价差扩大，套利才能盈利。注意：当近期合约价格已相当低，以至于不可能进一步偏离远期合约时，熊市套利很难获利。在反向市场(近月价格高于远月价格)中，熊市套利盈利的条件是价差缩小。

交易者进行套利操作，需要综合考虑各种因素。首先，应选择好合适的品种合约；其次，应结合基本分析和技术分析，对两个合约的价格图表和价差图表进行分析，找到价差的变化规律；最后，预测合约价格上涨、价差缩小，应采用牛市套利；预测合约价格下跌、价差扩大，应采用熊市套利。

3. 蝶式套利

蝶式套利也是跨期套利中的常见方式，由共享居中交割月份的一个牛市套利加一个熊市套利组合而成。由于近月合约与远月合约分居于居中月份合约的两侧，形似蝴蝶的两个翅膀，因此得名蝶式套利。蝶式套利者认为居中月份合约价格与两侧合约价格间的价差关系出现了差异，产生了套利机会。

蝶式套利的操作方法：买入（或卖出）近月合约，同时卖出（或买入）居中月份合约，并买入（或卖出）远月合约，使得居中月份合约数 = 近月合约数 + 远月合约数。

这相当于一个近月合约与居中月份合约的牛市（或熊市）套利，与另一个居中月份合约与远月合约的熊市（或牛市）套利的两个互补平衡的跨期套利组合，是套利的"套利"，理论上其风险和收益比单个的牛市套利或熊市套利更小。居中月份合约是连接两个跨期套利的纽带。

【例5.19】2月1日，3月、5月、7月交割的大豆合约价格分别为4 150元/t、4 230元/t、4 275元/t。某套利商预测3月和5月合约之间因价差过大会缩小（用买近（低）卖远（高）的牛市套利策略），5月和7月合约因价差过小而会扩大（用卖近（低）买远（高）的熊市套利策略），于是以上述价格同时买5手3月合约、卖15手5月合约、买10手7月合约。

2月20日，三合约的价格出现了不同幅度下跌，3月合约价为3 950元/t、5月合约价为4 010元/t、7月合约价为4 070元/t。套利商同时平仓三合约，结束蝶式套利，盈亏见表5.16。

表5.16 蝶式套利实例

	3月合约	5月合约	7月合约
2月1日	4 150元/t，买5手	4 230元/t，卖15手	4 275元/t，买10手
2月20日	3 950元/t，卖5手	4 010元/t，买15手	4 070元/t，卖10手
各腿盈亏	－200元/t×5手×10t/手=－10 000元	220元/t×15手×10t/手=33 000元	－205元/t×10×10=－20 500元
蝶式套利盈亏	－10 000＋33 000－20 500＝2 500元		

(六) 跨商品套利

跨商品套利，分为相关商品之间、原料与成品之间的买入价值低估合约、卖出价值高估合约开仓，此后再择机平仓的两种套利交易方式。

1. 相关商品间套利

商品的市场价格总是围绕其内在价值上下波动，不同商品的价格因市场供求规律和价值规律存在着关联关系，譬如需求的替代品、互补品，供给的替代品、互补品的价格间存在稳定合理的比值关系。在市场供求、季节、产业政策等因素影响下，有价格关联关系的商品间的比价关系经常偏离合理的区间，表现为一种商品的价值被低估，另一种商品的价值被高估，或者相反，从而为商品之间的套利提供了机会。

小麦、玉米均是粮食，可以作为禽畜饲料，价格有相似的季节性变化趋势，相关度高，可以进行品种间套利。小麦的价格高于玉米价格，价差一般为正数。我国在冬小麦收割后的6月、7月上市期，小麦价格较低，玉米价格相对较高，二者价差趋于缩小。在玉米收获季节的9月、10月、11月，玉米价格较低，小麦价格较高，二者价差趋于扩大。

在已知小麦、玉米间正常价差规律后，可以利用出现价差异常的机会，买（卖）小麦合约的同时，卖（买）玉米合约进行跨商品套利。

【例5.20】7月30日，11月小麦合约价为2 650元/t；11月玉米合约价1 560元/t，价差为1 090元/t。套利者认为价差小于正常年份水平，若市场运行正常，该价差会扩大，以恢复到正常年份水平。于是买了1手（每手20t）11月小麦合约，同时卖2手（每手10t）11月玉米合约（见表5.17）。

9月30日，套利者平仓卖1手11月小麦合约，价格为2 710元/t，同时买2手11月玉米合约，价格为1 510元/t，套利盈亏见表5.17。

表5.17 跨商品套利实例

7月30日	2 650元/t， 买1手11月小麦合约	1 560元/t， 卖2手11月玉米合约	价差1 090元/t
9月30日	2 710元/t， 卖1手11月合约	1 510元/t， 买2手11月合约	价差1 200元/t
各腿盈亏	60元/t	50元/t	（价差扩大）110元/t
套利盈亏		(60 + 50)元/t×20t = 2 200元	

2. 原料与成品间套利

原料与成品间套利是指利用原材料价格与其制成品价格间的高度相关关系进行套利。最典型是大豆原料与其制成品豆油、豆粕间的套利，三者之间存在"100%大豆=18%豆油+78.5%豆粕+3.5%损耗"的关系，因而，存在以下平衡关系

100%大豆×买价+加工费+利润=18%豆油×卖价+78.5%豆粕×卖价

三个品种之间有大豆提油套利，反向大豆提油套利两种套利做法。

(1) **大豆提油套利**。因为购买大豆原料和销售制成品豆油、豆粕不能同时进行，榨油生产期间存在价格变动风险。榨油厂为了防止大豆价格突然上涨，或者豆油、豆粕价格突然下跌，导致企业亏损或使亏损降至最低，在三种商品价格关系基本正常时就要进行套利。操作大豆提油套利的方法：在购买大豆合约的同时卖出豆油、豆粕合约。当在现货市场购买大豆或销售豆油、豆粕时再平仓期货合约，就可以锁定原料与成品之间的价差，防市场价格波动带来损失。

(2) **反向大豆提油套利**。在市场价格出现反常时采用。如果大豆价格受某些因素影响出现大幅度上涨时，可能会与成品价格出现价格倒挂。榨油厂可以采用反向大豆提油套

利,操作方法是:卖出大豆期货合约,买进豆油、豆粕期货合约;同时缩减豆油、豆粕的生产、供应量,三者间价格关系会趋于正常。最终榨油厂在期市的盈利将有助于弥补现货市场亏损。

(七)跨市场套利

跨市场套利是指在某交易所买(或卖)某交割月的某种商品合约,同时在另一交易所卖(或买)相同交割月的同品种合约,以期在有利时机对冲平仓在手的两个交易所的合约获利。如芝加哥期货交易所、大连商品交易所、东京谷物交易所都挂牌交易玉米、大豆期货等品种,伦敦金属交易所、上海期货交易所、纽约商业交易所都挂牌交易铜、铝等有色金属期货品种。各交易所这些品种间的价格存在稳定差额,一旦差额发生短期变化,就可在各交易所之间进行买低卖高的套利,等到价格差趋于正常时平仓,可赚取低风险利润。

【例5.21】5月1日,堪萨斯市交易所9月小麦合约价格为710美分/蒲式耳,芝加哥交易所9月小麦合约价格为720美分/蒲式耳。

套利者分析,堪萨斯市交易所的期价虽较芝加哥低,但仍比正常情况高,预测两交易所的价差将扩大,决定使用:卖出高估的堪萨斯期货,买进低估的芝加哥期货的跨市套利策略,卖1手堪萨斯9月小麦合约,同时买1手芝加哥9月小麦合约(图5.4),期望未来在有利时机平仓套取两市间的价差收益,套利盈亏见表5.18。

表5.18 跨市套利实例

5月1日	堪价710美分/蒲式耳,卖1手9月小麦合约	芝价720美分/蒲式耳,买1手9月小麦合约	价差10美分/蒲式耳
5月10日	堪价700美分/蒲式耳,买1手9月小麦合约	芝价715美分/蒲式耳,卖1手9月小麦合约	价差15美分/蒲式耳
各腿盈亏	10美分/蒲式耳	−5美分/蒲式耳	(价差扩大)5美分/蒲式耳
套利盈亏	(0.10−0.05)美元/蒲式耳×5000蒲式耳/手=250美元		

三、期现套利策略

期现套利是指当某种资产的期货价格与其现货市场价格之间的基差偏离正常水平时,通过在两个市场之间进行低买高卖的反向交易,待基差趋于合理时平仓而获利的交易方式。基差反映了期货的持有成本,当基差高于或低于期货持有成本时,就会出现套利机会。

期现套利包括正向买进期现套利和反向买进期现套利两种。当基差远高于期货持有成本时,套利者可以买进现货并卖出相关期货合约进行正向期现套利。待合约到期时,用所买现货用于交割;价差收益扣除持仓费等后还有盈利,从而产生套利利润。当基差远低于期货持有成本时,套利者可以卖出现货(不容易操作)、同时买进相关期货合约进行反向买进期现套利。待合约到期时,用交割得到的现货补充先前卖出的现货,价差亏损小于节省的持仓费，因而产生盈利。

【例5.22】3月8日，大连商品交易所5月玉米期货价格为1 350元/t，吉林玉米市场现货价格为1 050元/t，交易所规定吉林异地交割贴水50元/t，期现存在较大基（价）差。

某粮商分析这是难得的套利机会，于是在1 350元/t的价格卖出玉米期货、在1 050元/t的价格买进玉米现货开仓。此后，期货价格趋向于现货价格，当期货价格下跌到1 010元/t时，该粮商决定不交割实物，抓住机会在1 050元/t价位平仓了结套利交易，利用期现套利交易实现了低风险收益。

第四节 期货交易的发展趋势

一、组合投资

（一）组合投资理论的发展

组合投资，是指投资者将资金按一定比例分别投资于不同种类的资产或证券，以分散风险的行为，这是基于投资组合理论的一种投资策略。狭义的组合投资理论是指经典的马柯维茨投资组合理论。广义的组合投资理论除经典理论外，还包括由资本资产定价模型和证券市场有效理论构成的资本市场理论。

传统投资组合思想主要为：不要把所有的鸡蛋都放在一个篮子里；组合中资产数量越多，风险分散越明显。

现代投资组合思想认为，合理的投资组合应该在风险相同的情况下期望收益较高，或在期望收益相同的情况下风险较低。当组合中资产种类达到一定数量、风险无法继续下降时，需要考虑一个最优组合规模。

投资组合理论的新发展，包括基于交易费用和流动性的投资组合理论、基于风格投资的投资组合理论、基于连续时间的长期投资组合理论、基于Var的投资组合理论和基于非效用最大化的投资组合理论。

（二）期货组合投资的应用

(1) 期货投资组合品种的选择。这是决定期货组合投资成败的关键环节。

首先对被选期货品种进行相关性分析，以r表示两个品种之间的相关系数，当r的绝对值等于1时，表明两个品种完全正相关或负相关；当r的绝对值趋近于0时，表明两个品种微弱相关或不相关。

实践表明，组合中各品种间的相关性系数值越小，组合投资效果越好。

(2) 期货投资组合的构建。根据均值-方差理论，用Excel软件对不同组合的收益率期望、收益率标准差、协方差求解后进行比较、选优。

(3) 期货投资组合的绩效评估。使用夏普指数模型，在同样的风险条件下，夏普指数值越大，投资组合的绩效越好。

二、程序化交易

程序化交易也称程式化交易,是指所有利用计算机软件程序制定交易策略并实行自动下单的交易行为。

程序化交易是将市场的各种资讯在计算机辅助下转化为程序参数,由计算机代替人工执行买卖下单程序,在一定程度上克服了人类在期货交易时的一些心理弱点,能严守既定的交易策略及操作规范,确保整个交易过程中交易方法的一致性。

(一)境内外程序化交易的发展

程序化交易起源于 20 世纪 80 年代的美国股票市场,用于在纽约股票交易所买卖 15 只以上的股票组合的交易。现在西方发达国家交易系统方面的研究已较成熟,美国期货市场中程序化交易总量占总交易量的比重逐年提高,且交易模型的功能设计日益强大,许多投资经理都使用程序化交易系统进行辅助交易与资产管理。

国内程序化交易系统发展较晚,在期货交易领域,交易系统的研究与应用成果尚不丰富。不过,随着我国计算机技术的快速发展,新投资理念不断引入,已逐渐开发出一些程序化交易系统。我国期货市场的高速发展,套利机会逐渐增多,程序化交易的空间越来越广阔。

(二)程序化交易系统的形式

按照交易者投资策略的不同,程序化交易系统的形式有以下 4 种:

(1) 价值发现型。这类系统多用于股票交易,用于期货交易少。这是因为期价的高低是相对的,而现货价格数据连续性又很差,在数据采集、整理方面常存在较大误差。

(2) 趋势追逐型。这类系统根据技术分析指标设计,目的是通过对期货价格走势变化的研究来发现趋势,通过价格波动特征触发交易信号,典型的有均线突破系统。这类系统在金融投机领域有广泛应用,且与高频交易及套利交易系统并列,成为当前期货程序化交易领域的主要研究内容。

(3) 高频交易型。这是一种定量交易,具有投资组合持有期短的特点,其使用成功与否,取决于所能处理的信息量和交易通道的速度。高频交易可应用于做市套利、触发式套利和统计套利。

(4) 低延迟套利型。这类系统利用计算机与网络的性能,能在几毫秒内执行交易,高度依赖于超低延迟的网络,通过所获得的信息获取利润。该系统需要一个高度实时的交易平台,并且信息传递与分析速度对于这类交易系统起到决定性作用。

(三)程序化交易系统的设计

(1) 交易策略的提出。一般分为自上而下与自下而上两种形成方式。自上而下方式是指交易者根据长期观察市场而形成的某种理论认识,并基于这种认识形成一套交易策略。自下而上方式是指从市场的统计数据出发,根据这些数据的统计特征去寻找和总结相应的交易策略。这两种方式在交易史上都有许多著名的成功案例,涌现了一批成功的投资家。

(2) 交易策略的程序化。这是指将交易策略思想转化成精确的数学公式或计量模型,并用计算机程序语言将这些公式、模型表达出来，使之成为计算机可识别和检验的程序系统。交易策略程序化过程包括：①定义交易规则；②将交易策略思想转化为数学公式、计量模型；③编写计算机程序代码；④将计算机程序代码编译成可供交易执行的程序系统。

(3) 程序化交易系统的检验。一是统计检验。"接近实战"是交易系统检验的基本原则。确定好检验的统计学标准、系统参数后，设计者应根据不同的系统对统计数据库进行交易规则的测试。二是外推检验。确定交易系统的所有参数后，按一定的检验规则用计算机检验市场数据，并与统计检验进行比较是否有显著变化。三是实战检验。通过统计检验、外推检验的系统可以用于实战。交易者必须做好实战交易记录，方便事后对交易进行统计分析，以帮助交易者克服心理障碍，始终保持良好的交易心态。

(4) 程序化交易系统的优化。这是指对交易系统的参数根据交易情况和市场变化作进一步调试，使之达到最佳状况的过程。此外，还需不断监测和维护系统，使之保持最优状态。

三、量化交易

量化交易是指以先进的数学模型替代人的主观判断，利用计算机技术从庞大的历史数据中，海选能够带来超额收益的多种"大概率"事件以制定策略，极大地减少投资者情绪波动的影响，避免在市场极度狂热或悲观情况下作出非理性的投资决策。

(一) 量化交易的特点

量化交易是一种定量投资，有如下特点：

(1) 纪律性。根据模型的运行结果进行决策，而不是凭感觉。纪律性既可克服人性的贪婪、恐惧、侥幸等心理弱点，也可克服认知偏差，还可以跟踪。

(2) 系统性。量化交易表现为一是多层次，在大类资产配置、行业选择、精选具体资产三个层次上都有模型；二是多角度，定量投资的核心思想包括宏观周期、市场结构、估值、成长、盈利质量、分析师盈利预测、市场情绪等多个角度；三是多数据，即对海量数据进行处理。

(3) 套利思想。定量投资通过全面、系统性的扫描捕捉错误定价、错误估值带来的机会，并通过买入低估资产、卖出高估资产而获利。

(4) 概率取胜。一是定量投资不断从历史数据中，挖掘有望重复的规律并加以利用；二是依靠组合资产取胜，而不是单个资产取胜。

(二) 量化交易的应用

量化投资技术有多种具体方法，在投资品种选择、投资时机选择、股指期货套利、商品期货套利、统计套利、算法交易等领域得到广泛应用。

1. 统计套利

这是利用资产价格的历史统计规律进行的风险套利，其风险在于历史统计规律在未来一段时间能否继续存在。

这种套利的主要方法是先找出相关性最好的若干对投资品种，再找出每对品种的长期均衡关系，发现某对品种价差偏离就建仓，买进低估者、卖出高估者，等价差回归均衡后平仓获利。

在经济全球化条件下，利用不同国家、地区、行业的股指期货对冲，是统计套利常用的低风险、高收益策略。

2. 算法交易

算法交易也称为自动交易、机器交易，是指通过设计算法，利用计算机程序发出交易指令的方法。其主要类型有：

被动型算法交易，也称结构型算法交易。它只根据历史数据估计交易模型的关键参数，按既定的交易方针进行交易。这种方法最成熟，应用最广泛。

主动型算法交易，也称机会型算法交易。它根据市场状况作出实时决策，判断是否交易、交易的价格与数量。

综合型算法交易，是前两者的结合，可以达到单独一种算法无法达到的效果。

（三）量化交易的潜在风险

量化交易存在一定的潜在风险，具体包括：

(1) 历史数据的完整性。行情数据不完整，导致模型与行情数据不匹配；行情数据的风格转换也可能导致模型失效，目前还不能克服。

(2) 模型设计未考虑仓位与资金配置，没有安全的风险评估、预防措施，可能导致爆仓。

(3) 网络中断、硬件故障会影响量化交易。

(4) 同质模型产生交易竞争导致的风险。

(5) 单一品种投资导致的不可预测风险。

规避以上风险的措施有：保证历史数据的完整性；在线调整模型参数；在线选择模型类型；风险在线监测和规避等。

本 章 小 结

1. 按照期货交易的目的和性质不同，期货交易可以分为对冲（套期）保值、投机和套利三种策略。

2. 对冲（套期）保值，是指对冲（套期）保值者，通过买进或卖出与其持有的现货资产种类相同或相关、数量相等或相当、到期月份相同或相近的期货合约，从而在期货与现货两个市场之间建立起一种盈亏冲销机制，以规避现货价格波动风险的交易方式。

3. 期货投机交易是指交易者通过预测期货合约未来价格的变化，以在期货市场获取差价收益为目的进行的交易行为。

4. 期货套利是指在价格联动性很强的两个期货合约上，同时建立方向相反的多空头寸，构成这两个期货合约之间的对冲交易，并在未来某时点将两个合约同时平仓，以套取两个合约期初与期末间的相对价格差。

5. 基差（basis）是指某一特定地点的被对冲资产的现货价格，与用于对冲的同种资产近期月份期货合约的价格之差。当现货价格涨幅大于期货价格涨幅，以及现货价格跌幅小于期货价格跌幅时，即现货价格走势相对期货价格走势更强时，称为基差走强。当现货价格涨幅小于期货价格涨幅，以及现货价格跌幅超过期货价格跌幅时，即现货价格走势相对期货价格走势更弱时，称为基差走弱。

6. 基差交易是交易者为了规避基差风险，采取以某月份期货价格为计价基础，加上确定的基差来固定现货交易价格的方法。

7. 预期价差缩小，应卖价高的一腿，同时买价低的一腿，采用卖高买低的牛市套利（卖出套利）策略。

预期价差扩大，应买价高的一腿、同时卖价低的一腿，采用买高卖低的熊市套利（买进套利）策略。

8. 期现套利是指当某种资产的期货价格与其现货市场价格之间的基差，偏离正常水平时，通过在两个市场之间进行低买高卖的反向交易，待基差趋于合理时同时平仓而获利的交易方式。

9. 程序化交易也称程式化交易，是指所有利用计算机软件程序，制定交易策略并实行自动下单的交易行为。

本章重要概念

对冲（套期）保值　对冲交易原则　买入对冲　卖出对冲　不完全对冲保值　基差　持仓费　正向市场　反向市场　基差走强　基差走弱　基差风险　基差交易　叫价交易　期转现交易　期货投机交易　期货套利　价差缩小　价差扩大　卖出套利　买进套利　跨期套利　牛市套利　熊市套利　蝶式套利　跨商品套利　跨市场套利　期现套利　程序化交易　量化交易

思　考　题

1. 解释对冲（套期）保值的定义？
2. 对冲（套期）保值的原理是什么？
3. 什么是卖出套期保值？
4. 什么是买入套期保值？
5. 解释基差的定义？
6. 影响基差的因素？
7. 什么是基差走强？什么是基差走弱？
8. 什么是基差交易？
9. 什么是叫价交易？
10. 解释期货投机的概念。
11. 什么是金字塔式买入、卖出？如何运用？

12. 解释期货套利的定义与作用。
13. 如何理解价差与价差套利?
14. 解释跨期套利的定义。
15. 什么是牛市套利、熊市套利、蝶式套利,如何运用?
16. 什么是跨品种套利?
17. 什么是跨市套利?
18. 简述程序化交易。

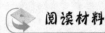

从主观交易到程序化的转型之路

刘卫新:了解自身盲点 扫除转型障碍

11月19日,在实盘大赛颁奖典礼上,程序化组冠军刘卫新向与会人士介绍了从主观交易转向程序化交易的思路、方式,并分享了他转型过程中的经验和感想。

对于哪些交易者可能会从主观交易转向程序化交易,刘卫新认为,一般来说,绝大部分人并不是一开始就是做程序化交易的,很多是从主观交易过渡而来。"这其中又分为两类:一类投资者长期处于亏损中,或者不赔不赚,但是浪费了大量的时间,这些投资者试图借程序化交易有所改变,换一种风格说不定会改变自己的投资结果,在投资上勇于尝试是一件好事;另外一类则是追求多元化配置,为了降低人力成本、降低交易风险的。"

刘卫新属于后一种情况,他以前也是做主观交易的。对于转做程序化交易的原因,他表示:"对我而言,主观交易有三大障碍,一是人力,二是资金瓶颈,三是大幅回撤。只要是做主观交易的,我认为没有太轻松的,要同时关注很多东西,耗费大量的时间。当你跟不上市场节奏的时候,必然会被市场淘汰,所以转型是必然的。"

关于资金瓶颈的问题,刘卫新表示:"我做股指第一年就做到了8倍收益,第三年时候做到20倍,速度却越来越慢,而且达到20倍以后几乎走不动了。问题就在于,持仓30手和持仓60手的心态是非常不一样的,资金瓶颈开始显现了,可能拿不住这个单子,可能拿不长,账户一到某个位置就开始回撤,反反复复。我想从根本上解决这个问题,因此尝试用程序化交易来解决。"

在刘卫新看来,最重要的是主观交易是有盲点的,无论是技术派,还是基本面派,都会有盲点区,而且每个人的盲点都不一样。他解释说:"比如2015年的股灾或者今年的黑色系品种暴涨,极端单边行情对别人来说可能是'盛宴',但是对于我来说可能恰巧是我的盲点。我善于捕捉拐点,那种振荡的行情非常适合我,但在极端单边行情下,捕捉拐点的代价非常大。"

他认为,了解自己的短处才能更好地保护自己,所以才会提前采取客观交易的方式。但是,刘卫新也坦言,从主观交易向程序化交易转型过程中,也是有各种障碍的。

首先,程序化交易也好,主观交易也好,盈亏法则是不会改变的,并不是做程序化就能够赚钱。"刚开始我对程序化的理解是盈利速度比较慢,但能够做到稳步盈利,其实是大错特错。"他说。

其次,就是在编写模型的初期,这个阶段最容易进入的误区就是过度拟合、过度优化,很多人都经历过这样的阶段,但是亏损了才有更深的体会,避免下次重蹈覆辙。刘卫新表示,还有相对少数一部分人,在程序化转型中遇到的障碍就是主观干预,越是有主观交易经验的人,越会在自己的盲点区域干涉模型，这是主观交易观念太深造成的转型障碍。

最后，刘卫新认为，操作模式的定位也很重要。他说："有了带有自己特点的模式之后，就可以参加期货实盘交易比赛，从比赛的结果可以看到自己在交易者群体中真实的水平，这是最直观的体现，也是我参赛的初衷。"

资料来源：2016 年 11 月 21 日《期货日报》第十届全国期货实盘交易大赛暨第三届全球衍生品实盘交易大赛特刊．

瑞达期货 肖永志 要想长期盈利，必须给自己一个准确定位

做期货交易，长期盈利很难，这让许多投资者头痛。由于期货交易的杠杆作用，因此把一般投资者交易中的一些不良习惯的负面作用放大了许多倍，或许这就是投资者难以长期盈利的主要原因。如，许多投资者在交易中"立场"不坚定，不能给自己一个较准确的定位，一会儿短线交易，一会儿日内交易，一会儿又决定拿中长线单子。在市场价格的反复波动中，投资者对某一品种的多空观点经常切换，同时也在频繁更换交易的周期和方向，这些做法让亏损成为"家常便饭"。

如何改变这种不良交易习惯呢？笔者认为，交易之前，投资者要先明确自己的"定位"。

套保户还是投机户　企业投资主体一般是套保户，把期货、现货结合起来做套期保值交易，通过交割的手段，以规避风险。但有时候由于受到期货价格高波动的诱惑，套保户持有的期货头寸明显超过现货套保需要的量，使得交易的性质由套保转变为投机，有可能造成企业期货套保出现巨额亏损。国内外许多案例已经证明了这一点。

很多自然人投资者，来期货市场就是来投机的，必须明白持有合约的时间是有限制的，虽可以通过"移仓"延长持有合约的时间，但在实际操作中会碰到许多问题。如做多期货，期现价差的修正可能是在合约进入交割月才开始进行，普通投资者做多期货可能出现亏损，但交割月合约价格大涨又可能与你无关。

日内短线还是隔夜短线　短线交易更多依赖技术分析，主要从短期价格波动的特征上，判断该做多还是该做空。一般来说，日内交易的风险相对低，但利润有限；而隔夜短线利润可能丰厚，但因隔夜有更多变数影响，存在更大风险（如直接大幅高开或低开的不利影响）。仓位配置会因风险高低不同有差异：日内交易仓位一般可重些。日内交易可依靠纯技术面分析判断，隔夜短线则要结合外盘影响综合分析。在极端行情中，如当日涨停或跌停，日内交易忌讳反向操作。如涨停情况下做卖空开仓，很可能这一单因无法平仓而被迫隔夜；但隔夜短线可根据其他情况判断，少量抛空。

程序化交易还是人工交易　程序化交易高效、快速，执行纪律严明，但缺乏智能，有些非常好的交易策略是无法转化为程序语言的。人工交易速度慢、效率低，执行纪律有时不严明，但在某些特定行情中有很大优势且具有可调性。采用程序化交易后，就不要去人工干预；采用人工交易，就不要去参考程序化信号。

左侧交易还是右侧交易　左侧和右侧的交易策略划分是相对的，左侧交易放在更长的时间周期里，可能就成为右侧交易了。因此，必须根据限定的时间周期范围分析趋势方向做交易，一般地，左侧交易时仓位应该尽量小些，随后再进行适当的加仓；右侧交易开始的仓位应该重些，随后的加仓应该逐渐放小。

要想得到理想的期货交易结果，交易者必须规避许多坏习惯和不良行为，最重要的是必须定位准确。

资料来源：摘编自 2015 年 7 月 22 日《期货日报》4 版．

新型农民积极利用期货工具增效

又到了麦黄的季节,看着自己合作社种植的4000多亩"西农979"小麦长势喜人,河南遂平县的武向东心里乐滋滋的。

作为当地一家农业种植合作社的负责人,武向东近期还做成了一件令他开心且宽心的事:他的合作社已在国内小麦期货市场建立了卖出套保头寸,新麦收获后就不愁卖粮难、卖价低的问题了。

"小麦还没有收割,我们的销售问题就解决了一些,而且销售价格已经确定了。"武向东向期货日报记者介绍,他们的合作社根据近年来国内新麦上市后价格难涨和销售困难的规律,同时结合郑州强麦期货远月合约价格年初以来一直在较高区间运行的情况,选择在强麦期货9月合约上对一部分新麦进行卖出套保。

武向东的这一操作,不仅提前锁定了新麦的销售价格,而且还可以选择到期交割,通过期货市场把新麦销售出去。

按当前的市场价格和预期的新麦开秤价格推算,这笔期现结合的操作能够取得较为理想的效果。

"从当前的市场状况看,此次卖出套保操作的风险很小。"武向东初步估算,今年新麦开秤价在2 400元/t,他们在期货上的卖出价格为2 680元/t,除去收割、整理、运输等费用外,理论上可以多收"三五斗"。

据了解,近年来,随着国内土地流转的加快,种粮大户、农业种植合作社越来越多,但因农业政策和农产品托市收购政策等不断调整,这些种粮大户和农业种植合作社的种植收益很不稳定。

"一些种粮大户和农业种植合作社甚至因为入不敷出被迫退出农业种植领域,比如今年玉米收储政策调整后,东北地区一些种粮大户已经开始减少租地面积。"一位多年从事粮食经营的产业人士认为,在当前的市场环境下,种粮大户和农业种植合作社的领头人,应学会利用期货市场合理安排生产和管理价格风险。

当前,国内农业种植向资本化、规模化、高品质化、品牌化、机械化方向发展的趋势愈加明显,但农业是长周期产业,资金投入后回收期较长,而且初期的回报率很低,加之农业政策的调整,很多农业合作组织很难实现"保本"。在此背景下,学会利用市场信息和期货工具,对种粮大户和农业合作组织而言是一件非常重要的事情。

"继油菜籽托市收购政策停止执行后,今年东北三省和内蒙古的新产玉米不再托市收购,虽然小麦、稻谷的托市收购政策仍在执行,但未来调整是必然的。"武向东对记者说,在国内农产品市场特别是粮食市场走向完全市场化的过程中,种粮大户和农业种植合作社不能再指望政策扶持和补贴了,"我们应该早点掌握一些新的市场知识,早点学会利用期货市场管理农业生产,增收增效。"

资料来源:2016年5月17日《期货日报》1版.

网络资源索引

1. http://www.dadou.cn/ 中国大豆网
2. http://www.ftchinese.com/ FT中文网

3. http：//www.caijing.com.cn/ 财经网
4. http：//www.funuo.com/ 富诺投资网
5. http：//www.financialnews.com.cn/ 中国金融新闻网
6. http：//www.ceh.com.cn/《中国经济导报》
7. http：//www.xiaomai.cn/ 中国小麦网
8. http：//www.99qh.com/ 99期货网
9. http：//www.qhrb.com.cn/ 期货日报网
10. http：//www.cfen.com.cn/ 中国财经报网

第六章

商品期货

学习目标与要求

熟悉谷物、经济作物、畜产类和林产类的农产品期货；熟悉贵金属、有色金属和黑色金属等金属期货；了解石油、煤炭等能源及石油化工产品期货。

重点：知晓农业是一国的经济基础，农畜林产品的供给变化主要受自然因素影响。有色金属是国民经济、人民日常生活及国防工业、科学技术发展必不可少的基础材料和重要的战略物资。黑色金属在国民经济中占有极重要的地位，是人类社会发展的重要物质基础。能源是经济发展的动力。

难点：了解涉及国计民生的重点物质商品的供求与价格波动规律。

大宗商品是指具有商品属性，用于工农业生产与生活消费的大批量买卖的物资商品。在金融投资市场，大宗商品是指同质化、可交易、被广泛作为工业基础原材料的商品，如农产品、原油、有色金属、钢铁、铁矿石、煤炭等。大宗商品价格波动大，有意回避价格风险的交易者、生产经营者，需要利用远期、期货工具对冲现货价格风险。

CRB 指数全称路透 CRB 商品指数，是美国商品调查局编制的，用以反映全球大宗商品价格动态信息的价格指数。由于国际市场上大宗商品以美元标价，CRB 指数与美元指数走势相反。CRB 指数与通货膨胀指数同方向波动，是一种较好地反映通货膨胀的指标，广泛用于观察和分析商品市场的价格波动与宏观经济波动。由于 CRB 指数(随时发布)涵盖的 19 种商品都是原材料性质的大宗物资商品，它能够比全球各经济体每月才公布一次的生产者物价指数(PPI)和消费者物价指数(CPI)更敏感地反映物价变动趋势，并能在一定程度上揭示宏观经济发展的趋势。

商品期货是指标的物为实物商品的期货合约。商品期货历史悠久，种类繁多，主要包括农产品期货、金属期货和能源化工期货三大类，其交易量约占全球期货交易总量的40%。本章介绍在我国上海、大连、郑州三家商品期货交易所上市的商品期货品种。

第一节　农产品期货

一、农产品期货概述

农产品期货的一个重要特点，就是其价格波动周期与农产品的生长周期几乎完全相同。农产品的收获时间和销售时间是集中的，但其消费时间却是分散的。农产品在收获季节价格最低，此后随着供给减少，使得价格上升直到下一个收获季节。

自 1848 年芝加哥期货交易所 (CBOT) 建立以来的 100 多年间，国际期货市场已发展、形成了谷物、经济作物、畜产品、林产品四大类农产品期货合约。谷物类期货品种有：小麦、玉米、籼稻、粳稻、大豆、豆粕、红小豆、燕麦等。经济作物期货品种有：豆油、棕榈油、棉花、原糖、咖啡、可可、冰冻橘子汁、干茧等。畜产品期货有：活猪、活牛、冻猪肉、冻鸡、鸡蛋及其制成品等。林产品期货有：木材、天然橡胶、胶合板等。芝加哥期货交易所是全球农产品期货的主要交易所，小麦、玉米、大豆是最活跃的大宗农产品期货品种。

农业是一个国家的经济基础，农畜林产品价格的变化会直接影响一国经济，导致整个价格体系发生变化。农畜林产品的价格波动原因十分复杂，自然因素、经济因素和人为因素都可能造成农畜林产品的价格波动，其中最主要的是由于自然因素影响造成的供给变化。一国的经济体制和农业经济政策，对该国的农畜林产品价格也有直接的影响。

由于农畜林产品是需求弹性很小但供给又极不稳定的商品，其价格波动比较频繁，波动幅度也比较大，会对经济造成很大的价格压力。所以，利用期货市场调节农畜林产品的价格波动显得尤为重要，这也是农畜林产品期货交易十分活跃的重要原因。

二、普通小麦期货和优质强筋小麦期货

小麦属于禾本科植物，是世界上最早栽培的植物之一，也是世界上最重要的粮食作物，其营养价值、种植总面积、总产量及总贸易额均居粮食作物的第一位。世界上有 43 个国家、约 40% 的人口以小麦为主要粮食，小麦提供的热量大约占人类消耗总热量的 19%。小麦籽粒含有丰富的淀粉、较多的蛋白质、少量的脂肪，还含有多种矿物质元素和维生素 B，是营养丰富、经济价值较高的粮食品种。小麦含有面筋，适合于烤面包、蒸馒头，制做面条、饼干、糕点、通心粉和比萨饼。小麦籽粒还可以制作葡萄糖、白酒、酒精、啤酒、酱、酱油、醋；麦粉经细菌发酵后，可以提制味精。

世界上种植的小麦品种繁多，按播种季节可分为冬小麦和春小麦。冬小麦秋播夏收，越冬生长，生长期较长，分布广泛，地区间差异较大，全世界冬小麦种植面积约占小麦总

面积 34 亿亩的 75%；春小麦春季播种，生长期短，多分布在纬度较高的地区。一般而言，春小麦蛋白质含量高于冬小麦，但容重和出粉率低。

我国小麦价格的季节性波动规律表现为，在冬小麦上市的 7 月份供应旺季，价格最低；9 月份以后消费进入旺季，现货价格逐步上升；春节前后，小麦消费进入高峰期，价格升至年内高点，春节后价格逐步回落，在 4—5 月份青黄不接时，价格略有反弹，随后一直回落到 6—7 月份的低价区，如此循环往复。此外，消费者的购买力、偏好、代用品的供求、人口变动、商品结构变化及其他因素，都对小麦期价走势产生影响。小麦价格的 3～5 年长期走势，由宏观经济形势及粮食总供求关系决定；1～2 年的中期价格走势，主要受年度产量预期、库存量变化及相关农业政策、进出口政策影响；3～5 个月的短期价格走势受季节性周期波动的影响大。

(一) 普通小麦

普通小麦的特点，一是品类多，随着我国近年小麦结构的调整，优良品种越来越多，产出多为优质小麦。二是分布区域广，在我国东、中、西部的南北各省均有种植。我国小麦产量最大的地区是黄淮冬麦区，主产地在山东、河南、河北、江苏、安徽大部分地区以及陕西、山西部分地区。三是用途广，可以满足不同用途的需求。普通小麦期货合约见表 6.1。

表 6.1 普通小麦期货合约

交易品种	普通小麦
交易代码	PW
交易单位	50t/ 手
报价单位	元 (人民币)/t
交割月份	1、3、5、7、9、11 月
最小变动价位	1 元 /t
涨跌停板幅度	不超过上一交易日结算价的 4%
最后交易日	合约交割月份的第 10 个交易日
交易时间	每周一至五 9：00—10：15，10：30—11：30，13：30—15：00
交割日期	合约交割月份的第 12 个交易日
交割品级	标准交割品：符合《中华人民共和国国家标准 小麦》(GB 1351—2008) 的三等及以上小麦，且物理指标符合《郑州商品交易所期货交割细则》规定要求
交割地点	交易所指定交割仓库
交割方式	实物交割
上市交易所	郑州商品交易所

(二) 优质强筋小麦

优质强筋小麦简称强麦，它由小麦面粉中湿面筋含量、面团稳定时间和烘焙品质评分值三个指标认定。国家标准规定：湿面筋含量一等≥35%，二等≥32%；稳定时间一等

≥10min，二等≥7min；面包烘烤评分≥80 分的优质强筋小麦，适合制作面包。湿面筋含量≤22%，稳定时间≤2.5min 的弱筋小麦，适合做饼干和糕点。中筋小麦三个指标介于强筋和弱筋之间，适合做面条、饺子和馒头等。

优质强筋小麦期货合约见第一章。

三、早籼稻、晚籼稻和粳稻期货

稻谷，俗称水稻，是大宗粮食品种，分为籼稻和粳稻。根据播种期、生长期和成熟期的不同，籼稻又分为早籼稻、中籼稻和晚籼稻 3 类。

（一）早籼稻

早籼稻是上市最早的一季稻谷，也是当年种植、当年收获的第一季粮食作物。早籼稻的生长期雨水充沛、光热充足、病虫害少、灾害性天气较少，比较容易获得稳产高产，加上我国各地积极发展优良品种、推广新技术，良种面积有所扩大，早籼稻的单产稳步提高。

早籼稻含水量低、耐贮藏、用途广，既可食用，也可饲用，还可以用作酿造、食品等工业原料，其蛋白质含量和营养品质都要明显优于中晚稻。由于早籼稻的化肥、农药施用量相对较少，其卫生品质也相对较高。早籼稻优质品种较少，品种之间差异相对较小，品种质量一致性好，也更容易标准化。中晚籼稻优质品种较多，不同品种内在质量和价格差异较大，而且优质品种产量所占比例较大，因此标准化难度也相对较大。

从综合效益来看，早籼稻的种植成本与其他作物比较相对较低，产量比较稳定，卫生品质也较好，自然风险相对较小。因此，早籼稻对于稳定增加稻农收入有不可忽视的作用。从长期来看，早籼稻无论是在种植面积方面还是在产量方面，尚难有其他品种补充或替代，它是我国粮食安全的重要支撑。早籼稻期货合约见表 6.2。

表 6.2 早籼稻期货合约

交易品种	早籼稻
交易代码	RI
交易单位	20t/ 手
报价单位	元（人民币）/t
最小变动价位	1 元 /t
每日价格波动限制	不超过上一交易日结算价 ±4%
合约交割月份	1、3、5、7、9、11 月
交易时间	每周一至周五 9：00—10：15，10：30—11：30，13：30—15：00
最后交易日	合约交割月份的第 10 个交易日
交割日期	合约交割月份的第 12 个交易日
交割品级	基准交割品：符合《中华人民共和国国家标准 稻谷》(GB 1350—1999) 三等及以上等级质量指标及《郑州商品交易所期货交割细则》规定的早籼稻、替代品及升贴水见《郑州商品交易所期货交割细则》
交割地点	交易所指定交割仓库

(续)

交易品种	早籼稻
最低交易保证金	合约价值的 5%
交割方式	实物交割
上市交易所	郑州商品交易所

(二) 晚籼稻

晚籼稻是生长期较长 (150 天以上)、收获期较晚的稻谷品种。中籼稻与晚籼稻品质及用途相近、收获时间连续,我国稻谷国家标准 (GB 1350—2009) 及现货市场均将中籼稻与晚籼稻归为一类。

我国晚籼稻的主产省,有湖南、四川、湖北、江西、安徽、广东、广西七个省。受晚籼稻消费需求不断增加、种植收益较高、育种水平不断提高等因素影响,晚籼稻种植面积和产量处于增长趋势中,部分省份的种植面积和产量不断增长,对稳定我国粮食安全起到了良好作用。

晚籼稻期货合约略。

(三) 粳稻

粳稻是粳型非糯性稻谷,具有耐寒、耐弱光和忌高温的特点,主要分布在我国北方、长江中下游地区、温度较低的云贵高原高海拔地区及韩国、日本等国。粳稻籽粒一般呈椭圆形,粒短,加工时不易产生碎米,出米率较高,米质胀性较小而粘性较大。粳稻根据其播种期、生长期和成熟期的不同,可分为早粳稻、中粳稻和晚粳稻三类。一般早粳稻的生长期为 90～180 天,中粳稻为 125～150 天,晚粳稻为 150～180 天。

近年来,随着粳稻米需求量持续刚性增加,以及价格高涨、农民种植效益高,加之国家加大优质稻谷种植结构调整等因素的支撑,我国粳稻 (尤其是优质品种) 种植面积不断增加,其中东北地区增幅明显。而且南方少数籼稻产区也开始尝试粳稻种植 (湖南、江西等地),随着栽培技术的提高,以及水资源的扩建,使粳稻品质逐步提高,商品量连年保持高位,加工出来的粳米,米粒光洁,口感香甜,消费者认可度较高。目前全国有 50% 以上的居民都在食用粳米,稻花香、超级稻、优质长粒等优质品种更是受到广大消费群体的青睐。

粳稻期货合约略。

(四) 影响稻谷价格的因素

随着我国稻谷生产与流通的市场化程度加深和进程加快,稻谷价格不仅受国家政策因素、稻谷供求等基本面因素影响,而且与整个国家宏观经济的发展休戚相关,与其他农产品价格联动,也受天气、自然灾害、心理等不可控因素的影响。

1. 供给和需求

供给方面,农业政策和种植结构调整、科技等因素对稻谷种植面积和产量影响较大,会引起稻谷价格的较大变动。此外,稻谷的库存变化、储备稻谷的轮换、托市粮出库销售的数量和价格等,也影响我国稻谷的供给量从而影响稻谷价格。需求方面,稻谷主要用于口粮，部分用于饲料、工业等，总体上呈平稳增长势头。早籼稻用于储备的量较大，工业和饲料消费近年增长也较快，特别是常规品种供不应求，价格还有上涨空间；晚籼稻主要用于口粮消费，工业和饲料用粮较少；节日和群体消费效应、进口和出口量的变化等都会影响到稻谷市场的阶段性需求。

2. 产业政策

国家的粮食产业政策影响甚至主导着稻谷的供求和价格。各项惠农政策提高了农民种粮积极性，促进了粮食生产，保证了粮食的种植面积和产量；稻谷的最低收购价和公开竞价拍卖、储备等宏观调控政策则主导了稻谷价格的走势。

3. 收购市场竞争

稻谷收购市场状况直接影响收购价格的走势。2004年全面放开粮食收购市场后，稻谷收购市场入市主体增加，不仅有国有粮食收储企业和地方收储企业，还有产业化龙头企业、民营加工企业和个体商贩等，激烈的竞争推动了稻谷市场价格的提升。

4. 与相关品种的比价

稻谷与其他大宗农产品的比价关系会对稻谷的供需产生影响，进而影响产销情况，导致其未来价格的走势发生变化。其中，稻谷与小麦、玉米之间的消费比价关系，粳稻与中晚稻的种植比价关系等最为重要，这些替代品的产量、价格及消费的变化对稻谷价格产生直接或间接影响。

5. 成本和收益比较

稻谷的成本收益情况是影响农民种植积极性的主要因素之一。近年来，稻谷种植成本的刚性上升为稻谷价格提供了有力支撑，市场粮价过低，农民会惜售；收益情况则影响农民下一年度的种植安排，收益增加，农民会增加种植面积，反之可能会减少种植面积。

6. 运输等流通环节成本

由于稻谷产销之间的流通环节较多，加上煤、电、柴油等能源价格上涨、运输成本增加，明显增加了稻谷流通环节的成本，对稻谷价格构成一定支撑。

7. 天气、自然灾害和购销心理

稻谷生长期间干旱、台风、暴雨、洪涝和病虫害等自然灾害，会导致稻谷价格上涨。同时，产销各方对市场行情判断往往存在分歧，看涨或看跌心理影响其购销行为，比如农民惜售，使得市场粮源有限，自然会促使价格抬升。

8. 国际市场价格传导

多年来，我国稻谷基本实现自给有余，价格走势具有较强独立性，受国外影响相对较小。但是，我国主要粮食品种价格和国际粮食品种价格之间具有一定联动性，国外谷物价格的普遍上涨，稻谷库存的偏紧，也会对国内稻米价格构成一定支撑。

四、玉米期货和玉米淀粉期货

玉米属一年生禾本植物，起源于南美洲，是世界上分布最广的农作物之一。全球有两大玉米生产黄金带,分别位于美国和中国。全球玉米年总产量6.6亿t,占全球粮食总产量的35%以上。玉米年消费量在6亿t以上,且呈刚性增长之势,是世界上最重要的粮食之一。玉米也是重要的工业原料,在食品、化工、医药等工业中可生产出两三百种产品。

玉米含有70%以上的淀粉,10%左右的蛋白质,4%左右的脂肪,2%左右的多种维生素,营养成分优于稻米、薯类等,缺点是颗粒粗、食味差、粘性小。随着我国生产、消费水平的提高,玉米已走过作为口粮消费的阶段,现在约70%的玉米用作饲料,是畜牧业赖以发展的重要基础。

玉米淀粉又称玉蜀黍淀粉,是白色微带淡黄色的粉末,它是玉米的主要加工产品,用途广泛,工业淀粉的70%来源于玉米。食品、制糖、医药工业,使用淀粉为原料,生产抗生素、维生素;铸造工业用淀粉作为砂芯胶粘剂;石油工业油井钻泥中使用淀粉,使其具有蓄水性;干电池中使用淀粉作为电解质载体。其他诸如油漆、塑料、染料、纺织、造纸、轮胎橡胶等行业,均将淀粉作为必需的材料。

玉米的其他主要加工产品有:

(1) 玉米的发酵加工。玉米为发酵工业提供了丰富而经济的碳水化合物。通过酶解生成的葡萄糖,是发酵工业的良好原料。加工的副产品,如玉米浸泡液、粉浆等都可用于发酵工业生产酒精、啤酒等多种产品。

(2) 玉米制糖。随着科技发展,以淀粉为原料的制糖工业正在兴起,其中以玉米为原料的制糖工业尤为引人注目,品种、产量和应用范围大大增加。专家预计,未来玉米糖将占甜味市场的50%,玉米在21世纪将成为主要的制糖原料。

(3) 玉米油,又叫玉米胚芽油,它是从玉米胚芽中提炼出的植物油脂。玉米胚芽脂肪含量在17%～45%之间,大约占玉米脂肪总含量的80%以上。玉米油主要由不饱和脂肪酸组成,其中亚油酸是人体必需的脂肪酸,是构成人体细胞的组成部分,在人体内可与胆固醇相结合,呈流动性和正常代谢,有防治动脉粥样硬化等心血管疾病的功效。玉米油中的谷固醇具有降低胆固醇的功效;富含的维生素E,有抗氧化作用,可防治干眼病、夜盲症、皮炎、支气管扩张等多种功能,并具有一定的抗癌作用。由于玉米油的上述特点,且因其营养价值高,味觉好,不易变质,因而深受人们欢迎。

影响玉米价格的主要因素有:

(1) 玉米的供给。在全球产量中,美国产量占40%以上,中国产量占20%,南美的巴西、墨西哥占10%。美国的玉米产量成为影响全球供给最重要的因素。

(2) 玉米的需求。全球有三分之一的非洲、拉丁美洲人口以玉米为主要粮食。70%的玉米用于畜牧业的饲料,余下的用于工业原料。乙醇燃料的发展曾导致玉米价格暴涨。

(3) 国际贸易。我国是主要的玉米出口国,占全球出口份额的15%,出口对象国以东南亚为主。

(4) 天气。北半球的美国和中国,每年4—9月是玉米播种和生长的关键时期,气候条件对玉米产量影响大,如2009年8月的大旱,曾导致我国部分玉米产区绝收。10月至次年3月的天气,则对南美的玉米收成影响很大。

(5) 相关政策。贸易政策、农业政策、粮食流通体制改革政策,对我国玉米价格影响大。

玉米期货合约见表 6.3。

表 6.3　玉米期货合约

交易品种	黄玉米
交易代码	C
交易单位	10t/手
报价单位	元(人民币)/t
最小变动价位	1元/t
涨跌停板幅度	上一交易日结算价的±5%
合约月份	1，3，5，7，9，11月
交易时间	每周一至周五 9：00—10：15，10：30—11：30，13：30—15：00
最后交易日	合约月份第 10 个交易日
最后交割日	最后交易日后第 2 个交易日
交割等级	大连商品交易所玉米交割质量标准 (FC/DCE D001—2009)(具体内容见附件)
交割地点	大连商品交易所玉米指定交割仓库
最低交易保证金	合约价值的 7%
交割方式	实物交割
上市交易所	大连商品交易所

玉米淀粉期货合约略。

五、大豆期货、豆油期货和豆粕期货

(一) 大豆期货

大豆属于蝶形花科一年生草本植物，高 30~90cm，原产于我国，已有四千七百多年的历史。大豆富含蛋白质和油脂，含有人类维持健康必不可少的营养成分，在工业上的用途也很广泛，是重要的战略物资。在统计口径上，国际上将大豆定义为油脂作物，而我国把它定义为粮食作物。

大豆按其播种季节的不同，可分为春大豆、夏大豆、秋大豆和冬大豆四类，以春大豆占多数。春大豆一般在春天播种，10 月份收获，11 月份开始进入流通渠道。我国春大豆主要分布于东北三省、河北、山西中北部、陕西北部及西北各省(区)。夏大豆大多在小麦等冬季作物收获后再播种，耕作制度为麦豆轮作的一年二熟制或二年三熟制。

美国是世界上产、销大豆最多的国家，其次是巴西、中国、阿根廷。我国大豆主要生长在北方地区，黑龙江和山东省是我国大豆最大的产区，其次是河南、河北和内蒙古自治区。

美国大豆主要用于榨油，一般不用于直接食用或加工食品(如豆腐)。因此，对美国大豆的需求，实际上是对大豆制成品豆油和豆粕的需求，这也是中美大豆品质差异的原因。日本和东南亚每年进口部分中国大豆，主要用于制作食品。

影响大豆价格的因素有：

(1) 国内大豆供需状况。产量和进口量：我国大豆生产主要集中在东北春大豆区(黑龙江、吉林、辽宁及内蒙古)、黄淮流域夏大豆区(河北、河南、安徽、山东等省)、长江流域夏大豆区(江苏、湖北等省)。1995年之前我国一直是大豆净出口国，1995年我国首次成为大豆净进口国，并一直持续至今。消费量：随着我国城乡居民生活水平的提高，对肉、蛋类食品的需求不断上升，极大地促进了我国家禽、畜牧业的发展。作为饲料主配料的豆粕的消费量迅速上升，导致我国对大豆的需求量逐年增加，尤其是压榨需求增幅极大。

(2) 国际大豆供需状况。生产与供给量：目前世界大豆四大主产国分别为美国、巴西、阿根廷和中国。美国出口量居世界第一位，巴西、阿根廷大豆出口量世界排名第二和第三位。由于大豆生产的季节性，南美和美国大豆交替供应世界市场。需求状况：世界大豆的总需求量近十年来逐年增长，世界大豆的总进口量也呈逐年增长的趋势。欧共体是最主要的大豆进口地区，亚太地区是世界第二大豆进口地区，中国的进口量近年来迅猛增长，是世界大豆进口增长的原动力之一。

(3) 大豆季节性供求。大豆季节性供应：北方春大豆10月份收获，粮食部门或其他粮食经营单位根据当年产量丰歉及价格变动趋势，会有囤积或惜售现象，给市场价格带来难以预测的变化。大豆季节性需求：大豆一年四季都有消费，而且消费量较大。近几年消费需求随着人民生活水平的提高有较大幅度的增长，需求的季节性已越来越不明显，一般在7—9月大豆的需求量相对较大。

大豆价格的季节性变化：11月份由于新豆开始上市，价格不断下降，到1月份由于新豆继续上市，价格下降到最低。此后价格开始逐渐回升，正常年份每月以3%左右的速度上升；在减产年份，9—11月份大豆价格上升较多。所以大豆贸易最关键的月份是当年9月至次年1月，交易量大，价格变化也大，若不了解大豆的产需情况，风险也最大。

大豆期货合约见表6.4。

表6.4 大豆期货合约

交易品种	黄大豆1号
交易代码	A
交易单位	10t/手
报价单位	元(人民币)/t
最小变动价位	1元/t
涨跌停板幅度	上 交易日结算价的±5%
合约交割月份	1，3，5，7，9，11月
交易时间	夜盘 每周五(不含周六、周日)至周四21：00—23：30，每周一至周五9：00—10：15，10：30—11：30，13：30—15：00法定节日前第一个交易日的夜盘不交易
最后交易日	合约月份第10个交易日

(续)

交易品种	黄大豆 1 号
最后交割日	最后交易日后七日 (遇法定节假日顺延)
交易手续费	4 元 / 手
最低交易保证金	合约价值的 7%
交割品级	大连商品交易所黄大豆 1 号交割质量标准 (FA/DCE D001—2009)
交割地点	大连商品交易所指定交割仓库
交割方式	集中交割
上市交易所	大连商品交易所

(二) 豆油期货

豆油是从大豆中压榨出来的油脂，具有一定粘稠度，呈半透明液体状，其颜色因大豆种皮及大豆品种不同而异，从淡黄色至深褐色，具有大豆香味。

烹饪用油是豆油消费的主要方式，世界上豆油用于烹饪的消费量约占豆油总消费的 70%。国内烹饪用豆油消费约占豆油消费量的 78%，约占所有油类消费的 35%。豆油除直接食用外，还可用于食品加工，如制作凉拌油、煎炸油、起酥油，制造人造奶油、蛋黄酱等。

豆油经过深加工，在工业和医药方面的用途也十分广泛。在工业方面，豆油经加工可制成甘油、油墨、合成树脂、涂料、润滑油、绝缘制品和液体燃料等；豆油脂肪酸中的硬脂酸可以制造肥皂和蜡烛；豆油与桐油或亚麻油掺和可制成良好的油漆。在医药方面，豆油有降低血液胆固醇、防治心血管病的功效，是制作亚油酸丸、益寿宁的重要原料。

影响豆油价格的主要因素有：

(1) 大豆的供应情况。我国大豆主要来源于国产大豆和进口大豆。近年来我国大豆产量维持在 1 600 万 t/ 年左右，其中近半数的大豆用于压榨。我国是目前世界上最大的大豆进口国，近年从美国、巴西和阿根廷进口的大豆都超过 2 000 万 t/ 年。

(2) 豆油产量。豆油当期产量是一个变量，它受制于大豆供应量、大豆压榨收益、生产成本等因素。在其他因素不变的情况下，豆油的产量与价格之间存在明显的反向关系，豆油产量增加，价格则相对较低；豆油产量减少，价格则相对较高。

(3) 豆油进口量。随着中国经济快速发展，人民生活水平不断提高，豆油消费量逐年增加，豆油进口数量也逐年抬高，豆油进口量的变化对国内豆油价格的影响力在不断增强。2006 年以后，随着进口豆油配额的取消，国内外豆油市场融为一体，豆油进口数量的多少对国内豆油价格的影响进一步增强。

(4) 豆油库存。豆油库存是构成供给量的重要部分，库存量的多少体现着供应量的紧张程度。在多数情况下，库存短缺则价格上涨，库存充裕则价格下降。由于豆油具有不易长期保存的特点，一旦豆油库存增加，豆油价格往往会走低。

(5) 豆油的消费情况。我国是豆油消费大国，近年来国内豆油消费保持了 12% 以上的年度高增长速度。

(6) 大豆价格。大豆价格的高低直接影响豆油的生产成本。近年来，我国许多大型压榨企业选择进口大豆作为加工原料，使得进口大豆的压榨数量远远超过国产大豆的压榨数量，从而使豆油价格越来越多地受到进口大豆价格的影响。大豆压榨效益是决定豆油供应量的重要因素之一，如果大豆加工厂的压榨效益一直低迷，则一些厂家会停产，从而减少豆油的市场供应量。

(7) 豆油与豆粕的比价关系。豆油是大豆的下游产品，每吨大豆可以压榨出大约 0.18t 的豆油和 0.8t 的豆粕。豆油与豆粕的价格存在着密切的联系。根据经验，多数情况下豆粕价格高涨的时候，豆油价格会出现下跌；豆粕出现滞销的时候，大豆加工厂会降低开工率，豆油产量就会减少，豆油价格往往会上涨。

(8) 豆油替代品的价格。豆油价格除了与大豆和豆粕价格具有高度相关性之外，菜籽油、棕榈油、花生油、棉籽油等豆油替代品对豆油价格也有一定的影响。如果豆油价格过高，下游的精炼油厂等用油企业往往会使用其他植物油替代，从而导致豆油需求量降低，促使豆油价格回落。

豆油期货合约见表 6.5。

表 6.5 豆油期货合约

交易品种	豆油
交易代码	Y
交易单位	10t/ 手
报价单位	元（人民币）/t
最小变动价位	2 元 /t
涨跌停板幅度	上一交易日结算价的 ±5%
合约交割月份	1，3，5，7，9，11 月
交易时间	夜盘 每周五（不含周六、周日）至周四 21：00—23：30，每周一至周五 9：00—10：15，10：30—11：30，13：30—15：00 法定节日前第一个交易日的夜盘不交易
最后交易日	合约月份第 10 个交易日
最后交割日	最后交易日后第 3 个交易日（遇法定节假日顺延）
交易手续费	6 元 / 手
最低交易保证金	合约价值的 7%
交割品级	大连商品交易所豆油交割质量标准
交割地点	大连商品交易所指定交割仓库
交割方式	集中交割
上市交易所	大连商品交易

(三) 豆粕期货

豆粕是大豆经过提取豆油后得到的副产品，是菜籽粕、棉籽粕、花生粕等植物油粕产品中产量最大，用途最广的一种。豆粕呈不规则碎片状，颜色为浅黄色至浅褐色，具有烤大豆香味。豆粕的主要成分为：蛋白质 40%～48%，赖氨酸 2.5%～3.0%，色氨酸 0.6%～0.7%，蛋氨酸 0.5%～0.7%。

豆粕富含蛋白质，是制作牲畜与家禽饲料的主要原料，还可以用于制作糕点食品、健康食品、化妆品和抗菌素原料。豆粕内含的多种氨基酸适合于家禽和猪对营养的需求，大约 85% 的豆粕被用于家禽和猪、牛的饲养。在奶牛的饲养过程中，味道鲜美、易于消化的豆粕能够提高出奶量。在肉用牛的饲养中，豆粕也是最重要的油籽粕之一。豆粕还被用于制成宠物食品，玉米、豆粕的简单混合食物与使用高动物蛋白制成的食品具有相同的价值。豆粕也被广泛地应用于水产养殖业，豆粕中含有的多种氨基酸能够充分满足鱼类对氨基酸的特殊需要。

按照国家标准，豆粕分为一级豆粕、二级豆粕和三级豆粕三个等级。1999 年国内豆粕加工总量(不含进口豆粕)约为 1 000 万 t，其中一级豆粕大约占 20%，二级豆粕占 75% 左右，三级豆粕约占 5%。国内少数有实力的大型饲料厂使用一级豆粕，大多数饲料厂目前主要使用二级豆粕(蛋白含量 43%)，二级豆粕是国内豆粕消费市场的主流产品，三级豆粕已很少使用。

豆粕期货价格由四个因素决定，分别是豆粕供应情况、豆粕消费情况、相关与替代商品价格的影响以及农业、贸易、食品政策。

(1) 豆粕供应情况。①大豆供应量。豆粕是大豆加工的副产品，大豆供应量的多少直接决定着豆粕的供应量，大豆供应量的增加必然导致豆粕供应量的增加。②大豆价格。大豆价格的高低直接影响豆粕生产的成本，近几年，我国许多大型压榨企业选择进口大豆作为加工原料，进口大豆价格对我国豆粕价格的影响更为明显。③豆粕产量。豆粕当期产量是一个变量，它受制于大豆供应量、大豆压榨收益、生产成本等因素。豆粕产量与豆粕价格之间存在反向关系，豆粕产量增加，价格就下跌；相反，豆粕产量减少，豆粕价格则上涨。④豆粕库存。前期库存量的多少体现着供应量的紧张程度。供应短缺则价格上涨，供应充裕则价格下降。由于豆粕具有不易保存的特点，一旦豆粕库存增加，豆粕的价格往往会降低。

(2) 豆粕消费情况。我国是豆粕消费大国，近年豆粕消费保持了 13% 以上的年增长速度。统计显示，90% 以上的豆粕消费是用于各类饲料，饲料行业景气度状况对豆粕需求的影响非常明显。正常情况下，牲畜、家禽的价格与豆粕价格之间存在明显的正相关。

(3) 相关与替代商品价格的影响。①豆粕与大豆、豆油的比价关系。每 t 大豆可以压榨出大约 0.18t 的豆油和 0.8t 的豆粕，豆粕的价格与大豆的价格关系密切。一般来讲，大豆丰收则豆粕价跌，大豆欠收则豆粕会涨价。同时，豆油与豆粕之间也存在一定程度的价格关联，豆油价好，豆粕就会跌价，豆油滞销，豆粕产量就将减少、价格上涨。大豆压榨效益是决定豆粕供应量的重要因素之一，如果油脂厂的压榨效益一直低迷，那么一些厂家会停产，从而减少豆粕的供应量。②豆粕替代品价格的影响。棉籽粕、花生粕、菜粕等替代品对豆粕价格也有影响，如果豆粕价格高企，饲料企业往往会考虑增加使用菜粕等替代品。

(4) 农业、贸易、食品政策。近几年，禽流感、疯牛病及口蹄疫的相继发生以及出于转基因食品对人体健康影响的考虑，越来越多的国家实施了新的食品政策。这些新食品政策的实施，对养殖业及豆粕的需求影响都是直接的。

豆粕期货合约见表6.6。

表6.6 豆粕期货合约

交易品种	豆粕
交易代码	M
交易单位	手(10t/手)
报价单位	人民币 元/t
最小变动价位	1元/t(10元/手)
涨跌停板幅度	上一交易日结算价的±5%
合约月份	1，3，5，7，9，11月
交易时间	夜盘 每周五(不含周六、周日)至周四21：00—23：30，每周一至周五9：00—10：15，10：30—11：30，13：30—15：00 法定节假日前第一个交易日的夜盘不交易
最后交易日	合约月份第10个交易日
最后交割日	最后交易日后第4个交易日，遇法定节假日顺延
交割品级	标准品及替代品符合《大连商品交易所豆粕交割质量标准(F/DCE D001—2000)》中规定的标准品和替代品。替代品对标准品的贴水为100元/t。
最低交易保证金	合约价值的7%
交易手续费	3元/手
交割地点	大连商品交易所指定交割仓库
交割方式	实物交割
上市交易所	大连商品交易所

六、菜籽期货、菜油期货和菜粕期货

(一)菜籽期货

菜籽是十字花科属的油菜的角果果实，主要用来生产菜油和菜粕。以采籽榨油为种植目的的一年生或跨年生草本植物的油菜，在世界油料作物中，无论是种植面积还是总产量，仅次于大豆，位居第二，并且菜籽的含油率比大豆高得多。菜籽一般含油脂37.5%~46.3%，蛋白质24.6%~32.4%，纤维素5.7%~9.6%，氮3.9%~5.2%，灰分(矿物质)4.1%~5.3%，还有糖类、水分等其他成分。目前世界五大洲都有油菜种植，在亚洲，油菜栽培面积最大的国家是中国和印度。我国菜籽产量占世界总产量的比重超过60%，位居第一位；印度位居第二位，占世界总产量的30%左右。

我国栽培的油菜分为甘蓝、白菜和芥菜3大类型。甘蓝型是目前我国种植面积最多的一种，它产量高、籽粒大，种皮多为黑褐色，千粒重一般在3g左右，含油率在40%~45%之间。白菜型，籽粒大小不一，种皮多为棕红色、褐色或黑色，千粒重2~3g，含油率在35%~45%之间。芥菜型，籽粒小，种皮多呈黄色或棕红色，有浓厚辣味，千粒重1~2g，含油率30%左右，油的食味较差。

油菜种植分为冬油菜和春油菜两种类型。冬油菜系秋季或初冬播种，次年春末夏初收获，分布于冬季较温暖、油菜能安全越冬的地方。我国油菜90%属于冬油菜，主要种植于长江流域油菜主产区，包括江苏、浙江、安徽、湖北、江西、湖南、重庆等省，常年种植面积和产量占全国比重的50%～60%，其中湖北省是我国最大菜籽生产省，连续15年位居全国第一。春油菜系春季播种、秋季收获的一年生油菜，主要分布于油菜不能安全越冬的高寒地区，或前作物收获过迟冬季之前来不及种植油菜的地方。中国北部、西部和东北部，以及欧洲北部、北美等高纬度或高海拔低温地带，均以种植春油菜为主。

油菜是谷类作物的良好前作，在农作物轮作复种中占有重要地位。油菜根系能分泌有机酸，可溶解土壤中难以溶解的磷素，提高磷的有效性。根、茎、叶、花、果壳等含有丰富的氮、磷、钾，后期阶段大量落花落叶，收获后残根和秸秆还田，能显著提高土壤肥力，并改善土壤结构。此外，油菜花期长，具有蜜腺，是良好的蜜源植物。大面积种植的油菜，在盛花期是良好的旅游景观。

菜籽的生产和消费状况。菜籽的生产中会遇到三个比较重要的问题，因此产量难以大幅提高：

第一，由于目前我国油菜品种众多，种业市场监督不规范，导致新品种的推广难度增大，产量难以大幅提高。多品种的油菜混种混收，导致油菜籽质量难以控制。我国油菜籽质量与世界发达国家相比仍然存在较大的差距。

第二，种植收益低，播种面积难以扩大。油菜种植和收获过程中机械化程度低，收割、运输、脱粒等需要更多的人工成本，特别是采用育苗后移栽的方法更加费工费时。与菜籽争地的品种主要是小麦，小麦在播种和收割作业中机械应用程度高，需要的工时相对少。此外，种植小麦可以享受国家农资综合补助和良种补贴，但是种植菜籽的农户目前只能得到良种补贴。在计算人工成本和补贴之后，菜籽的种植效益微薄，且农村劳动力多数外出务工，种地的收益与打工收入悬殊，从事农业劳作的多是老人与妇女，他们在选择时更偏向收益更高、耗费劳动力更少的小麦。

第三，油菜在播种期和移种期如遇干旱天气，将严重影响油菜的成活率。之后，冬油菜进入越冬期，又难免遭遇寒冷霜冻天气。春季在油菜抽薹期和开花期如果出现异常高温，将使得开花期提前，结实不良，角粒数减少，且容易脱落。在油菜生长后期以及收割、脱粒、整晒期，持续阴雨天气将影响油菜籽的正常收获，降低最终单产。可见，油菜籽的产量与生长和收获期的天气条件密切相关，单产的波动性相对较高。

综上所述，受油菜种植成本不断提高、种植收益低、机械化程度不高以及农村劳动力不断减少、人工费用不断上涨等因素的影响，未来我国油菜种植面积和产量将难以出现明显增加，国内油菜籽生产不能满足需求的状况将越来越严重。即使今后国家不断提高油菜籽托市收购价格，但由于是一家一户分散种植，无法形成种植的规模效益，加上油菜种植比较效益低，我国油菜种植面积不断减少的局面难以改变。从进口方面来看，我国主要是从加拿大进口菜籽，近年来稳步增长，因此加拿大的菜籽价格变动对国内有比较大的影响。未来我国油菜籽进口量虽然会保持增加的趋势，但大幅增加的可能性不大，主要受限于全球油菜籽产量难以持续大幅增加，供给仍将偏紧。

从消费方面来看，由于我国经济持续快速发展、人民生活水平不断提高，植物油和蛋白粕消费量逐年增加，菜籽消费量也呈现不断增加的趋势。但受菜籽供应量难以持续增加的影响，国内菜籽供不应求的矛盾会越来越突出。

菜籽期货合约略。

（二）菜油期货

菜油是菜籽经压榨产出的良好食用油。菜油所含的亚油酸等不饱和脂肪酸和维生素 E 等营养成分，能很好地被人体吸收，具有一定的降低人体胆固醇和甘油三酯、软化血管、阻止血栓形成、延缓衰老的功效，对人体的脂肪代谢起着特别重要的作用。亚油酸不存在于动物油中，只能依赖植物油的供应。由于菜籽是植物的种实，含有一定的种子磷脂，对血管、神经、大脑的发育十分重要。菜油的胆固醇含量很少或几乎不含，所以控制胆固醇摄入量的人可以放心食用。

与其他食用植物油相比，菜油的主要特点是芥酸含量（一般为 40%～55%）很高。芥酸是廿二碳的长链脂肪酸，人体不易消化吸收，营养价值低。通过品质改良后，无芥酸的菜油中油酸和亚油酸的含量显著提高。无芥酸的菜油可以制作人造奶油、色拉油、起酥油和调味用油。高芥酸（芥酸含量为 55%～60%）的菜油，是重要的工业原料，在铸钢工业中用作润滑油。菜油在机械、橡胶、化工、塑料、油漆、纺织、制皂和医药等方面都有广泛用途，也可用来生产生物柴油。

菜油期货合约略。

（三）菜粕期货

菜籽经过机械压榨提取油脂后的残渣称为菜籽饼，饼中仍含有大量油脂，通常需经过溶剂浸出的方法，进一步提取剩余油脂。菜籽饼经过浸出提油后的残渣称为菜籽粕，每吨油菜籽经压榨浸出后，可得到 0.38t 菜油和 0.6t 菜粕。菜粕一般呈黄色或浅褐色，形状为碎片或粗粉末并夹杂小颗粒。菜粕的主要营养成分为：粗蛋白质 35%～40%，碳水化合物 20%～25%，粗灰分 5%～8%，粗脂肪 1%～3%，水分 11%～12% 以及矿物质、维生素等。菜粕中抗营养因子有：硫代葡萄糖苷、植酸、单宁、芥子碱、皂素等。

菜粕的营养价值与豆粕相近，是一种重要的植物蛋白原料，广泛应用于水产、禽类、猪、牛等的养殖。经过脱壳脱毒处理的菜粕，可提取菜籽蛋白，用来制作酱油或作食品添加剂；另外，从菜粕中可以提取植酸、单宁等化工原料，用来生产有机肥料。

菜粕与菜油的价格存在密切的联系。菜粕主要用于淡水养殖业，其他品种的油粕很难替代菜粕的使用。如果我国淡水养殖业效益较好，菜粕用量就会放大，菜粕价格就会回升，会拉动菜籽的收购价格；油厂开工率增加，菜油供应增加，价格会出现下跌；菜粕出现滞销的时候，油厂会降低开工率，菜油产量就会减少，菜油价格往往会上涨。

菜粕期货合约略。

七、棕榈油期货

棕榈油由油棕树上的棕榈果压榨而成，棕榈果的果肉和果仁分别产出棕榈油和棕榈仁油。油棕树是一种四季开花结果及长年都有收成的农作物，其商业性生产可以保持25年，所以它是世界上生产效率最高的产油植物。在马来西亚，目前成熟期的油棕树每年每公顷产出油脂的平均水平是3.7t，最多可生产大约5t，比同样种植面积的花生高出五倍，比大豆高出九倍。油棕树原产于西非，18世纪末传到马来西亚，逐渐在东南亚种植。20世纪70年代东南亚各国开始大量种植，到80年代东南亚的油棕种植面积和产量都已超过非洲，其中马来西亚的产量已占世界产量的50%以上，印度尼西亚也占20%左右。东南亚和非洲作为棕榈油的主要出产区，产量约占世界棕榈油总产量的88%，马来西亚、印度尼西亚和尼日利亚是世界前三大生产国。

20世纪70年代以来，棕榈油这种热带木本植物油的产量在各种植物油脂中增长最快，成为当今世界的主要食用油脂，与豆油、菜油并称为"世界三大植物油"。棕榈油目前是世界上生产量、消费量和国际贸易量最大的植物油品种，在国际植物油市场上占有重要地位。

棕榈果经水煮、碾碎、榨取工艺后，得到毛棕榈油。根据不同需求，毛棕榈油经过精炼，去除游离脂肪酸、天然色素、气味后，可以得到24度、33度、44度等不同熔点的精炼棕榈油及棕榈色拉油产品。棕榈油具有丰富的营养物质及抗氧化性，分别在餐饮业、食品工业和油脂化工业拥有广泛的用途。

棕榈油的营养成分：含有50%的饱和脂肪，是一种饱和度较高的油脂；富含中性脂肪酸，本身不含有胆固醇，促使胆固醇提高的物质在棕榈油中含量微乎其微(1%)；富含天然维生素E及三烯生育酚(600～1 000mg/kg)、类胡萝卜素(500～700mg/kg)和亚油酸(10%)，对人体健康十分有益。人体对棕榈油的消化吸收率超过97%，研究表明棕榈油是一种完全符合人体健康需要的食用植物油。

棕榈油通常在世界油脂贸易领域处于领导地位，其贸易量占世界油脂贸易总量的比重超过50%。马来西亚是世界上最大的棕榈油生产和出口国，其棕榈油总产量的90%被用来出口。1985年以前，马来西亚几乎控制着整个棕榈油的出口市场。随着近几年印度尼西亚棕榈油出口份额的不断增加，马来西亚棕榈油的出口量下降到全球份额的一半左右。2005年全球棕榈油总出口量达到了2 630万t，其中马来西亚棕榈油出口达到1 345万t，占49%，印度尼西亚棕榈油出口为1 030万t，占39%。世界棕榈油出口市场的88%份额被这两个主产大国牢牢控制着。此外，尼日利亚、象牙海岸、巴布亚新几内亚、新加坡、哥伦比亚等其他国家和地区也生产、出口一定数量的棕榈油。

2001年，全球棕榈油消费量为2 400万t，到了2005年，全球棕榈油的消费量达到了3 300多万t，5年的消费增幅达到38%，此后棕榈油和棕榈仁油的总消费量超过世界上主要的食用油豆油。棕榈油主要消费国有中国、印度、欧盟25国、印度尼西亚、马来西亚和巴基斯坦，这些国家占到消费总量的60%。目前，中国是全球第一大棕榈油进口国，每年棕榈油消费量约为600万t，占市场总量的20%，印度的消费占11%。

棕榈油能部分替代大豆油、花生油、向日葵油、椰子油、猪油和牛油等。由于棕榈油与其他油脂的替代关系，棕榈油的价格也随着世界一般油脂价格的游走而浮动，近20年来国际棕榈油价格波动比较大，与大豆油等植物油的价格走势相近。马来西亚毛棕榈油期货的最低价格出现在 1986 年，当时全球油籽丰产，尤其是美国大豆丰收，导致了包括豆油在内的所有植物油价格受到压制，棕榈油价格出现阶段性低点。随后全球出现了几次恶劣的气候，包括厄尔尼诺和拉尼娜等现象，影响了全球植物油的产量，棕榈油出现了几次规模较大的上涨行情，包括 1988 年、1994 年、1999 年。由于持续遭遇灾害天气，油籽减产，植物油供应紧张，而需求却出现了空前的增长，产量的扩张难以跟随需求的增长，导致棕榈油价格达到历史性高点。

棕榈油期货合约略。

八、棉花期货

棉花，是锦葵科棉属植物的种子纤维，植株呈灌木状，在热带地区栽培可长到 6m 高，一般为 1～2m。棉花的花朵为乳白色，开花后不久转成深红色然后凋谢，留下绿色小型的蒴果，称为棉铃。棉铃内有棉籽，棉籽上的茸毛从棉籽表皮长出，塞满棉铃内部，棉铃成熟时裂开，露出柔软的纤维。棉花纤维呈白色或白中带黄，长约 2～4cm，含纤维素 87%～90%、水 5%～8%、其他物质 4%～6%。棉花产量最高的国家是中国、美国、印度、巴西、墨西哥、埃及、巴基斯坦等。

棉花是世界上最主要的农作物之一，产量多、生产成本低，使得棉制品价格较低廉。棉花是纺织工业的主要原料，也是消费者的生活必需品、国家重要的战略储备物资。棉花在棉铃裂开后采摘。轧棉机将纤维从棉籽上剥下，经过清棉和梳棉工序，将纤维集结成松软绳状，在牵伸作用下逐渐拉长、伸直、直径变细。根据纤维的长度和外观，棉花可分成 3 大类：第一类是长度为 2.5～6.5cm 的细长纤维，有光泽，包括品质极佳的海岛棉、埃及棉等。长绒棉产量低，价格昂贵，主要用于高级纱布和针织品。第二类是长度为 1.3～3.3cm 的中长纤维，例如美国陆地棉。第三类是长度为 1～2.5cm 的粗短纤维，用来制造棉毯和价格低廉的织物，或与其他纤维混纺。

棉纤维能制成多种规格的织物，从轻盈透明的巴里纱到厚实的帆布和厚平绒，适于制作各类衣服、家具布和工业用布。棉织物坚牢耐磨，能够洗涤和在高温下熨烫。棉布由于吸湿和脱湿快速而穿着舒服。如果要求保暖好，可通过拉绒整理使织物表面起绒。通过其他整理工序，还能使棉织物防污、防水、防霉。如提高织物抗皱性能，可使棉织物少烫甚至不需要熨烫，降低织物洗涤时的缩水，使缩水率不超过 1%。纺制高品质细纱，棉纤维需经过精梳，除去短纤维并且使纤维进一步排列整齐，精纺工序使纤维捻合成细纱。

棉花的原产地是印度和阿拉伯，在宋元之间从海陆两路传入中国。我国的棉花种植周期大致为 4 月上中旬至 10 月底、11 月初，先后经过播种、出苗期、现蕾期、花铃期和吐絮期，总共持续 200 天左右时间。我国是世界最大的棉花生产国，年产棉花 500 万 t 以上，占全球总产量的 25% 左右。棉花在我国分布较广，新疆、黄河流域的河南、山东、河北和长江流域的江苏、湖北、安徽是我国三大主要产区，各自产量占总产量的三分之一左右。同时我国也是全球最大的棉花消费国和进口国，年消费棉花近 700 万 t，进口 150 万 t 左右。国内主要消费地区在江苏、山东、河南、湖北、浙江等地。

影响棉花期货价格的主要因素：

(1) 国内供给情况：包括产区新棉生长、收获情况，新棉上市的收购情况等，其中尤其应关注产区天气、病虫害对作物生长的影响。

(2) 国内需求情况：由于棉花产业链长，因此需要关注从上游棉花轧花企业的采摘加工皮棉能力，到中游棉纺企业的生产周期及其对棉花需求的阶段性变化，最终到纺织服装业棉纱制品的销售情况及消费者的需求状况。

(3) 进出口情况：我国是全球最大棉花进口国，进口主要来自于美国、澳大利亚、乌兹别克等国，而相应的出口量微乎其微；我国的棉花进口不仅改变国内市场的供需状况，同时对国际市场棉花价格也有相当大的影响。

(4) 国际市场供需情况：世界棉花供需长期处于基本均衡的态势，但随着近两年亚洲地区棉花消费增长迅速，现在正出现总体供给不足的趋势。

(5) 国外棉花期货市场价格的影响：美国纽约期货交易所(NYBOT)是目前国外唯一交易棉花期货和期权的交易所，也是世界棉花价格的定价中心。此外美国是世界第二大产棉国以及最大的棉花出口国，其国内现货和期货价格对国际市场乃至中国棉花期货市场都会产生较大影响。

(6) 其他因素：包括我国和美国对棉农补贴政策、农业种植政策、市场收购政策，以及货币汇率变化及相应政策，进出口贸易政策等。

棉花期货合约见表 6.7。

表 6.7 棉花期货合约

交易品种	棉花
交易代码	CF
交易单位	5t/手（公定质量）
报价单位	元（人民币）/t
最小变动价位	5 元/t
每日价格最大波动限制	不超过上一交易日结算价 ±5%
合约交割月份	1，3，5，7，9，11 月
交易时间	夜盘 每周五（不含周六、周日）至周四 21：00—23：30，每周一至周五 9：00—10：15，10：30—11：30，13：30—15：00 法定节日前第一个交易日的夜盘不交易
最后交易日	合约交割月份的第 10 个交易日
最后交割日	合约交割月份的第 12 个交易日
交割品级	基准交割品：328B 级国产锯齿细绒白棉（符合 GB 1103—2007）替代品及其升贴水，详见交易所交割细则
交割地点	交易所指定棉花交割仓库
交割方式	实物交割
最低交易保证金	合约价值的 7%
上市交易所	郑州商品交易所

九、白砂糖期货

白砂糖是日常生活中最广泛使用的一种食糖和甜味剂，含蔗糖95%以上，经过精炼及漂白制成，其颗粒为结晶状，均匀，颜色洁白，甜味纯正，甜度稍低于红糖。食糖是人体所必需的三大养分（糖、蛋白质、脂肪）之一，食用后能供给人体较高的热量，1kg食糖可产生3900大卡的热量，人体活动所需的能量大约有70%是靠糖供给的。食糖是天然甜味剂，是饮料、糖果、制药等含糖食品不可或缺的原料。食糖也是重要的调味品，能增加菜肴的甜味及鲜味，增添制品的色泽，为制作菜肴特别是甜菜品种的主要调味原料。

目前世界上生产白糖的主要原料是甘蔗和甜菜。甘蔗生长于热带和亚热带地区，而甜菜生长于温带地区。我国是世界上最早使用甘蔗制糖的国家之一，已有2000多年的历史。用甜菜制糖近几十年才开始。尽管原料不同，但甘蔗糖和甜菜糖在品质上没有什么差别，国家标准对两者同样适用。我国甘蔗糖主产区集中在南方的广西、云南、广东湛江、海南、福建、台湾等地，甜菜糖主产区集中在北方的新疆、黑龙江、内蒙古等地。

我国是重要的食糖生产国和消费国，产销量仅次于巴西、印度，居世界第三位。糖料种植在农业经济中占有重要地位，仅次于粮食、油料、棉花，居第四位。我国食糖的生产销售年度从每年的10月到翌年的9月，甘蔗糖榨季从每年的11月开始，到次年的4月结束；甜菜糖榨季从每年的10月开始，到次年的2月结束。2003年以前，我国食糖产量在600万～800万t之间，消费量在800t左右，大多数年份依靠食糖进口来弥补国内供给不足。近两年来我国食糖产、销量都在1 000万t以上，供销基本平衡。我国食糖的市场化程度很高，国家宏观调控主要依靠国家储备，市场在糖价形成过程中起主导作用。

影响国内食糖价格的主要因素：

(1) 糖料生产的波动。糖料生产的波动是食糖市场波动的根本原因，影响糖料产量的因素有：

①播种面积。糖料播种面积增加会导致糖业原料增加，从而导致食糖产量增加，糖价会下跌，反之，糖价会上涨。由于糖料的生产周期和产业链较长，对市场变化的反应相对滞后，致使糖料种植、食糖生产和市场往往脱节，特别是市场信息的不准确甚至失真，容易对糖料种植形成误导，加大了糖料种植面积的不稳定性，成为影响食糖市场的根本原因。

②气候。甘蔗在生长期有喜高温、强光照、需水量大、吸肥多等特点，对热、光、水等气候条件有着特殊的依赖性。干旱、洪涝、大风、冰雹、低温霜冻等天气，对处于生长期的甘蔗具有灾难性的影响，而且这种影响一旦形成便是长期的。如1999年底在我国甘蔗主产区发生的霜冻，导致1999/2000制糖期白糖减产200多万t。

(2) 产销关系。食糖产销不稳定是造成价格波动的主要原因。我国消费的食糖主要依靠国内生产，国内食糖产量的大幅变化，直接引起了市场供求关系的不稳定，导致市场价格的波动。同时，消费量的变化也是影响供求关系的重要因素。近年来我国食糖消费进入快速增长期，产销关系将变得更加不稳定。

(3) 季节性因素。食糖是季产年销的大宗商品。五月以前，由于各产区都在生产，货源充足，商家选择的余地比较大，再加上糖厂急需资金，所以价格是混乱的；进入六月后，糖厂停榨，总体价格趋势还没有形成，糖价较平稳，持观望态度的较多，也有人顺价销售；进入七月后，很多厂家资金压力减轻了，产销率的压力也小了，出于对后势的一种本能地看好，或者说惜售心理较重，自然要放慢销售的节奏。而商家又觉得囤货为时还早，真正意义上的消费旺季又还没有到来，七月的糖市没有多少活力；进入八月后，销售的时间只剩两个月，传统的中秋节在即，用糖高峰开始，于是市场有了一定的活力；到了九月，随着陈糖销售接近尾声，新糖还没有上市，价格会出现翘尾行情。

(4) 国家宏观调控。国家调控部门对食糖市场的宏观调控，是影响国内食糖价格变化的主要因素之一。当食糖供应在某个榨季出现短缺时，国家动用食糖储备投放市场；当供应出现过剩时，国家对食糖实行收储。国家收储、工业临时收储加上糖商的周转库存，在全国范围内形成一个能影响市场糖价的库存。预估当年及下一年的库存和国家对食糖的收储与抛售，对于正确估测食糖价格具有重要意义。一般情况下，国家收储是重要的糖价利好因素，抛储是重要的糖价利空因素。

(5) 替代品。食糖的替代品主要有糖精、甜味剂、玉米淀粉糖等，被广泛用于点心、饮料、蜜饯等食品中，虽不可能完全取代食糖，但它们的使用减少了食糖的正常市场份额，对食糖的供给、价格有一定的影响。

(6) 节假日的影响。在一年中，中秋节和春节是我国白砂糖消费的最大节假日。八九月份是用糖高峰期，月饼、北方的蜜饯、饮料、饼干等食品行业的大量用糖，会拉动、刺激食糖消费，使糖的消费进入高峰期，这个时期的糖价往往比较高。两个节日之后的一段时期，由于白砂糖消费量的降低，糖价往往回落。

(7) 国际市场的变化及进口量。在世界主要产糖国中，我国和澳大利亚是唯一没有对国内糖业实行高关税保护，实行食糖贸易自由化的国家。这决定了国内食糖市场与国际市场具有较强的相关性，因此国内食糖市场的变化经常与国际食糖变化形势的密切相联，国际食糖市场变化会对国内市场产生的心理上、情绪上的影响。

(8) 人民币汇率的变化。2016 年 10 月 1 日人民币加入 SDR 后，为国际投资者增加了一种新的投资选择，增大了境外资本对人民币资产的配置需求，稳步带动中长期资本流入，会增加境内外市场对人民币的总体需求和持有信心，人民币汇率稳定的基础将得到进一步巩固。通常，人民币升值将有助于降低食糖的进口成本，增加进口数量。据有关测算，人民币升值 2% 对进口糖完税成本价的影响是 60 元 /t。

(9) 其他因素。巴西是使用甘蔗生产乙醇的主要国家。用于乙醇生产的甘蔗数量，直接影响到用于加工食糖的甘蔗的数量，乙醇生产的数量影响着食糖生产数量。巴西可以将全国甘蔗不用于生产食糖而改为生产乙醇，所以巴西甘蔗提炼乙醇的数量和比例对预测全世界食糖产量具有重要影响。

白糖期货合约略。

十、鸡蛋期货

鸡蛋，是雉科动物鸡的卵。鸡蛋是人类最好的营养来源之一，它含有大量的维生素、矿物质及有高生物价值的蛋白质。对人而言，鸡蛋的蛋白质品质最佳，其蛋白质的氨基酸组成与人体组织蛋白质最为接近，仅次于母乳，因此吸收率相当高，可达 99.7%。

一个鸡蛋所含的热量，相当于半个苹果或半杯牛奶的热量，它还拥有 8% 的磷、4% 的锌、4% 的铁、10% 的蛋白质、6% 的维生素 D、3% 的维生素 E、6% 的维生素 A、2% 的维生素 B、5% 的维生素 B2、4% 的维生素 B6。这些营养对人体都必不可少，起着极其重要的作用，如修复人体组织、形成新的组织、消耗能量和参与复杂的新陈代谢过程。鸡蛋黄含有的卵磷脂、维生素和矿物质等营养素，有助于增进神经系统的功能，是较好的健脑益智食物，可增强记忆，防止老年人记忆力衰退。

鲜鸡蛋所含营养丰富而全面，营养学家称之为"完全蛋白质模式"，被人们誉为"理想的营养库"。

影响鸡蛋价格的因素主要有：

(1) 宏观环境及政策影响。我国经济持续快速发展，居民的消费水平越来越高，导致鸡蛋价格呈现在波动中上涨的趋势。国家相关产业政策、进出口政策的调整，以及农产品收储政策等均会对鸡蛋价格产生直接或者间接地影响。宏观环境突然发生大的变化，也将对鸡蛋价格产生冲击。

(2) 供给对价格的影响。①产量的变动。鸡蛋生产从购入雏鸡到产蛋至少需要半年的周期，养殖户对其生产量的调节滞后或盲目扩大养殖规模，导致蛋品市场供求关系不平衡，是影响鸡蛋价格变动的主要因素。②生产的季节性。春季气候变暖，是鸡群产蛋的旺季，供应量增加，鸡蛋价格下降；夏季气候炎热，影响蛋鸡采食，进入产蛋的淡季，产蛋量和上市量都会下降，供应量减少，鸡蛋价格上升。

(3) 需求因素的影响。影响需求的因素包括鸡蛋的价格、消费者的收入水平、消费者的饮食习惯等。这些因素共同对鸡蛋需求量产生影响，改变供求关系，引起鸡蛋价格的变化。鸡蛋的人均消费量与消费价格之间存在负相关的关系。

(4) 消费者消费习惯变化的影响。主要受地区与消费季节的影响。例如，夏季人们饮食偏清淡，对鸡蛋替代品猪牛羊肉的消费减少，鸡蛋需求增多，鸡蛋价格升高；反之，冬季则消费量相对减少。

鸡蛋期货合约略。

十、天然橡胶期货

天然橡胶，是指从人工栽培的巴西三叶橡胶树上采集的天然胶乳，经过凝固、干燥等加工工序制成的弹性固状物。根据不同的制胶方法，天然橡胶可以制成烟片、风干胶片、绉片、技术分级干胶和浓缩胶乳。

天然橡胶在常温下具有较高的弹性，稍带塑性，具有非常好的机械强度，滞后损失小，在多次变形时生热低，因此其耐屈挠性也很好，并且因为是非极性橡胶，所以电绝缘性能良好。天然橡胶有不饱和双键，是一种化学反应能力较强的物质。光、热、臭氧、辐射、屈挠变形和铜、锰等金属都能促进橡胶的老化，不耐老化是天然橡胶的致命弱点。但添加了防老剂的天然橡胶，有时在阳光下曝晒两个月依然看不出多大变化，在仓库内贮存三年后仍可以照常使用。天然橡胶有较好的耐碱性能，但不耐浓强酸。

天然橡胶按形态可以分为两大类：固体天然橡胶(胶片与颗粒胶)和浓缩胶乳。在日常使用中，固体天然橡胶占了绝大部分的比例。

胶片按制造工艺和外形的不同，可分为烟片胶、风干胶片、白皱片、褐皱片等。烟片胶是天然橡胶中最具代表性的品种，一直是用量大、应用广的一个胶种。烟片胶一般按外形分为特级、一级、二级、三级、四级、五级共六个等级，达不到五级的则列为等外胶。

颗粒胶(即标准胶)按国际上统一的理化效能、指标来分级，这些理化性能包括杂质含量、塑性初值、塑性保持率、氮含量、挥发物含量、灰分含量及色泽指数等七项，其中以杂质含量为主导性指标，依杂质之多少分为5L、5、10、20及50共五个级别。

我国上海期货交易所天然橡胶合约的交割等级，为国产一级标准胶SCR5和进口烟片胶RSS3。其中国产一级标准胶SCR5通常也称为5号标准胶，执行国家质量技术监督局发布实施的天然橡胶GB/T8081～1999版本的各项品质指标。进口烟片胶RSS3执行国际橡胶品质与包装会议确定的"天然橡胶等级的品质与包装国际标准(绿皮书)"(1979年版)。

由于天然橡胶具有上述一系列物理化学特性，尤其是其优良的回弹性、绝缘性、隔水性及可塑性等特性，并且经过适当处理后还具有耐油、耐酸、耐碱、耐热、耐寒、耐压、耐磨等宝贵性质，所以，具有广泛用途。例如日常生活中使用的雨鞋、暖水袋、松紧带；医疗卫生行业用的外科医生手套、输血管、避孕套；交通运输业使用的各种轮胎；工业使用的传送带、运输带、耐酸和耐碱手套；农业使用的排灌胶管、氨水袋；气象测量用的探空气球；科学试验用的密封、防震设备；国防上使用的飞机、坦克、大炮、防毒面具；甚至连火箭、人造地球卫星和宇宙飞船等高精尖科学技术产品都离不开天然橡胶。目前，世界上部分或完全使用天然橡胶制成的物品已达7万种以上。

影响天然橡胶价格变动的因素：

(1) 国际供求状况。目前，全球天然橡胶生产大国是泰国、印度尼西亚、马来西亚、中国、越南和印度，主要出口国是泰国、印度尼西亚和马来西亚。全球天然橡胶消费量最大的国家和地区是美国、中国、西欧和日本。中国自身的天然橡胶产量能满足约三分之一的本国消费量，其余需要进口；美国、西欧和日本则完全依赖进口。

上述三大天然橡胶主要出口国和三个半主要进口国和地区之间，对天然橡胶的供求关系及价格起着最基本的影响。在关注全球主产国的天然橡胶生长状况的同时，还要关注越南、印度、斯里兰卡等国天然橡胶种植、生产的发展趋势。尤其是越南，正在成为世界天然橡胶市场一支不可小觑的新生力量。

(2) 国际、国内经济大环境。国际、国内经济大环境的好坏，影响着天然橡胶价格的长期走势。当经济大环境向好，市场需求发展及需求充足时，对天然橡胶的需求量就会增加，从而推动其价格上涨；相反，当经济大环境向坏，市场悲观情绪严重、需求不足时，对天然橡胶的需求就会减少，从而促使其价格下跌。

(3) 主要用胶行业的发展状况。天然橡胶消费量最大的是汽车轮胎制造业(约占天然橡胶消费总量的65%)，汽车工业的发展状况直接关系到轮胎的产量，从而影响全球天然橡胶的需求和价格。欧美、日本等国汽车工业进入相对稳定发展之后，对天然橡胶的需求相对平稳；中国汽车工业的高速发展，对国内、国际天然橡胶价格的影响程度将加强。

(4) 合成橡胶的生产及应用情况。橡胶制品随着工艺的不断改进，许多产品已能利用合成橡胶来替代天然橡胶。当天然橡胶供给紧张或价格上涨时，许多生产厂商会选择使用合成橡胶，两者的互补性将会越来越强。由于合成橡胶属于石化类产品，其价格自然受石油的影响，石油价格的波动会通过影响合成橡胶的价格进而影响到天然橡胶的价格。

(5) 自然因素。橡胶树的生长对地理、气候条件有一定的要求，适宜割胶的胶树一般要有5～7年树龄，因此，可用于割胶的橡胶树的数量短期内无法改变。影响天然橡胶产量的自然因素有：①季节因素。进入开割季节，胶价下跌；进入停割季节，胶价上涨。②气候因素。台风或热带风暴、持续的雨天、干旱、霜冻等都会降低天然橡胶产量而使胶价上涨。③病虫害因素。白粉病、红根病、炭疽病等，都会影响天然橡胶树的生长，甚至导致死亡，对天然橡胶的产量及价格影响也很大。

(6) 汇率变动因素。由于全球经济的不稳定，汇率变动频繁，对天然橡胶价格，尤其进出口业务有影响。在关注国际市场天胶行情的时候，一定要关注三大产胶国以及美元汇率变动情况。

(7) 政治因素。政治因素除了各国政府对天然橡胶进出口政策外，更指国际范围内的突发事件、已经发生和将要发生的重大事件，例如灾难性事件的发生以及可能发生的战争因素等。政治因素往往会在相关消息传出的短时期内，马上导致天然橡胶价格的剧烈波动，并且长期影响天然橡胶的价格走势。

(8) 国际市场交易情况的影响。天然橡胶在国际期货市场已是成熟品种，东南亚各国的期货交易所各占有一定的市场份额，如日本的TOCOM、中国的SHFE、新加坡的SICOM以及马来西亚的KLCE等期货交易所的交易价格，互相之间也有不同程度的影响。

天然橡胶期货合约见表6.8。

表6.8 天然橡胶期货合约

交易品种	天然橡胶
交易代码	RU
交易单位	10t/手
报价单位	元（人民币）/t
最小变动价位	5元/t
每日价格最大波动限制	不超过上一交易日结算价±7%
合约交割月份	1，3，4，5，6，7，8，9，10，11月
交易时间	夜盘每周五（不含周六、周日）至周四21：00—23：00，每周一至周五9：00—10：15，10：30—11：30，13：30—15：00法定节日前第一个交易日的夜盘不交易
最后交易日	合约交割月份的15日（遇法定假日顺延）
交割日期	最后交易日后连续五个工作日

（续）

交易品种	天然橡胶
交割品级	标准品：1.国产一级天然橡胶(SCR5)，质量符合国标GB/T8081—2008。2.进口3号烟胶片(RSS3)，质量符合《天然橡胶等级的品质与包装国际标准(绿皮书)》(1979年版)。
交割地点	交易所指定交割仓库
交割方式	实物交割
最低交易保证金	合约价值的9%
上市交易所	上海期货交易所

十二、纤维板期货和胶合板期货

(一) 纤维板期货

纤维板又名密度板，是以木质纤维或其他植物素纤维为原料，施加脲醛树脂或其他适用的胶粘剂制成的人造板。纤维板具有材质均匀、纵横强度差小、不易开裂等优点，用途广泛。制造 $1m^3$ 纤维板需 $2.5\sim3m^3$ 的木材，可代替 $3m^3$ 锯材或 $5m^3$ 原木，发展纤维板生产是木材资源综合利用的有效途径。纤维板的缺点是背面有网纹，造成板材两面表面积不等，吸湿后因产生膨胀力差异而使板材翘曲变形；硬质板材表面坚硬，钉钉困难，耐水性差。干法纤维板虽然避免了某些缺点，但成本较高。

随着我国经济的快速发展和城市化率的不断提高，质量稳定、环保等级高、满足差异化需求以及具有安全阻燃功能的纤维板产品具有广阔的市场空间。未来我国房地产业、家具、室内装饰、包装等行业的快速发展和速生工业用材林原料基地的建成投产，将带动纤维板的需求量和出口量稳步增长，纤维板产品在人造板生产总量中的比例也将大大提高。

通常按产品密度，将纤维板分为非压缩型和压缩型两大类。非压缩型产品为软质纤维板，密度小于 $0.4g/cm^3$；压缩型产品有中密度纤维板(或称半硬质纤维板，密度 $0.4\sim0.8g/cm^3$)和硬质纤维板(密度大于 $0.8g/cm^3$)。

根据板坯成型工艺，纤维板可分为湿法纤维板、干法纤维板和定向纤维板。按后期处理方法不同，纤维板又可分为普通纤维板、油处理纤维板等。

软质纤维板质轻，空隙率大，有良好的隔热性和吸声性，多用作公共建筑物内部的覆盖材料。经特殊处理可得到孔隙更多的轻质纤维板，具有吸附性能，可用于净化空气。

中密度纤维板结构均匀，密度和强度适中，有较好的再加工性；产品厚度范围较宽，具有多种用途，如家具用材、电视机的壳体材料等。

硬质纤维板产品厚度范围较小，在 $3\sim8mm$ 之间；强度较高，$3\sim4mm$ 厚度的硬质纤维板可代替 $9\sim12mm$ 锯材薄板材使用，多用于建筑、船舶、车辆等。

(二) 胶合板期货

胶合板是由木段旋切成单板或由木方刨切成薄木，再用胶粘剂胶合而成的三层或多层的板状材料，通常用奇数层单板，并使相邻层单板的纤维方向互相垂直胶合而成。

胶合板是家具常用材料之一，为人造板三大板之一，亦可供飞机、船舶、火车、汽车、建筑和包装箱等作为用材。一组单板通常按相邻层木纹方向互相垂直组坯胶合而成，通常其表板和内层板对称地配置在中心层或板芯的两侧。用涂胶后的单板按木纹方向纵横交错配成的板坯，在加热或不加热的条件下压制而成。层数一般为奇数，少数也有偶数。纵横方向的物理、机械性质差异较小。常用的胶合板类型有三合板、五合板等。胶合板能提高木材利用率，是节约木材的一个主要途径。通常的长宽规格是：1 220mm×2 440mm，而厚度规格则一般有：3、5、9、12、15、18mm 等。主要树种有：山樟、柳按、杨木、桉木等。

纤维板和胶合板的产业链上游衔接木材与化工原料，下游涉及家具、装饰、包装和汽车制造等产业，价格的大幅波动给相关现货企业带来较大风险。胶合板的价格走势与纤维板相似，但波动幅度更大，给广大现货企业的生产经营活动带来巨大风险。

纤维板和胶合板的生产很大程度上依赖于木材原料的稳定供应，所以原木价格影响纤维板和胶合板价格。甲醛是生产纤维板和胶合板的主要配料之一，甲醛价格与纤维板和胶合板价格相关性较高，同时甲醛的生产原料主要为甲醇，因此石油、天然气和煤等化石能源的价格也影响纤维板和胶合板价格。尿素价格受制于国家政策，其价格变动也是纤维板和胶合板价格变动的主要原因。其次人工费用、水电气费用、运输费用和相关替代品价格也影响纤维板和胶合板的价格。

纤维板期货合约和胶合板期货合约略。

第二节　金属期货

金属是一种具有光泽（即对可见光强烈反射）、富有延展性、具有导电、导热等性质的物质。属于金属的物质有金、银、铜、铁、锰、锌等。在一个大气压及 25 摄氏度的常温下，除汞（液态）外，其他金属都是固体。

一、有色金属期货

有色金属通常指除去铁、锰、铬和铁基合金以外的所有金属，可分为重金属（如铜、铅、锌）、轻金属（如铝、镁）、贵金属（如金、银、铂）及稀有金属（如钨、钼、锗、锂、镧、铀）。

有色金属是国民经济、人民日常生活及国防工业、科学技术发展必不可少的基础材料和重要的战略物资。例如飞机、导弹、火箭、卫星、核潜艇等尖端武器以及原子能、电视、通讯、雷达、电子计算机等尖端技术所需的构件或部件大都是由有色金属中的轻金属和稀有金属制成的。此外，没有镍、钴、钨、钼、钒、铌等有色金属，也就没有合金钢的生产。有色金属在某些用途（如电力工业等）上，使用量是相当可观的。世界上许多国家，尤其是工业发达国家，竞相发展有色金属工业，增加有色金属的战略储备。当今，有色金属已成为提升国家综合实力和保障国家安全的关键性战略资源。作为有色金属生产、消费第一大国，我国已经上市铜、铝、锌、铅、锡、镍六种有色金属期货，取得了一定的国际定价话语权。

（一）铜期货

铜，化学符号 Cu，英文 copper，原子序数 29，是人类最早使用、与人类关系非常密切的有色金属。六千年前我国就发现并开始使用铜，人们采掘露天铜矿，用获取的铜制造武器、器皿，对早期人类文明的进步影响深远。铜的延展性好，导热性和导电性高，被广泛地应用于电气、轻工、机械制造、建筑工业、国防工业等领域，它在我国有色金属材料的消费中仅次于铝。铜在电气、电子工业中应用最广、用量最大、占总消费量一半以上。铜合金如青铜和黄铜的机械性能优异，电阻率很低。铜也是耐用的金属，可以多次回收而无损其机械性能。

影响铜价的主要因素有：

(1) 供求关系：生产量、消费量、进出口量、库存量。

(2) 国际国内经济形势：铜是重要的工业原材料，其需求量与宏观经济周期密切相关。

(3) 进出口政策、关税：我国长期以来是铜资源不足的用铜大国，因而在进出口方面一直采取"宽进严出"的政策，铜及铜制品的平均进口税率为 2%。随着全球经济一体化的进展，国家逐步降低关税，铜基本可以自由进出口，从而使国内国际铜价互为影响。

(4) 国际上相关市场的价格：例如 LME、COMEX 期货价格的影响。

(5) 行业发展趋势及其变化。

(6) 铜的生产成本：目前国际上火法炼铜平均成本为 1 400～1 600 美元/t，湿法炼铜成本为 800～900 美元/t。近年来使用湿法炼铜的总产量在迅速增加，占总产量的 20% 左右。

(7) 国际对冲基金及其他投机基金的交易方向。

(8) 石油价格、汇率等的波动会对铜价产生影响。

铜期货合约见表 6.9。

表 6.9　铜期货合约

交易品种	阴极铜
交易代码	CU
交易单位	5t/手
报价单位	元（人民币）/t
最小变动价位	10 元/t
每日价格最大波动限制	不超过上一交易日结算价的 ±7%
合约交割月份	1—12 月
交易时间	夜盘 每周五（不含周六、周日）至周四 21：00—次日 1：00，每周一至周五 9：00—10：15，10：30—11：30，13：30—15：00 法定节日前第一个交易日的夜盘不交易
最后交易日	合约交割月份的 15 日（遇法定节假日顺延）
交割时间	最后交易日后连续 5 个工作日

(续)

交易品种	阴极铜
交割品级	标准品：标准阴极铜，符合国标 GB/T 467—2010 中 1 号标准阴极铜规定，其中主成分铜加银含量不小于 99.95%。 替代品：1. 阴极铜，符合国标 GB/T 467—2010A 级铜规定；2.LME 注册阴极铜，符合 BS EN 1978：1998 标准（阴极铜等级牌号 Cu-CATH-1）。
交割地点	交易所指定交割仓库
最低交易保证金	合约价值的 9%
交割方式	实物交割
上市交易所	上海期货交易所

（二）铝期货

铝是一种轻金属，化学符号为 Al，原子序数 13，相对密度 2.70，熔点 660℃，沸点 2 327℃。铝元素在地壳中的含量仅次于氧和硅，居第三位，是地壳中含量最丰富的金属元素，我国有极为丰富的铝矿。

纯铝很软，延展性好，可以压成很薄的箔，包糖果、香烟的"银纸"，就是铝箔。纯铝的导电性很好，又轻盈，人们常用它来代替铜，制造电线，特别在远距离送电时，用铝线来代替铜线，可以减少电线杆等设备。

铝和铝合金美观、轻盈而又不易锈蚀，用途很广。例如，铝和铝合金制成的机身、机翼、机尾、螺旋桨、引擎、五十万个铝制铆钉，占了 1 架飞机总重的 70% 左右。如果火车的车皮都用铝做，重量将大大减轻，机车牵引效率也可提高。铝制的舰艇，不仅速度快、不被海水浸蚀，而且没有磁性，不为磁性水雷所发现，军事上十分重要。现在铝合金也成为制造人造卫星、火箭的重要材料。在运输部门，铝被用来制造动车、桥梁、输油车的油罐以及船舶和汽车的某些零件。在建筑工业上，用铝制作骨架、铝梁、空心铝壁板以及各种铝制构件。交通、建筑等部门的发展，大大促进了铝的生产，其应用极为广泛。

影响铝价格的因素有以下几种。

1. 国际市场

1956 年全球铝产量开始超过铜跃居有色金属的首位，成为仅次于（钢）铁的第二大金属。铝锭生产主要集中在中国、美国、俄罗斯、加拿大、澳洲等国家。随着电解铝产量的提高和铝合金被广泛应用，带动了铝消费的快速增长。伦敦商品研究局 (CRU) 的统计数据显示，2012 年全球原铝总产量达到了 4 771.8 万 t，2012 年全球原铝总需求量为 4 725.8 万 t，总体供应过剩 46 万 t。

2. 国内市场

中国经济持续高速发展，带动了国内铝消费的增长，在建筑、电力和包装 3 大领域，铝已经逐渐成为消费的主体。目前中国是全球最大的铝消费国，统计数据显示，2012 年中国电解铝产量达到 2 230 万 t，当年中国电解铝需求量为 2 185 万 t。

3. 氧化铝

氧化铝是电解铝生产的主要原料,氧化铝的供应量和价格的波动会影响电解铝的生产成本。

4. 电价

目前国内外电解铝厂,生产 1t 铝平均耗电为 1.4 万 kW·h 左右,电价的微小波动都会对电解铝的生产成本带来很大的影响。

5. 全球经济形势

铝是应用非常广泛的有色金属品种,特别是在发达国家或地区,铝的消费已与经济发展高度相关。当一国或地区经济快速发展时,铝消费亦会出现同步增长;同样,经济衰退会导致铝的消费急剧下降。此外,与铝相关的一些金属价格的波动、国际石油价格的波动、各国产业政策的变化都会对铝价产生影响。

6. 进出口关税

进出口关税对铝价的影响尤为突出。我国自 2006 年 11 月份起,国内电解铝出口不再享受 15% 的出口退税,并另加征 15% 的出口关税;自 2011 年 7 月起,全部取消了非合金铝条、杆、型材、铝丝等制品退税。中国对铝相关产品进出口关税的调整,在改变国内铝锭供求关系的同时,对国际市场的供求关系和价格也会产生一定的影响。

7. 行业政策

政府会出台一系列政策,来大力扶持亟须振兴和发展的行业,抑制产品供过于求、对能耗和环境造成巨大影响的行业产能大规模扩张。行业政策的变动对铝产业的产量,进而对市场价格的传导非常明显。2009 年 2 月,国务院审议通过了《有色金属产业调整和振兴规划》,明确提出"今后三年原则上不再核准新建、改扩建电解铝项目"。2011 年 1 月,工信部等部委印发《再生有色金属产业发展推进计划》,加快了再生有色金属利用步伐。2012 年 1 月,国家制定了《铝工业十二五发展专项规划》,继续严格控制电解铝产能扩张,全面淘汰落后产能。

8. 金融属性

国际上铝的贸易一般以美元进行标价和结算。因此,美元走势、美元汇率会对铝价产生影响。另外,国际市场上商品基金在期铝上的持仓头寸和方向对铝价格的影响很大。

铝期货合约略。

(三) 锌期货

锌的化学符号是 Zn,原子序数是 30,外观呈银白色,是第四"常见"的金属,仅次于铁、铝及铜,是现代工业中地位相当重要的金属。锌的大规模精炼于 16 世纪在中国进行。锌是重要的有色金属原材料,在有色金属的消费中仅次于铜和铝。锌金属具有良好的压延性、耐磨性和抗腐性,能与多种金属制成物理与化学性能更加优良的合金。

金属锌、锌基合金、氧化锌的用途非常广泛:

(1) 镀锌。锌具有优良的抗大气腐蚀性能,在建筑、汽车、船舶、轻工等行业,用作钢材和钢结构件表面的防腐蚀镀层(如镀锌板)约占锌用量的46%。近年西方国家开始尝试着直接用锌合金板做屋顶覆盖材料,使用年限可长达120～140年,且可回收再用,而用镀锌铁板作屋顶材料的使用寿命一般为5～10年。

(2) 制造铜合金(如黄铜)。用于汽车制造和机械行业,约占15%。锌具有适用的机械性能。锌本身的强度和硬度不高,加入铝、铜等合金元素后,其强度和硬度均大为提高,尤其是锌铜钛合金的出现,其综合机械性能已接近或达到铝合金、黄铜、灰铸铁的水平,其抗蠕变性能也大幅度被提高,被广泛应用于小五金生产中。

(3) 用于铸造锌合金。主要为压铸件,用于汽车、轻工等行业,约占15%。许多锌合金的加工性能优良,可进行深拉延,并具有自润滑性,延长了模具寿命。锌合金可用钎焊或电阻焊或电弧焊(需在氢气中)进行焊接,表面可进行电镀、涂漆处理,切削加工性能良好;在一定条件下具有优越的超塑性能。此外,锌具有良好的抗电磁场性能。锌的导电率是标准电工铜的29%,在射频干扰的场合,锌板是一种非常有效的屏蔽材料;同时由于锌是非磁性的,适合做仪器仪表零件的材料及仪表壳体及钱币。同时,锌自身及与其他金属碰撞不会发生火花,适合作井下防爆器材。

(4) 用于制造氧化锌。广泛用于橡胶、涂料、搪瓷、医药、印刷、纤维等工业,约占11%。

(5) 以锌饼、锌板形式用于制造干电池,约占13%。用锌合金做电池的外壳,既是电池电解质的容器,又参加电池反应构成电池的阳极。

影响锌价格的因素:

(1) 供求关系。供求关系直接影响着商品的市场定价,当市场供求关系处于暂时平衡时,该商品的市场价格会在一个窄小的区间波动;当供求关系处于失衡时,价格会大幅波动。

(2) 国际国内经济形势。锌是重要的有色金属品种,在发达国家或地区,锌的消费与经济的发展高度相关,在国内锌与经济发展的正相关性也高于0.9。当一国或地区经济快速发展时,锌消费亦会出现同步增长;同样,经济的衰退会导致锌在一些行业中消费的下降,进而导致锌价波动。

(3) 进出口关税。锌的冶炼中既要焙烧又要电解,对能源的需求较高,因而锌属于国家限制出口的高能耗商品,锌及锌合金出口退税逐年下降,从2006年5月1日起,≥99.99%的精锌保持5%的出口退税,其他精锌和锌合金退税取消,并加收5%的出口关税。

(4) 锌应用趋势的变化。目前中国钢材的镀锌率只有20%左右,与日本、美国等发达国家镀锌率55%～60%的比例相比还有很大差距。近年汽车、家电、高速公路及优质建材等对镀锌板需求上升,使得国内镀锌行业的投资建设迅猛发展。由于以铝代锌和锌价高涨所致,压铸合金和电池的制造对锌的需求增长出现了减缓甚至略有下降的趋势。未来随着铝加工技术的进一步升级,铝对锌的替代需要加以注意。

(5) 锌冶炼成本。目前锌的冶炼成本主要由锌原辅材料费、燃料和动力费、人工成本、制造成本和其他费用组成。锌精矿价格、燃料及电价的变化都会对锌的冶炼成本产生较为明显的影响。

(6) 基金的交易方向。全球机构投资者越来越庞大的资金进入商品市场投资，使得基金的交易方向成为左右锌价格另一个重要的因素。

锌期货合约略。

（四）铅期货

铅，化学符号是 Pb，原子序数为 82，柔软和延展性强，有毒，在金属元素中属重金属。铅的表面能在空气中产生碱式碳酸铅薄膜，阻止内部氧化，可用作铅酸蓄电池的电极（目前铅的用途有八成是用来制造电池，主要制造汽车电池）。

铅的其他用途：可制造铅砖或铅衣以防护 X-射线及其他放射线；制造印刷用活字；等量的铅和锡组成的焊条可用于焊接金属和电子电路；铅和锑的合金熔点低，可用于制造保险丝；可用于制造铅弹、炮弹、钓鱼用具、渔业用具、奖杯；其合金可作轴承、电缆包皮；可作体育运动器材铅球，制成铅笔类书写工具；可用于制造颜料和油漆，例如铅白、铅黄、铅橙和红色油漆（红色的铅油漆有毒，能用作船底涂漆以阻止海洋生物附在船上减慢船速）等；可作为陶器釉料的成分，用于屋顶、防水盖片及彩绘玻璃窗。

铅有毒，尤其破坏儿童的神经系统，可导致血液病和脑病。

影响铅价格的因素：

(1) 供求关系。当某一商品出现供大于求时，其价格下跌，反之则上扬。同时价格反过来又会影响供求，即当价格上涨时，供应会增加而需求减少，反之就会出现需求上升而供给减少，因此价格和供求互为影响。

体现供求关系的一个重要指标是库存。铅的库存分报告库存和非报告库存。报告库存又称"显性库存"，是指交易所库存。非报告库存，又称"隐性库存"，指全球范围内的生产商、贸易商和消费商手中持有的库存。由于这些库存不会定期对外公布，因此难以统计，一般都以交易所库存来衡量库存变化。

(2) 国际国内经济发展状况。铅是重要的有色金属品种，其消费与经济的发展高度相关，当一国或地区经济快速发展时，铅消费会出现同步增长；经济衰退会导致铅在一些行业中消费的下降。

(3) 下游行业的景气程度。铅的主要用途是铅酸蓄电池，而铅酸蓄电池主要用在汽车、通讯电源、电动自行车等用途上，下游需求行业相对集中，这些行业的景气程度直接影响铅的消费。分析这些下游行业的变化可以对铅的消费有比较全面的把握。

(4) 进出口政策。进出口政策尤其关税政策，是通过调整商品的进出口成本，从而控制某一商品的进出口量来平衡国内供求状况的重要手段。由于国内需求快速增长，资源瓶颈日益突出，国家不鼓励出口耗能多的冶炼产品。目前我国对精炼铅执行 3% 进口关税和 10% 出口关税水平，从过去的出口国变为精铅的净进口国。

(5) 铅的生产成本。生产成本是衡量商品价格水平的基础。不同矿山和冶炼企业测算铅生产成本有所不同，最普遍的是采用"现金流量保本成本"，该成本随副产品价值的提高而降低。在铅冶炼过程中，副产品白银的产量较大，因而白银的价格变化对铅的生产成本有影响。

铅期货合约略。

(五) 镍期货

镍，化学符号 Ni，原子序数 28，是具有中等硬度、铁磁性、抗腐蚀和良好可塑性的金属元素。镍主要用作合金的配方，用于制造不锈钢和其他抗腐蚀合金，如镍钢、镍铬钢及各种有色金属合金。含镍成分较高的铜镍合金不易腐蚀，可用于制造硬币；镍镀在其他金属上可以防止生锈；镍也可作加氢催化剂和用于陶瓷制品、特种化学器皿、电子线路、玻璃着绿色以及镍化合物制备，等等。

电解镍是使用电解法制成的镍，用它制造的不锈钢和各种合金钢被广泛地用于飞机、坦克、舰艇、雷达、导弹、宇宙飞船和民用工业中的机器制造、陶瓷颜料、永磁材料、电子遥控等领域。

影响镍价格的因素：

(1) 供求关系。供求关系是决定长期价格趋势的最主要因素。2011—2013 年，由于中国镍铁产能快速扩张，全球镍市场呈现出严重过剩的局面，导致国际镍价持续大幅下跌。2014 年 1 月，随着全球最大的镍矿出口国印尼宣布执行原矿出口禁令政策，引发了市场对于镍将出现供应缺口的广泛担忧，国际镍价一举逆转了此前的疲软态势。

(2) 上下游成本约束价格的高点和低点。供求关系决定价格趋势，成本决定价格上下限。下游行业的成本决定了镍价的上限，当下游行业成本已经不能承受镍价的上涨而出现亏损时，市场价格往往由上涨转为下跌；镍冶炼行业的平均生产成本决定了镍价的下限，当冶炼企业普遍出现亏损时，镍价继续下跌的空间可能就不大了。

(3) 进出口政策。印尼和菲律宾是全球最大的两个镍矿生产国和出口国，2013 年产量约占全球镍矿产量的 40%。因此，这两个国家关于镍矿的进出口政策对镍价的走势有着至关重要的影响。早在 2009 年，印尼政府就曾表示计划从 2014 年开始执行镍矿出口禁令。但是出于对印尼政府执行效率等问题的质疑，市场普遍低估了该政策的影响力。当印尼在 2014 年 1 月如期实行出口禁令之后，引发了镍价疯狂的上涨。

(4) 市场预期对价格涨跌起到助推作用。市场预期的变化通过改变供求及市场资金，助推价格涨跌。如果市场预期未来价格上涨，贸易商和下游企业往往会积极订货和增加库存，刺激市场价格进一步上涨；反之亦然。

镍期货合约略。

(六) 锡期货

锡，化学符号 Sn，原子序数 50，是一种略带蓝白色光泽的低熔点金属元素，也是大名鼎鼎的"五金"——金、银、铜、铁、锡之一。锡的化学性质很稳定，在常温下不易被氧气氧化，它富有光泽、无毒，具有很好的杀菌、净化、保鲜效用，生活中常用于食品保鲜、罐头内层的防腐膜等。锡茶壶泡茶特别清香，用锡杯喝酒清冽爽口，锡瓶插花不易枯萎。早在远古时代，人们便发现并使用锡了。今天，锡是现代工业不可缺少的关键稀有金属，号称"工业味精"，广泛应用于电子、信息、电器、化工、冶金、建材、机械、食品包装等行业。

锡在我国古代常被用来制造青铜合金，锡和铜的比例为 3∶7。锡用来制成各种各样的锡壶、锡杯、锡餐具等锡器和美术品，畅销世界许多国家。最常见的锡合金有锡和锑铜合成的锡基轴承合金和铅、锡、锑合成的铅基轴承合金，用于制造汽轮机、发电机、飞机等承受高速高压机械设备的耐磨零件轴承和耐腐蚀的设备。在黄铜中加入锡，就成了锡黄铜，多用于制造船舶零件和船舶焊接条等，素有"海军黄铜"之称。锡和铅的合金就是焊锡，在焊接金属材料时很有用。随着现代科技的发展，人们用锡制造了许多特种锡合金，应用于原子能工业、电子工业、半导体器件、超导材料，以及宇宙飞船制造业等尖端技术部门。随着锡的工业用途不断拓展，锡的开采、选矿、冶炼和加工得到了快速发展，逐步形成了门类齐全的锡产业。

锡不仅能和许多金属结合成各种合金，而且还能和许多非金属结合在一起，组成各种化合物，在化学工业、染料工业、橡胶工业，在搪瓷、玻璃、塑料、油漆、农药等工业上，它们都做出了应有的贡献。锡与硫的化合物——硫化锡，颜色与金子相似，常用作金色颜料；锡与氧的化合物——二氧化锡，是不溶于水的白色粉末，可用于制造搪瓷、白釉与乳白玻璃。1970 年以来，人们把它用于防止空气污染——汽车废气中含有有毒的一氧化碳气体，但在 300℃时二氧化锡的催化下，可大部转化为二氧化碳。

锡怕冷，温度下降到 -13.2℃以下，它会逐渐变成煤灰般松散的粉末，原因是由于锡的晶格发生了变化。有许多铁器常用锡焊接，也不能受冻。1912 年国外的一支探险队去南极探险，所用的铁汽油桶是用锡焊的，在南极的冰天雪地之中，焊锡变成粉末股的灰锡，汽油都漏光了。锡也怕热，在 161℃以上，白锡又转变成具有斜方晶系的晶体结构的斜方锡，很脆，一敲就碎，展性很差，叫做"脆锡"。

世界锡资源主要分布在中国、印度尼西亚、秘鲁、巴西、马来西亚、玻利维亚、俄罗斯、泰国和澳大利亚等国。我国锡矿资源十分丰富，锡矿的探明储量为 2 600 万 t，占世界探明储量的 1/4，是世界上锡矿探明储量最多的国家。我国的锡矿主要集中分布在云南南部、广西东北部和西北部，位于云南哀牢山区的个旧市，是世界已知最大的锡矿藏之一，锡产量居全国第一，约占全国锡产量的 70%，素有"锡都"之称。

影响锡价格的因素主要有：

(1) 供求关系。供大于求时，其价格下跌，反之则上扬。同时价格反过来又会影响供求，价格上涨供应会增加而需求减少，反之会出现需求上升而供给减少，因此价格和供求互为影响。

(2) 国际国内经济发展状况。锡是重要的有色金属品种，其消费与经济的发展高度相关。经济快速发展时，锡消费同步增长，经济衰退会导致锡消费的下降，进而引起锡价的波动。

(3) 进出口政策。锡是重要战略资源，国家鼓励进口，限制出口。我国自 2002 年开始实行锡及锡制品出口配额管理制度，出口配额逐年减少。自 2008 年 1 月 1 日起，国家开始对锡产品出口征收关税。印尼是全球第一大锡出口国，以往每年出口约 10 万 t 锡，占全球供应的逾四分之一。印尼的出口政策对锡的供应量有至关重要的作用。2014 年，印尼锡出口政策更加严格，导致该国锡出口进一步减少，从而牵制全球锡供应。

(4) 市场预期对价格涨跌起到助推作用。市场预期的变化通过改变供求及市场资金，助推价格涨跌。

锡期货合约略。

二、贵金属期货

(一) 黄金期货

黄金，化学符号 Au，原子序数为 79，是一种金黄色、柔软、抗腐蚀的贵金属，有良好的物理特性。由于黄金的优良特性，历史上黄金履行着货币的价值尺度、流通手段、储藏手段、支付手段和世界货币职能。20 世纪 70 年代黄金与美元脱钩后，黄金的货币职能减弱，但目前许多国家的国际储备中，黄金仍占有相当重要的地位。华丽的黄金饰品一直是社会地位和财富的象征，随着现代工业和科技的发展，用金制作的珠宝、饰品、摆件的范围和样式不断拓宽深化。随着人们收入提高、财富增加，保值和分散化投资意识提高，促进了黄金需求量的逐年增加。

由于金所特有的物化性质：具有极高的抗腐蚀稳定性、良好的导电性和导热性、原子核具有较大捕获中子的有效截面、对红外线的反射能力接近 100%、在金的合金中具有各种触媒性质，还有良好的工艺性，极易加工成超薄金箔、微米金丝和金粉，很容易镀到其他金属、陶器及玻璃的表面上。在一定压力下金容易被熔焊和锻焊，可制成超导体与有机金等，使其广泛应用于电子、通信、宇航、化工、医疗等工业和现代高新技术产业领域。

20 世纪 70 年代以前，黄金价格基本由各国政府或中央银行决定，国际上黄金价格比较稳定。70 年代初期，黄金价格不再与美元直接挂钩，黄金价格逐渐市场化，影响黄金价格变动的因素日益增多：

(1) 供给因素。全球黄金的年供应量大约为 4 200t，每年新产出的黄金占年供应的 62%。黄金开采平均总成本大约为 260 美元/盎司，开采技术的发展使黄金开发成本在过去 20 年以来持续下跌。黄金生产国的任何政治、军事动荡无疑会直接影响该国生产的黄金数量，进而影响世界黄金供给。各国的中央银行是世界上黄金的最大持有者，1998 年官方黄金储备大约为 34 000t，占已开采的全部黄金存量的 24.1%。由于黄金的主要用途由储备资产逐渐转变为生产珠宝的金属原料，或者为改善该国国际收支，或为抑制国际金价，近 30 年间各国中央银行在黄金市场上抛售库存储备黄金，使黄金储备有很大下降，例如英国央行的大规模抛售、瑞士央行和国际货币基金组织准备减少黄金储备，就成为国际黄金市场金价下滑的主要原因。

(2) 需求因素。世界经济发展的速度决定了黄金的总需求 (首饰业、工业等)。例如在微电子领域，越来越多地采用黄金作为保护层；在医学以及建筑装饰等领域，尽管科技的进步使得黄金替代品不断出现，但黄金特殊的金属性质使其需求量仍呈上升趋势。据统计，中国人均黄金消费量仅有 0.2g，与世界最大黄金消费国印度人均黄金消费量 0.85g 相比，还有 4 倍以上差距。中国的经济发展状况及人均收入大大高于印度，因此中国有着非常大的黄金消费潜力。

黄金储备一向被央行用作防范国内通胀、调节市场的重要手段。世界黄金协会报告显示，2016年一季度全球黄金需求量达到1 290t，同比增长21%，为有史以来第二大增幅。全世界88%的黄金集中在20个国家手上，黄金储备第一的是美国(8 133.5t，占比24.79%)；德国位居第二(储量3 381t，占比10.3%)；中国黄金储备位居第六(储备黄金1 808.3t，占比5.51%)。

普通投资者投资黄金，主要是在通货膨胀情况下以实现保值的目的。在经济不景气时，黄金相较于货币资产更为保值，导致对黄金的需求上升，金价上涨。"二战"后的三次美元危机中，市场对美元币值的信心动摇，投资者大量抢购黄金，直接导致布雷顿森林体系破产。

投机者根据国际国内形势，利用黄金市场上金价波动，加上黄金期货市场的交易体制，大量"沽空"或"补进"黄金，人为地制造黄金需求假象。在黄金市场上，几乎每次大的下跌都与对冲基金公司借入短期黄金在即期黄金市场抛售和在COMEX黄金期货交易所构筑大量的空仓有关。这说明黄金市场价格走势并不完全由市场供需来简单决定，也不是由各国央行在其间简单博弈，投机性因素对金价的影响也占据了很大的比重。

(3) 其他因素。美元汇率也是影响金价波动的重要因素之一，有美元涨则金价跌，美元降则金价扬的规律。美元坚挺一般代表美国国内经济形势良好，美国股票和债券得到投资人竞相追捧，黄金作为价值贮藏手段的功能受到削弱；而美元汇率下降则往往与通货膨胀、股市低迷等有关，黄金的保值功能又再次体现。当某国采取宽松的货币政策时，由于利率下降，该国的货币供给增加，加大了通货膨胀的可能，会造成黄金价格的上升。如20世纪60年代美国的低利率政策促使国内资金外流，大量美元流入欧洲和日本，各国由于持有的美元净头寸增加，出现对美元币值的担心，于是开始在国际市场上抛售美元，抢购黄金，并最终导致了布雷顿森林体系的瓦解。

从长期来看，每年的通胀率若是在正常范围内变化，那么其对金价的波动影响并不大；只有在短期内，物价大幅上升，引起人们恐慌，货币的单位购买力下降，金价才会明显上升。石油、黄金是通涨之下的保值品，与通货膨胀形影不离。石油价格上涨意味着通胀会随之而来，金价也会随之上涨。作为长期投资工具，黄金收益率日益低于债券和股票等有价证券。但从长期看，黄金仍不失为对付通货膨胀的重要手段。在债务链中，债务国如果发生无法偿债的现象将导致经济停滞，而经济停滞又进一步恶化债务，连债权国也会因与债务国之关系破裂，面临金融崩溃的危险。这时，各国都会为维持本国经济不受伤害而大量储备黄金，引起市场黄金价格上涨。国际上重大的政治、战争事件都将影响金价，政府为战争或为维持国内经济的平稳而支付费用、大量投资者转向黄金保值投资，这些都会扩大对黄金的需求，刺激金价上扬。如第二次世界大战、美越战争、1976年泰国政变、1986年"伊朗门"事件、"9·11"恐怖袭击美国世贸大厦等事件，都曾使金价有不同程度的上升。股市行情对金价的影响，一般来说股市下挫，金价上升体现了投资者对经济发展前景的预期。如果大家普遍对经济前景看好，则资金大量流向股市，金价下降。反之亦然。国际金融组织的干预活动，一国和地区的中央金融机构的政策法规变动，也将对世界黄金价格的变动产生重大的影响。

黄金期货合约见第一章。

（二）白银期货

白银，化学符号 Ag，是一种美丽的银白色金属，具有很好的延展性（可以碾压成只有 0.3μm 厚的透明箔，1g 重的银粒可以拉成两公里长的细丝）、较高的感光性和发光特性，其导电性和传热性在所有金属中是最高的。自古以来，白银就一直与黄金一起，被作为财富的象征并作为货币使用。白银一直是黄金的"影子"，但与黄金又有所不同，虽然具备贵金属属性，但现在其主要用途体现在工业方面。中国白银总产量已经位居世界第一，过去十年间，中国银矿产量几近上升 100%，中国白银产量连续以超过 10% 的速度增长。

白银的主要用途为：工业、摄影、珠宝银器和造币，占到白银需求的 85% 左右。电子电器是用银量最大的行业，分别用于电接触材料、复合材料和焊接材料。银常用来制作灵敏度极高的物理仪器元件，各种自动化装置、火箭、潜水艇、计算机、核装置以及通信系统设备中的大量的接触点，都是用银制作的。银完全能满足在使用期间，每个接触点要工作上百万次，必须耐磨且性能可靠，能承受严格的工作要求。在银中加入稀土元素制作的接触点，性能就更加优良。寿命可以延长好几倍。银在化学化工方面有两个主要的应用，一是广泛用作氧化还原和聚合反应的银催化剂，用于处理含硫化物的工业废气等。二是电子电镀工业制剂，如银浆、氰化银钾等。

卤化银感光材料是用银量最大的领域之一，由于电子成像、数字化成像技术的发展，使卤化银感光材料用量有所减少，但卤化银感光材料在某些方面的应用 (X-光胶片、荧光信息纪录片、电子显微镜照相软片和印刷胶片等) 尚不可替代，仍有很大的市场空间。

银具有诱人的白色光泽，较高的化学稳定性和收藏观赏价值，深受人们（特别是妇女）的青睐，广泛用作首饰、装饰品、银器、餐具、敬贺礼品、奖章和纪念币等工艺饰品。以白银为主要原材料，制成的各种器皿，能迅速改变细菌细胞电生理性能，破坏其细胞结构，具有消毒、杀菌、活化细胞，并促进人体排毒养生，加速新陈代谢，增强对疾病的抵御能力，长期使用银器皿进食，有益于增强精力和延年益寿。与黄金相比，白银因供应充足且价值较低，故更多且更早地应用于造币，进入流通领域。银质纪念币设计精美，发行量少，具有保值增值功能，深受钱币收藏家和钱币投资者的青睐。20 世纪 90 年代仅造币用银每年就保持在 1 000～1 500t 上下，占银的消费量 5% 左右。

影响白银价格的因素：

(1) 供给因素。主要是全球白银矿藏年供应量影响白银价格；其次是新银矿的开采成本，如场地厂房、机械设备和人员工资；最后是白银生产国的政治、军事和经济政策的变动状况会影响银价。

(2) 需求因素。首先是现货白银实际需求量（首饰业、工业等）；其次是投资者对于现货白银保值的需要；最后是投机者寻求投机性的需求。三类需求影响着银价的波动。

(3) 其他因素。首先是美元兑换其他主要货币汇率的影响，因国际市场银价是以美元标价的；其次是各国的货币政策与国际白银价格的关联性；再次是国际贸易、财政、外债赤字对国际白银价格的影响；最后是全球股票市场的走势会影响到白银价格走势。

白银期货合约略。

三、黑色金属期货

黑色金属又称钢铁材料，是铁和以铁为基的合金（钢、铸铁和铁合金），包括含铁90%以上的工业纯铁，含碳2%～4%的铸铁（铁碳合金），含碳小于2%的碳钢（铁碳合金），以及各种用途的结构钢、不锈钢、耐热钢、高温合金、精密合金等。广义的黑色金属还包括铬、锰及其合金。它们是工业上最广泛应用的金属材料，在国民经济中占有极重要的地位，是人类社会发展的重要物质基础。

（一）螺纹钢和线材期货

螺纹钢是表面带肋的钢筋，亦称带肋钢筋，通常带有2道纵肋和沿长度方向均匀分布的横肋。横肋的外形为螺旋形、人字形、月牙形3种。带肋钢筋的公称直径相当于横截面相等的光圆钢筋的公称直径。钢筋的公称直径为8～50mm，推荐采用的直径为8、12、16、20、25、32、40mm。带肋钢筋在混凝土中主要承受拉应力，由于肋的作用，和混凝土有较大的黏结能力，因而能更好地承受外力的作用。

螺纹钢广泛用于房屋、桥梁、道路等土建工程建设。大到高速公路、铁路、桥梁、涵洞、隧道、防洪、水坝等公用设施，小到房屋建筑的基础、梁、柱、墙、板，螺纹钢都是不可或缺的结构材料。随着中国城镇化程度的不断深入，基础设施建设、房地产的蓬勃发展对螺纹钢的需求强烈。

线材是指直径为5～22mm的热轧圆钢或者相当此断面的异形钢，因以盘条形式交货，故又通称为盘条或盘圆。线材主要用作钢筋混凝土的配筋和焊接结构件或再加工（如拔丝，制钉等）原料，是用量很大的钢材品种之一。例如，经拉拔成各种规格钢丝，再捻制成钢丝绳、编织成钢丝网和缠绕成型及热处理成弹簧；经热、冷锻打成铆钉和冷锻、滚压成螺栓、螺钉等；经切削或热处理制成机械零件或工具等。

钢材价格周期性波动是宏观经济周期的综合反应，它是价格—效益—投资—产能—供求关系连锁作用的结果。影响钢材价格变化的因素主要有：一是生产成本，包括原材料成本、能源成本，这是钢材价格变动的基础；二是供求关系，包括宏观经济运行周期、产量、消费量、库存情况、进出口政策，这是影响钢材价格变动的关键因素；三是投机因素，投机因素有时会导致价格非理性上涨或下跌；四是市场体系，有缺陷的市场体系可能会放大供求关系的失衡，造成价格的大起大落。

中国是全球最大的钢铁生产和贸易国，自螺纹钢和线材期货上市后，我国钢铁产品的金融属性初步显现，期货市场与现货市场的联系日趋紧密，价格相互影响。现货市场反映当前市场形势的变化，期货市场反映未来的预期，并与现货市场形成相互制约，期货价格成了钢厂定价的一个重要考量因素。螺纹钢、线材期货品种，对于发展钢铁业、提升钢铁产业结构具有重要意义，既可以为1 000多家钢铁生产企业和数十万家流通企业、产业链上的基建等企业提供套期保值、管理风险的工具，又可以为钢铁企业提供价格信息，使企业合理安排生产，调整销售或采购策略，保障生产经营活动的有序进行，从而减少价格频繁波动对企业平稳运行的冲击。

螺纹钢期货合约和线材期货合约略。

（二）热轧卷板期货

热轧卷板是以板坯（主要为连铸坯）为原料，经加热后由粗轧机组及精轧机组制成的带钢。冷却后的钢带卷，根据用户的不同需求，经过不同的精整作业线（平整、矫直、横切或纵切、检验、称重、包装及标志等）加工成钢板、平整卷及纵切钢带产品。

热连轧钢板产品具有强度高，韧性好，易于加工成型及良好的可焊接性等优良性能。随着热轧尺寸精度、板形、表面质量等控制新技术的日益成熟以及新产品的不断问世，热连轧钢板、钢带产品得到了越来越广泛的应用，在市场上具有越来越强的竞争力。热连轧钢板规格品种繁多，用途广泛，从一般的工程结构至汽车、桥梁、船舶、石化设备、钢结构行业、电力设备、锅炉压力容器等制造，都得到大量使用。

热轧钢板的供求关系决定其价格趋势，成本决定钢材价格的下限。下游行业的成本决定钢材价格的上限，当下游行业成本已经不能承受钢材价格的上涨，出现亏损的时候，钢板价格往往由上涨转为下跌；钢铁行业平均生产成本决定了钢材价格的下限，当钢厂普遍出现亏损的时候，钢材价格继续下跌的空间就已经不大了。当市场资金相对比较充足的时候，往往对应高价格，而当资金比较紧张的时候，往往对应低价格。宝钢类的大型钢厂价格政策调整，对其他钢厂及市场的引导作用十分明显。市场预期的变化通过改变供求及市场资金，助推价格涨跌。如果市场对未来价格走势预期上涨，贸易商和下游企业往往会比较积极的订货和增加库存，刺激市场价格的进一步上涨；反之亦然。

热轧卷板期货合约略。

（三）铁矿石期货

铁矿石是生产生铁（铁矿石经高炉冶炼后的产品。根据生铁中碳存在形态的不同，分为炼钢生铁、铸造生铁和球墨铸铁等几种）的重要原材料。铁矿石的种类很多，用于炼铁的主要有磁铁矿、赤铁矿和菱铁矿等。铁矿石的品位指的是铁矿石的含铁量，如铁矿石的品位为62，指的是其中铁元素的质量分数（含铁量）为62%。天然铁矿石经过破碎、磨碎、磁选、浮选、重选等程序逐渐选出铁，即含有铁元素或铁化合物能够经济利用的矿物集合体。

我国的铁矿资源分布在东北、华北、中南、华东等地区，特点是贫矿多（占资源储量总量的80%)，多元素共生的复合矿石较多。世界铁矿资源集中在澳大利亚、巴西、俄罗斯、乌克兰、哈萨克斯坦、印度、美国、加拿大、南非等国。中国是钢铁生产大国，也是铁矿石消费大国，被称为"全球吸铁石"，近年来铁矿石产量不断大幅增长，但随着经济高速发展，国内产量仍无法满足需求，钢铁企业需要大量进口铁矿石。

影响铁矿石价格走势的主要因素：第一个因素是供求关系。如果钢铁生产增长过快，铁矿石供应出现缺口，铁矿石价格就会上涨；如果钢铁产量增长放缓，铁矿石供应改善，价格就会下降；如果钢铁产量减少，而铁矿石供应稳定增长，价格就会一降再降。第二个因素是供需双方市场地位的不对等。国外矿山企业的集中度较高，而我国钢铁企业和贸易商则相对分散，造成了不对等的市场地位。这种不对等集中体现在：近年，钢材价格上涨时铁矿石价格上涨更快、更早，而钢材价格下降时铁矿石价格下降更慢、更晚。第三个因素是过多的金融资本和游资进入铁矿石领域，导致其价格波动加大，增加了钢铁企业生产经营的风险。

铁矿石期货合约略。

（四）硅铁期货和锰硅期货

硅铁是以焦炭、钢屑、石英（或硅石）为原料，用电炉冶炼制成的铁和硅的合金。冶炼硅铁大多使用冶金焦作为还原剂，使用钢屑作为调节剂。硅铁，是冶炼行业重要的合金品种，是炼钢工业中必不可少的脱氧剂，如每冶炼一吨钢消耗 3～5kg75% 硅铁。钢中添加一定数量的硅，能显著提高钢的强度、硬度和弹性，提高钢的磁导率，降低变压器钢的磁滞损耗。高硅硅铁或硅质合金在铁合金工业中用作生产低碳铁合金的还原剂。硅铁加入铸铁中可作球墨铸铁的孕育剂，且能阻止碳化物形成，促进石墨的析出和球化，改善铸铁性能。炼钢工业、铸造工业和铁合金工业是硅铁的最大用户，它们共消耗约 90% 以上的硅铁。在各种不同牌号的硅铁中，目前应用最广的是 75% 硅铁。此外，硅铁粉在选矿工业中可作悬浮相使用，在焊条制造业中作焊条的涂料。高硅硅铁在电气工业中可制备半导体纯硅，在化学工业中可用于制造硅酮等。

锰硅是由锰、硅、铁及少量碳和其他元素组成的合金，是一种用途较广、产量较大的铁合金。锰硅合金是炼钢常用的复合脱氧剂，脱氧效果显著，又是生产中、低碳铁和电硅热法生产金属锰的还原剂。锰硅合金可在大、中、小型矿热炉内，用碳同时进行锰矿石（包括富锰渣）和硅石中的氧化锰和二氧化硅的还原，采取连续式操作进行冶炼。据不完全统计，锰矿品位每降低 1%，锰硅合金电耗升高 135kW·h。尽可能提高入炉锰矿石的品位（应在 30% 以上），是提高锰回收率、降低电耗，改善其他各项指标的重要手段。

锰矿储量主要集中在南非、莫桑比克、澳大利亚、俄罗斯、缅甸、加蓬等国，我国的锰矿产地是辽宁、湖南、四川、广西等地区，但是因为品位低，所以每年需要从巴西、加蓬、澳大利亚等国家进口大量高品位（大于 30%）锰矿搭配使用。

锰铁合金的生产成本主要由锰矿石、电力和焦炭的采购成本构成。许多企业在生产锰铁合金时，为了提高原料的入炉品位、增加锰元素回收率、降低电耗和生产成本，需要外购部分进口高品位锰矿和国产的低磷、低铁、低硫、低硅的锰矿石配比后进行冶炼，锰矿在锰合金生产成本的比重约占 60%；铁合金主要用电炉生产，生产是高耗电的过程，电费占生产成本的 20%～25%；我国硅石资源丰富，价格低廉。焦炭费用占生产成本的 10%～15%。因此锰矿石价格、电费和焦炭价格的波动对锰铁合金生产产生较大的影响。

影响硅铁、锰硅价格变化的因素主要有：一是生产成本，包括原材料成本、能源成本，如上述分析，这是价格变动的基础；二是供求关系，包括宏观经济运行周期、产量、消费量、库存情况、进出口政策，这是影响价格变动的关键因素；三是投机因素，投机因素有时会导致价格非理性上涨或下跌。

硅铁期货合约和锰硅期货合约略。

第三节　能源化工期货

能源可以分为一次能源和二次能源。一次能源是指从自然界获得、且可直接应用的热能或动力，主要是煤、石油、天然气等化石燃料以及水能、核能等。二次能源(除电外)是指从一次能源(化石燃料)经过各种化工过程加工制得的、使用价值更高的燃料，如由石油炼制获得的汽油、柴油、重油等液体燃料，它们广泛用于汽车、飞机、轮船等，是现代交通运输和军事的重要物资；还有由煤加工制取的工业煤气、民用煤气和从煤、油页岩制取的人造石油。

化工与能源的关系非常密切，表现在化石燃料及其衍生的产品不仅是能源，而且还是化学工业的重要原料。以石油为基础的现代石油化学工业，可生产出成千上万种石油化工产品。在化工生产中，有些物料既是某种加工过程(如合成气生产)中的燃料，同时又是原料，两者合而为一。所以化工生产既是生产二次能源的部门，也是耗能的大户。

化石燃料特别是煤的加工和应用常常产生污水、固体废料和有害气体，导致环境的污染。防治污染，也有赖于多种化工技术的应用。预计至21世纪上半叶，化石燃料仍将占据能源的主导地位。随着时间的推移，太阳能、风能、地热能、潮汐能、波浪能、海洋能和生物能(如沼气)等新能源和核能，将越来越多地得到应用。

一、燃料油期货

燃料油一般是指原油经蒸馏而留下的黑色黏稠残余物，其特点是黏度大，含非烃化合物、胶质、沥青质多，广泛用于电厂发电、船舶锅炉燃料、加热炉燃料、冶金炉和其他工业炉燃料。按含硫量的多少，燃料油一般有低硫(LSFO)与高硫(HSFO)之分，前者含硫在1%以下，后者通常含硫高达3.5%甚至4.5%或以上。在上海期货交易所交易的是高硫燃料油(HSFO)。

燃料油在几大行业的使用状况：在电力行业，主要用作燃油发电，供热机组、燃煤机组的点火、助燃和稳燃用油；在钢铁行业，主要用于加热炉、自备电厂发电供热和耐火材料等方面；在建材行业，主要用于平板玻璃和建筑卫生陶瓷的生产；在石油化工行业，主要在自备电厂的发电、油田生活采暖、炼油厂生产工艺用热、化肥厂生产用原料和燃料以及其他化工生产。

影响燃料油价格的因素：

(1) 供求关系。随着我国经济持续高速的发展，对能源的需求也快速增长，2015年中国石油消费对外依存度首次突破60%，达到60.6%(中国石油集团经济技术研究院2016年1月26日发布的2016年度《国内外油气行业发展报告》)。石油对外依存度是一个国家石油净进口量占本国石油消费量的比例,是衡量一个国家和地区石油供应安全的重要指标,进口数量的增减极大地影响着国内燃料油的供应状况。新加坡普式现货价格(MOPS)是新加坡燃料油的基准价格,也是我国进口燃料油的基准价格。MOPS及其贴水状况反映了进口燃料油的成本,对我国的燃料油价格的影响更为直接。

(2) 原油价格走势的影响。燃料油是原油的下游产品,因此燃料油的价格走势与原油价格存在很强的相关性。据对近几年价格走势的研究,纽约商品交易所的美国西得克萨斯中质原油WTI原油期货,和新加坡燃料油现货市场180CST高硫燃料油之间的相关度高达90%以上;在英国国际石油交易所上市的北海布伦特原油IPE,以及WTI的价格趋势,是判断燃料油价格走势的二个重要依据。

(3) 产油国特别是OPEC各成员国的生产政策影响。OPEC组织国家控制着世界上绝大部分石油资源,为了共同的利益,各成员国之间达成的关于产量和油价的协议,能够得到多数国家的支持。所以该组织在国际石油市场中扮演着不可替代的角色,其生产政策对原油价格具有重大的影响力。2015年欧佩克国家力争市场份额不减产,而美国页岩油气产量并未按预期下跌,全球石油市场发生了新世纪以来最严重的供应过剩。

(4) 国际与国内经济的影响。燃料油是各国的重要能源,其需求与经济发展密切相关。在经济增长时,燃料油的需求也会增长,从而带动燃料油价格的上升;在经济滑坡时,燃料油需求的萎缩会促使价格下跌。

(5) 地缘政治的影响。地缘政治是不可忽视的影响油价的重要因素之一。世界主要产油国发生革命或暴乱,中东地区爆发战争等,尤其是近期恐怖主义在世界范围的扩散和加剧,都会对油价产生重要的影响。

(6) 投机因素。国际对冲基金以及其它投机资金,是石油市场最活跃的投机力量。由于基金对宏观基本面的理解更为深刻并具有"先知先觉",所以基金的持仓头寸与油价的涨跌之间有着非常好的相关性,了解基金的动向也是把握行情的关键。

(7) 汇率与利率影响。国际上燃料油交易一般以美元标价,而世界上几种主要货币均实行浮动汇率制,以美元标价的国际燃料油价格势必会受到汇率的影响。利率是政府调控经济的重要手段,根据利率的变化,可了解政府的经济政策,从而预测经济发展状况的演变,及其对原油和燃料油价格的影响。

燃料油期货合约略。

二、沥青期货

沥青是由不同分子量的碳氢化合物及其非金属衍生物组成的黑褐色复杂混合物,是高黏度、能防水防潮和防腐的有机胶凝材料,表面呈黑色,可溶于二硫化碳。沥青的主要成分是沥青质和树脂,其次有高沸点矿物油和少量的氧、硫和氯的化合物,有光泽,呈液体、半固体或固体状态,低温时质脆,黏结性和防腐性能良好。沥青主要分为石油沥青、页岩沥青、煤焦沥青和天然沥青四种。石油沥青、页岩沥青是原油、页岩油蒸馏后的残渣,煤焦沥青是炼焦的副产品,天然沥青则是石油渗出地表经长期暴露和蒸发后的残留物。

沥青是用作道路沥青、建筑沥青、防水防潮沥青、各种专用沥青的基础建设材料和原料，应用范围遍及道路(铺筑路面)、建筑业、农业、水利工程、工业(采掘业、制造业)以及涂料、塑料、橡胶等工业部门。中国经济的高速增长，促使公路交通建设突飞猛进，我国道路沥青生产企业也得到了迅猛发展。尤其是重交沥青和改性沥青(用于机场跑道、防水桥面、停车场、运动场、重交通路面、交叉路口和路面转弯处等特殊场合的铺装)实现了由无到有、由小到大、由少到多的质的飞跃，为我国道路建设做出了巨大贡献。

影响沥青价格变化的因素主要有：

(1) 季节因素。沥青道路修筑工程多在夏季进行，7—10月份是沥青需求的旺季。我国绝大部分地区冬季地温低于10℃，不能进行沥青搅拌和摊铺，11月中旬以后，绝大部分地区公路会下达停工令，进入沥青冬储季节。来年四、五月份地温回到10℃以上，继续进行摊铺施工。一年12个月中，一半时间为沥青使用期，一半时间为冬储期。

(2) 道路建设的刚性需求支撑沥青价格。"十二五"末期，中国高速公路总里程达到13.9万公里，这一存量显示了未来道路维修、保养等对沥青产生的巨大需求。2012—2015年年均道路增加1.1万公里，按照1 000吨/公里的沥青消耗量计算，每年沥青需求的增量达到1 000万t。

(3) 国际原油价格的影响。上期所有关人士指出，长期看沥青与国际原油价格呈现联动关系。用过去10年(2004—2013年)国产长三角重交沥青价格与布伦特原油价格进行简单的回归模型测算，可得Brent上涨1美元/桶，沥青价格上涨31.3人民币/t。经汇率调整后，布伦特上涨1元人民币，华东沥青批发价将上涨4.80元，相关性系数为75%。

(4) 焦化料生产。焦化料和沥青存在替代生产关系，生产沥青就不能生产焦化料，生产了焦化料就不能生产沥青，生产商会以利润为导向来安排是生产沥青还是生产焦化料。自2012年11月1日起，国家开始对焦化料征收消费税，但对沥青未征税，生产商会安排生产沥青不生产焦化料。

除了以上因素外，国内外宏观经济环境、国家道路基础建设政策、燃料油市场走势、炼厂销售策略、市场炒作因素等，都会对沥青期货的价格走势产生影响。

沥青期货合约略。

三、焦炭期货、焦煤期货与动力煤期货

烟煤在隔绝空气的条件下，加热到950～1 050℃，经过干燥、热解、熔融、黏结、固化、收缩等阶段最终制成焦炭，这一过程叫高温炼焦(高温干馏)。由高温炼焦得到的焦炭用于高炉冶炼、铸造和气化。炼焦过程中产生的经回收、净化后的焦炉煤气既是高热值的燃料，又是重要的有机合成工业原料。

焦炭主要用于高炉炼铁和用于铜、铅、锌、钛、锑、汞等有色金属的鼓风炉冶炼，起还原剂、发热剂和料柱骨架作用。为使高炉操作达到较好的技术经济指标，冶炼用焦炭(冶金焦)必须具有适当的化学性质和物理性质，包括冶炼过程中的热态性质。焦炭除大量用于炼铁和有色金属冶炼(冶金焦)外，还用于铸造、化工、电石和铁合金，其质量要

求有所不同。如铸造用焦，一般要求粒度大、气孔率低、固定碳高和硫分低；化工气化用焦，对强度要求不严，但要求反应性好，灰熔点较高；电石生产用焦要求尽量提高固定碳含量。

焦煤也称冶金煤，是一种中等及低挥发分的中等黏结性及强黏结性的烟煤，黑色，强玻璃光泽，内生裂隙发育，脆性大，加热时可形成稳定性很好的胶质体。焦煤的结焦性好，单独用来炼焦能形成结构致密、块度大、裂纹少、抗碎强度高、耐磨性好的焦炭。但因其产生的膨胀压力大，易造成推焦困难，损坏炉体，故一般都作炼焦配煤的主要成分使用，起到焦炭骨架和缓和收缩应力的作用，从而提高焦炭机械强度，再配入气煤、瘦煤等，以改善操作条件和提高焦炭质量。我国的焦煤储量较少，仅占世界保有储量的6%，居第6位。中国东北本溪，河北唐山、井陉县开滦，贵州水城，江西萍乡，黑龙江鸡西矿区有焦煤产出。

动力煤是指用作动力原料的煤炭，即用于火力发电、锅炉燃烧产生蒸汽动力使用的煤炭。动力煤主要包括：褐煤、长焰煤、不黏结煤、贫煤、气煤、少量的无烟煤。动力煤的热值和挥发分、灰分的要求不像化工煤（如炼钢用的焦煤）那么高。

焦炭价格波动的基本因素是市场供求关系，当供大于求时，其价格下跌，反之则上扬。同时价格又会影响供求，即当价格上涨时，供应会增加而需求减少，反之就会出现需求上升而供给减少，因此价格和供求互为影响。库存状况是供求关系、焦炭价格趋势分析的重要指标，生产商、贸易商、消费者主要根据焦炭价格的变化和自身的库存能力来调整库存。由于焦炭出口价格基本上与国内价格联动，同时配额数量也起到关键作用。各省加快淘汰焦化落后产能会使供应趋紧、国家调整出口关税税率都是推动焦炭涨价的因素。消费是影响焦炭价格的直接因素，使用焦炭行业的发展是影响消费的重要因素。关注上下游产品的价格变化，如：上游的主焦煤和炼焦配煤的资源短缺、国际石油价格的波动、钢铁行业的产能释放等。焦炭是重要的工业原材料，宏观经济增长时，焦炭需求增加从而带动焦炭价格上升，经济萧条时，焦炭需求萎缩从而促使焦炭价格下跌。宏观经济的发展周期和发展趋势、景气状况，汇率变动等，都是分析焦炭价格变化需要了解的背景资料。投资者的心理因素起助涨助跌的作用。当投资者信心崩溃时，往往使市场加速下跌，当投资者信心满满时，往往让市场更加疯狂。

焦煤和动力煤的价格影响因素分析，与上述类似，不再赘述。

焦炭期货、焦煤期货和动力煤期货合约略。

四、线性低密度聚乙烯期货、聚氯乙烯期货与聚丙烯期货

聚乙烯(PE)是五大合成树脂之一，主要分为线型低密度聚乙烯(LLDPE)、低密度聚乙烯(LDPE)、高密度聚乙烯(HDPE)3大类。线型低密度聚乙烯(Linear Low-Density Polyethylene)，英文缩写为LLDPE，是无毒、无味、无臭的乳白色颗粒，密度为$0.918 \sim 0.935 g/cm^3$。它与LDPE相比，具有较高的软化温度和熔融温度，有强度大、韧性好、刚性大、耐热、耐寒性好等优点，还具有良好的耐环境应力开裂性，耐冲击强度、

耐撕裂强度等性能，并可耐酸、碱、有机溶剂等而广泛用于工业、农业、医药、卫生和日常生活用品等领域。LLDPE 已渗透到聚乙烯的大多数传统市场，包括薄膜、模塑、管材和电线电缆。LLDPE 的 65%～70% 用于制作薄膜。

聚氯乙烯，英文简称 PVC，可由乙烯、氯和催化剂经取代反应制成。它是无定形结构的白色粉末，支化度较小，相对密度 1.4 g/cm³ 左右，玻璃化温度 77～90℃，170℃左右开始分解，对光和热的稳定性差，在 100℃以上或经长时间阳光曝晒，就会分解而产生氯化氢，并进一步自动催化分解，引起变色，物理机械性能也迅速下降。聚氯乙烯由于其防火耐热作用，是世界上产量最大的通用塑料，在建筑材料、工业制品、日用品、地板革、地板砖、人造革、管材、电线电缆、包装膜、瓶、发泡材料、密封材料、纤维等方面均有广泛应用：

(1) 聚氯乙烯型材、异型材是我国 PVC 消费量最大的领域，约占 PVC 总消费量的 25%(德国为 50%，法国为 56%，美国为 45%)，主要用于制作门窗和节能材料。

(2) 聚氯乙烯管道是其第二大消费领域，约占其消费量的 20%。

(3) 聚氯乙烯膜在 PVC 的消费中位居第三，约占 10%。压延薄膜通过剪裁、热合，加工成包装袋、雨衣、桌布、窗帘、充气玩具等。宽幅的透明薄膜可以供温室、塑料大棚及地膜之用。经双向拉伸的薄膜，有受热收缩的特性，可用于收缩包装。

(4) PVC 硬材和板材。用挤出机可挤出各种口径的硬管、异型管、波纹管，用作下水管、饮水管、电线套管或楼梯扶手。将压延好的薄片重叠热压，可制成各种厚度的硬质板材并切割成所需的形状，然后利用 PVC 焊条用热空气焊接成各种耐化学腐蚀的贮槽、风道及容器等。

此外，PVC 在一般软质品、聚氯乙烯包装材料、聚氯乙烯护墙板和地板、聚氯乙烯日用消费品、PVC 涂层制品、PVC 泡沫制品、PVC 透明片材和合成纤维、合成橡胶、以塑代钢材料、以塑代木材料等其他方面有广泛应用。

聚丙烯，英文简称 PP，是由丙烯聚合而制得的一种热塑性树脂，是无毒、无臭、无味的乳白色高结晶的聚合物，密度只有 0.90～0.91g/cm³，是目前所有塑料中最轻的品种之一。它有良好的力学性能，除耐冲击性外，其他力学性能均比聚乙烯好，成型加工性能好；具有较高的耐热性，连续使用温度可达 110～120℃；化学性能好，几乎不吸水，与绝大多数化学药品不反应；质地纯净，无毒性；电绝缘性好；聚丙烯制品的透明性比高密度聚乙烯制品的透明性好。

聚丙烯的缺点是制品耐寒性差，低温冲击强度低；制品在使用中易受光、热和氧的作用而老化；着色性不好；易燃烧；韧性不好，静电度高，染色性、印刷性和黏合性差。

由于聚丙烯具有以上特性，其在家用电器、塑料管材、高透材料领域得到广泛应用。透明 PP 比普通 PP、PVC、PET、PS 更具特色，有更多优点和开发前景，开发透明 PP 专用料，是满足人们不断提高的生活水平的发展趋势。

线型低密度聚乙烯价格的影响因素，包括：

(1) 宏观经济的影响，当 GDP 达 8% 以上，各行业对 LLDPE 需求高涨，支撑其价格在高位运行；宏观经济下行会带动 LLDPE 价格走低。

(2) 原油、天然气价格波动的影响，上游原料价格的涨跌，肯定牵动下游塑料价格涨跌；

(3) 上游产品乙烯的产能与供求直接影响 LLDPE 价格，带动 LLDPE 价格同涨同跌。

(4) LLDPE 自身产能产量与价格成反向关系，产量大，价格低，反之亦然。

(5) 国际贸易价格。LLDPE 在全球的供求基本平衡，但中东等产油国也是 LLDPE 的主产地，从该地区进口 LLDPE，价格低于国际市场平均价。我国关税调整、国际海运价格变动都会直接影响 LLDPE 进口价。

(6) 下游需求变化。下游需求增长、LLDPE 供给不足时，LLDPE 价格会上涨，反之价格下跌。我国还存在区域消费不平衡引起的地区市场价格偏离国内市场平均价格的情况。

(7) 替代产品 LDPE、HDPE 的价格，库存量的多寡也会影响 LLDPE 的价格。

聚氯乙烯、聚丙烯的价格基本面分析与上类似，不再赘述。

线型低密度聚乙烯期货合约、聚氯乙烯期货合约与聚丙烯期货合约略。

五、精对苯二甲酸期货

精对苯二甲酸，英文名 Pure Terephthalic Acid(PTA)，是石油的下端产品，为白色晶体或粉末，低毒，可燃(与空气混合，在一定的限度内遇火即燃烧甚至发生爆炸)。PTA 是重要的大宗有机原料之一，广泛用于化学纤维、轻工、电子、建筑等产业。世界上 90% 以上的 PTA 用于生产包括纤维切片、聚酯纤维、瓶用切片和薄膜切片的聚酯(PET)。国内 PTA 的 75% 用于生产聚酯纤维；20% 用于生产瓶级聚酯(用于各种饮料尤其是碳酸饮料的包装)；5% 用于膜级聚酯(用于包装材料、胶片和磁带)。

聚酯纤维，俗称涤纶，属于合成纤维。合成纤维制造业是化纤行业中规模最大、分支最多的子行业，除了涤纶外，其产品还包括腈纶、锦纶、氨纶等。2005 年中国化纤产量 1 629 万 t，位列世界第一，占世界总产量 4 400 万 t 的 37%，占我国纺织工业纤维加工总量的 2 690 万 t 的 61%。其中，涤纶纤维产量占合成纤维产量的 85%，合成纤维产量占化纤总量的 92%。涤纶可用于制作特种材料如防弹衣、安全带、轮胎帘子线、渔网、绳索、滤布及绝缘材料等等。国内纺织品原料中，棉花和化纤占总量的 90%。涤纶是纺织行业的主要原料，分为长丝(占 62%)和短纤(占 38%)，长丝供纺织企业用来生产化纤布，短纤一般与棉花混纺。在纺织原料中，棉纱一般占 60%，涤纶占 30%～35%，不过，二者用量因价格变化而相互替代。

精对苯二甲酸 (PTA) 产品的价格，是由供求关系和原料价格共同决定的。经历了三年的低迷期，2016 年国内 PTA 装置实际有效产能约为 3 400 万 t，国内需求约 3 100 万 t，PTA 行业有望在下半年新增产能 320 万 t，而需求预计仍将延续个位数增长(下游涤纶产量维持 6%～10% 的年增速)，2016 年国内 PTA 供需已经趋于平衡。PTA 的源头为石油，在高油价下，作为中间产品的化工市场与原油价格密切相关，同声涨落。对二甲苯 (PX) 是生产 PTA 的最直接和最主要的原料，全球范围内超过 90% 的 PX 是用来生产 PTA 的，可见 PTA 和 PX 之间关系的密切程度。石油涨价带来成本向下游的转移，直接使 PX 的成本增加，从而影响 PTA 的生产成本。如在现货市场中，有 PTA 的成本价参考公式：PTA 成本价 =0.655×PX 价＋1 200。其中 0.655×PX 价格为原料成本，1 200 元为各种生产费用。

棉花与 PTA 的下游产品涤纶，同为纺织品的原料，二者的价格关系会影响各自在纺织原料中的占比，从而影响对 PTA 的需求。近年棉花价格的低位运行状况，就抑制了化纤产品价格上涨的可能。PTA 生产装置每年需要检修一次，生产企业会选择淡季或市场行情不好的月份进行装置检修，以降低市场风险。我国是全球最大的纺织品生产国和出口国，人民币升值降低了纺织品的出口竞争力，不过按美金计价的进口 PX 价格更便宜，使成本降低。人民币贬值的效果相反。

精对苯二甲酸期货合约略。

六、甲醇期货

甲醇又称"木醇"或"木精"，是无色、有酒精气味、易挥发的液体，有剧毒，用于制造甲醛和农药等，并用作有机物的萃取剂和酒精的变性剂等，通常由一氧化碳与氢气反应制得。甲醇易燃，其蒸气与空气可形成爆炸性混合物，遇明火、高热能引起燃烧爆炸，与氧化剂接触发生化学反应或引起燃烧。

甲醇主要用于制造甲醛、乙酸、氯甲烷、甲胺和硫酸二甲酯等多种有机产品，也用作涂料、清漆、虫胶、油墨、胶黏剂、染料、生物碱、醋酸纤维素、硝酸纤维素、乙基纤维素、聚乙烯醇缩丁醛等的溶剂，是制造农药、医药、塑料、合成纤维及有机化工产品如甲醛、甲胺、氯甲烷、硫酸二甲酯等的原料和用作汽车防冻液、金属表面清洗剂和酒精变性剂等。

甲醇是重要的清洁能源，可掺入汽油作替代燃料使用，生产甲醇汽油、甲醇燃料以及甲醇蛋白等产品，也广泛应用于甲醇燃料电池中，大大促进了甲醇生产的发展和市场需要。甲醇还用作分析试剂，如作溶剂、甲基化试剂、色谱分析试剂，还用于有机合成。

世界 80% 的甲醇生产以天然气为原料，我国 78% 的甲醇生产以煤为原料，以天然气为原料约占 22%。天然气和煤炭价格的变化对分析甲醇价格的走势具有非常重要的意义。国际甲醇产业的一个主要发展方向是以甲醇作为清洁能源，取代价格日益高企的石油。所以国际原油的价格直接决定了甲醇作为替代能源的价值，进而影响到甲醇的市场价格。

国际国内甲醇生产装置开工率的变化，直接影响到甲醇的价格。美国 Mathanex 公司和德国南方化学公司，这两家跨国公司的甲醇产能巨大，业务遍及全球，他们的生产情况对国际甲醇市场具有举足轻重的影响。如 Methanex 公司的智利甲醇工厂因为天然气供应问题而停产的消息，直接导致了国际甲醇价格在 2007 年第三季度的飙升。2005 年以来，我国陆续出台一系列扶植石油替代性能源和煤化工产业发展的产业政策，国内甲醇产能不断提高，随着供应量的不断提升，国内甲醇价格也渐趋平稳。然而，2015 年 9 月 3 日国家发改委出台《天然气利用政策》，严禁国内以天然气资源生产甲醇 (已投产和在建项目除外)，直接推动了国内甲醇价格暴涨。近日，国家发改委又明确表示，将逐步上调国内天然气价格，这对于国内甲醇市场来说，无疑是一股推动其价格继续上扬的强大力量。

甲醇期货合约略。

七、玻璃期货

玻璃的主要化学成分是二氧化硅，由石英砂、纯碱、长石及石灰石经高温熔融，熔体在冷却过程中黏度逐渐增大，得到不结晶的固体材料，性脆而透明，广泛用于建筑、交通工具、日用、医疗、化学、电子、仪表、核工程等领域。随着国际玻璃产业逐渐向中国转移以及中国本土企业研发、生产能力的提高，中国在未来几年将成为全球最重要的玻璃生产基地之一。

玻璃简单分类为平板玻璃和深加工玻璃。平板玻璃中由于浮法玻璃具有厚度均匀、上下表面平整平行，再加上劳动生产率高及利于管理等优势，浮法玻璃已成为玻璃制造方式的主流。

深加工玻璃是为了满足生产生活中的各种需求，人们对普通平板玻璃进行深加工处理后的产品，主要分类如下：

(1) 钢化玻璃。它是普通平板玻璃经再加工形成的一种预应力玻璃，相对于普通平板玻璃，其强度提高数倍、抗拉度提高3倍以上、抗冲击提高5倍以上；它不容易破碎，即使破碎也会以无锐角的颗粒形式碎裂，对人体伤害大大降低。

(2) 磨砂玻璃。它是由普通平板玻璃经表面磨砂加工而成，厚度多在9cm以下，以5、6cm厚度居多。

(3) 喷砂玻璃。性能与磨砂玻璃相似，不同的是磨砂加工改为喷砂加工，两者视觉效果类同。

(4) 压花玻璃。这是采用压延方法制造的一种平板玻璃，其最大的特点是透光不透明，多使用于洗手间等装修区域。

(5) 夹丝玻璃。这是采用压延方法，将金属丝或金属网嵌于玻璃板内制成的一种具有抗冲击性的平板玻璃，受撞击时只会形成辐射状裂纹而不至于堕下伤人，多用于高层楼宇和震荡性强的厂房。

(6) 中空玻璃。采用胶接法使两块玻璃保持一定间隔，间隔中充入干燥空气，周边用密封材料密封而成，用于有隔音隔热要求的装修工程之中。

(7) 夹层玻璃。夹层玻璃由两片普通平板玻璃(也可以是钢化玻璃或其他特殊玻璃)加上玻璃之间的有机胶合层构成。受到破坏时，玻璃碎片仍黏附在胶层上，避免了碎片飞溅伤人，用于有安全要求的装修项目。

(8) 防弹玻璃，是夹层玻璃的一种，原料采用强度较高的钢化玻璃，且夹层的数量也相对较多，多用于银行、豪宅、交通工具等对安全要求非常高的装修工程之中。

(9) 热弯玻璃。由优质平板玻璃加热软化在模具中成型，再经退火制成曲面玻璃。样式美观，线条流畅，出现在高级装修中的频率越来越高。

(10) 玻璃砖，制作工艺基本同平板玻璃，不同的是成型方法，中空部分为干燥的空气。多用于装饰性项目或者有保温要求的透光造型中。

(11) 玻璃纸，也称玻璃膜，具有多种颜色和花色。根据纸膜的性能不同，具有不同的性能。绝大部分起隔热、防红外线、防紫外线、防爆等作用。

(12) LED 光电玻璃。光电玻璃是一种新型环保节能产品，是 LED 和玻璃的结合体，既有玻璃的通透性，又有 LED 的亮度，主要用于室内外装饰和广告。

(13) 调光玻璃，通电呈现玻璃本质透明状，断电时呈现白色磨砂状不透明；不透明状态下，可以作为背投幕。

影响玻璃价格波动的主要因素：

(1) 成本。成本是生产过程中企业对所购买的各种物质、人工生产要素的货币支出，这是决定商品价格的主要要素之一。玻璃的成本主要由燃料、纯碱、硅砂组成，三种材料的成本占总成本的七成左右，其他原材料以及人工费用不构成生产成本的主要影响因素。企业一般会以提高劳动生产率来降低商品成本，从而降低商品价格，但高涨的成本也会阻止企业下调产品的销售价格。

(2) 市场供求。市场供求规律像一只看不见的"大手"调控着商品的价格，使供需达到平衡，价格最终趋向于均衡价格。当商品供大于求时，生产者间的价格竞争，使商品价格下跌；当供不应求时，购买者间的价格竞争，使价格上涨，如此循环往复。

(3) 国家政策因素，包括货币政策、财政政策、利率政策、汇率政策和法律法规等。比如，2008 年世界金融危机对全球经济造成很大的冲击，玻璃行业不仅外销量大幅度降低，外销价格也有很大的波动。在国家"四万亿"经济刺激政策的推动下，玻璃行业很快走出阴影，需求增长，价格攀升。实行宽松的货币政策，增加货币的投放，会导致通货膨胀，引起商品价格上升；实行积极的财政政策，减少税收，间接增加货币投放，也会引起价格上升；国家实行低利率政策，鼓励消费，增加市场需求，导致商品价格上升等。反之，国家减少货币的投放，增加税收，实行高利率政策等都可以引起价格的下降。汇率政策也在一定程度上能引起国内物价水平的涨落。

(4) 心理因素，生产者和流通渠道的经营者，在受到各种因素影响后心理状态会改变，导致情绪波动，判断失误，做出盲目抢购或者狂抛行为，这往往也是引起某个时段玻璃产品价格狂跌暴涨的重要因素。

玻璃期货合约略。

本 章 小 结

1. 商品期货是指标的物为实物商品的期货合约。商品期货主要包括农产品期货、金属期货和能源化工期货三大类，其交易量约占全球期货交易总量的 40%。

2. 农畜林产品是需求弹性很小但供给又极不稳定的商品，其价格波动比较频繁，波动幅度也比较大，会对经济造成很大的价格压力。利用期货市场调节农畜林产品的价格波动显得尤为重要，这也是农畜林产品期货交易十分活跃的重要原因。

3. 金属是一种具有光泽（即对可见光强烈反射）、富有延展性、容易导电、导热等性质的物质。属于金属的物质有金、银、铜、铁、锰、锌等。在一个大气压及 25 摄氏度的常温下，除汞（液态）

外，其他金属都是固体。

4. 能源可以分为一次能源和二次能源。一次能源是指从自然界获得、且可直接应用的热能或动力，主要是煤、石油、天然气等化石燃料以及水能、核能等。二次能源(除电外)是指从一次能源(化石燃料)经过各种化工过程加工制得的、使用价值更高的燃料，如由石油炼制获得的汽油、柴油、重油等液体燃料，它们广泛用于汽车、飞机、轮船等，是现代交通运输和军事的重要物资；还有由煤加工制取的工业煤气、民用煤气和从煤、油页岩制取的人造石油。

5. 化工与能源的关系非常密切，表现在化石燃料及其衍生的产品不仅是能源，而且还是化学工业的重要原料。以石油为基础的现代石油化学工业，可生产出成千上万种石油化工产品。在化工生产中，有些物料既是某种加工过程(如合成气生产)中的燃料，同时又是原料，两者合而为一。所以化工生产既是生产二次能源的部门，也是耗能的大户。

本章重要概念

大宗商品　CRB 指数　商品期货　农产品期货　谷物　经济作物　畜产品　林产品
有色金属　贵金属　黑色金属　一次能源　二次能源　化工　化石燃料

思　考　题

1. 为什么要建设农畜林产品期货市场？
2. 有色金属在国民经济中有何作用？
3. 影响贵金属价格的因素有哪些？
4. 黑色金属的范围包括了哪些金属？
5. 影响燃料油价格的因素有哪些？

阅读材料

中国对原油定价的话语权逐渐加大

长期以来，尽管中国是世界重要的原油进口大国，但对国际油价几乎没有发言权，更谈不上什么定价权。相关资料表明，油价每上涨 1% 并持续一年时间，就会使中国的 GDP 增幅平均降低 0.01%。

自 1860 年第二次工业革命以来，全球能源定价权大致经历了三个历史阶段。第一阶段的定价权属于大型石油公司。当时的消费者在买油的同时还可获赠煤油灯。第二阶段是石油输出国组织(OPEC) 定价阶段，随着全球原油需求快速增长，增长的那部分需求主要由 OPEC 来提供，甚至由其直接定价。第三阶段就是期货定价阶段。随着数次石油危机爆发，发达国家运用原油以美元定价的特性及金融化、期货化的操作手段，从 OPEC 手中夺回原油定价权。原油的所有权与定价权分离，原油供给者却不能成为定价者。

油价断崖式下跌导致整个能源市场乃至国家间的定价博弈越发激烈。美国引导的这次原油低价倾销策略，把俄罗斯、伊朗、委内瑞拉三个重要的油气输出国推向了经济崩溃的边缘，也把欧佩克成员国拖累得很惨。而欧佩克内部分歧以及沙特和伊朗的冲突升级，使欧佩克对原油的定价权进一步削弱。

全球范围拥有三个原油基准价：WTI原油、Brent原油、迪拜阿曼原油。它们的标的分别为低硫轻质原油、低硫中轻质原油、高硫中质原油。国际市场原油贸易大多以各主要地区的基准价为定价参考，以基准价在交货或提单日前后某一段时间的现货交易或期货交易价格，加上升贴水作为原油贸易的最终结算价格。期货价格在国际原油定价中扮演了主要角色。以地域划分，所有在北美生产或销往北美的原油都以WTI原油作为基准来作价；从俄罗斯、非洲以及中东销往欧洲的原油则以Brent原油作为基准来作价；中东产油国生产或从中东销往亚洲的原油以前多以迪拜阿曼原油为基准作价。

当前世界能源供需格局以及贸易格局正在发生深刻变化，亚太地区能源消费比例不断提升，将形成一个巨大的原油现货市场，同时也将催生出一个具有全球影响力的原油期货市场。亚太地区缺乏一个独立的、权威的原油定价基准，日本和新加坡金融市场境外资金参与度均较低，成交量清淡，价格发现的有效性不佳。伴随中国原油储备的增加，人民币国际化程度加深和上海国际能源交易中心（INE）即将推出中国自己的原油期货，中国在原油定价中的话语权正在加强。阿曼原油60%的实物交割均输往中国，而中国与迪拜商品交易所（DME）阿曼原油期货的互补关系，正驱动二者加快合作步伐。

资料来源：摘编自2016年1月19日《期货日报》3版.

在动态中寻找一种平衡

在第十届全国期货实盘交易大赛中，参赛账户"润东"荣获基金组亚军和十年长期稳定盈利奖亚军。经常关注大赛的人会发现，这个账户在连续多届的大赛中，都取得了令人瞩目的成绩，该账户的操盘手叫于忠。交易变少了，更注重回撤。十年大赛，于忠参加了五年，而他作为期货操盘手的经历也不过仅仅七年，对大赛的热爱之情不言而喻。有目共睹的是，他的参赛成绩一年比一年好。除了第一次作为轻量组选手出现亏损外，其他无论是作为重量组选手，还是近两年的基金组选手，都取得了令人瞩目的成绩，大赛排名以及收益也是一年比一年更高。第八届实盘大赛是于忠第三次参加，那一届他获得了重量组第八名，第九届获得了基金组第八名。名次虽然相同，但操作的资金和盈利已今非昔比。到了今年的第十届实盘大赛，于忠以5 180万元的净利润获得基金组亚军，同时也将十年长期稳定盈利奖第二名收入囊中。五年参赛经历，与来自全国各地的高手同台竞技，于忠深刻感受到大赛的吸引力。"每年颁奖典礼，都会认识很多高手，慢慢成为好朋友，我自己也从山东走向上海滩，从小资金做到了大资金，交易越来越成熟，眼界也越来越宽，参加大赛对我来说收获非常大。"本届大赛，于忠获得的收益额，比往届大赛加起来都要多。随着参赛资金越来越大，他对净值的追求不如以前那么高。他一直坚持做趋势性交易，交易并不频繁。"今年参赛最大的收获就是更加注重回撤，回撤控制得比往年好，一方面是大资金的特点，另一方面自己也增强了意识。希望以后的大赛有更多的基金组选手参与进来，大资金之间的博弈会更稳健。"于忠说。对于忠来说，第十届实盘大赛他还有另外一个不同，就是交易少了很多。"经常好几天都不做一手单子。而只要方向不改变，他一般会继续持有仓单。其实一年中抓住一波行情，做好几个单子就够了。"于忠说。回顾在期货市场与实盘大赛一起成长的几年，于忠说是自己收益不断扩大的几年，每年上一个台阶，每年都有新突破。总结成功的秘诀，于忠认为首先是坚持做趋势，坚持盈利出金，落袋为安，其次是保持好的心态。于忠说，做期货需要不断地成长和进步，随时要学习新东西。因为做趋势交易，天天研究基本面，进步非常多，"与七年前相比，完全从一个现货商，成长为真正的期货交易者了。"在健康面前，一切都是浮云。第十届实盘大赛，螺纹钢是于忠盈利最多的品种，他从年初开始做多螺纹钢，并延续到大赛开始，抓住了一波上涨行情。于忠告诉期货日报记者，他的参赛账户90%的收益来自黑色产业链，他认为这与自己钢贸商出身密不可分。"做了一二十年螺纹钢现货，很熟悉这个品种，而在做期货的过程中，又慢慢熟悉螺纹钢整个产业链，交易扩散到焦煤、焦炭、铁矿石、热卷。一直坚持做这几个品种，只有在没有行情时，才会选择个别农产品。"于忠说。大赛期间，品种波动比较大，于忠更倾向于选择自己熟悉的品种，譬如今年，他认为只要抓住螺纹钢上涨行情，利润就非常丰厚了。大赛中于忠回撤最大的单子是玉米淀粉，"如果坚持下去，也不会亏，因为有段时间需要调整身体，就把手头的单子都平仓了，一张单子也没留。在身体健康面前，一切都是浮云，身体才是真正的本钱。其他不管盈利还是亏损，都算不了什么"。于忠深有感触地说。因为做趋势交易，于忠持有仓单的时间一般会很长，多则两个月，少的也有半个月之久。于忠是如何选择出入场节点的呢？他告诉记者，首先他会研究整个市场情况，确定出入场机会。"发现有把握的机会，会坚决入场，入场后可能会等很长时间，但收益也会随之放大。在坚持的过程中，如果发现不对，会马上斩仓，并重新研究。"在操盘风格上，于忠一直坚持研究基本面。因为做趋势性交易，于忠把期货当成生意来做，不是频繁交易，一旦做出策略就严格执行，不过随着研究的加宽加深，策略也会随着市场变化，并处于不断调整之中，"如果大的方向没有变，就坚持，如果发生改变，就要改变方向，或者果断斩仓"。"和其他操盘手一样，我做期货的过程也是跌宕起伏，总的来说是盈利的，中间也有亏损，但很快就会调整过来，恢复好的状态。"于忠认为，这种自我的调整非常重要，而在资金管理上的坚持出金不入金，也让他可以保持很好的心态，在爆亏爆赚面前，不会情绪沮丧，因为算起来总是盈利的。看不明白时，就再等等。于忠觉得，阅历比较丰富，善于总结和思考的人，善谋和善断的人才适合期货市场。"要想做好期货，首先笼统地说，需要不断学习新的知识，善于思考，善于总结，养成习惯。期货每时每刻都在变化进步，操盘手也需要不断进步，不断学习新的知识才行。比如做基本面研究，要不断加宽知识面，把各种知识贯通起来，才能把基本面研究好。于忠认为，期货投资者可能经历无数次的尝试和调整，但必须找到属于自己的赚钱方法。"找到方法，才能下单，下重仓，把握越大，仓位越重，没有把握时，要不做或少做。"于忠说，无论趋势交易，还是日内短线，都要多思考多总结，发现并总结其中属于自己的东西，也需要关注别人，但必须有自己的一套方法。在于忠看来，交易每年都有顺和不顺的时候，而无论是参加大赛，还是平时的交易，他的操作风格都是一以贯之，并没有什么不同。他告诫投资者，一定要学会慎重对待每一笔单子，深思熟虑，不能乱下单，更不能根据乱下的单子改变策略，"这是非常不好的习惯"。在交易中，他没有给一笔单子限定具体的亏损额，只要方向没有改变，也不会因为回撤大就将其平掉。"交易不顺或看不明白时，就不做，宁愿再等，减轻压力，减少失误，宁愿少做，也不做没把握的单子，这是今后更加要坚持的。今年大赛中采取这种方式，做得比较好，和以往有所不同，算是也越来越成熟了吧。"于忠说。在期货市场一直走下去对于忠来说，期货已经不仅仅是盈利的工具，更是生活的乐趣所在。"如果没有期货，现在真不知道该干什么了。无法回到现货商道路，只能在期货市场一直走下去。"从钢贸商走进期货市场，从完全不懂期货，到万众瞩目的大赛获奖选手，于忠的期货之路很顺畅。"期货加宽了认识，因为是拿自己的钱在做，压力大，学习的动力也大，在学校学的经济学知识，市场上学的营销知识，以及社会阅历，都用到了期货市场，可以说把所有的本事都用上了。"于忠笑着说。"刚开始做期货交易时，把期货当成现货来做，没想到一入市，就赚了很多钱，算是很幸运吧。"于忠说，后来他就把期货当成生意来做了，既然是做生意，就尽可能提高胜率，也经历过波折，但调整得比较快，亏得少，赚得多。于忠认为，一个成功的期货交易者必须修炼内心，拥有好心态。"没有好的心态，哪怕制定了好的方案，也难以执行到位，原本的盈利可能会变成亏损。"在于忠看来，心态是综合的，包括承受力、投入资金和仓位等，无论资金，还是仓位都要控制在可承受的范围之内，否则出现亏损，心态是无法平抑的。尽管每年都会盈利，但于忠坦言，由于期货交易的某种程度上的不确定性，心还是飘着的。"在动态中寻找一种平衡，或许才是期货人的根本。"而作为趋势交易者，他觉得未来一要更好调整心态，二是要不断学习。而今后几年，他认为最重要的还是做好研究和策略，还不想把精力转到其他方面。

资料来源：2016年11月21日《期货日报》第十届全国期货实盘交易大赛暨第三届全球衍生品交易大赛特刊.

网络资源索引

1. https：//www.copper.org/ 世界铜业协会
2. http：//www.smm.cn/ 上海有色网
3. http：//www.world-metal.com/ 环球金属信息网
4. http：//www.gold9999.cn/ 中国黄金交易网
5. http：//www.cria.org.cn/ 中国橡胶网
6. http：//www.zgsyqx.com/ 中国石油企业协会
7. http：//www.petroecon.com.cn/ 石油经济网
8. http：//www.cpcia.org.cn/ 国家石油和化工网
9. http：//www.china-cotton.org/ 中国棉花信息网
10. http：//www.cnce.com/ 全国棉花交易市场
11. http：//www.grainnews.com.cn/ 中国粮油网
12. http：//www.chinagrain.cn/ 中国粮油信息网
13. http：//www.glinfo.com/ 钢联资讯
14. http：//nongye.sina.com.cn/ 新浪农业
15. http：//www.ex-grain.cn/main.htm 中国谷物网

第七章

金融期货

学习目标与要求

了解股权类期货的产生、发展及现状，掌握股权类期货套期保值与投机、套利交易方式。理解不同利率期货品种的概念、特点，掌握短期、中长期利率期货的报价方式，能够运用利率期货进行套保、投机、套利。掌握外汇期货的概念、作用，了解远期外汇与外汇期货的联系、区别，掌握外汇期货套保、投机、套利的交易方法。

重点：掌握三种金融期货的对冲（套保）交易方法。

难点：掌握三种金融期货的投机与套利交易技巧和方法。

金融期货，是以金融工具或金融产品如外汇、债券、股价指数等金融资产为标的物的期货合约。金融期货的交易产生于20世纪70年代美国期货市场。1944年7月，西方主要工业化国家的政府首脑在美国新罕布什尔州的布雷顿森林，召开国际货币金融会议，签署《布雷顿森林协定》，建立了以美元为中心的固定汇率制度。国际货币基金组织(IMF)各成员国货币的金平价以黄金和美元表示，美元与黄金直接挂钩，规定1美元=1/35金衡盎司的黄金(即1金衡盎司黄金的官价为35美元，每一美元的含金量为0.888 671g黄金)，各成员国的货币按其含金量确定与美元的比价，与美元建立起固定汇率关系，将汇率波动幅度限制在上下1%之内。各国政府或中央银行可按官价用美元向美国兑换黄金，美国政府承担按此价格向各国政府和央行兑换黄金的义务。

此后，西方各国经济实力不断增强，持有的美元逐渐增多。美国在国际经济中所占比重不断下降，国际收支连年巨额逆差，加上对朝鲜、越南战争的巨额军费开支，美元不断外流，债务超过其黄金储备。大量持有美元的国家对美元信心大减，不断向美国兑换黄金引发一次次"美元危机"。1971年8月15日，美国被迫宣布停止对外国政府和央行履行美元兑黄金义务，布雷顿森林体系代表的固定汇率制度就此崩溃。1973年以后，取决于市场供求的浮动汇率制度全面取代固定汇率制度，从事外贸和国际支付的经济主体承受着巨大的汇率风险，迫切需要避险工具。1972年5月16日芝加哥商业交易所(CME)成立国际货币市场分部(IMM)，推出英镑、加拿大元、德国马克、日元、瑞士法郎、澳大利亚元六种国际货币的外汇期货合约，以后又增加了欧洲美元和欧洲货币单位的外汇期货交易。

在外汇期货成功推出以后，1975年10月，芝加哥期货交易所(CBOT)推出应对利率风险的政府国民抵押协会抵押凭证期货合约，标志着新一类的金融期货诞生。1976年1月，芝加哥商业交易所的IMM推出三个月期的美国短期国库券期货，并大获成功。1982年2月24日，美国堪萨斯期货交易所(KCBT)上市价值线综合平均指数期货合约，标志着股价指数期货诞生，从此有了管理股票市场价格风险的有效工具；同年4月IMM推出了S&P500股价指数期货交易。三类金融期货在美国逐次诞生后，大受市场欢迎，交易量飞速增长，引起全球各国和地区效仿，使得金融期货交易在全球快速普及。

第一节　股票价格指数期货

股票价格指数期货(简称**期指**)，是指以股价指数为交易标的物的标准化期货合约，在期货交易所交易。交易双方约定，在未来某特定时间，按事先确定的股价指数大小，进行标的指数的买卖。作为期指合约标的物的股票价格指数，相应的称为**现货指数**(简称**现指**)。沪深300股指期货是我国境内上市的第一个金融期货品种。

一、股价指数与股指期货

股价指数是指通过对股票市场上一些有代表性公司发行的股票的价格，运用统计学中的指数方法进行平均计算和动态对比后得到的数据，该数据可以反映股市总体(或某一类股份)的价格和价格变动趋势。股价指数由交易所、金融服务机构、研究咨询机构或财经媒体编制和发布。不同交易所有不同的股价指数，同一交易所也有多个股价指数。编制股价指数，首先需要从全部上市股票中选取特定数量的样本股票，确定一个基期日，并将某一既定的整数(如10、100、1 000)定为该基期的股价指数。其次是选择计算简便、易于修正并能保持统计口径的一致、连续的计算公式作为编制工具，如算术平均法、加权平均法、几何平均法。最后，根据报告期的股票价格与基期股价的对比，计算出升降的百分比，得出该时点的股价指数。

全球著名的股价指数有：道琼斯工业平均指数(DJIA)、标准普尔500指数(S&P500)、纳斯达克指数、英国富时100(金融时报)指数(FTSE100)、日本日经225股价指数(Nikkei225)、德国DAX指数等。我国境内著名的股价指数有：上证综合指数、深证成分指数、沪深300指数、上证50指数、中证500指数等。上述股价指数中，道琼斯工业平均指数与日经225股价指数采用算术平均法编制，其余指数采用加权平均法编制，各自反映不同地区市场的股票价格变动与运行趋势，是各类市场主体了解市场、进行投资的重要参考依据。

自 1982 年 2 月美国堪萨斯期货交易所推出价值线综合平均指数期货以来，股指期货日益受到各类投资者的重视，交易品种不断增多，交易规模迅速扩大，目前已成为金融期货及所有期货品种中的第一大品种。

股指期货与其他期货在产品定价、交易规则等方面没有大的差别，但由于其标的物的特殊，所以有其特殊性：

第一，股指期货以指数点报价，每个指数点代表的固定金额称为**合约乘数**，报价的点数与合约乘数的乘积就是期指合约的货币价值。由于股指是变动的，所以每手股指期货合约的规模是不确定的。

第二，股价指数是由多种股票组合成的虚拟数据，没有实际资产。期指合约到期时，不可能交割所有标的股票，只能采用现金交割差价。

（一）沪深 300 股指期货的制度规则

中国金融期货交易所 (CFFEX) 于 2006 年 9 月 8 日在上海成立，2010 年 4 月 16 日推出的我国第一个金融期货合约就是沪深 300 股指期货，合约交易代码为 IF。作为沪深 300 期指标的指数的沪深 300 指数，其样本股选自沪深两家证券交易所中市场代表性好、流动性高、交易活跃的主流投资股票，覆盖了大部分流通市值，能够反映市场主流投资的收益情况，是反映沪深两个市场整体走势的"晴雨表"。沪深 300 指数以规模和流动性作为选样的两个根本标准，并赋予流动性更大的权重，符合该指数定位于交易指数的特点。沪深 300 期指上市以来，交易平稳、活跃，是我国乃至国际期指市场的重要产品。在第一章中表 1.4 是沪深 300 股指期货合约的主要内容，合约的主要条款和交易规则说明如下：

(1) 合约乘数。沪深 300 期指的合约乘数为每指数点 300 元人民币。当指数点为 3 000 点时，每张合约的货币价值等于 3 000 点乘以 300 元，为 90 万元。与其他合约规模固定的期货品种不同，每张期指的合约规模随期指价格的变化而变化。

(2) 报价方式与最小变动价位。期指交易以指数点报价。沪深 300 期指的交易指令分为市价指令、限价指令及交易所规定的其他指令。交易指令每次下单最小数量为 1 手，市价指令每次下单最大数量为 50 手，限价指令每次下单最大数量为 100 手。

合约报价变动的最小单位即最小变动价位，沪深 300 期指的最小变动价位为 0.2 点，每张合约的最小价值变动为 0.2 点 ×300 元 =60 元。

(3) 合约月份。期指的合约月份是指期指合约到期进行交割所在的月份。境外期货交易所设置期指月份有两种模式，一种是季月 (3、6、9、12 月) 模式；另一种是近月模式，以近期月份为主，再加上远期月份。欧美市场多采用季月模式，如芝加哥商业交易所的 S & P500 期指合约，设置 3、6、9、12 月为循环月份。比如现在是 2017 年 1 月，S & P500 期指的合约月份就是 2017 年 3、6、9、12 月和 2018 年 3、6、9、12 月。我国香港的恒指期货、台湾的台指期货采用近月模式，设置的是两个近月加上两个季月。

沪深 300 期指的合约月份设置为当月、下月及随后两个季月合约，共 4 个月份合约。比如现在是 2017 年 10 月 11 日，同时在中金所挂牌交易的沪深 300 期指为 IF1710、IF1711、IF1712、IF1803 四个合约。

(4) 每日价格最大波动限制。为了防止期指价格大幅波动引发市场风险，有的交易所通常对期指交易规定每日价格最大波动限制。如新加坡交易所 (SGX) 规定，日经 225 期指当天涨跌幅度不超过上一交易日结算价的 ±2 000 点。有的交易所不设涨跌停板限制，让价格风险自由释放，如英国富时 100 期指、我国香港恒生期指就没有最大涨跌幅限制。

中金所规定沪深 300 期指的每日价格波动限制，为不超过上一交易日结算价的 ±10%。季月合约上市首日涨跌停板幅度为挂牌基准价的 ±20%，上市首日有成交的，于下一交易日恢复到正常涨跌停板幅度；上市首日无成交的，下一交易日继续执行前一交易日的涨跌停板幅度。最后交易日的涨跌停板幅度，为上一交易日结算价的 ±20%。

(5) 保证金。交易保证金是投资者交易期指开仓后，缴纳给期货结算机构用于保证履约的资金，占合约价值的一定比例。期指平仓后，期货结算机构会将交易保证金退回给交易者。在沪深 300 期指上市初期，中金所收取占合约价值 12% 的交易保证金。交易所有权根据市场风险状况调整保证金比例，如出现连续单边市，交易所会提高保证金比例。随着期指上市后的平稳运行，为了降低交易成本，中金所已将沪深 300 期指的交易保证金比例下调到 8%。

(6) 持仓限额。持仓限额是指中金所规定会员、客户对某一合约单边持仓的最大数量。同一投资者在不同的会员处开仓，其对某一合约单边持仓头寸的合计不得超过其持仓限额；进行投机交易的客户号，对某一合约单边持仓的限额为 1 200 手。当某一合约结算后的市场单边总持仓量超过 10 万手，结算会员在下一交易日对该合约单边持仓量，不得超过该合约总持仓量的 25%。超量持仓未在规定时限减仓，交易所可以强行平仓。

进行对冲 (套保、套利) 交易的客户号的持仓，按交易所的有关规定执行，不受单边持仓 1 200 手限额的限制。

设置这一制度的目的，是防止少数资金雄厚的机构凭借超量持仓来操纵、影响市场。

(7) 每日结算价。多数交易所使用当天期指交易的收盘价作为当日结算价，如 CME 的 S & P500 期指、香港的恒生期指采用此方法，也有交易所不采用此方法。

沪深 300 期指，采用合约最后一小时成交价按照成交量的加权平均价作为当日结算价，计算结果保留至小数点后一位。因系统故障等原因导致合约最后一小时交易中断，扣除中断时间后向前取满一小时视为最后一小时；合约最后一小时无成交，以前一小时视为最后一小时；该时段仍无成交，则再往前推一小时。合约当日最后一笔成交距开盘时间不足一小时的，则取全天成交量的加权平均价作为当日结算价。合约当日无成交的，当日结算价＝该合约上一交易日结算价＋基准合约当日结算价－基准合约上一交易日结算价，公式中基准合约为当日有成交的距离交割月最近的合约。新上市的合约，取其挂牌基准价为上一交易日结算价。基准合约为当日交割合约的，取其交割结算价为基准合约当日结算价。根据上述公式计算出的当日结算价超出合约涨跌停板价的，取涨跌停板价作为当日结算价。采用上述办法仍无法确定当日结算价，或计算出的当日结算价明显不合理，中金所有权决定当日结算价。

(8) 交割方式与交割结算价。期指合约的到期交割普遍采用现金交割方式，即按照交割结算价，计算持仓者的盈亏，依此进行资金的划拨，了结所有未平仓合约。

期指的交割结算价通常是依据现货指数的价格来确定的，这样可以有效保证期指与现指的价格到期趋同。不同交易所确定交割结算价的方式存在差异，如 CME 的 S&P500 期指的交割结算价，是以最后结算日现指的特别开盘报价作为交割结算价；香港的恒生期指，采用最后交易日现指每 5 分钟报价的平均值下调至最接近的整数作为交割结算价。

沪深 300 期指合约的交割结算价规定为：最后交易日标的指数最后 2 小时的算术平均价，计算结果保留至小数点后两位。交易所有权根据市场状况调整交割结算价。

（二）上证 50 股指期货

上证 50 股指期货合约，交易标的为上海证券交易所编制和发布的上证 50 指数，合约交易代码为 IH，2015 年 4 月 16 日由中国金融期货交易所推出。上证 50 指数是根据科学客观的方法，挑选上海证券市场规模大、流动性好的最具代表性的 50 只股票组成样本股，以便综合反映上海证券市场最具市场影响力的一批龙头企业的整体状况。上证 50 指数自 2004 年 1 月 2 日起正式发布，其目标是建立一个成交活跃、规模较大、主要作为衍生金融工具基础的投资指数。

上证 50 股指期货合约的交割月份分别为交易当月起连续的两个月份，以及 3 月、6 月、9 月、12 月中两个连续的季月，共四期合约同时挂牌交易。根据合约规则，上证 50 期指的合约乘数为每点 300 元，目前最低交易保证金为 8%。比如按照上证 50 期指 3 058.8 点的挂牌价计算，交易一手上证 50 期指最低需交易保证金 7.341 12 万元。

上证 50 期指的主要交易规则与沪深 300 期指相同。

上证 50 期指合约略。

（三）中证 500 股指期货

中证 500 股指期货合约，交易标的为中证指数有限公司开发的中证 500 指数，合约交易代码为 IC，2015 年 4 月 16 日由中国金融期货交易所推出。中证 500 指数又称中证小盘 500 指数，简称中证 500(CSI 500)，基日为 2004 年 12 月 31 日，基点为 1 000。中证 500 指数的样本股是扣除沪深 300 指数样本股及最近一年日均总市值排名前 300 名的股票产生的，以综合反映沪深股票市场中小市值公司的整体状况。目前中证 500 指数样本股的组成：沪市 246 只、创业板 11 只、中小板 133 只，深证主板 110 只。可以说沪深 300 期指是大盘股的股指期货，中证 500 期指是中小盘股的股指期货，是市场急需的股指期货产品，它为中小盘个股提供了对冲风险（套保）的工具。

根据合约规则，中证 500 期指的合约乘数为每点 200 元，最低交易保证金为 8%，中证 500 期指如果按照 7 818.6 点挂牌价计算，交易一手最低需交易保证金 12.509 76 万元。

中证 500 期指的主要交易规则与沪深 300 期指相同。

中证 500 期指合约略。

上证 50 期指和中证 500 期指两大重量级品种的挂牌交易，是继沪深 300 股指期货、上证 50ETF 期权上市后，我国 A 股衍生品市场的又一次重要创新。新期指的上市意味着我国衍生品投资标的增加,股指期货产品线逐渐丰富,为投资者、做市商等金融市场参与者提供了更为丰富的投资手段和风险管理工具,投资者可以利用不同股指期货组合进行套保,在一定程度上减轻股票的抛售风险。期指的新品种能够明显优化对冲策略的效率,衍生品标的越多,可以使对冲操作更加细分,提高避险的精确性。

二、股指期货的交易策略

股票市场的影响因素众多,股价变化莫测。相对于现货市场,期指具有流动性高、交易成本低、对市场冲击小等特点,市场主体可以利用期指与股票或股票组合,构建各种灵活的投资组合,实现规避风险和盈利的目标。期指的交易策略,主要是对冲(套保、套利)交易、投机交易。

(一)股指期货的对冲(套保)交易

在使用期货合约对冲(套保)现货资产风险时,如果合约标的资产与现货资产相同、期货与现货交易金额相同、现货保值期限与期货到期期限相同,就可以完全消除现货资产的价格风险,实现理想套期保值的目的。

但是,现实中很难实现这种完美的风险对冲。比如,我们要对某项现货资产进行风险对冲,但期货市场没有以该资产为标的的合约,只能选择与被保值资产高度相关的期货合约进行<u>交叉套期保值</u>,风险对冲的效果就要打折扣;又比如,被保值资产的数量与保值期限不能和用于对冲的期货数量与到期期限相匹配,也会影响风险对冲的效果。用于对冲的期货合约数量与被保值资产数量的比值,称为<u>套期保值比率</u>。能够最大限度消除被保值资产价格变动风险的套保比率,称为<u>最优套期保值比率</u>。

实践中,由于投资者要保值的现货股票组合,不可能严格按照期指标的指数的成分股构建,所以我们使用股指期货进行对冲交易(套保)时,只能选择与现货股票资产高度相关的上市期指做交叉套保。在此条件下,要有效地对现货股票进行保值,就需要确定买卖期指合约的合适数量,即确定最优套期保值比率,这就要用到 β 系数。

1. 单个股票的 β 系数

<u>β 系数</u>是测度股票市场风险的指标,其定义是:股票 i 的 β 系数,是股票 i 的收益率 R_i 与整个市场组合 m 的收益率 R_m 的协方差 $Car(R_i, R_m)$,与市场组合收益率的方差 $Var(R_m)$ 的比值

$$\beta_i = \frac{Car(R_i, R_m)}{Var(R_m)}$$

股票的 β 系数也可以用线性回归的方法得到。给定一组股票与整体市场组合收益率的历史观测值 R_{it} 和 R_{mt},做回归后得到

$$R_{it} = \alpha + \beta R_m + \varepsilon_{it}$$

公式中,等号右边第二项的系数 β 即是对股票 i 的 β 系数的估计。

β 系数显示股票的价值相对于市场价值变化的相对大小,也称为股票价值的相对波动率。$\beta = 1$ 表明个股跌涨与指数跌涨一致。β 系数大于1,说明股票价值波动率高于整体

市场价值波动率，即股票的市场风险高于平均市场风险；β 小于 1，说明股票价值波动率低于整体市场，即股票的市场风险低于平均市场风险。

2. 股票组合的 β 系数

使用期指对 n 个股票的组合 P 进行对冲交易，就要计算出股票组合的 β 系数。股票组合 P 中第 i 个股票的资金比例为 $X_i(X_1+X_2+\cdots+X_n=1)$，$\beta_i$ 为第 i 个股票的 β 系数，有

$$\beta = X_1\beta_1 + X_2\beta_2 + \cdots + X_n\beta_n$$

这里的 β 系数是根据历史资料统计得到的。在应用中，通常用历史的 β 系数来代表未来的 β 系数。股票组合的 β 系数比单个股票的 β 系数可靠性高。

3. 最优套保比率的确定

最优套保比率是最小方差套保比率，即使得整个套期保值组合（含用于套保的资产）收益的波动最小化的套保比率，体现为整个资产组合收益的方差最小化。研究表明，当用于对冲（套保）的期指的标的指数，与被保值的市场组合高度相关时，股票或股票组合的 β 系数就是期指最优套保比率的良好近似，因此可以把该 β 系数用作最优套保比率。

在我国市场，使用沪深 300 期指进行对冲交易，可以用被保值股票或股票组合的 β 系数作为最优套保比率。在得到被保值股票或股票组合的 β 系数的条件下，通过下式就能计算出对冲买进或卖出的期指合约数量

$$买卖期指合约数 = \beta \times \frac{现货股票总价值}{期指指数点 \times 每点乘数}$$

由公式可以看出，当现货股票总价值、每份期指合约价值确定后，需要买卖的期指合约数量仅和 β 系数高度相关。β 系数越大，需要买卖的期货合约就越多；反之，就越少。

4. 期指卖出对冲（套保）

为了回避股票市场价格下跌风险，持有股票组合的交易者可以卖出期指，建立起股票现货、期货两个市场间的盈亏冲抵机制，以保证持有的现货股票资产不受或少受损失。

【例 7.1】10 月 9 日，某证券投资基金的股票组合收益率已达 28%，预测后市下跌可能性大。为了能将较优的投资业绩保持到年底，该基金决定卖出沪深 300 期指对持有的股票组合进行风险对冲（套期保值）。

假定股票组合现值 2.36 亿元，且股票组合与沪深 300 指数的 β 系数为 0.9。当日沪深 300 指数 3 100 点，12 月期指合约为 3 350 点。首先计算

应卖期指合约数 = 236 000 000 ÷ (3 350 × 300) × 0.9 ≈ 211（张）

12 月 8 日，现指跌到 2 100 点（跌幅 32.25%），期指跌到 2 200 点（跌幅 34.32%），该基金买进 211 张期指合约平仓，其损益见表 7.1。

表 7.1 股指期货卖出对冲（空头套保）

日期	现货市场	期货市场
10 月 9 日	沪深 300 为 3 100 点，股票总值 2.36 亿元	期指 3 350 点，卖 211 张 IFxx12，合约总值 3 350×300×211=2.120 5（亿元）

(续)

日期	现货市场	期货市场
12月8日	沪深300为2 100点，股票总值1.636 6亿元	期指2 200点，买211张IFxx12合约平仓 2 200×300×211 = 1.392 6(亿元)
损益	−0.723 4亿元	0.727 9亿元

两个市场盈亏冲抵，略有盈利，实现了避险目的。

如果12月8日，现指、期指均上涨，股票组合升值可以抵消期指的亏损，该基金也能实现期初保持收益率业绩的愿望。

5. 期指买入对冲（套保）

为了回避股价上涨踏空或未来购股成本上升的风险，交易者可以通过买入期指，建立股票现货和期货市场的盈亏冲抵机制，以较低的保证金成本来抵销股价上涨风险。

【例7.2】1月20日，某机构得到承诺有300万元资金在3月15日到账。该机构看中目前价格为20元、25元、50元的A、B、C三股票，计划每股投入100万元，分别买进5万股、4万股、2万股。当前处于牛市，等资金到账时股价涨高了恐买不到计划数量，于是该机构采取买进期指来锁定未来购股成本的策略。

假定3月到期的期指现在为2 500点，每点乘数100元。三只股票β系数分别为1.5、1.3、0.8，则组合的β系数为1.5×1/3+1.3×1/3+0.8×1/3 = 1.2。

应买进的期指合约数 = 3 000 000×1.2÷(2 500×100) = 14.4 ≈ 15(张)

3月15日，期指上涨10%达到2 750点；三只股票分别上涨至23元(涨幅15%)，28.25元(涨幅13%)，54元(涨幅8%)。300万元资金到账，如果仍按原计划数量购买三只股票，则需资金23元×5万 + 28.25元×4万 + 54元×2万 = 336万元，资金缺口为36万元。由于前期该机构做了买入期指对冲交易，今天在买股票的同时将期指合约卖出平仓，盈利(2 750− 2 500)×100×15=37.5万元，弥补现货涨价导致成本上升的资金缺口后仍有盈余，见表7.2。

表7.2 股指期货买入对冲（多头套保）

日期	现货市场	期货市场
1月20日	预计3月15日300万元资金到账，计划各投资100万元购买A、B、C三股。当前价格：A股20元、β系数1.5；B股25元、β系数1.3；C股50元、β系数0.8	3月到期的期指价格为2 500点；买入15张；合约价值2 500×100×15 = 375(万元)
3月15日	价格上涨为A股20元，B股25元，C股50元；收到300万元，如按原计划数量购买，资金缺口为36万元	期指价格上涨为2 750点；卖出15张平仓；合约价值2 750×100×15 = 412.5(万元)
损益	−36万元	37.5万元

如果 3 月 15 日期指、三股价格均下跌，则购股成本下降可以冲抵期指的亏损，该机构仍可买到计划的股票数量。

(二) 股指期货的投机交易

期指投机交易是指交易者根据对期指合约价格变动趋势的分析，只在期货单一市场看涨时买入合约、看空时卖出合约，以图在未来平仓后获得价差收益的交易行为。期指投机交易的流程和形式，与商品期货投机交易相同，在第五章已有详尽介绍，在此不再赘述。

分析期指价格的走势，仍然使用基本分析法和技术分析法。期指的标的是股价指数，涉及的信息更为广泛，要分析的基本面因素包括国内外经济、政治、政策、经济周期、社会、心理等多个方面，通过各种因素变动对股指可能产生的影响，来预测和判断期指价格未来变动方向。技术分析方法重在分析历史行情走势，通过分析当前价和量的变动关系再结合历史行情趋势，来预测和判断期指价格未来变动方向。期指价格与成交量、持仓量的关系见表 7.3。

表 7.3 期指量价关系

价格	成交量	持仓量	市场趋向
上涨	增加	上升	新开仓增加，多头占优
上涨	减少	上升	新开仓增加，空头占优
下跌	增加	下降	平仓增加，空头占优
下跌	减少	下降	平仓增加，多头占优
上涨	不活跃	上升	多头占优，但优势不明显
上涨	减少	上升	空头占优，但优势不明显
下跌	不活跃	下降	空头可能被逼平仓
下跌	减少	下降	多头可能被逼平仓

基本分析、技术分析两种方法各有优劣，进行期指投机交易，需要将两种方法有机结合，以提高预测趋势的准确率和投机操作的成功率，争取获得较好收益。

(三) 股指期货的期现套利

期指到期交割的结算价采用现货指数。这一制度规定，既强制期指价格在合约到期时最终收敛于现指，也使合约在有效期内期指与现指的价格维持一定的动态联系。但是，由于各种因素的影响，期指和现指的价格均在不断变化，期指与现指的价差关系经常偏离正常范围，产生套利机会。交易者可以利用这种套利机会进行期现套利，获取无风险利润。

判断期现套利机会出现的依据，是实际期指价格高于或低于期指合约的理论价格。期指合约的理论价格，由其标的现指的价格、收益率和无风险利率共同决定。

1. 期指合约的理论价格

根据期货理论，期货价格与现货价格之间的基 (价) 差，由包括资金成本、储存成本在内的持仓费决定。股票不存在储存成本，但其持有成本中除资金占用成本外，还包括负值成本 (将收入看作反方向的成本)，即持有期内可能得到的股票红利收入。资金占用成本以市场利率度量，市场利率总是大于股票分红率的，故资金成本减去股票红利后的净持有成本通常是正值。但是，如果考察的时间短，期间正好有一大笔红利收入，有可能在短期内净持有成本为负。

【例 7.3】交易双方签订一份 3 个月后交割一揽子股票组合的远期合约。该一揽子股票组合由完全对应于沪深 300 指数的成分股构成，现在市值为 90 万元，并对应于沪深 300 指数 3 000 点（期指合约乘数为每点 300 元）。假定市场年利率为 6%，且预计股票组合一个月后可收到 6 000 元现金红利。计算该远期合约的合理价格：

90 万元资金占用的利息 = 90 万元 ×6%×3/12 = 13 500 元

一个月后收到现金红利 6 000 元，以年利率 6% 贷出 2 个月，可收利息 = 6 000×6%×2/12 = 60 元，本利和共计 6 060 元；

净持有成本 = 13 500 － 6 060 = 7 440(元)

该合约的合理价格应为 900 000 + 7 440 = 907 440(元)。

将上述金额用指数点（每点相当于 300 元）表示：

90 万元相当于现指价格 3 000 点，3 个月占用的利息 3 000×6%×3/12 = 45(点)；

现金红利 6 000 元相当于 20 点，贷出 2 个月获利息 20×6%×2/12 = 0.2(点)，本利和共计 20.2 点；

净持有成本为 45 － 20.2 = 24.8(点)；

该远期合约的合理价格应为 3 000 + 24.8 = 3 024.8(点)。

期货合约与远期合约同为当前签约未来交割的金融工具，定价机制没有差别。在一系列合理的假设条件下，可以用严格的数学方法证明期指的理论价格与远期的理论价格是一致的。所以，期指的理论价格 $F(t, T)$ 计算公式可以表示为

$$F(t, T) = S(t) + S(t) \times (r - d) \times (T - t)/365$$
$$= S(t)[1 + (r - d) \times (T - t)/365]$$
$$= 现指价格 + 净持有成本$$

式中：

$F(t, T)$ 为 T 时刻交割的期指合约，在 t 时刻的理论价格（指数点表示）；

t 为计算各项内容的时间变量；

T 为交割时间；

$S(t)$ 为 t 时刻的现货指数；

$T － t$ 为 t 时刻至交割期 T 的剩余天数；

r 为年利率；

d 为沪深 300 指数的年股息率。

在不考虑交易成本（交易费用、保证金占用等）的情况下，并且期、现市场的流动性高，融券、卖空便利，卖空资金随时可用，以指数表示的持有期利息、股息、净成本的计算公式为

持有期利息 = $S(t) \times r \times (T - t)/365$

持有期股息收入 = $S(t) \times d \times (T - t)/365$

持有期净成本 = $S(t) \times (r - d) \times (T - t)/365$

2. 股指期货的期现套利操作

期指合约的实际价格恰好等于其理论价格的情况很少,多数情况下期指的实际价格是偏离它的理论价格的。当期指实际价格高于其理论价格时,称为期价高估,可以做卖出期指同时买入对应的现货股票的正向套利;当期指实际价格低于其理论价格时,称为期价低估,可以做买入期指同时卖出对应的现货股票的反向套利。

(1) 期价高估与正向套利。

当期价高估时,卖出期指同时买入对应现货股票,称为正向套利。仍用例 7.3 的数据:假定沪深 300 期指的实际价格为 3 044.8 点,高于理论价格 3 024.8 点 20 点,属于期价高估,可作正向套利,步骤:

①以沪深 300 期指实际价格 3 044.8 点卖出 1 张合约;以年利率 6% 贷款 90 万元买进一揽子对应股票。

②一个月后,将收到的股票组合的现金红利 6 000 元按年利率 6% 贷出。

③3 个月后期指到期交割时,买入 1 张沪深 300 期指对冲平仓;同时卖出一揽子对应股票,此时期指与现货价格是一致的。收回贷出的红利 6 000 元的本利和。

④归还 90 万元贷款本金及 3 个月利息 1.35 万元,共计 91.35 万元。

表 7.4 列出了期指交割时,可能出现的 3 种不同的现货指数价格对应的正向套利盈亏状况:情况 A 的交割价 3 074.8 点 (高于卖出建仓成交价 30 点,期指做空亏损,现货盈利),情况 C 的交割价 3 024.8(低于卖出建仓成交价 20 点,期指做空盈利,现货盈亏持平),情况 B 的交割价 3 044.8 点 (等于卖出建仓成交价,期货市场盈亏持平,现货略盈)。

从表 7.4 可以看出,无论在哪种情况下,正向套利的盈利都是 6 000 元,恰好是实际期价与理论期价之差 (3 044.8 − 3 024.8)×300 = 6 000(元),实现了无风险套利。

表 7.4 期价高估时正向套利交割结果

	情况 A	情况 B	情况 C
交割价	3 074.8	3 044.8	3 024.8
卖出股票组合收回现金＋收回红利贷出本利和	3 074.8×300 + 6 000×(1 + 6%×2/12) = 928 500 (元)	3 044.8×300+6 000×(1 + 6%×2/12) = 919 500 (元)	3 024.8×300 + 6 000×(1 + 6%×2/12) = 913 500 (元)
归还贷款本利和	913 500 元	913 500 元	913 500 元
现货盈亏	928 500 − 913 500 = 15 000(元)	919 500 − 913 500 = 6 000(元)	盈亏持平
期货盈亏	3 044.8 − 3 074.8 = − 30 点,即 − 9 000 元	盈亏持平	3 044.8 − 3 024.8 = 20(点),即 6 000 元
期现对冲盈亏	15 000 − 9 000 = 6 000 (元)	6 000 元	6 000 元

(2) 期价低估与反向套利。

当发现期价低估时,可以买入价格较低的期指同时卖出对应的现货股票,进行反向套利。再用例 7.3 的数据：假定沪深 300 期指的实际价格为 2 994.8 点，低于理论价格 3 024.8 点 30 点，属于期价低估，可作反向套利，步骤：

①以沪深 300 期指实际价格 2 994.8 点买入 1 张合约。同时借入一揽子对应股票在现货市场以现价 3 000 点卖出；得款 90 万元后，按 6% 的市场利率贷出 3 个月；

② 3 个月后到期交割时，卖出 1 张沪深 300 期指对冲平仓。同时收回贷款本利和 913 500 元；买进一揽子对应股票归还给出借者，再按市场利率 6% 补偿出借者本应获得的股票组合现金红利的本利和 6 060 元；

③与正向套利相同，不论最终交割价是多少，反向套利的盈亏总是期指理论价格与实际价格之差 3 024.8 － 2 994.8 ＝ 30 点，即 9 000 元。设最后交割价为 H，

套利盈利＝期货盈亏－买回股票所需资金＋收回贷款本利和－补偿红利的本利和
$$= (H - 2\,994.8) \times 300 - H \times 300 + 913\,500 - 6\,060$$
$$= -898\,440 + 913\,500 - 6\,060$$
$$= 9\,000(元)$$

由于套利是在期、现两个市场同时反向操作，不论价格涨、跌，都不会产生风险。所以期现套利交易是无风险套利，相应的利润称为无风险利润。如果考虑交易费用、利率变动、融券问题等因素后，实际利润会少些。

3. 交易成本与无套利区间

无套利区间是指考虑交易成本后，将期指理论价格分别向上、向下移动所形成的一个价格区间。在此区间，套利交易不但得不到利润，反而将导致亏损。

将期指理论价格上移一个交易成本后的价位，称为无套利区间的上界。只有当实际期指价格高于上界时，正向套利才能获利。

将期指理论价格下移一个交易成本后的价位，称为无套利区间的下界。只有当实际期指价格低于下界时，反向套利才能获利。

因此，正确计算无套利区间的上、下界，对套利者十分重要。假设交易成本的合计数为 TC，显然无套利区间的上界应为

$$F(t, T) + TC = S(t)[1 + (r - d) \times (T - t)/365] + TC,$$

无套利区间的下界应为

$$F(t, T) - TC = S(t)[1 + (r - d) \times (T - t)/365] - TC,$$

下界与上界构成无套利区间：

$$\{S(t)[1+(r-d)\times(T-t)/365]-TC, S(t)[1+(r-d)\times(T-t)/365]+TC\}$$

【例 7.4】设 $r = 5\%$，$d = 1.5\%$，6 月 30 日为 6 月期指合约的交割日。现货指数在 4 月 1 日是 1 400 点、5 月 1 日是 1 420 点、6 月 1 日是 1 465 点、6 月 30 日是 1 440 点，计算 6 月期指合约的理论价格如下：

4 月 1 日至 6 月 30 日，持有期 3 个月 (3/12 年)：

$$F(4月1日, 6月30日) = 1\,400 \times [1 + (5\% - 1.5\%) \times 3/12] = 1\,412.25(点)$$

5 月 1 日至 6 月 30 日，持有期 2 个月 (2/12 年)：

$F(5月1日,6月30日) = 1\,420 \times [1 + (5\% - 1.5\%) \times 2/12] = 1\,428.28(点)$

6月1日至6月30日，持有期1个月(1/12年)：

$F(6月1日,6月30日) = 1\,465 \times [1 + (5\% - 1.5\%) \times 1/12] = 1\,469.27(点)$

6月30日，是交割日，期、现价格相等，均为1 440点，

$F(6月30日,6月30日) = 1\,440 \times [1 + (5\% - 1.5\%) \times 0/12] = 1\,440(点)$。

【例7.5】基本数据同例7.4，又假定：①借贷利率差 $\Delta r = 0.5\%$；②期指交易双边手续费为0.2个指数点，市场冲击成本也是0.2个指数点；③股票交易双边手续费及市场冲击成本各为成交金额的0.6%，合计是成交金额的1.2%，如以指数点表示，则为 $1.2\% \times S(t)$。4月1日、6月1日的无套利区间分别计算如下：

4月1日的无套利区间：

借贷利率差成本 = $1\,400 \times 0.5\% \times 3/12 = 1.75$(点)；

期指交易双边手续费及市场冲击成本 = $0.2 + 0.2 = 0.4$(点)；

股票交易双边手续费及市场冲击成本 = $1\,400 \times 1.2\% = 16.8$(点)；

三项成本合计 $TC = 1.75 + 0.4 + 16.8 = 18.95$(点)。

无套利区间下界 = $1\,412.25 - 18.95 = 1\,393.3$(点)；

无套利区间上界 = $1\,412.25 + 18.95 = 1\,431.2$(点)；

无套利区间为 $[1\,393.3, 1\,431.2]$。上下界幅宽 = $1\,431.2 - 1\,393.3 = 37.9$(点)。

类似，6月1日的无套利区间：

借贷利率差成本 = $1\,465 \times 0.5\% \times 1/12 = 0.61$(点)；

期指交易双边手续费及市场冲击成本 = $0.2 + 0.2 = 0.4$(点)；

股票交易双边手续费及市场冲击成本 = $1\,465 \times 1.2\% = 17.58$(点)；

三项成本合计 $TC = 0.61 + 0.4 + 17.58 = 18.59$(点)。

无套利区间下界 = $1\,469.27 - 18.95 = 1\,450.68$(点)；

无套利区间上界 = $1\,469.27 + 18.95 = 1\,487.86$(点)；

无套利区间为 $[1\,450.68, 1\,487.86]$。上下界幅宽 = $1\,487.86 - 1\,450.68 = 37.18$(点)。

在期现套利的三项成本中，借贷利差成本与持有期长度有关，随持有期缩短而减小。当持有期为零(交割日)时，借贷利差成本也为零。而交易费用、市场冲击成本与持有期的长短是无关的，即使在交割日，发生交易，就有这二项成本。所以，无套利区间的上下界幅宽，主要是由交易费用、市场冲击成本这两项决定。

4. 套利交易中的模拟误差

准确的套利交易意味着卖出、买进期指合约，同时买进、卖出与期指对应的股票组合。与使用期指进行对冲交易通常是交叉套期保值一样，在期现套利中，实际交易的现货股票组合与期指的标的指数样本股也很少完全一致，导致期指、现指未来的价格走势或回报不一致，从而产生一定的误差。这种误差通常称为模拟误差。

模拟误差来自两方面。一方面，是因为期指标的指数的成分股太多，比如同时买进沪深300指数的300只股票难度很大。准确模拟也使交易成本大增，因为买卖成交不活跃

的股票，其冲击成本非常大。通常，交易者是通过构造一个取样较少的股票组合来代替标的指数的，这就会产生模拟误差。另一方面，即使标的指数的成分股并不太多，比如上证50指数仅由50只样本股构成，但是因为指数多以市值为比例构造，如果严格按市值比例构建样本股少的股票组合，由于交易有最小单位（每手100股）的限制，组合中就会出现100股以下的零碎股在实际中无法成交，也导致模拟误差产生。

模拟误差使得现货组合与期指的价格走势不一致，会增加套利结果的不确定性，套利者应予足够重视。例如，如果期价高出无套利区间上界5个指数点，交易者可以进行正向套利（卖期指、买股票），理论上到交割期可以稳赚5个指数点。但是，如果买进的股票组合（模拟标的指数）到交割期时价格落后标的指数5个点，那么套利者将无利可套。当然，如果买进的股票组合价格在交割期超过标的指数5个点，套利者将会赚到10个指数点（期指和股票各赚了5个指数点）。

（四）股指期货的跨期套利

跨期套利是指在同一交易所，对相同期货品种、不同交割月份期指合约进行的套利。跨期套利利用不同月份期指合约间的不合理价差关系，买进（卖出）某一月份期指合约，同时卖出（买进）相同期指的另一月份合约，并在未来某时间两个合约价差关系恢复到合理时，同时将两个头寸平仓了结。

1. **不同交割月份期指合约间的价格关系**

期指一般都有多个交割月份的合约在同时交易，其中交割月距离当前较近的称为近期（月）合约，交割月距离当前较远的称为远期（月）合约。当远期合约价格高于近期合约价格时，称为正常（正向）市场；当近期合约价格高于远期合约价格时，称为逆转（反向）市场。

在正常市场中，远月与近月合约之间的价差主要受持仓成本的影响。相对于商品期货，期指的持有成本低，还可能收到股利继续降低其持有成本。当两个合约间的实际价差高于或低于正常价差时，就会出现套利机会。

例如，假定沪深300期指的10月合约与9月合约正常价差为100点。当两者的实际价差为200点（明显高于100点的水平，预期价差会缩小）时，就可以通过买进价格低估的合约、同时卖出价格高估的合约（称为卖出策略），进行跨期套利，获取无风险利润。随着套利活动的增加，价差逐渐缩小直至回归合理价差。当两个合约间的实际价差低于正常价差时，预示价差会扩大，可以使用买高（估合约）卖低（估合约）的买进策略进行套利。

在反向市场，两者的价差没有限制，主要取决于近期供求关系，以及交易者愿意花费多少成本获取近月合约。

通过以上分析可知，无论远近合约价差过大还是过小，均可进行套利，等到远近合约的价差关系恢复正常时，同时对冲了结可获套利利润。

2. **期指跨期套利的操作**

根据期货定价理论，可以计算出不同月份期指合约之间的理论价差。

设：$F(T_1)$为近月期指价格，$F(T_2)$为远月期指价格；S为现指价格；r为利率，d为红利率。根据期指价格理论，有：

$F(T_1) = S[1 + (r - d)T_1/365]$，$F(T_2) = S[1 + (r - d)T_2/365]$

可以推出：

$$F(T_2) - F(T_1) = S[1 + (r - d)T_2/365] - S[1 + (r - d)T_1/365]$$
$$= S(r - d)T_2/365 - S(r - d)T_1/365$$
$$= S(r - d)(T_2 - T_1)/365$$

此即为两个不同月份期指的理论价差，当实际价差与理论价差出现明显偏离时，即可进行套利，待价差回归到合理水平时，了结头寸结束套利。

由于期指的价格受众多因素的影响，实际价格可能会经常偏离理论价格，完全依据理论价格进行套利分析和操作，可能会面临较大的不确定性。

期指的跨月套利还可以根据价差/价比分析法进行分析和操作。通过分析两个不同月份期指合约的价差、价比数据，并观察和统计数据分布区间及其相应概率，当实际价差出现在大概率分布区间之外时，可以考虑建立套利头寸；当价差或价比重新回到大概率区间时，可以平掉头寸获利了结。

【例7.6】假定利率比股票分红高3%，即 $r - d = 3\%$。5月10日上午10点，沪深300现指为3 000点，9月期指合约为3 100点，6月期指合约为3 050点，两期指实际价差为50点，而理论价差

$$S(r - d)(T_2 - T_1)/365 = 3\,000 \times 3\% \times 3/12 = 22.5(点)。$$

因此，可预测价差会缩小，使用卖高买低策略：卖9月合约，买6月合约，建立套利头寸。

下午2时，9月合约涨至3 150点，6月合约涨至3 120点，实际价差缩小为30点。在不考虑交易成本的情况下，平仓后获利为20点×300元/点＝6 000元。该跨期套利的损益见表7.5。

表7.5 跨期套利损益

上午10:00	买1手6月合约，成交价3 050点	卖1手9月合约，成交价3 100点	价差50点
下午2:00	卖1手6月合约，成交价3 120点	买1手9月合约，成交价3 150点	价差30点
损益	70点	－50点	价差缩小20点
对冲套利损益	20×300=6 000(元)		

第二节 利率期货

利率期货是指以短期利率(货币资金)、存单、债券、利率互换等利率类金融工具或资产为交易标的物的期货合约，它是我国境内上市的第二类金融期货。交易者可以利用利率期货，转移和对冲因利率波动引起的系统性风险，对增强我国金融机构抵抗金融风险的能力，维护我国金融体系的稳定具有重要意义。同时，国债期货类的衍生工具和双向交易机制，可以吸引更多新的投资者和投机者进入市场，扩大债券需求，增加债券的流动性，

促进国债发行和债券利率期限结构趋向合理,有力推动我国债券市场发展成熟。

一、利率期货及其价格影响因素

(一)利率期货及其分类

利率是一定时期内借贷资金的利息与本金的比率,通常用百分比表示。基准利率是金融市场上具有普遍参照作用和主导作用的基础利率,其他的利率水平、金融资产价格均可以根据基准利率的水平来确定。

各国的货币政策,经历了从控制利率、稳定利率到以控制货币供应量为主的转变。利率管制政策的放松或取消,使得市场利率波动日益频繁,利率风险陡增,管理利率风险的利率期货应运而生。1975年10月20日,芝加哥期货交易所(CBOT)推出历史上第一张利率期货合约——政府国民抵押协会抵押凭证期货合约,很快取得成功,随后一系列利率期货品种相继推出。继美国之后,英国、日本、中国、法国等也先后推出利率期货。2013年9月6日,中国金融期货交易所推出我国的国债期货交易。利率期货发展迅猛,目前仅次于股指期货,为全球第二大期货品种。

根据利率期货交易标的期限不同,利率期货分为短期利率期货和中长期利率期货两类。在国际市场上,**短期利率期货**是基于短期利率或存单的利率期货,代表性品种有3个月银行间欧元拆借利率期货、3个月英镑利率期货、3个月欧洲美元期货,一般采用现金交割。**中长期利率期货**是基于各国国债的利率期货,代表性品种有2年期、3年期、5年期、10年期的美国中期国债期货、美国长期国债期货、英国国债期货、德国国债期货等,一般采用实物交割。我国上市的国债期货品种为5年期和10年期国债期货。

3种代表性的利率期货交易标的介绍如下:

(1) 欧洲美元(Eurodollar)。欧洲美元是指美国境外金融机构(包括美国金融机构设在境外的分支机构)的美元存款和贷款,是离岸美元,不受美国政府监管,无须提供存款准备,也不受资本流动限制。

(2) 欧洲银行间欧元拆借利率(Euribor)。Euribor是1999年1月开始使用,在欧元区资信较高的银行间欧元资金的拆借利率,有1年以内的隔夜、1～3周、1～12个月等各种不同的期限。最常见的期限是隔夜、1周、1个月、3个月、6个月、9个月和12个月。Euribor的确定方法类似伦敦银行间拆借利率(Libor),发布时间为欧洲中部时间上午11时,以365天为1年计息。Euribor是欧洲市场欧元短期利率的风向标。

(3) 国债。各国国债一般分为短期、中期和长期三类。短期国债的偿还期限不超过1年,中期国债的偿还期限为1～10年,长期国债偿的还期限在10年以上。

短期国债采用贴现方式发行,到期按面值进行兑付。中期国债和长期国债通常是附有息票的附息国债,在债券期满前按票面利率每半年(或每年)付息一次,最后一笔利息在到期时与本金一起偿付。比如某面值10万元的10年期国债,票面利率4%,每半年付息一次。则债券持有人每满半年可得到2 000元利息,10年期满的当天,可得到2 000元利息加归还的10万元本金。

(二) 利率期货的报价与交割

1. 短期利率期货的报价及交割

短期利率期货采用的是指数方式报价。这种报价形式，是用100减去按360天计算的不带百分号的年利率 (若年利率为2.2%，报价是97.800)。芝加哥商业交易所 (CME) 的国际货币市场分部 (IMM)，采用指数报价方式的短期利率期货品种，有3个月期美国国债期货、3个月期欧洲美元期货、3个月期欧洲银行间欧元拆借利率期货等。

IMM的3个月期美国国债期货，其标的是美国13周 (3个月或91天) 国债，通常按贴现方式发行，到期按面值偿付。如100万美元面值的13周国债，发行 (买进) 价为99万美元，意味着3个月贴现率是1%，换算到年贴现率就是4%；发行价为98.5万美元，意味着3个月贴现率1.5%，年贴现率6%。可以发现，短期国债的价格越高，其年贴现率 (投资收益率) 就越低；国债价格越低，其收益就越高。价格与收益呈反向关系。

为了符合市场低买高卖法则，IMM的3个月期国债期货的交易，采取用100减去不带百分号的标的国债年贴现率的指数方式报价。如3个月期国债期货指数报价为92.00，是100减8，即年贴现率为8%，3个月的贴现率为8%÷4=2%；年贴现率为6%，则指数报价为94.00。这样，指数价格越小，贴现率越高，符合人们低买高卖的交易习惯。

IMM规定，合约的最小变动价位是1/2个基点。1个基点是指数的1%点，即指数的0.01点，代表的合约价值是 $1\,000\,000×0.01\%×3/12 = 25$(美元)。因此，合约最小变动价位1/2基点的价值是12.5美元。

当美国13周国债期货成交价为99.00(指数价格) 时，意味着其年贴现率为1%：$100\% - 99\% = 1\%$。13周的贴现率为 $1\%÷4 = 0.25\%$，其美元价格为 $1\,000\,000×(1 - 0.25\%) = 1\,000\,000×0.997\,5 = 997\,500$ 美元

【例7.7】某投资者以98.58的价格开仓买入10手美国13周国债期货，以99.00的价格卖出平仓。

开仓价的年贴现率为 $100\% - 98.58\% = 1.42\%$，13周的贴现率为 $1.42\%÷4 = 0.355\%$，其美元价格为 $1\,000\,000×(1 - 0.355\%) = 1\,000\,000×0.996\,45 = 996\,450$ 美元。

平仓价的年贴现率为 $100\% - 99.00\% = 1.00\%$，13周的贴现率为 $1.00\%÷4 = 0.250\%$，其美元价格为 $1\,000\,000×(1 - 0.250\%) = 1\,000\,000×0.997\,50 = 997\,500$ 美元。

若不计交易成本，该投资者的盈利为每手42个基点 ($99.00 - 98.58 = 0.42$，1个基点价值25美元)，即1050美元/手 ($= 42×25 = 997\,500 - 996\,450$)，10手的总收益为10500美元。

IMM的3个月期国债期货采用现金方式交割，交割结算价是根据最后交易日 (到期月份的第三个星期三) 当天现货市场上91天期国债拍卖贴现率的加权平均计算的，将100减去该加权平均拍卖贴现率，就是交割结算价。所有到期未平仓合约都按交割结算价进行现金差价交割结算。

2. 美国国债期货的报价及交割

国债期货是以主权国家发行的国债为交易标的物的期货品种。全球交易活跃的中长期国债期货，均采用价格报价法，即按百元面值国债的净价 (不含持有期利息) 报价，一般

采用实物交割。

(1) 美国中长期国债期货报价方式。芝加哥期货交易所(CBOT)是全球最大的中长期国债期货市场，主要品种是 2 年、5 年、10 年、30 年期美国国债期货。美国中长期国债期货采用价格报价法，但其报价的小数点后价格进位方式特殊，见表 7.6。

表 7.6　美国 5 年期国债期货报价举例

期货报价	代表的价格（美元）	对应的合约价值（美元）
118'220(或 118-220)	118+22/32=118.687 5	118.687 5×100 000/100=118 687.5
118'222(或 118-222)	118+22.25/32=118.695 312 5	118.695 312 5×100 000/100=118 695.312 5
118'225(或 118-225)	118+22.5/32=118.703 125	118.703 125×100 000/100=118 703.125
118'227(或 118-227)	118+22.75/32=118.710 937 5	118.710 937 5×100 000/100=118 710.937 5

合约按 100 美元面值的标的国债净价报价，报价由三部分构成，如① 118'；② 22；③ 2。其中

①部分是报价的整数部分，价格变动 1 点，代表价值 100 000 美元 / 100=1 000 美元，如从 118 涨到 119，为价格上升了 1 点。

②部分是报价的小数部分，采用 32 进位制，从 00 到 31；价格变动 1/32 点，代表价值 1 000×1/32 = 31.25 美元；价格上涨达到 32，向前进位整数部分加 1；价格下降跌破 00，向前整数部分减 1、小数部分得到 32。

③部分用 0、2、5、7 四个数字标示："0"代表 0；"2"代表 1/32 点的 1/4，即 0.25/32 点；"5"代表 1/32 点的 2/4，即 0.5/32 点；"7"代表 1/32 点的 3/4，即 0.75/32 点。

【例 7.8】美国 10 年期国债期货，期货合约的面值为 10 万美元，按 100 美元面值的标的国债价格报价。国债期货合约整数部分的 1 点对应的价值是 1 000 美元，小数部分 1/32 点对应的价值是 31.25 美元；合约的最小变动价位为 1/32 点的 1/2，对应的价值是 15.625 美元。跨月套利交易的最小变动价位是 1/32 点的 1/4，为 7.812 5 美元。

当 10 年期国债期货合约的报价是 126'175(或 126－175) 时，表示该合约的价值为 1 000×126 + 31.25×17 + 31.25×1/2 = 126 546.875 美元，四舍五入为 126 546.88 美元。

当新的报价为 125'020 时，下跌了 1'155，即合约价值下跌了

1 000×1 + 31.25×15 + 31.25×1/2 = 1 484.375 = 1 484.38 美元。

(2) 美国中长期国债期货的交割方式。美国中长期国债期货采用实物交割方式，以无纸化的电子转账系统进行划转。在交割中，卖方具有选择交付券种的权利，可以用符合条件的最便宜国债交割。

不同剩余期限、不同息票率的可交割国债，交易所提前制定并公布转换因子，用于非标准债券与标准债券之间的价格换算。卖方交付可交割债券应收入的价款为：1 000 美元×期货交割结算价格×转换因子＋应计利息。

3. 我国国债期货的报价与交割

我国中金所于 2013 年 9 月 6 日推出 5 年期国债期货交易、2015 年 3 月 20 日推出 10

年期国债期货交易，合约文本见表 7.7、表 7.8。

表 7.7　5 年期国债期货合约

合约标的	面值为 100 万元人民币、票面利率为 3% 的名义中期国债
交易代码	TF
可交割国债	合约到期月首日剩余期限为 4～5.25 年的记账式附息国债
报价方式	百元净价报价
最小变动价位	0.005 元
每日价格最大波动限制	上一交易日结算价的 ±1.2%
交易保证金	合约价值的 1%
合约月份	最近的三个季月 (3 月、6 月、9 月、12 月中的最近三个月循环)
交易时间	每周一至周五 09：15—11：30，13：00—15：15
最后交易日交易时间	09：15—11：30
最后交易日	合约到期月份的第二个星期五
最后交割日	最后交易日后的第三个交易日
交割方式	实物交割
上市交易所	中国金融期货交易所

表 7.8　10 年期国债期货合约

合约标的	面值为 100 万元人民币、票面利率为 3% 的名义长期国债
交易代码	T
可交割国债	合约到期月首日剩余期限为 6.5～10.25 年的记账式附息国债
报价方式	百元净价报价
最小变动价位	0.005 元
每日价格最大波动限制	上一交易日结算价的 ±2%
交易保证金	合约价值的 2%
合约月份	最近的三个季月 (3 月、6 月、9 月、12 月中的最近三个月循环)
交易时间	每周一至周五 09：15—11：30，13：00—15：15
最后交易日交易时间	09：15—11：30
最后交易日	合约到期月份的第二个星期五
最后交割日	最后交易日后的第三个交易日
交割方式	实物交割
上市交易所	中国金融期货交易所

5(10) 年期国债期货合约标的，是面值 100 万元人民币、票面利率为 3% 的名义中 (长) 期国债，可交割国债是合约到期月份首日剩余期限为 4～5.25 年 (6.5～10.25 年)

的记账式付息国债。两个合约均采用百元净价(不含持有期利息)报价和交易,小数点后的价格采用十进位制。比如合约报价97.335,意味着100元面值的国债期货交易价格为97.335元。国债期货合约到期采用实物交割。

我国中长期国债期货合约标的采用名义中(长)期国债,体现了一种"名义标准券"的设计思路。通过"名义标准国债"将票面利率和剩余期限标准化,实践中满足一定期限要求的多个国债品种——"一揽子可交割国债",均可与"名义标准国债"进行对比,实现合约的多券种替代交割。和"名义标准券"相匹配的"一揽子可交割国债",扩大了可交割国债的范围,增强了价格的抗操纵性,降低了交割时的逼仓风险。

中长期国债期货的交割涉及转换因子、发票价格和最便宜可交割债券。

(1) **转换因子**。国债期货采用一揽子可交割国债的多券种交割方式。当合约到期进行实物交割时,可交割国债为一系列符合条件的不同剩余期限、不同票面利率的国债品种。因票面利率和剩余期限不同,必须确定各种可交割国债与合约标的名义标准国债之间的转换比例,这个转换比例就是**转换因子**(Conversion Factor, CF)。

转换因子实质是面值1元的可交割国债,在其剩余期限内的所有现金流,按合约标的票面利率折现的现值,计算公式如下:

$$CF = \frac{1}{\left(1+\frac{r}{f}\right)^{\frac{xf}{12}}} \times \left[\frac{c}{f} + \frac{c}{r} + \left(1 - \frac{c}{r}\right) \times \frac{1}{\left(1+\frac{r}{f}\right)^{n-1}}\right] - \frac{c}{f} \times \left(1 - \frac{xf}{12}\right)$$

式中:

r 为国债期货合约标的的票面利率;f 为可交割国债每年的付息次数;

x 为交割月到下一付息月的月份数;c 为可交割国债的票面利率;

n 为剩余付息次数。

转换因子在合约上市时由交易所公布,其数值在合约存续期间不变。

如果可交割国债票面利率高于合约标的的票面利率,转换因子大于1;

如果可交割国债票面利率低于合约标的的票面利率,转换因子小于1。

2016年6月13日,中金所在5年期国债期货合约TF1703和10年期国债期货合约T1703于2016年6月14日挂牌上市前,在其网站发布通知,根据《中国金融期货交易所国债期货合约交割细则》及相关规定,公布了TF1703、T1703合约的可交割国债和转换因子,读者可上中金所网站和交易所会员服务系统查询。

【例7.9】计算国债基差?

2013年记账式附息(三期)国债,票面利率为3.42%,到期日为2020年1月24日。该国债对应于TF1509合约的转换因子为1.0167。

2015年4月3日上午10时,现货价格为99.640元,期货价格为97.525元。

国债基差 = 国债现货价格 − 国债期货价格 × 转换因子

$= 99.640 - 97.525 \times 1.0167 = 0.4863(元)$

(2) **发票价格**。使用可交割国债的转换因子，乘以期货交割结算价，可以得到转换后该国债的净价；加上持有国债期间的应计利息，就可得到国债期货交割时卖方出让可交割国债应得到的现金全价。该价格即可交割国债的出让价格，也称发票价格，计算公式如下：

发票价格＝国债期货交割结算价 × 转换因子＋应计利息

根据中金所规定，国债期货交割时，应计利息的日计数基准为"实际持有天数/实际计息天数"。每100元可交割国债的应计利息计算公式：

$$应计利息 = \frac{可交割国债票面利率 \times 100}{每年付息次数} \times \frac{配对交款日 - 上一付息日}{当前付息周期实际天数}$$

(3) **最便宜可交割债券**。最便宜可交割债券是指在一揽子可交割国债中，能够使投资者买入国债现货、持有到期交割并获得最高收益的国债，一般用隐含回购利率衡量。隐含回购利率(IRR)是指买入国债现货并用于期货交割得到的利率收益。隐含回购利率越高的国债价格越便宜，用此国债进行期货交割对合约空头越有利。隐含回购利率最高的国债就是最便宜可交割国债，它决定国债期货合约的价格。

如果购买国债后，在交割日前没有支付利息，可交割国债的隐含回购利率的计算公式：

$$隐含回购利率 = \frac{(期货报价 \times 转换因子 + 交割日应计利息) - 国债购买价格}{国债购买价格} \times \frac{365}{交割日前的天数}$$

期货合约的卖方拥有可交割国债的选择权。在一揽子可交割国债的制度下，剩余期限在一定范围内的国债都可以参与交割，各种可交割国债之间由于票面利率、剩余期限不同，即便用转换因子折算后仍然存在差别。卖方一般会选择价格最便宜、对自己最有利、交割成本最低的最便宜可交割债券进行交割。

【例7.10】2013年记账式附息(三期)国债，票面利率为3.42%，到期日为2020年1月24日。该国债对应于TF1509合约的转换因子为1.0167。

2015年4月3日，现货价格为99.640元，应计利息为0.6372元，期货结算价格为97.525元。TF1509合约最后交割日为2015年9月11日，4月3日到最后交割日计161天，持有期间含有利息1.5085元。计算该国债的隐含回购利率？

解：首先计算该国债购买价格(全价)

　　国债购买价格 = 99.640 + 0.6372 = 100.2772(元)

　其次，计算交割时的发票价格

　　发票价格 = 97.525 × 1.0167 + 1.5085 = 100.6622(元)

由于在交割日前没有支付利息，所以该国债的隐含回购利率

IRR = (100.6622 − 100.2772) ÷ 100.2772 × (365 ÷ 161) = 0.87%

通过计算，可得到一揽子可交割国债的隐含回购利率，隐含回购利率最高的可交割国债就是最便宜可交割国债。

4.国债期货的理论价格

国债期货合约的理论价格，可以运用持有成本模型计算：

期货理论价格＝现货价格＋持有成本＝现货价格＋资金占用成本－利息收入

以下通过实例,来熟悉国债期货理论价格的计算。

【例 7.11】仍用前例数据。2013 年 1 月 24 日发行的 2013 记账式附息(三期)国债,票面利率为 3.42%,1 年付息 1 次,付息日为每年 1 月 24 日,到期日为 2020 年 1 月 24 日,距离 TF1509 合约交割首日剩余期限约 4.4 年,符合可交割国债条件。该国债对应于 TF1509 合约的转换因子为 1.016 7。

2015 年 4 月 3 日,该国债现货价格为 99.640 元,应计利息为 0.637 2 元,期货结算价格为 97.525 元。

假设市场利率 $r = 3.5\%$,2013 记账式附息(三期)国债为 TF1509 的最便宜可交割国债。计算 TF1509 的理论价格?

解:(1) 计算持有期间资金占用成本。

2013 记账式附息(三期)国债上一次付息日为 2015 年 1 月 24 日,至 4 月 3 日共 68 天的应计利息 $= 68 \div 365 \times 3.42 = 0.637\ 2$ 元;

4 月 3 日,以现货价格为 99.640 元购买的

该国债的全价 $= 99.640 + 0.637\ 2 = 100.277\ 2$ 元;

TF1509 合约最后交割日是 2015 年 9 月 11 日,4 月 3 日买入国债持有到交割日共 161 天的资金占用成本 $= 全价 \times r \times (T - t)/365$

$= 100.277\ 2 \times 0.035 \times 161/365 = 1.548\ 1$ 元

(2) 计算持有 161 天期间国债的利息收入 $= 3.42 \times 161/365 = 1.508\ 5$ 元

(3) 计算 4 月 3 日 TF1509 合约的

理论价格 $= 1/$转换因子$\times($现货价格$+$资金占用成本$-$利息收入$)$

$= 1/1.016\ 7 \times (99.640 + 1.548\ 1 - 1.508\ 5) = 98.042\ 3$ 元

(三) 利率期货价格的影响因素

短期利率期货从其报价方式就可发现,它的价格与市场利率是呈反向变动的:市场利率上升,期货价格下降;市场利率下降,期货价格上升。国债期货价格的影响和决定因素是国债现货价格,而国债现货价格主要受市场利率影响,并和市场利率呈反向变动。

因此,分析和预测市场利率及其变化,对投资者分析利率期货价格的走势和波动至关重要。影响市场利率的主要因素如下所述。

1. 政策因素

一国的货币政策、财政政策、汇率政策对市场利率变动的影响最为直接。

(1) 货币政策。扩张性的货币政策通过提高货币供应增长速度来刺激总需求。在此政策下,信贷资金宽松,市场利率将下降;紧缩性的货币政策通过削减货币供应增长率来降低总需求,信贷资金紧缩,市场利率随之上升。

(2) 财政政策。扩张性的财政政策,通过财政分配活动增加和刺激社会总需求,造成对资金需求的增加,市场利率将上升;紧缩性的财政政策,通过财政分配活动减少和抑制社会总需求,造成对资金需求的减少,市场利率将下降。

(3) 汇率政策。一国政府通过操控本币汇率的升降,来控制进出口和资本流动以达到

国际收支平衡。汇率将通过影响国内物价水平、影响短期资本流动间接影响利率。

当本币汇率下降时，会促进出口、限制进口，进口商品成本上升引起国内物价水平上升，导致实际市场利率水平下降。受心理因素影响，货币贬值使人们产生进一步贬值的预期，引起短期资本外逃，国内资金供应减少将推动本币利率上升。如果汇率下降改善了贸易条件，增加了外汇储备，假设其他条件不变，会增加国内资金供应，导致市场利率水平下降。

如果货币升值，将引起上述资金的反向变动，市场利率随之波动。

2. 经济因素

(1) 经济周期。不同的经济周期阶段，商品市场、资金市场的供求关系会发生相应变化，货币政策、财政政策等宏观经济政策会随之调整，从而对市场利率水平及其走势产生重要影响。

(2) 通货膨胀率。通胀率的高低不仅影响市场利率变化，而且影响人们对利率走势的预期；市场利率与通胀率呈方向一致的上下波动。

(3) 经济增长速度。经济增长速度快时，社会资金需求旺盛，市场利率会上升；反之，市场利率会下降。

3. 全球主要经济体利率水平

国际间资本流动频繁，全球主要经济体的利率水平会直接或间接地影响其他国家的利率政策和利率水平。

4. 其他因素

人们对经济形势的预期、消费者收入水平、消费者信贷等因素都会在一定程度上影响市场利率变化。

分析和预测市场利率、利率期货价格时，特别要关注的宏观经济数据有：国内生产总值、工业生产指数、消费者物价指数、生产者物价指数、零售业销售额、失业率、耐用品订单等指标。这些指标的好坏，直接影响经济政策变化、投资者预期，进而影响市场利率水平。

二、利率期货交易策略

利率期货的交易策略，主要有对冲利率风险的套期保值策略，投机交易策略和套利交易策略。以下应用我国上市的国债期货品种介绍各项策略。

1. 买入套期保值策略

通过在期货市场开仓买入国债期货合约，建立期货与现货两个市场的盈亏冲抵机制，可以规避市场利率下降的风险。本策略适用于当市场利率下降导致的债券价格上升（或未来收益率下降）情形：

(1) 计划买入固定收益债券，担心市场利率下降，导致债券价格上升。

(2) 承担按固定利率计息的借款人，担心市场利率下降，导致融资成本相对增加。

(3) 资金的贷方，担心市场利率下降，导致利息和收益下降。

【例 7.12】3 月 5 日，某机构计划在 5 月份购买 800 万元的某 5 年期 J 国债。假设 J 国债是最便宜可交割债券，当时价格为每百元面值 118.50 元，对应于 5 年期国债期货合约的转换因子是 1.25。为锁定成本，防止 5 月份 J 国债价格上涨，该机构决定买入国债期货进行买入套期保值，具体操作见表 7.9。为方便计算，假设本例的套期保值比率等于转换因子，要对冲 800 万元价值现货的风险，需要价值 1 000 万元的期货合约。

表 7.9 国债期货买入套期保值

	现货市场	期货市场
3 月 5 日	J 国债每百元价格 118.50 元	每份合约面值 100 万元 以每百元 94.55 元价格购入 10 份 5 月交割的 5 年期国债期货合约共计 1 000 万元（= 800×1.25）
5 月 5 日价格上涨	J 国债每百元价格涨至 119.70 元，买入面值 800 万元 J 国债	国债期货合约上涨至 95.55 元 以此价格平仓 10 份合约
涨价后套保盈利 4 000 元，对冲了风险	成本上升 (119.70 − 118.50)×80 000 = 96 000 元	做多盈利 (95.55 − 94.55)×10 000× 10 = 100 000 元
5 月 5 日价格下跌	J 国债每百元价格跌至 117.30 元，买入面值 800 万元 J 国债	以 93.55 元价格平仓 10 份合约
价跌后套保亏损 4 000 元，对冲了主要风险	成本下降 (117.30 − 118.50)× 80 000 = −96 000 元	做多亏损 (93.55 − 94.55)×10 000× 10 = −100 000 元

5 月 5 日，无论市场利率是上涨还是下跌，由于该机构在期初配置了价值 1 000 万元的期货合约，用期末平仓期货合约的盈亏，基本对冲了在期末购买现货国债价格涨跌的风险。

2. 卖出套期保值策略

通过在期货市场开仓卖出利率期货合约，建立期货与现两个市场的盈亏冲抵机制，可以规避市场利率上升、债券价格下跌的风险。本策略适用于当市场利率上升导致的债券价格下降（或未来收益率下降）情形：

(1) 持有债券，担心未来市场利率上升，导致持有的债券价格下降（收益率相对下降）；

(2) 利用债券筹资的人、资金借方，担心未来市场利率上升，导致融资、借钱成本增加。

【例 7.13】3 月 5 日，某机构拥有 800 万元面值的某 5 年期 I 国债。假设 I 国债是最便宜可交割债券，当时价格为每百元面值 107.50 元，对应于 5 年期国债期货合约的转换因子是 1.125。

该机构计划 5 月份要用款，需卖出 I 国债。为防止 5 月份 I 国债价格下跌，该机构决定卖出国债期货进行空头套期保值，具体操作见表 7.10。为方便计算，假设本例的套期保值比率等于转换因子，要对冲 800 万元价值现货的风险，需要价值 900 万元的期货合约。

表 7.10 国债期货卖出套期保值

	现货市场	期货市场
3月5日	I 国债每百元面值价格 107.50 元 拥有面值 800 万元 I 国债	每份合约面值 100 万元 以每百元 94.55 元价格出售 9 份 5 月交割的 5 年期国债期货合约 共计 900 万元 (=800×1.125)
5月5日 价格下跌	I 国债每百元价格跌至 106.30元, 卖出面值 800 万元 I 国债	国债期货合约价格下跌至 93.55 元, 以此价格平仓 9 份合约
价跌后套保仅亏损 6 000元, 对冲了主要风险	收入减少 (106.30-107.50)×80 000=-96 000 元	做空盈利 (94.55-93.55)×10 000×9=90 000 元
5月5日 价格上涨	I 国债每百元价格涨至 108.60元, 卖出面值 800 万元 I 国债	国债期货合约价格涨至 95.55 元, 以此价格平仓 9 份合约
涨价后套保仅亏损 2000元, 对冲了主要风险	收入增加 (108.60-107.50)×80 000=88 000 元	做空亏损 (94.55-95.55)×10 000×9=-90 000 元

5 月 5 日，无论市场利率是下跌还是上涨，由于该机构在期初为现货资产配置了价值 900 万元的期货合约，用期末平仓期货合约的盈亏，基本对冲了在期末出售现货国债价格涨跌的风险。

3. 投机交易策略

若交易者分析、预测市场利率或未来债券收益率下跌，则债券价格将上涨，可以选用多头投机策略，买入国债期货合约，等待合约价格上涨获利。

若交易者分析、预测市场利率或未来债券收益率将上升，则债券价格将下跌，可以选用空头投机策略，卖出国债期货合约，等待合约价格下跌获利。

【例 7.14】9 月 10 日，小余预测未来市场利率将走低，于是在 93.700 元处买入 10 手 11 月到期的 TF1711 合约。1 周后，该合约价格涨到 94.900 元，小余在此价位全部平仓，盈利 1 200 点，即 12 000 元/手。若不计交易成本，小余投机做多 10 手国债期货的总盈利为 12 万元。

4. 国债期货合约间的套利策略

由于各期货交易所的国债期货合约标的差异大，国债期货的跨市场套利机会少。以下主要介绍国债期货的跨期套利和跨品种套利。

第五章第三节期货套利策略中已详细介绍：预期价差缩小，应卖价高的一腿，同时买价低的一腿，做卖高买低的牛市套利(卖出套利)；预期价差扩大，应买价高的一腿、同时卖价低的一腿，做买高卖低的熊市套利(买进套利)。

(1) 跨期套利。当同一市场、相同品种、不同交割月份的国债期货合约间价差过大或过小时，套利机会就出现了，可以进行牛市套利、熊市套利和蝶式套利。

【例 7.15】3 月 2 日，小洪认为 5 年期国债期货 TF1706 与 TF1703 合约之间价差过大，未来将趋于缩小，决定进行卖高买低的牛市套利：卖出 10 手 TF1706 合约，同时买入 10

手 TF1703 合约，成交价差为 1.070 元。3 天后，两合约价差缩小到 0.970 元，小洪以 0.970 的价差将套利头寸平仓，盈亏情况见表 7.11。

表 7.11　5 年期国债期货跨期套利

3月2日	套利头寸建仓，卖 10 手 TF1706，买 10 手 TF1703	成交价差 1.070 元
3月5日	套利头寸平仓，买 10 手 TF1706，卖 10 手 TF1703	成交价差 0.970 元
盈亏状况	不计交易成本，小洪获利 0.100/100×100 万元 ×10 手 =1 万元	价差缩小 0.100 元

(2) 跨品种套利。国债期货的跨品种套利策略，主要针对短期、中期和长期国债对市场利率变动反应的不同敏感程度。一般情况下，长期限债券对利率变动反应的敏感程度要大于短期限债券，即当市场利率上升 (或下降) 时，长期限债券价格的跌幅 (或涨幅) 要大于短期限债券的跌幅 (或涨幅)。因此，投资者可以根据对市场利率变动趋势的预测，选择不同期限的国债期货进行跨品种套利。

还有，如果债券收益率曲线出现陡峭化或平坦化的变动时，不同期限国债期货品种间的价差，就会出现过大或过小的情形，从而产生跨品种套利机会。当投资者预期收益率曲线将更为陡峭，可以买入短期限国债期货、卖出长期限国债期货，实现"买入收益率曲线"套利；当预期收益率曲线将变得平坦时，可以卖出短期限国债期货、买入长期限国债期货，实现"卖出收益率曲线"套利。

5. 期现套利策略与国债基差交易

国债期现套利是指交易者基于国债期货与现货价格的偏离，同时开仓买入 (或卖出) 国债现货并卖出 (或买入) 国债期货，以获得套利收益的交易策略。因为期现套利方式与基差交易类似，通常也称为国债基差交易。

国债基差，是指国债现货价格与可交割国债对应的期货价格之差：

国债基差 = 国债现货价格 − 国债期货价格 × 转换因子

基差交易者时刻关注着国债期、现市场间的价差变化，积极搜寻做多基差、做空基差的套利机会。

做多国债基差，也称买入基差，是投资者认为基差会上涨 (走强)，国债现货价格上涨 (下跌) 的幅度，会高于 (低于) 期货价格乘以转换因子上涨 (下跌) 的幅度，因此买入国债现货、卖出国债期货，等待基差上涨 (扩大) 后分别平仓获利。

做空国债基差，也称卖出基差，是投资者认为基差会下跌 (走弱)，国债现货价格上涨 (下跌) 的幅度，会低于 (高于) 期货价格乘以转换因子上涨 (下跌) 的幅度，因此卖出国债现货、买入国债期货，等待基差走弱 (缩小) 后分别平仓获利。

第三节　外汇期货

外汇是国际汇兑的简称，有动态和静态之分。动态的外汇，是指把一国货币兑换为另一国货币以清偿国际债务的金融活动，等同于国际结算。静态的外汇，又有广义与狭义之区别。广义的静态外汇是指一切以外汇表示的资产；狭义的静态外汇是指以外币表示的可用于国际结算的支付手段、资产，是通常所称的外汇。各国外汇管理法令中所称的外汇一般是指广义的外汇。我国2008年修订的《外汇管理条例》规定，外汇包括：外币现钞；外币支付凭证；外币有价证券；特别提款权；其他外汇资产。

基于外汇等基础资产派生出来的外汇远期、外汇期货等外汇衍生工具，可以帮助市场主体规避汇率风险，实现管理风险的目标。

一、外汇远期

要进行外汇远期交易，交易者应掌握汇率的标价、远期汇率的变动和外汇远期交易的特征等基础知识。

(一) 汇率的标价

汇率是指以一国货币表示的另一国货币的价格，表明一国货币折算成另一国货币的比率。折算两国货币，首先应确定以哪国货币为折算标准。按不同的折算标准，常用的汇率标价方法有直接标价法、间接标价法和美元标价法。

直接标价法是指以本币表示外币的价格，是以一定单位(1、100或1 000单位)的外币作为标准，折算为一定数额本币的标价方法，即单位外币的本币价格。如100美元/659.73人民币，表示100美元可以兑换659.73元人民币。在直接标价法中，外币数额固定不变，本币数额随外币或本币币值的变化而增减：本币数额增加，如100美元/人民币由659.73增加到661.26，为本币对外币(美元)贬值，外币升值，外币汇率上升；本币数额减少，如100美元/人民币由659.73减少到657.26，为本币对外币(美元)升值，外币贬值，外币汇率下降。在国际外汇市场上，日元、加元、人民币等大多数货币采用直接标价法。

间接标价法是指以外币表示本币的价格，是以一定单位(1、100或1 000单位)的本币作为标准，折算为一定数额外币的标价方法，即单位本币的外币价格。如1美元/102.24日元，表示1美元可以兑换为102.24日元。在间接标价法中，本币数额固定不变，外币数额随本币或外币币值的变化而增减：外币数额增加，如1美元/日元由102.73增加到103.26，为外币对本币(美元)贬值，本币升值，本币汇率上升；外币数额减少，如1美元/日元由102.73减少到101.92，为本币对外币(美元)贬值，外币升值，外币汇率上升。在国际外汇市场上，美元、英镑、欧元采用直接标价法。

直接标价法的报价和间接标价法的报价是可以换算的，如在直接标价法下的100美元/656.06人民币，通过1/6.560 6=0.152 4的换算，意味着1美元/6.560 6在间接标价法下，为1元人民币可以兑换0.152 4美元。

美元标价法是以1单位美元为标准，折算为一定数额的外币。国际金融市场中的外汇交易，实行美元标价法，银行间的报价都以美元为标准来表示非美元货币的价格，非美元货币之间买卖的汇价通过各自兑美元汇率套算。例如，已知美元兑日元的报价为101.426，美元兑人民币的报价为6.649 7，可以通过美元为中介计算出日元兑人民币的汇价为6.649 7/101.426=0.065 56，即1日元可以购买0.065 56元人民币。外汇行情表见表7.12。

表 7.12　外汇行情表　　(2016 年 8 月 10 日星期三)

货币对	最新价
欧元 / 美元	1.114 50
英镑 / 美元	1.306 26
澳元 / 美元	0.769 41
美元 / 加元	1.306 95
美元 / 日元	101.426
美元 / 瑞郎	0.980 02
美元 / 港元	7.756 40
美元 / 人民币	6.649 7

资料来源：长江期货行情

在外汇交易中，汇率变动的最小单位称为点值，是某种货币报（标）价涨跌变动一个"点"的价值。

在美元标价法下，某货币点值的单位是美元，等于汇率报价变动的最小单位除以汇率。例如，美元兑日元汇率为 101.426，当汇率变动一个点，表示美元的日元价格变动了 0.01 日元，日元的点值 =0.01/101.426=0.000 099（美元）。

在非美元标价法下，某货币点值的单位是该货币，等于汇率报价变动的最小单位乘以汇率。例如，欧元兑美元的汇率由 1.114 50 上升至 1.114 60，是欧元上涨了一个"点"，为 0.000 10 美元；其点值为 0.000 10×1.114 60=0.000 11（欧元）。

(二) 远期汇率与升贴水

外汇现汇交易使用的汇率是即期汇率，即交易双方在达成交易后两个营业日内办理交割使用的汇率。外汇远期交易使用的汇率是 远期汇率，是交易双方约定的、在未来某时间进行外汇交割的汇率。某货币的远期汇率高于即期汇率，称为升水，也称远期升水。相对应，某货币的远期汇率低于即期汇率，称为贴水或远期贴水。

例如，英镑的即期汇率为 1 英镑兑 1.306 26 美元，30 天远期汇率为 1 英镑兑 1.301 86 美元，远期英镑贴水 44 点，点值为 0.004 4 美元。欧元即期汇率为 1 欧元兑 1.114 50 美元，30 天远期汇率为 1 欧元兑 1.115 90 美元，远期欧元升水 14 点，点值为 0.001 4 美元。用百分率表示，能够更清晰地反映两种货币升、贴水的程度：

升（贴）水 =（远期汇率 − 即期汇率）/ 即期汇率 ×(12/ 月数)

上例中，

英镑 30 天远期贴水 =（1.301 86 − 1.306 26)/1.306 26×(12/1) = − 3.96%

欧元 30 天远期升水 =（1.115 90 − 1.114 50)/1.114 50×(12/1) = 1.5%

如果升水和贴水两者相等，称为远期平价。

升水和贴水与两种货币的利率差密切相关。利率较高的货币，一般表现为远期汇率贴水，即远期汇率低于即期汇率；利率较低的货币，一般表现为远期汇率升水，即远期汇率高于即期汇率。

在流动性充分的市场上,两种货币的利率差反映为远期汇率与即期汇率的差异,否则会出现套利机会。根据相关理论,远期汇率与即期汇率的换算公式为

$$远期汇率\left(\frac{货币A}{货币B}\right) = 即期汇率\left(\frac{货币A}{货币B}\right) \times \left[\frac{1+(R_B \times d/360)}{1+(R_A \times d/360)}\right]$$

式中,R 表示利率,d 表示交易期限。

【例7.16】2016 年 8 月 10 日美元与人民币即期汇率为 1/6.649 7,人民币 30 天的上海银行间同业拆借利率(SHIBOR)为 4.956%,美元 30 天的伦敦银行间同业拆借利率(LIBOR)为 0.171 7%,则美元兑人民币 30 天远期汇率应为

$$远期汇率\frac{USD}{CNY} = 6.649\,7 \times \left[\frac{1+4.956\% \times 30/360}{1+0.1717\% \times 30/360}\right] = 6.676\,2$$

远期汇率的决定因素包括即期汇率、两种货币的利率、交易期限等。在实际交易中,远期汇率还受到交易者对市场的心理预期、央行对市场的干预、国际经济与政治等因素的影响,有时甚至会使远期汇率的变化完全脱离两国的利率差水平。

(三)外汇远期交易

所谓**外汇远期交易**,是指交易双方在成交时约定,在未来某日期按成交时确定的汇率,交收一定数量某种外汇的交易方式。外汇远期交易一般由银行和其他金融机构相互通过电话、传真等方式达成,交易数量、期限、价格自由商定,比外汇期货更加灵活。在套期保值时,远期交易的针对性更强,往往可以使风险全部对冲。但是,远期交易的价格不具备期货价格那样的公开性、公平性与公正性。远期交易没有交易所、清算所为中介,流动性远低于期货交易,而且面临着对手的违约风险。

【例7.17】2015 年 8 月 3 日,A 机构作为发起方,通过外汇交易系统,与 B 机构达成一笔 1 年期美元兑人民币的远期交易:约定 A 机构卖出 100 万美元,买入人民币。B 机构报出即期汇率 USD/CNY=6.290 0,远期点 40.00bp(远期点加上即期汇率等于全价),即 A 机构以 USD/CNY=6.290 的价格在 2016 年 8 月 4 日向 B 机构卖出 100 万美元,交易要素见表 7.13。

表7.13 外汇远期交易要素

发起方	A 机构	报价方	B 机构
成交日	2015 年 8 月 3 日	远期全价	6.294 0
货币对	USD/CNY	折美元金额	USD100 万元
交易货币	USD	交易货币金额	USD100 万元
对应货币	CNY	对应货币金额	CNY629.4 万元
即期汇率	6.290 0	远期点	40.00
交易方向和金额	A 卖出 USD100 万元,买入 CNY629.4 万元		
	B 买入 USD100 万元,卖出 CNY629.4 万元		

(续)

发起方	A 机构	报价方	B 机构
期限	1Y	起息日	2016 年 8 月 4 日
清算模式和方式	双边全额清算		

外汇远期交易通常应用在以下内容。

1. 进出口商利用外汇远期合约锁定外汇远期汇率

国际贸易中，进出口商从签订合同到交货、付款，通常需要很长时间，在此期间可能因汇率变动而遭受损失。为规避汇率损失，进出口商大都要进行外汇远期交易。

【例 7.18】3 月 1 日，进口商 H 与美国客户签订总价为 200 万美元的汽车进口合同，付款期为 3 个月（实际天数为 92 天），签约时美元兑人民币汇率为 1 美元 =6.500 0 元人民币。由于近期美元兑人民币汇率波动较大，H 决定利用外汇远期进行对冲（套保）交易。当天银行 3 个月远期美元兑人民币的报价为 6.497 5/6.503 1，H 与银行签订远期合同，约定 3 个月后按 1 美元兑 6.503 1 元人民币的汇价卖出 1 300.62 万人民币，同时买入 200 万美元用于支付进口贷款，见表 7.14。

表 7.14 远期交易过程

	汇率（美元/人民币）	合同金额	折合人民币
3 月 1 日签订进口合同	即期汇率：6.500 0	200 万美元	1 300 万元
3 月 1 日签订远期合约	3 个月远期汇率：6.503 1	200 万美元	1 300.62 万元
6 月 1 日到期收汇付款	即期汇率：6.660 1	200 万美元	1 332.02 万元

假设 3 个月后，美元兑人民币汇率为 1 美元 = 6.660 1 元人民币，如果进口商 H 未签订远期合约规避汇率风险，6 月 1 日就要承受多支付 31.4 万元（= 1 332.02 － 1 300.62) 人民币货款的汇率损失。

2. 短期投资者、外汇债务人利用外汇远期合约规避汇率风险

在没有外汇管制的条件下，资金会从利率低的国家流向利率高的国家以获取利息差。假设汇率不变，纽约市场利率为 3.1%，伦敦市场利率为 2.3%，则英国投资者会卖英镑买美元，投资短期美国国债，待国债到期后将美元本利兑回英镑，赚取年率 0.8% 的利息差。但如果美元兑英镑汇率下跌，英国投资者就得花更多美元才能兑回英镑，有可能赚不到利息差，还遭受汇兑损失。这时，英国投资者可以在买进美元的同时，卖出美元的远期合约，只要美元远期汇率贴水不超过两国的利息差，就可规避汇率风险，有利可图。如果美元远期汇率贴水超过利息差，就要遭受损失了。

在国外有定期债务的债务人，也可以利用外汇远期交易规避汇率风险，防止债务到期时多付出本币。例如有美元债务的我国债务人，为规避美元汇率升值风险，可买进与债务期限一致的美元兑人民币外汇远期锁定当前汇价。当美元债务到期时，如美元升值，正好可将到期的外汇远期按期初的汇价兑现美元归还债务，避免按美元升值后的高汇价还债的风险。

无本金交割的外汇远期 (NDF) 是一种场外交易的外汇衍生工具，交易的一方货币为

实行外汇管制国家的不可兑换货币，NDF 为这类国家的交易者提供了对冲外汇风险和投资的渠道。NDF 交易由银行充当中介，交易双方基于对汇率的不同预期，签订无本金交割外汇远期合约，确定远期汇率、期限、金额。合约到期时，只需对远期汇率和实际汇率的差额进行交割结算，结算的货币是自由兑换货币(一般为美元)，无须对 NDF 的本金(不可兑换货币)进行交割，对交易者的未来现金流没有影响。

人民币 NDF 是指以人民币汇率为计价标准的外汇远期合约，按照合约本金金额以及约定的定价日中国外汇交易中心人民币即期挂牌价与合约汇率之间的差额，可以计算远期交易的盈亏，并按照定价日人民币即期挂牌价将合约盈亏金额换算为美元后，以美元进行交割，合约本金无须交割，交易双方亦不须持人民币进行结算。

中国香港、新加坡的人民币 NDF 市场是亚洲主要的离岸人民币远期交易市场，该市场的行情反映国际上欧美大银行、投资机构等主要参与者对人民币汇率的预期。这些机构的客户是在中国有大量人民币收入的跨国公司等，他们利用人民币 NDF 规避人民币的汇率风险。

【例 7.19】当前美元兑人民币即期汇率为 6.476 0。进口商 F 为规避 3 个月后的汇率风险，向银行购买 3 个月期的 100 万美元 NDF 远期合约，成交价 6.466 0。设 3 个月后，美元兑人民币即期汇率 6.481 0，则银行应按 NDF 合约向 F 支付汇率结算的差额 (6.481 0 － 6.466 0)/6.481 0 × 1 000 000 = 2 314.45(美元)。

二、外汇期货及其交易策略

(一) 外汇期货

外汇期货是一种交易所制定的条款标准化的法律契约，在交易所内固定的交易时间集中公开竞价交易，契约规定交易双方各自支付一定的保证金和佣金，并按照交易币种、数量、交割月份与地点等买卖一定数量的外汇。在实践中，交易双方很少进行实际货币的交割，而是在到期前作反向操作使原有合约对冲掉。

外汇期货合约与外汇远期合约两者的定义相同，功能相近，但有一些重要差异：①市场性质不同，外汇期货是在集中市场(交易所)交易，而外汇远期的交易则是在店头市场(银行柜台)进行；②到期日不同，外汇期货有标准化的到期月、日，而外汇远期的到期期限则是随顾客需要而量身定做，通常在一年以内；③价格决定的方式不同，外汇期货价格是通过在交易所公开喊价的过程或是电子交易系统达成(决定)，而外汇远期的买价与卖价，则是由批发市场的自营商考量即期汇率与利率差异后决定报价；④预防违约的方式不同，期货结算机构控制交易者的信用风险，是依靠保证金要求与每日无负债结算制度来防止违约。外汇远期没有保证金要求，但银行会调查客户信用，或只对有良好长期关系的客户提供远期合约；⑤交割方式不同，外汇期货部位的结清很少采实物交割，多采用现金交割；外汇远期则几乎全都是实物交割；⑥交易成本不同，外汇期货的交易成本是佣金，而外汇远期交易不收佣金，买卖价差实质即是银行收取的某种形式的"佣金"；⑦交易时间长短有别，外汇期货在交易所规定的的营业时间内交易；外汇远期的交易则是通过银行的全球网络连线系统达成,一天 24 小时都在交易。

1971 年 12 月,美元贬值 7.8%,黄金官价升至每盎司 38 美元以上,以美元为中心的固定汇率制度崩溃,西方主要工业化国家纷纷采取浮动汇率制。浮动汇率制就是各国政府不规定货币的含金量,不维持本国货币对外汇价,完全听任市场供求关系来决定货币价格。自此,汇率变化异常频繁,升跌幅度巨大,给外汇市场带来极大的风险,迫使人们不得不寻找规避汇率风险的有效途径,金融界开始考虑将商品期货市场中有避险功能的期货交易引入外汇市场。

全球外汇市场的交易规模巨大,外汇类衍生品在金融衍生品中交易量最多。1972 年 5 月 16 日,芝加哥商业交易所 (CME) 成立了国际货币市场分部 (IMM),率先推出英镑、加元等 6 个外汇期货品种的交易,外汇期货——全球第一个金融期货品种由此诞生。1978 年纽约商品交易所、1979 年纽约证券交易所也开始外汇期货交易。1981 年 2 月,芝加哥商业交易所首次开设了欧洲美元期货交易。1982 年 9 月 30 日,伦敦国际金融期货交易所 (LIFFE) 成立,开始外汇期货交易。随后,澳大利亚、加拿大、荷兰、新加坡等国家和地区也相继开设了外汇期货市场,全球市场的蓬勃发展使交易量激增了数十倍。

目前,全球主要外汇期货市场基本集中在美国芝加哥商业交易所 (CME) 的国际货币市场 (IMM),全球外汇期货交易的主要品种和交易活跃的品种有:美元、英镑、欧元、日元、瑞士法郎、加拿大元、澳大利亚元等。外汇期货的主要交易所还有:伦敦国际金融期货交易所 (LIFFE)、新加坡国际货币交易所 (SIMEX)、东京国际金融期货交易所 (TIFFE)、法国国际期货交易所 (MATIF) 等,每个交易所基本都有本国货币与其他主要货币交易的期货合约。表 7.15 是 CME 的欧元期货合约,其他货币期货合约条款与之相近,不同期货交易所制定的外汇期货合约的主要条款也基本相同。

表 7.15 CME 的欧元期货合约

合约月份	6 个连续的季度月
交易单位	125 000 欧元
最小变动价位	0.000 1 点,每份合约 12.50 美元;价差套利最小变动价位减半
每日价格波动限制	200 点 (7:20 至 7:35 之间),每份合约 2 500 美元,7:35 以后不设价格限制
交易时间	上午 7:20 至下午 2:00(场内公开叫价,周一至周五);下午 4:30 至次日下午 4:00(全球电子交易系统)
最后交易日	合约月份第三个星期之前的第 2 个营业日 (通常是星期一) 美中时间上午 9:16
交割日期	合约交割月份的第 3 个星期三
交割地点	结算所指定的各货币发行国银行
大户报告制度	每个交易者持有期货合约及期权合约头寸 (包括所有月份) 的净多或净空超过 10 000 张时,必须向交易所报告

注:外汇期货报价取最后 4 位数作为报价点数,比如 0.987 5 美元 / 欧元报为 9 875 点。

不同币种的期货合约关于交易单位、最小变动价位、每日价格波动限制等规定不尽相同，表 7.16 列示芝加哥商业交易所主要外汇期货合约的规格。

表 7.16 CME 主要币种期货合约规格

币种	交易单位	最小变动价位	每日价格波动限制
欧元	125 000 欧元	0.000 1 每份合约 12.50 美元	200 点每份合约 2 500 美元
日元	12 500 000 日元	0.000 001 每份合约 12.50 美元	150 点每份合约 1 875 美元
英镑	62 500 英镑	0.000 2 每份合约 12.50 美元	400 点每份合约 2 500 美元
瑞士法郎	125 000 法郎	0.000 1 每份合约 12.50 美元	150 点每份合约 1 875 美元
加拿大元	100 000 加元	0.000 1 每份合约 10 美元	100 点每份合约 1 000 美元
澳元	100 000 澳元	0.000 1 每份合约 10 美元	150 点每份合约 1 500 美元
墨西哥比索	500 000 比索	0.000 025 每份合约 12.50 美元	200 点每份合约 1 000 美元

中国外汇交易市场的交易量很小、定价功能很弱，在规模与效率上与我国的经济体量、人民币的国际地位严重不匹配，在岸市场落后于离岸市场。2015 年的汇率改革以及 2016 年 10 月人民币加入 SDR，给人民币外汇市场带来重大发展机遇，人民币国际化和市场化步伐进一步加快，离岸人民币市场蓬勃发展。

目前已有包括芝加哥商业交易所在内的五家海外交易所推出了七款人民币期货，中国香港、新加坡等地也都在力争成为人民币离岸中心。我国对外贸易和投资高速发展，使用人民币的交易越来越多，人民币走出国境、走向境外市场是必然趋势，对风险防范工具的需求也越来越大。按照汇率形成机制的改革方向，汇率双向波动会更加明显，即外汇市场本身的市场化所带来的风险也会加大，因此必须要有风险防范工具作为准备。

从实体企业和金融机构管理外汇风险需求、促进贸易增长和境外纷纷抢占人民币期货市场高地等几个方面都迫切要求国内尽快推出我国在岸外汇期货产品。作为完善外汇市场机制的重要工具，当前推出外汇期货的时机已经成熟。在我国推出人民币外汇期货，不仅是为了更好地把握人民币定价权，也有助于加速人民币国际化。

目前，中国金融期货交易所已经在开发与外汇相关的衍生产品。中金所将以自贸区人民币兑美元期货为起点，逐步推出境内外汇期货产品，在条件合适的情况下，还将推出人民币兑金砖国家货币，如雷亚尔、卢布期货产品，使得中国外汇市场拥有完善的即期、远期、期货、期权等金融工具。未来中金所将适时推出交叉汇率期货及人民币外汇期货、期权产品，构建场内和场外外汇衍生品市场协调发展的局面。

(二) 外汇期货交易策略

交易外汇期货的策略或目的，仍然是对冲 (套保)、投机与套利，这里主要介绍套保与套利交易。

1. 卖出对冲 (空头套期保值) 交易

外汇期货**卖出对冲交易**，又称外汇期货空头套期保值，是指在即期外汇市场持有某种外币资产的交易者，为防止外币贬值，可以在外汇期货市场做一笔相应的空头交易，从而建立外汇现货、期货两个市场的盈亏冲抵机制，回避汇率变动风险。

适合外汇期货卖出对冲的情形：

(1) 在现汇市场持有外汇多头部位，担心未来外币资产贬值。

(2) 出口商、从事国际金融业务的银行，预计未来某时间将收到外汇，为避免外汇汇率下跌造成损失。

【例7.20】4月1日美国投资者Y看到人民币利率高于美元利率，决定买入100万元人民币以获取息差，计划投资3个月。为了避免3个月内人民币对美元贬值的汇价风险，该投资者在CME进行空头套保，卖出2张人民币期货合约，每张合约为10万美元。套保结果见表7.17。

表7.17 外汇期货卖出套期保值

时间	现货市场	期货市场
4月1日	即期汇率为 USD/CNY = 6.476 0(1美元兑6.476 0人民币)，购买100万元人民币，支付15.44万美元	卖出2手9月到期的人民币期货合约，成交价格为 CNY/USD = 0.150 4(1元人民币兑0.150 4美元)
7月1日	即期汇率为 USD/CNY = 6.477 5(1美元兑6.477 5人民币)，出售100万元人民币，收到15.43万美元	买入2手9月到期的人民币期货合约，成交价格为 CNY/USD = 0.148 4(1元人民币兑0.148 4美元)
损益	损失100美元	期货盈利 0.150 4 − 0.148 4 = 0.002 2手获利 0.002×2×10万元 = 0.04万美元 = 400美元

美国投资者Y投资100万元人民币3个月，因人民币汇价下跌在现汇市场损失100美元。因为他在外汇期货市场同时做了空头套保，平仓后盈利400美元，冲抵现货市场损失后还有盈利。如果这3个月人民币汇率上升，现货市场的盈利会被期货市场亏损冲抵。

2. 买入对冲(多头套期保值)交易

外汇期货买入对冲交易，又称外汇期货多头套期保值，是指在即期外汇市场处于空头部位的交易者，为了防止外币升值，在外汇期货市场买入期货合约做一笔多头交易，从而建立外汇现货、期货两个市场的盈亏冲抵机制，对冲现货汇率变动风险。

适合外汇期货买入对冲的情形：

(1) 外汇债务人担心未来外币升值。

(2) 进口商担心未来付汇时外汇汇率上升造成损失。

【例7.21】6月1日，现货汇率 USD/JPY=106.71(1美元兑106.71日元)，美国进口商W3个月后需支付进口贷款2.5亿日元。为避免日元升值，W在CME买入20张9月到期的日元期货合约，进行多头套期保值，每手合约代表1 250万日元。盈亏情况见表7.18。

表7.18 外汇期货买入套期保值

时间	现货市场	期货市场
6月1日	即期汇率 USD/JPY=106.71(1美元兑106.71日元)，2.5亿日元价值为2 342 798美元	买入20手9月到期的日元期货合约，成交价 JPY/USD=0.008 935，该报价相当于即期市场报价法 USD/JPY=111.92

（续）

时间	现货市场	期货市场
9月1日	即期汇率 USD/JPY=104.60(1美元兑104.60日元)，2.5亿日元价值为 2 390 057 美元	卖出 20 手 9 月到期的日元期货合约，成交价 JPY/USD=0.009 132，该报价相当于即期市场报价法 USD/JPY=109.50
损益	损失(多付)47 259 美元	盈利 (0.009 132-0.008 935)×20×1 250 万美元 =49 250 美元

美国进口商 W 因日元升值，3 个月后实际多支付 47 259 美元的货款。由于他在外汇期货市场做了日元期货的多头套期保值，期货市场的盈利冲抵现货市场亏损后略有盈利，风险得以规避。当然，如果日元贬值，他的对冲策略仍然能够保证他规避大部分风险。

3. 交叉套期保值

交叉套期保值是指利用相关的两种外汇期货合约为一种外汇保值。在外汇市场上，如果面临两种非美元货币之间的汇率风险时，就要使用交叉货币套期保值。进行交叉套期保值，关键是把握好两点：①正确选择相关程度高的外汇期货品种，才能为手中持有的外汇保值；②正确调整期货合约的数量，使其与被保值外汇的金额相匹配。

【例 7.22】5 月 1 日，出口商 C 出口价值 1 000 万挪威克朗 (NOK) 的一批服装给挪威进口商，3 个月后以 NOK 结算，当时即期汇率 NOK/CNY=0.798 0。出口商 C 担心 3 个月后 NOK/CNY 贬值，造成货款结算损失，考虑利用外汇期货对冲风险。

由于没有 NOK/CNY 期货合约，C 只能使用 CME 期货市场的 NOK/USD 合约与 CNY/USD 合约进行交叉外汇套期保值：买入 8 手 CNY/USD 合约 (合约规模 100 万元 CNY)，卖出 5 手 NOK/USD 合约 (合约规模 200 万 NOK)。

假设 5 月 1 日 CNY/USD 合约价格为 0.161 6，NOK/USD 合约价格为 0.129 0。若 8 月 1 日，现货汇率从 NOK/CNY=0.798 0 贬值到 NOK/CNY=0.794 0，CME 市场的 CNY/USD 合约价格为 0.161 8，NOK/USD 合约价格为 0.129 2，出口商 C 将持有的外汇期货合约全部平仓，交叉套期保值损益见表 7.19。

表 7.19 外汇期货交叉套期保值损益

	现货市场 NOK/CNY	期货市场 CNY/USD	期货市场 NOK/USD
5月1日	即期汇率 1NOK=0.798 0CNY，1 000 万 NOK=798 万 CNY	买入 8 手，价格 CNY/USD=0.161 6，持仓价值 129.28 万 USD	卖出 5 手，价格 NOK/USD=0.129 0，持仓价值 129 万 USD
8月1日	即期汇率 1NOK=0.794 0CNY，1 000 万 NOK=794 万 CNY	卖出 8 手，价格 CNY/USD=0.161 2，平仓价值 128.96 万 USD	买入 5 手，价格 NOK/USD=0.128 0，平仓价值 128 万 USD
盈亏	损失 4 万 CNY	亏损 0.32 万 USD	盈利 1 万 USD
		盈利 1－0.32=0.68 万 USD=4.216 万 CNY (假设 USD/CNY=6.20)	

由上述交叉套期保值案例可知，3个月后出口商C收回货款时，由于NOK/CNY汇率下跌，损失4万CNY；他通过在CME期货市场进行交叉套期保值，买入8手CNY/USD合约，卖出5手NOK/USD合约，获得4.216万CNY的盈利(假设USD/CNY=6.20)。如果不考虑交易成本，出口商C在期货市场的盈利对冲现货市场的亏损后，还有2160CNY的盈利。

4. 外汇期现套利

外汇期现套利，是在外汇现货市场与期货市场上同时进行方向相反的交易，通过卖出高估的期货合约或者现货资产，同时买进低估的期货合约或者现货，在合适的时机平仓两个市场的头寸以实现获利目的。

在实际交易环境中，由于交易成本和冲击成本因素的存在，会影响套利策略的实施。**交易成本**主要是指交易所和期货经纪商收取的佣金，中央结算公司收取的过户费等买卖期货产生的费用。

冲击成本也称为流动性成本，是指规模大的资金进入市场后，对交易价格形成冲击导致不能按预定价格成交，必须以高于预定购买的价格才能买进或低于预定卖出的价格才能卖出，结果是多付出相应成本。比如当前欧元/美元合约卖价为1.115 0，交易者试图以此价位买入合约，但该价位的卖单数量不足，交易者必须以高于1.115 0数个点位的价格，才能完成买单的全部操作。在流动性不好的市场或流动性不足的非主力合约上，冲击成本往往较大；当冲击成本过高时，就会影响套利收益。

这类市场因素的存在，使得外汇期现价差波动会出现一个无套利区间，只有在期现价差超出无套利区间范围，才会出现无风险套利机会。计算无套利区间时，上限应为期货理论价格加上期货与现货的交易成本和冲击成本，下限应为期货理论价格减去期货与现货的交易成本和冲击成本。

【例7.23】6月1日，套利者X看到，美元兑人民币现货汇价为1美元=6.643 0人民币，9月到期的美元兑人民币期货汇价为1美元=6.649 0人民币，期现价差为0.006 0个点。同时，套利者X认为9月合约的理论价格为6.646 0，无套利区间为6.645 0～6.647 0。X判断当前9月合约价格超出了无套利区间，期现价差将缩小，他卖出10手9月美元兑人民币期货合约，同时买入相应金额的现货。

7月1日，现货与期货价格分别为6.644 0和6.647 0，价差缩小到0.003 0点，X同时将现货与期货平仓，完成期现套利交易，盈亏见表7.20。

表7.20 外汇期现套利

6月1日	价格6.643 0，买入与期货相同金额的现货	价格6.649 0，卖出10手9月美元兑人民币期货	价差60点
7月1日	价格6.644 0，卖出现货平仓	价格6.647 0，买入10手9月美元兑人民币期货	价差30点
各自盈亏	盈利10点	盈利20点	价差缩小30点
结果	总盈利=(0.001 0+0.002 0)×10手×10万=0.3万美元		

5.外汇期货跨期套利

外汇期货跨期套利，是指套利者同时买入并卖出相同品种不同交割月份的外汇期货，等待两合约间价差向有利方向发展后平仓获利的交易行为。

第五章介绍套利交易策略时，分析过跨期套利分为牛市套利、熊市套利和蝶式套利。**牛市套利**策略的操作是买入近期月份的外汇期货合约，同时卖出远期月份的外汇期货合约，即买近卖远，等待两个合约的价差缩小后同时平仓获取套利利润。

【例7.24】4月11日，套利者I看到6月欧元/美元期货价格为1.2240，9月欧元/美元期货价格为1.2330，二者价差0.0090点。I预期欧元/美元汇价将上涨，同时6月与9月合约的价差会缩小。预期**价差缩小**，可以使用**买近卖远**的牛市套利策略，所以I买入10手6月合约，同时卖出10手9月合约进行跨期套利。

4月25日，6月合约和9月合约价格分别上涨到1.2280和1.2340，二者价差缩小到0.0060点。I将多空持仓同时平仓，结束跨期套利，盈利状况见表7.21。欧元/美元期货合约的交易单位是12.5万欧元/手，最小变动价位是0.0001点，等于12.50美元/手。

表7.21 外汇期货牛市套利

4月11日	价格1.2240，买入10手6月欧元/美元期货合约	价格1.2330，卖出10手9月欧元/美元期货合约	价差0.0090点
4月25日	价格1.2280，卖出10手6月欧元/美元期货合约	价格1.2340，买入10手9月欧元/美元期货合约	价差0.0060点
各自盈亏	盈利0.0040点	亏损0.0010点	价差缩小0.0030点
最终盈亏	0.0030×10手×12.5万=0.375万美元		

如果4月25日6月合约和9月合约价格不涨反跌，分别下跌到1.2210和1.2280，两合约价差缩小到0.0070点，套利者I同时将两种合约平仓，完成跨期套利，盈利情况见表7.22。

表7.22 外汇期货牛市套利

4月11日	价格1.2240，买入10手6月欧元/美元期货合约	价格1.2330，卖出10手9月欧元/美元期货合约	价差0.0090点
4月25日	价格1.2210，卖出10手6月欧元/美元期货合约	价格1.2280，买入10手9月欧元/美元期货合约	价差0.0070点
各自盈亏	亏损0.0030	盈利0.0050	价差缩小0.0020点
最终盈亏	0.0020×10手×12.5万=0.25万美元		

从表7.21和表7.22可知，进行牛市套利，只要两个合约间期初到期末的价差是缩小的，就能获取套利利润，与市场涨跌方向无关。如果价差是扩大的，牛市套利就要亏损。

相对应的**熊市套利**策略，操作方式为卖近买远，因为当出现供给过剩、需求不足的熊市环境时，会导致近月合约价格的跌幅大于远月合约价格的跌幅，或者近月合约价格的涨幅小于远月合约价格的涨幅，(预期)未来两个合约的价差趋向于扩大。在这种情况下，无论在正向市场还是在反向市场，卖出近月（估值较高）合约同时买入远月（估值较低）合约进行熊市套利，盈利的概率更大。

【例 7.25】2 月 21 日套利者 E 观察到，3 月英镑/美元期货价格为 1.502 0，6 月英镑/美元期货价格为 1.509 0，二者价差 0.007 0 点。E 预期英镑/美元汇价将上涨，同时 6 月与 9 月合约的价差会扩大。预期价差扩大，应该使用卖近买远的熊市套利策略，所以 E 卖出 10 手 6 月合约，同时买入 10 手 9 月合约进行跨期套利。

3 月 7 日，3 月合约和 6 月合约价格分别上涨到 1.505 0 和 1.514 0，二者价差扩大到 90 点。E 将多空持仓同时平仓，结束跨期套利，盈利状况见表 7.23。英镑/美元期货合约的交易单位是 6.25 万英镑/手，最小变动价位是 0.000 2 点，等于 12.50 美元/手。

表 7.23 外汇期货熊市套利

2 月 21 日	3 月英镑/美元期货价格为 1.502 0，卖出 10 手	6 月英镑/美元期货价格为 1.509 0，买入 10 手	价差 0.007 0 点
3 月 7 日	3 月英镑/美元期货价格为 1.505 0，买入 10 手	6 月英镑/美元期货价格为 1.514 0，卖出 10 手	价差 0.009 0 点
各自盈亏	亏损 0.003 0 点	盈利 0.005 0 点	价差扩大 0.002 0 点
最终盈亏	0.002 0×10 手 ×6.25 万 =0.125 万美元		

在熊市套利中，只要两个合约间价差从期初到期末是扩大的，套利者就能盈利，不受套利者判断的市场方向和实际的市场方向影响。

蝶式套利由共享居中交割月份的一个牛市套利和一个熊市套利组合而成。外汇期货的蝶式套利操作方法：套利者买入（或卖出）近期月份合约，同时卖出（或买入）居中月份合约并买入（或卖出）远期月份合约。其中，居中月份合约的数量，等于近月合约与远月合约数量之和。

【例 7.26】1 月 5 日套利者 F 观察到，3 月、6 月、9 月到期的美元/人民币期货价格分别为 6.384 9、6.383 2、6.382 1，经分析 F 认为 3 月和 6 月合约价差会缩小、6 月和 9 月合约的价差会扩大，决定进行蝶式套利。于是 F 买入 10 手 3 月合约，卖出 20 手 6 月合约，同时买入 10 手 9 月合约。

美元/人民币期货合约的交易单位是 10.0 万美元/手，最小变动价位是 0.000 1 点，等于 10.00 美元/手。

1 月 20 日，美元/人民币期货价格均下跌，3 月、6 月、9 月分别下跌到 6.381 9、6.380 2、6.380 0。套利者 F 同时将三个合约平仓，完成蝶式套利，盈亏状况见表 7.24。

表 7.24 外汇期货蝶式套利

1 月 5 日	3 月美元/人民币期货价格 6.384 9，买入 10 手	6 月美元/人民币期货价格 6.383 2，卖出 20 手	9 月美元/人民币期货价格 6.382 1，买入 10 手
1 月 20 日	美元/人民币期货价格 6.381 9，卖出 10 手	美元/人民币期货价格 6.380 2，买入 20 手	美元/人民币期货价格 6.380 0，卖出 10 手

(续)

各自盈亏	亏损 0.003 0	盈利 0.003 0	亏损 0.002 1
最终盈亏	(−0.003 0 + 0.003 0 + 0.003 0 − 0.002 1)×10 手 ×10.00 万 = −0.09 万美元		

蝶式套利是两个跨期套利的组合，比单个跨期套利的风险和利润都要小。

6. 外汇期货跨币种套利

外汇期货跨币种套利，是指套利者根据对相同交割月份、不同币种的期货合约在同一家交易所的价格趋势分析，进行买进某一币种合约、同时卖出另一币种合约的套利交易行为。

【例 7.27】1 月 16 日，中国金融期货交易所 3 月到期的仿真 EUR/USD 和 AUD/USD 期货合约价格，分别为 112.55 和 82.93（分别是 100 欧元和 100 澳元的美元价格，仿真合约面值分别为 10 000 欧元和 10 000 澳元，最小变动价位分别是 0.01 美元/100 欧元，0.01 美元/100 澳元）。

套利者 M 分析，未来 EUR/USD 和 AUD/USD 两个合约的价格都会下跌，但澳元合约比欧元合约跌幅更大，决定进行跨币种套利。由于欧元对澳元的套算汇率为 1 欧元 =1.361 9 澳元，为保证两个合约实际价值一致，M 买入 5 份 3 月欧元合约，同时卖出 7 份 3 月澳元合约。

3 月 2 日两个合约的价格分别跌至 109.15 和 78.75，M 将两个合约同时平仓，结束跨币种套利，盈亏情况见表 7.25。

表 7.25　外汇期货跨币种套利

时间	仿真 EUR/USD 合约	仿真 AUD/USD 合约
1 月 16 日	价格 112.55，买入 5 手，价值 56 275 美元	价格 82.93，卖出 7 手，价值 58 051 美元
3 月 2 日	价格 109.15，卖出 5 手，平仓价值 54 575 美元	价格 78.75，买入 7 手，平仓价值 55 125 美元
盈亏	亏损 1 700 美元	盈利 2 926 美元

套利者 M 通过跨币种套利，净盈利 1 226 美元。

近年大量交叉汇率期货合约的推出和交易活跃，使得跨币种套利交易有所下降。

7. 外汇期货跨市场套利

外汇期货跨市场套利，是指交易者根据对同种外汇期货合约在不同交易所的价格走势分析，在一家交易所买入某种外汇期货合约，同时在另一家交易所卖出同品种外汇期货合约，构建起套利组合的交易行为。

【例 7.28】4 月 1 日芝加哥商业交易所的 6 月欧元/美元期货合约价格为 1.124 7，而伦敦国际金融交易所的 6 月欧元/美元期货合约价格为 1.128 6。套利者 H 认为当前两者价差为 0.003 9 点过低，有价差扩大的可能。预期价差扩大，应该买入价高的合约，卖出价低的合约，做买高卖低的熊市套利（见第五章）。因此 H 决定进行跨市套利，卖出 10 手

6月芝加哥合约，同时买进10手6月伦敦合约。

4月30日芝加哥和伦敦的6月欧元/美元期货合约价格分别上涨到1.126 1和1.132 6，价差扩大到64点，H将两家交易所的合约全部平仓，结束跨市套利，盈亏情况见表7.26。

表7.26 外汇期货跨市套利

4月1日	价格为1.124 7，卖出10手芝加哥商业交易所的6月欧元/美元期货合约	价格为1.128 6，买入10手伦敦国际金融交易所的6月欧元/美元期货合约	价差0.003 9点
4月30日	价格为1.126 1，买入10手平仓	价格为1.132 6，卖出10手平仓	价差0.006 5点
各自盈利	亏损0.001 4点	盈利0.004 0点	盈利0.002 6点
最终盈利	(0.004 0 − 0.001 4)×10手×12.50万 = 0.325万美元		

外汇市场是全球市场，在不同时区，有不同的期货交易所开盘、收盘。套利者在不同的期货交易所进行跨市套利时应考虑时差影响，尽量选择在交易时间重叠的时段交易。不同交易所同种合约的交易单位和报价体系有所不同，套利者要注意将不同交易所的合约价格按相同计量单位折算，才能进行价格比较。

本 章 小 结

1. 股票价格指数期货（简称期指），是指以股价指数为交易标的物的标准化期货合约，在期货交易所交易。交易双方约定，在未来某特定时间，按事先确定的股价指数大小，进行标的指数的买卖。

2. 期指到期交割的结算价采用现货指数价格，这一制度规定既强制期指价格在合约到期时最终收敛于现指价格，也使合约在有效期内期指与现指的价格维持一定的动态联系。

3. 无套利区间是指考虑交易成本（冲击成本）后，将期指理论价格分别向上、向下移动一个交易成本（冲击成本）所形成的一个价格区间。

4. 利率期货是指以短期利率（货币资金）、存单、债券、利率互换等利率类金融工具或资产为交易标的物的期货合约。

5. 因票面利率和剩余期限不同，必须确定各种可交割国债与合约标的名义标准国债之间的转换比例，这个转换比例就是转换因子。

6. 最便宜可交割债券是指在一揽子可交割国债中，能够使投资者买入国债现货、持有到期交割并获得最高收益的国债，一般用隐含回购利率衡量。

7. 外汇远期交易，是指交易双方在成交时约定于未来某日期按成交时确定的汇率，交收一定数量某种外汇的交易方式。

8. 外汇期货是一种交易所制定的条款标准化的法律契约，在交易所内固定的交易时间集中公开竞价交易，契约规定交易双方各自支付一定的保证金和佣金，并按照交易币种、数量、交割月份与地点等买卖一定数量的外汇。

本章重要概念

股价指数　现货指数(简称现指)　股票价格指数期货(简称期指)　合约乘数　沪深300股指期货　上证50股指期货　中证500股指期货　最优套期保值比率　β系数　期指的理论价格　无套利区间　利率期货　转换因子　发票价格　最便宜可交割债券　国债基差交易　汇率　直接标价法　间接标价法　美元标价法　远期汇率　外汇远期交易　NDF　外汇期货

思 考 题

1. 什么是股指期货？
2. 沪深300指数期货合约有哪八项条款？
3. 什么是股指期货卖出、买入套保？
4. 说说股指期货的期现套利(理论价格、套利操作、交易成本、无套利区间、模拟误差)？
5. 利率期货的定义与分类是什么？
6. 什么是短期利率期货、国债期货的报价？
7. 利率期货价格的影响因素有哪些？
8. 什么是国债期货的转换因子？
9. 什么是国债期货的套期保值？
10. 什么是国债期货的投机与套利？
11. 什么是远期汇率与升贴水
12. 介绍外汇远期交易？
13. 什么是外汇期货
14. 解释外汇期货交叉套期保值？

阅读材料

协调在岸与离岸人民币期货发展，实现人民币期货在"一带一路"国家互联互通

离岸人民币外汇市场的快速发展倒逼在岸人民币外汇市场的改革开放，但直接发展境内人民币外汇期货市场还面临困境

离岸人民币外汇市场已经形成了包括外汇即期、外汇远期、货币掉期、外汇期货、外汇期权等齐全的外汇产品系列，而境内现在尚无外汇期货产品。相比离岸市场，境内外汇市场还存在种种制度性约束。

建设境内外汇期货市场对于国内金融改革和实体经济发展具有深远意义。一是场内市场具有集

中交易的优势，可以充分发挥市场在资本配置中的重要作用，助推人民币汇率市场化改革；二是场内市场成本较低、公开透明，能够弥补银行服务中小企业的不足，满足企业管理汇率风险的需求；三是场内市场实行中央对手方清算，更有利于控制风险，抵御人民币国际化过程中跨境资本所带来的系统性风险。但是当前，我国正稳步推进人民币汇率市场化改革及资本项目逐步开放，如何自主、渐进地发展外汇期货市场，还存在不同的观点。在逐步放宽人民币汇率波幅、退出汇率常态化干预的同时，对汇率水平还是保持高度的敏感；在积极发展外汇衍生品的同时，对企业和居民进行衍生品交易还是基于实需原则的管理，并未放开投机性需求。在此背景下，直接推出在岸人民币期货产品还面临着种种制约。

创新发展模式，实现人民币兑新兴市场国家货币期货在境内挂牌，促进人民币外汇期货的国际化交易

在境内直接上市人民币外汇期货还面临制度性障碍的同时，我们应创新发展模式，积极借鉴离岸人民币外汇期货市场建设的成功经验，实现人民币兑新兴市场国家货币期货产品在境内挂牌上市，推动人民币外汇期货国际化发展。理论上，全球人民币外汇期货市场包括离岸人民币外汇期货市场和在岸人民币外汇期货市场，而实际上在岸人民币外汇期货市场的缺失，使得全球人民币外汇期货市场不完整，无法形成联运效应，市场功能也不能完全发挥。大量的境内市场主体无法通过正常渠道参与人民币外汇期货交易。通过合作在境内交易所挂牌上市人民币兑新兴市场国家货币期货的可交易范围，并且境内人民币外汇期货需求主体数量庞大、来源广泛，有助于提高人民币外汇期货的国际化交易程度，大幅度提升人民币外汇期货市场流动性和市场规模，实现人民币期货在"一带一路"国家的互联互通。

通过境内交易所与新兴市场国家交易所开展合作，在境内交易所挂牌上市人民币兑新兴市场国家货币期货产品，相对于完全依靠境内交易所开发上市人民币外汇期货产品而言，不仅速度快、时间短、不存在政策障碍，还可以引导离岸人民币汇率、掌握人民币定价权，而且符合中国与金砖国家及周边国家加强经济金融合作的战略目标，较易得到双方监管机构的认可，能够迅速实现建立境内人民币外汇期货市场的目标，填补我国外汇衍生品市场的一大空白，能够提升金融市场的整体深度，为人民币国际化提供坚实的市场基础。

率先挂牌境外人民币外汇期货，可以为条件成熟时境内直接上市人民币外汇期货积累经验

目前，全球离岸人民币市场主要参与对象都是境外机构，通过在境内挂牌交易人民币兑新兴市场国家货币期货产品，可以使境内交易所、市场机构及投资者尽快熟悉人民币外汇期货交易，为后续条件成熟时境内直接上市人民币外汇期货产品积累经验。

在资本项目没有完全开放的大背景下，相较直接允许境内投资者参与境外期货交易，在境内市场挂牌上市境外交易所人民币外汇期货产品，既有利于境内各类市场主体参与交易，且有利于我国监管当局对市场的规范管理。

借鉴国际经验，探索境内挂牌境外交易所人民币外汇期货产品的实现途径

伴随着衍生品全球化的步伐加快，各地交易所的合作也日趋紧密。交易所的国际合作对双方都大有裨益，通过国际合作伙伴全球分布的平台，可提升其衍生品的全球竞争力及影响力。同时，国际合作能够为更多的市场主体提供服务，从而减少企业及个人投资者参与的障碍。此外，两家交易所跨境合作可以确保两国监管机构在保有对本国市场充分监管的情况下，逐步提升衍生品市场的流动性，有利于发展及完善现货及衍生品生态系统。

具体实现路径上，统筹兼顾，逐步推广，对已经推出人民币期货的交易所（如巴西、南非、俄罗斯)应尽快展开合作谈判,以便快速实现人民币外汇期货的境内上市交易;对于正在筹备人民币期货的交易所(如韩国)可以积极开展沟通接洽,在合约设计和产品推广中相互借鉴、资源共享,实现人民币外汇期货在境内与离岸市场的同时挂牌交易。

具体合作模式上,可以借鉴清算链接、产品互挂、指令路由等多种国际上主流合作模式,结合我国市场实际,探索最符合双方利益的合作方式。托管交易作为产品互挂的一种特殊形式,无需市场准入,时效性强、成本低,可以作为优先选择的模式。该模式的好处,其一在于不涉及境内外投资者资金流入流出,境内外是两个单独的流动池,因此不涉及资本账户开放;其二在于境内交易所可以在境外产品设计的基础上,根据我国监管机构的相关诉求对交易、结算、风控等规则进行调整。

人民币兑新兴市场国家货币期货市场的建立对于扩大人民币的国际使用有积极作用。我们应尽快推动人民币兑"一带一路"国家的外汇期货产品国际化交易,提升人民币国际化的深度,从而成为助推我国对外贸易合作和金融深化的新引擎。

资料来源:节选自 2015 年 9 月 30 日《期货日报》3 版.

境外期货市场迷你合约的发展及启示

全球主要迷你期货期权合约

1982 年 6 月,芝商所(CME)推出了标准普尔 500 股指期货,合约乘数为 250 美元,随后在 1996 年又推出了该合约的"迷你版",合约乘数降为 50 美元,推出后立即受到投资者的追捧。

纵观国际上成熟期货交易所,大部分都有迷你合约,方便客户进行交易。根据美国期货业协会(FIA)的统计,美国主要的迷你合约交易所集中在 CME、ICE 和 NYMEX 等,迷你合约标的涵盖股指、外汇、黄金、白银、原油、天然气、玉米、大豆等品种。

国际上有代表性的小型股指期货合约,有迷你标准普尔 500 股指期货、迷你道琼斯股指期货、迷你纳斯达克 100 股指期货等。除美国外,韩国、新加坡、印度、巴西等国也纷纷推出了股指和外汇市场的迷你合约。目前我国境内期货交易所暂无迷你合约,不过 2014 年 1 月 2 日,上海黄金交易所挂牌上市了迷你黄金延期交收合约,交易单位为 100 克/手,而 Au99.99 黄金实盘合约的交易单位由 100g/手调整为 10g/手。

截至 2015 年底,全球迷你期货期权合约数量为 167 只,其中美国占有 102 只。NYMEX 拥有 42 只迷你期货合约,是美国拥有迷你期货合约最多的交易所;CME 拥有 7 只迷你期权合约,是美国拥有迷你期权合约最多的交易所。在美国以外,其他国家和地区拥有的迷你期货期权合约相对分散且数量有限,印度拥有的迷你期货合约是 11 只。

迷你合约的发展

根据 FIA 的数据,2015 年全球主要的 35 家交易所的迷你期货和期权合约成交量达 12.5 亿张,同比增长 16.5%。CME 的迷你标准普尔 500 股指期货合约一度超过了标准化合约的交易量,成为全球成交量最大的股指期货合约之一,2015 年全年成交量达 4.3 亿张。

印度多种商品交易所(MCX)在 2011 年 4 月上市了超微型黄金期货合约——"金花"(黄金花瓣)期货,这是目前全球交易单位最小的场内黄金期货合约,成交量曾占 MCX 黄金交易的半壁江山,但近年该合约成交出现萎缩,2015 年全年成交量同比下降 24%。

单纯从成交量不能完全说明迷你合约成功与否,判断迷你合约是否成功还可以从市场深度和广度以及投资者参与程度等方面考量。迷你合约的推出其背景是全球金融化趋势以及交易所激烈的竞

3月初凭4万多美元的本金入市,最高权益曾飙至90万美元,再到9月底回落至30万美元。争。一方面,大合约由于门槛高,使得一些中小投资者无法参与,而迷你合约顺应了中小投资者的需求。国际市场成熟经验表明,许多国家和地区在推出大型期货合约一段时间后,会根据市场发展状况和投资者需求推出迷你型期货合约,且迷你合约推出显著提升了市场流动性和活跃程度。

另一方面,为了争夺市场资源,追求规模效应,近年各交易所之间竞争加剧,全球交易所合并浪潮涌现,促使交易所不断进行金融创新,推出新的金融衍生工具。目前交易所针对散户推出产品已成为衍生品市场的一个发展趋势,为散户量身定做适合他们的品种,通过细分市场提高交易所的竞争力。

迷你合约的作用

对投资者而言,迷你合约价值小、交易成本低,能够满足中小投资者通过金融衍生品进行风险管理的需求,进而提升了市场流动性和活跃程度。

对交易所而言,迷你合约是应对激烈竞争的手段,是标准合约的重要补充,有利于参与交易主体面的进一步扩大,增加市场流动性。近年全球期货市场快速发展,交易所在竞争日益激烈的市场环境下,面临如何提供差异化产品的问题。弱小的交易所按同质化手段与强大交易所竞争显然不行,向市场提供差异化产品就是要想办法吸引更多资金实力较小的客户参与交易。

对经纪公司而言,迷你合约是增收的重要手段,既为散户投资者提供了可以交易高门槛大合约进行风险管理和投机的机会,同时也推动经纪公司创新服务、差异化服务的发展,是一种多赢模式。

对我国期货市场的启示

我国未来要不要推出迷你合约是一个非常重要的问题。一方面,期指等对冲工具不能覆盖中小散户,他们通过金融衍生品进行风险管理的需求不能得到满足,市场需要迷你合约提升流动性,增加中小投资者的风险对冲工具;另一方面,我国期货市场的投资者结构正逐步由散户为主向机构投资者为主的格局转变,而迷你合约可能加重市场投机氛围。

迷你合约能否被市场接受,与参与交易主体的结构紧密相关。从境外经验看,在参与交易的主体以机构与大户为主的国家,一般来说迷你合约不会受到追捧。以散户为主的国家,迷你合约不仅存在于期货交易所,同时还存在于中远期市场,并且中远期市场的合约更加迷你。迷你合约能否成功,与合约的制定、交易所的推广以及市场参与者的需求密切相关。一般来说,并不是所有的合约都适合推出迷你合约,且在推出时机上需要充分考虑市场环境。迷你合约的推出,需要标的产品和标准合约运行多年,有足够的市场认可度和参与度,才能保证迷你合约能顺利运行。

推出迷你合约意味着投资者参与门槛降低,可提升资金使用效率。迷你合约涉及的投资者覆盖面广、分散性大、风险承受能力低。迷你合约必须合理设计其规格,减少市场操纵行为对交易的影响。期货公司需要加强对中小投资者教育,以维持市场的长期、稳定、健康发展。

推出迷你合约要进行制度创新。比如商品迷你合约面临的障碍之一是交割问题,标准合约的交割单位是固定的,迷你合约交易与交割单位不能长期分离,在最后交易日前必须将小交易单位化零为整。因此需要对交割制度创新,可行的办法是将实物交割方式改为现金交割方式,消除交割流程中的交易障碍。

资料来源:摘编自2016年8月25日《期货日报》3版.

保持自信 不失理性

因经纪商中期香港推荐参赛而初次与实盘赛结缘,Albert一直到赛程结束的前一个月才关注起自己的排名，对于赢得冠军殊荣，他个人归纳为是一次"量变到质变的旅程"。

在这半年时间里，Albert的参赛账户在大多数交易日内稳居轻量组第一，比赛过程中曾创下的十几倍收益率佳绩遥遥领先于其他同台竞技的参赛选手，引来了无数的关注与艳羡目光。

技术分析为主，中长线趋势交易

第一次参加比赛就拿了冠军，Albert的交易战绩让很多对手都好奇这个"神人"的来历。不像其他投资者看重外盘近乎24小时交易的"连轴转"魅力，Albert向来很早睡，很少熬夜看盘，在晚上外盘交易的黄金时间，他更多时间都是在陪小孩做作业。

在接受期货日报记者专访时，他透露说自己的正职工作跟期货并无干系，涉足期货，源于一本书——《股票作手回忆录》。"一开始接触股票，就读了这本书，当时就感觉这本书里面讲的跟股票投资不是很一样。后来才明白，这本书讲的是期货和杠杆，当时就想玩玩期货，体会一下书中的感觉。"Albert回忆说，"当时正好碰上2008年商品大熊市，自己做空铜和橡胶，赚了不少'傻'钱。"

起初，他交易的品种主要是黄金，后来慢慢增加了铜、原油、大豆、白糖和咖啡等。虽然不看基本面，但他仍不否认，品种的走势与供需有着很大的关系，"外盘的大部分品种更加国际化。但是关于基本面，不同的人有不同的看法，毕竟能看到底牌的人很少"。

Albert坦言，相对于基本面投资而言，他更相信建立在技术分析基础上的模型分析，因此在交易策略上，他也主要从事基于模型分析的中长期趋势交易。"赔钱是因为自己研究做得不够，模型不够细致。每一次交易失败都能带来个人技术水平的大幅提升。"Albert对记者说，在市场上活下来，是一个期货投资人的最基本前提，只有活下来，才能持续不断地提高和进步，才有机会追求所谓的精益求精。

Albert酷爱读书，他印象最深的一句话就是《金融怪杰(MARKET WIZARDS)》里面Bruce Kovner说过的至理名言，"你必须愿意尝试错误，错误没什么了不起。马克斯教我必须用自己的判断力做决定交易，如果判断错误，再接再厉，只要你能完全投入，必有成功的那一天"。按他的理解，就是大胆尝试犯错误，深思熟虑做交易，只要能够完全投入，必会有成功的一天。

回顾这一次的比赛，Albert所操作账户的最大回撤超过70%，如此大幅波动让他对自己的风控能力反思良久。"一开始很顺利，7月份做美豆和原油，8月下旬做黄金，盈利颇丰。我一直看空黄金，到9月份因为G20黄金迎来一波反弹，没想到反弹的幅度超乎预期。"他回忆说，"自己一下子慌了，觉得自己是不是对于黄金的长期走势判断有问题，仓促平仓之后，又急忙去交易别的品种，更没想到又在咖啡上亏了，就从第一名被挤下去了"。

当时的慌乱之举在Albert看来有些遗憾，但也不失为一种成长的历练。他总结说："做期货交易的关键，还是要想明白自己赚的是什么钱。就像黄金8月到9月那一波振荡磨人的行情，当时我的错误就是，我根本忘了自己赚的是长期趋势的钱。当时太看重美联储是否加息这种短线的因素，但其实诸如非农数据这些因素炒作都是无意义的噪声。归根结底，黄金是一种商品，长期看有自己的上涨下跌周期。从全球来看，货币进入长期收缩周期的趋势是不会变化的。"

打磨交易系统，敢赌却不死扛

在Albert看来，一个人要在期货市场挣大钱必须具备两项基本素质：一是对价格的未来空间有足够的想象力，并对自己的判断有足够的信心；二是当发现自己判断错误时，能够保持理性并及时退出。以一个业余爱好者在广阔的期货市场轻松地徜徉，Albert在脑海里也有着一个不断完善和进化的交易模型。

之所以不看短期因素，是因为他认为，看数据的更新就会让自己不停地陷入自我怀疑，并且激发起做短线交易的冲动，但其实交易越频繁，就越难长期可持续地盈利。而正是因为不看基本面，也深怕旁人的逻辑分析、演绎归纳和雄辩技巧削弱了自己的信心，Albert不喜与外界交流碰撞种种关于期货交易的个人观点，而是以实战摸索出自己的一套系统。

"刚开始做交易时，试过赚了不少钱，后来也亏了不少钱。虽然没爆过仓，但最多也试过亏六七成本金。关键还是要有信心和基本的交易素质，敢赌却不死扛。"Albert 对记者说，自己交易时心里始终坚持一个大前提，就是首先在市场上存活，不破产、不自轻。

从前，他会看很多投资方面的书籍。如今，他更爱看实盘走势。"我每周都要复盘，平时交易日很多想不明白的问题，一到周末就更容易清晰明了。"Albert 认为，打磨交易模型的过程就如同挖地雷，每次成功是因为遇到了会拆的、熟悉的雷，若是碰到从未挖过的雷，处理不当就容易"被炸身亡"，挖得愈多，自己的见地就愈广阔。大行情每年都有，而能让自己长期存活的秘诀，就在于时刻保持警惕。

但实际上，Albert 是个足够警惕而又不失激进的投资者。外盘期货品种的杠杆比例普遍高于国内同类品种，Albert 在资金使用率方面颇具胆略。"我一般保持七八成仓位，最多不超过八成，品种上不超过 3 个。当回撤率达到 30% 会非常紧张，超过 40% 就会平仓，回撤到 70% 以上也从不追加保证金。"他还告诉记者，比赛结束之后，由于自己在国庆期间重仓做空黄金，自己的账户权益又大幅增加。

采访最后，Albert 向记者表示："这次比赛能取得成绩，不仅要感谢期货日报，也要感谢中期香港的 MC Lee，他在风险控制和资金管理方面提供了很宝贵的建议，中期香港的服务非常到位"。

资料来源：2016 年 11 月 21 日《〈期货日报〉》第十届全国期货实盘交易大赛暨第三届全球衍生品实盘交易大赛特刊．

网络资源索引

1. http：//www.hexun.com/ 和讯财经
2. http：//www.jrj.com.cn/ 金融界
3. http：//www.zgjrjw.com/ 中国金融界网
4. http：//www.xinjr.com/ 中国新金融网
5. http：//www.eastmoney.com/ 东方财富网
6. http：//www.cnfol.com/ 中金在线
7. http：//finance.sina.com.cn/ 新浪财经
8. http：//www.stockstar.com/home.htm 证券之星
9. http：//www.10jqka.com.cn/ 同花顺
10. http：//www.cfi.net.cn/ 中财网
11. http：//business.sohu.com/ 搜狐财经
12. http：//money.163.com/ 网易财经
13. http：//www.p5w.net/ 全景网
14. http：//finance.qq.com/money/futures/ 腾讯期货

第八章

期　　权

学习目标与要求

了解、掌握期权的概念、分类、合约要素基本概念，期权价格的构成及其影响因素；期权交易基本类型和策略。

重点：各类型期权基本概念、期权价值构成，影响期权价格的基本因素，期权交易类型，交易策略的损益、应用情形。

难点：期权交易基本策略的操作。

期权是四种金融衍生产品中独特的一种，它使买方有能力避免坏的结果，同时从好的结果中获益，它在规避风险、投资以及资产管理领域发挥着重要作用。

第一节　期权和期权市场

一、期权的产生及发展

公元前3500年，古罗马人和腓尼基人在商品交易合同中就使用了与期权相类似的条款。史料记载，古希腊哲学家萨勒斯曾运用占星术研究气候，在冬天预测到次年橄榄丰收，然后他以特定价格垄断了橄榄榨油机的使用权，当橄榄实现丰收、榨油机供不应求时赚了大钱。1636年的荷兰"郁金香泡沫"事件，就是由于人们疯狂炒作代表贵族身份的郁金香球茎的期权引发的。19世纪前，在工业革命的刺激下，欧美国家相继出现了有组织的场外期权交易，标的物以农产品为主。

1973 年 4 月 26 日，芝加哥期权交易所 (CBOE) 成立，堪称期权发展史上划时代的事件，标志着现代意义的期权市场诞生。CBOE 一是对上市交易的期权合约进行了标准化设计，规定了各种期权的到期月份及最后交易日、合同执行价格的设置方法等；二是成立了期权清算公司，集中处理期权交易的清算与交割。这两项开拓性工作，为期权的交易与执行提供了最大的方便和可靠的保障，极大地促进了期权二级市场的发展。

1973 年 7 月，布莱克和斯科尔斯发表了《期权定价和公司负债》的经典论文，推导出了以不分红股票为标的物的欧式看涨期权定价公式；同年，默顿给出了分红股票期权的定价公式；当年德克萨斯仪器公司又推出了装有计算期权价值程序的计算器。理论和技术上的突破，期权的场内交易和期权自身的优越性，使 CBOE 的成长非常迅速，成立一个月后的日交易量就超过了场外交易市场；1974 年全年成交的期权代表的股票数量，超过了美国证券交易所全年的股票成交量。美国期权市场的成功，推动了世界各国期权市场的发展，2001 年以来，全球期权市场的发展速度超过了期货市场，期权交易量超过期货交易量已成为常态。

理论上，任何金融产品都可分解成若干期权组合，通过期权组合也可以构建任何一款金融产品。金融工程师们已经创造出一大批新型期权，形成了数百种期权组合，使金融产品构架发生了深刻变化，为投资者提供了广阔的选择空间。

二、期权及其基本要素

期权 (options) 也称为选择权，是指期权的买方拥有在未来约定期限内，选择以约定价格买入或者卖出一定数量的某种特定资产的权利。期权的交易，就是对这种选择权的买卖。场内期权交易的是交易所设计、制定的标准化期权合约，如上证 50ETF 期权 (见表 8.1)；场外期权的合约条款由买卖双方根据各自需求确定。买方支付**期权费** (或称为权利金) 后，便获得在未来按约定价格买卖某种特定资产的**选择权**，但没有必须买进或者卖出该资产的义务。期权的卖方，必须在买方选择执行期权时履行期权合约规定的义务。

表 8.1　50ETF 期权合约基本条款

合约标的	50ETF(510050 交易型开放式指数证券投资基金)
合约类型	认购期权和认沽期权
合约单位	10 000 份
合约到期月份	当月、下月及随后两个季月
行权价格	5 个 (1 个平值合约、2 个虚值合约、2 个实值合约)
行权价格间距	行权价格 3 元或以下，间距为 0.05 元，3 元至 5 元 (含) 为 0.1 元，5 元至 10 元 (含) 为 0.25 元，10 元至 20 元 (含) 为 0.5 元，20 元至 50 元 (含) 为 1 元，50 元至 100 元 (含) 为 2.5 元，100 元以上为 5 元
行权方式	到期日行权 (欧式)
交割方式	实物交割 (业务规则另有规定的除外)
最后交易日	到期月份的第 4 个星期三 (遇法定节假日顺延)
合约到期日	到期月份的第 4 个星期三 (遇法定节假日顺延)

(续)

行权时间	同合约到期日，行权指令提交时间为9：15—9：25，9：30—11：30，13：00—15：30
交收日	行权日下一交易日
交易时间	上午9：15—9：25(开盘集合竞价时间)，9：30—11：30； 下午13：00—15：00(14：57—15：00为收盘集合竞价时间)
委托类型	普通限价委托、市价剩余转限价委托、市价剩余撤销委托、全额即时限价委托、全额即时市价委托以及业务规则规定的其他委托类型
买卖类型	买入开仓、买入平仓、卖出开仓、卖出平仓、备兑开仓、备兑平仓以及业务规则规定的其他买卖类型
最小报价单位	0.000 1元
申报单位	1张或其整数倍
涨跌幅限制	认购期权最大涨幅＝max｛合约标的前收盘价×0.5%，min[(2×合约标的前收盘价－行权价格)，合约标的前收盘价]×10%｝ 认购期权最大跌幅＝合约标的前收盘价×10% 认沽期权最大涨幅＝max｛行权价格×0.5%，min[(2×行权价格－合约标的前收盘价)，合约标的前收盘价]×10%｝ 认沽期权最大跌幅＝合约标的前收盘价×10%
熔断机制	连续竞价期间，期权合约盘中交易价格较最近参考价格涨跌幅度达到或者超过50%且价格涨跌绝对值达到或者超过5个最小报价单位时，期权合约进入3分钟的集合竞价交易阶段
开仓保证金最低标准	认购期权义务仓开仓保证金＝[合约前结算价＋max(12%×合约标的前收盘价－认购期权虚值，7%×合约标的前收盘价)]×合约单位 认沽期权义务仓开仓保证金＝min[合约前结算价＋max(12%×合约标的前收盘价－认沽期权虚值，7%×行权价格)，行权价格]×合约单位
维持保证金最低标准	认购期权义务仓维持保证金＝[合约结算价＋max(12%×合约标的收盘价－认购期权虚值，7%×合约标的收盘价)]×合约单位 认沽期权义务仓维持保证金＝min[合约结算价＋max(12%×合约标的收盘价－认沽期权虚值，7%×行权价格)，行权价格]×合约单位
交易经手费	2元/张

资料来源：上海证券交易所.

期权合约的基本要素(合约条款)，包括标的物、行权方向、行权价格、期权费、行权时间、有效期、到期日、保证金等。场内期权合约由交易所统一制定，除期权价格由竞价决定外，其他条款均标准化。交易时，交易所会挂出一系列不同执行价格的同种期权，供交易者选择。场外期权无规定的内容和格式要求，条款由交易双方协商确定。标的物为期货的期权条款的设计，要考虑期货合约的条款，但不涉及交割的内容。

期权合约的主要条款及内容：

(1) **标的(物)**。标的(物)也称为**标的资产**，是期权合约中约定的、买方执行期权时买进或者卖出的资产种类。

期权的标的可以是商品现货或商品期货，也可以是金融现货(如股票、债券、外汇等)和金融期货(如期指、债券期货、外汇期货)。例如上海证券交易所推出的上证50ETF期权，其标的就是一种交易型开放式指数基金，是股权类金融资产。

(2) **合约类型**。合约类型也称为**行权方向**，是指买方执行期权时是买进还是卖出标的(物)。期权合约类型分为看涨(认购)期权和看跌(认沽)期权，**看涨(认购)期权**规定买方行权时买进标的，**看跌(认沽)期权**规定买方行权时卖出标的。

(3) **期权价格**。期权的价格也称为**期权费**或**权利金**，是期权的买方为获得按约定价格买进或卖出标的资产的选择权，支付给期权卖方的对价。场内期权的价格由买卖双方竞价产生，场外期权的价格由买卖双方商定。

(4) **行权价格**。行权价格又称为**执行价格**、**履约价格**，是期权合约中约定的、买方行使选择权买进或卖出标的的价格。

相同的期权类型、相同标的、相同到期月份的场内期权，交易所会推出几十个不同行权价格(不同的行权价格段、不同的行权价格间距)的系列期权，同时在交易所挂牌交易。

(5) **行权价格间距**。行权价格间距是指期权相邻两个行权价格的差。通常，该间距与合约距到期日的时间长度有关，距到期日越近的期权，行权价格间距越小。

(6) **行权方式**。行权方式或称履约方式、**行权时间**，是指期权合约规定的、买方可以执行选择权的时间。**欧式期权**规定买方在合约到期日才可以行权，**美式期权**规定买方在合约有效期内任何营业日都可以行权。

(7) **合约规模**或**交易单位**，通常是指一张(或手)合约未来能买进或卖出标的物的数量。

(8) **最小报价单位**，是指买卖双方出价时，价格较上一成交价变动的最低值。

(9) 有效期、最后交易日和合约到期日。**有效期**是指期权合约生效至期权到期日的期限。交易所期权，自挂牌之日起至到期日，可以是几个月到几年。不足1年的称为短期期权，超过1年的称为长期期权。

最后交易日是指某一期权合约能够在交易所交易的最后一天，过了这一天就不能交易。为了使执行期权后双方有时间处理所获得的标的期货头寸，期货期权合约的最后交易日要早于标的的期货合约的最后交易日。

合约到期日是指期权买方可以执行期权的最后一天，为期权到期月份的某一天。欧式期权规定买方只能在合约到期日方可执行期权。美式期权规定买方在合约到期日之前的任何一个交易日(含合约到期日)均可执行期权。过了合约到期日，未被执行的期权合约失效，停止行权，买方的选择权利作废，卖方的履约义务解除。

(10) **合约月份**。是指期权合约到期的月份，类似期货合约的到期月份。场内交易的每一个期权品种，交易所都会推出一组不同到期月份的期权合约。

(11) **保证金**。保证金是期权卖方向期权结算机构缴纳的担保履约资金。因为期权卖方的收益有限而风险很大，为了防止卖方违约，交易所会按合约价值的一定比例向卖方收取保证金。买方风险限于已支付的期权费，无须缴纳保证金。场外交易期权的保证金，由买卖双方协商确定。

其他条款如交易时间、每日价格限制等也需在合约中载明。

三、期权交易的特点

期权交易与期货等其他金融工具交易相比，在买卖双方的权利和义务、收益和风险、履约保证金缴纳和损益结构方面都较为独特。

1. 买卖双方权利义务不对等

通常的交易，买卖双方的权利与义务是对等的。期权交易买卖的是选择权，买方支付期权费后获得了向卖方买进或卖出标的的选择权利，但没有必须买进或卖出的义务。卖方卖出期权收取了买方的期权费后，必须履行当买方执行期权时卖出或买进标的的义务。买方只有权利，没有义务；卖方只有义务，没有权利。双方的权利义务是不对等的。

2. 买卖双方的收益和风险不对等

当标的的市场价格向有利于买方的方向变动时，买方可能获得巨大收益，相对应地卖方会遭受巨大损失。当标的的市场价格向不利于买方的方向变动时，买方可以对冲卖出期权平仓收回部分期权费，也可以放弃执行期权。当期权到期作废后，买方损失全部期权费。这时，卖方才可以最终获得最大收益——全部期权费。

3. 保证金缴纳不对等

由于期权卖方的收益有限且风险很大，为了防止卖方违约，期权结算机构会按照标的资产成交价值的一定比例向卖方收取保证金。买方的风险仅限于已经支付的期权费，无须缴纳保证金。

4. 独特的非线性损益结构

期权交易的非线性损益状态，与证券交易、期货交易等线性的盈亏状态有本质的区别，如图 8.1～图 8.4 所示。

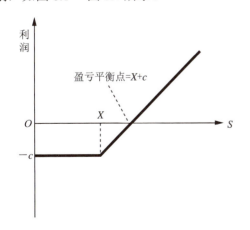

图 8.1　买进看涨期权损益状况

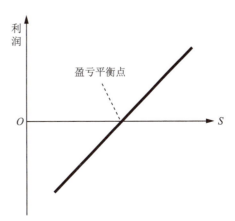

图 8.2　买进期货损益状况

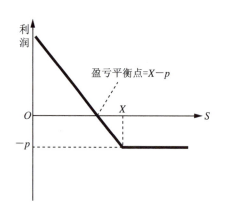
图 8.3 买进看跌期权损益状况

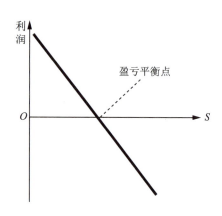
图 8.4 卖出期货损益状况

分析看涨期权多头的损益状况（图 8.1）：当标的物市场价格 S 小于行权价格 X 时，多头处于亏损状态，最大损失为期权费 c（不考虑交易成本），但损失不随 S 下跌而增加。当标的物价格 S 上涨至行权价格 X 以上时，多头亏损开始减少，直至 S 上涨到期权盈亏平衡点 $X+c$ 时，可以全部收回购买选择权的期权费，零成本拥有选择权。当标的物价格 S 上涨超过盈亏平衡点 $X+c$ 时，多头开始盈利且随 S 涨跌而增减。

上述分析表明，期权交易者的损益不是随标的物市价 S 变化的线性状态，而是在行权价格 X 处转折的非线性（折线）状态。正是这种非线性损益结构，使期权在风险管理、组合投资等方面具有明显的优势。通过不同期权、期权与其他投资工具的组合，投资者可以构造出不同风险和损益状况的投资组合。

5. 实行双向交易机制

场内期权的交易与期货交易一致，采用双向交易机制，可以买入开仓，也可以卖出开仓，并可以随时对冲平仓。

(1) 买入期权开仓。买入期权开仓称为建立期权多头头寸，交易者成为期权多头。交易者可以开仓买入看涨期权，建立看涨期权多头头寸；也可以开仓买入看跌期权，建立看跌期权多头头寸（见图 8.3）。

(2) 卖出期权开仓。卖出期权开仓称为建立期权空头头寸，交易者成为期权空头。交易者可以开仓卖出看涨期权，建立看涨期权空头头寸；也可以开仓卖出看跌期权，建立看跌期权空头头寸。

(3) 备兑开仓与备兑平仓。备兑开仓是指交易者在拥有标的证券时，卖出相应数量的该标的证券的认购期权。由于拥有标的现券，可以用于被行权时交付现券，以履行认购期权合约规定的卖出标的的义务，因而称为"备兑"，交易者不需再额外缴纳现金保证金。相对应地，没有标的证券对冲风险即没有备兑的认购期权空头头寸，是裸期权，即风险裸露的期权，需向期权结算机构缴纳履约保证金。

中长期持有股票的交易者，可以定期卖出认购期权（轻度虚值认购期权，即行权价格比当前标的股票价格略高一些）以获取期权费收入。这种方式相当于通过持有股票来获取租金，具有降低持股成本的效果。

如果标的股票价格上升，达到或者超过行权价格，所卖出的认购期权将被执行，投资者持仓的标的股票将被卖出，可以获得收益。如果标的股票价格下跌，所卖出的认购期权将会变得毫无价值，一般不会被执行，那么投资者卖出期权所获得的权利金，能间接降低股票持仓成本。

备兑平仓，是指交易者备兑开仓后，作为保证金的标的证券因期权合约调整导致备兑头寸不足，触发强行平仓机制引致发生的强行平仓。

(4) 了结期权头寸的方式。期权头寸的了结方式有 3 种：

第一种期权的多头和空头，都可以通过对冲平仓的方式来了结期权头寸。大多数期权的买方和卖方，会在期权到期前或最后交易日，选择对冲平仓方式来了结期权头寸。

第二种期权头寸的了结方式，是期权的多头可以通过行权来了结期权头寸；期权的空头则必须履行合约规定的义务，从而了结期权头寸。

第三种期权头寸的了结方式，是当期权多头放弃行权（弃权）时，意味着多头持有的期权合约到期后选择权作废，多头的期权头寸了结了；同时，期权空头履约的义务随之解除，空头的期权头寸也了结了。

四、期权的基本类型

期权可以依据不同的标准进行分类，最基本的分类是以下 3 种。

(一) 看涨期权与看跌期权

按照交易者对期权标的价格趋势预期的不同，以及期权买方执行期权时买进或卖出标的方向的不同，可以将期权分为看涨期权和看跌期权。这是交易者在交易期权前首先要区别和选择的问题。

1. 看涨期权 (call option)

看涨期权又称为**买权、认购期权**，是指期权的买方支付期权费 c 给卖方后，拥有在合约有效期内或未来某特定时间，按合约规定的行权价格 X 向期权卖方买进一定数量标的物的权利，但不负有必须买进的义务。

买方预期标的物市价 S 上涨而买入看涨期权。如果标的物市价 S 的变化与预期一致，即 S 上涨且涨过期权盈亏平衡点价格 $X+c$，买方就会执行期权，按合约执行价格 X 买入标的物获得收益，理论上这种收益可能是无限的。如果标的物市价 S 的变化与预期相反，即 S 下跌低于或等于执行价格 X，买方可以放弃执行购买标的的选择权，最大损失限于支付出去的期权费 c (见图 8.1)。

【例 8.1】2016 年 9 月 12 日 50ETF(510050) 基金的价格是 2.25 元/份。小韩认为上证 50 指数在未来 1 个月内会上涨，于是选择购买一个月后到期的 50ETF 认购期权（欧式期权）。假设他买入合约单位为 10 000 份、行权价格为 2.25 元、下月到期的 50ETF 认购期权一张。当前期权的权利金为 0.05 元，购买 1 张认购期权需要花费 0.05×10 000=500(元)的权利金。

小韩在合约到期时，有权利以 2.25 元的行权价格买入 10 000 份 50ETF，也有权利不买。假如一个月后，50ETF 涨至 2.5 元/份，那么小韩肯定是会行使认购权利的，在到期日以 2.25 元的行权价格买入 50ETF，并以市场价卖出，收益为 (2.5 − 2.25) × 10 000 = 2 500 元，减去权利金 500 元，利润为 2 000 元。如果 50ETF 涨得更多，当然小韩的获利就会更多。

相反，如果 1 个月后 50ETF 的价格下跌，只有 2.10 元/份，那么小韩会放弃执行购买 50ETF 的权利，亏损权利金 500 元。也就是不论上证 50 跌到什么程度，小韩最多只损失 500 元。

2. 看跌期权 (put option)

看跌期权又称为**卖权、认沽期权**，是指期权的买方支付期权费 p 给卖方后，拥有在合约有效期内或未来某特定时间，按合约规定的执行价格 X 向期权卖方卖出一定数量标的物的权利，但不负有必须卖出的义务。

买方预期标的物市价 S 下跌而买入看跌期权。如果标的物市价 S 的变化与预期一致，即 S 下跌并跌过期权盈亏平衡点价格 $X − p$，买方就会执行期权，按合约执行价格 X 卖出标的物获得收益。如果标的物市价 S 的变化与预期相反，即 S 上涨高于或等于执行价格，买方会放弃执行出售标的的选择权，最大损失限于支付出去的期权费 p(见图 8.3)。

【例 8.2】2016 年 9 月 12 日 50ETF(510050) 基金的价格是 2.25 元/份。小韩认为上证 50 指数在未来 1 个月内会下跌，于是选择购买一个月后到期的 50ETF 认沽期权。假设他买入合约单位为 10 000 份、行权价格为 2.25 元、下月到期的 50ETF 认沽期权一张。当前期权的权利金为 0.05 元，购买 1 张认沽期权需要花费 0.05 × 10 000 = 500 元的权利金。

小韩在合约到期时，有权利以 2.25 元的价格出售 10 000 份 50ETF，也有权利不卖。

假如一个月后，50ETF 跌至 2.10 元/份，那么小韩肯定会行使他的权利，在市场上低价买入 50ETF，并在到期日以 2.25 元的执行价格卖出，收益为 (2.25 − 2.10) × 10 000 = 1 500 元，减去支付的权利金 500 元，利润为 1 000 元。如果 50ETF 跌得更多，当然小韩的获利就会更多。

相反，如果 1 个月后 50ETF 上涨到 2.40 元/份，那么小韩会放弃出售的权利，亏损权利金 500 元。也就是不论上证 50 涨到什么程度，小韩最多只损失 500 元。

(二) 欧式期权与美式期权

按照对买方执行期权时间的不同规定，可以将期权分为欧式期权和美式期权。

(1) 欧式期权。**欧式期权**，是指买方在期权合约到期日才可以执行的期权。到期日之后，期权自动作废。

(2) 美式期权。**美式期权**，是指从期权合约生效日起至到期日的任何交易日，买方都可执行的期权。到期日之后，未执行的期权自动作废。与欧式期权相比，美式期权在执行时间上有更大的弹性，买方可以灵活、主动地选择有利的行权时间，行权机会多于欧式期权，所以其价格比欧式期权更高。

还有**百慕大式期权**，它的执行时间介于欧式期权与美式期权之间，允许期权买方在有效期内某几个特定日期执行期权。这种期权限于小范围的场外交易。

(三) 交易所交易期权与场外交易期权

按照交易场所的不同，期权可以分为交易所交易期权和场外交易期权。

(1) 交易所交易期权。**交易所交易期权**也称为场内交易期权、上市期权，是指由交易所设计并在交易所集中交易的标准化期权。场内期权有期权结算机构提供履约保证，违约风险低，市场流动性高。

(2) 场外交易期权。**场外交易期权**也称为柜台交易期权、零售期权，是指不在交易所上市交易的期权。场外期权的合约根据买卖双方需求而定，条款是非标准化的，交易信息不公开，所以它缺乏流动性，违约风险大。

此外，还有按期权合约标的物不同，将期权分为商品(实物)期权和金融期权、现货期权与期货期权等类型。

五、期权市场

期权交易现已成为一个重要的投资领域，全球发达国家或地区均已开展期权交易，交易的品种包括商品期权、股票期权、股票指数期权、外汇期权、利率期权、商品期货期权和金融期货期权。

大多数交易所采用做市商制来促成期权交易。做市商作为交易对手，向期权的买方和卖方报出买卖价格，卖价高于买价的价差是做市商的收益，交易所会限定买卖价差的上限。交易所对做市商申请执照、参与期权市场的权利和义务有明确的规定。引入做市商制度，活跃了期权交易，增加了市场流动性，使交易所期权能够保持持续交易，为期权市场的发展做出了重要贡献。

大量的铁矿石、原油等商品期权以及外汇期权，均在场外交易。场外期权的合约条款是非标准化的，由交易双方直接商谈；合约的标的品种多样，交易形式灵活，更能满足交易者的个性化需求，促进了复杂期权品种的诞生和交易。场外期权多为机构投资者之间的交易，一方是工商企业、机构投资者，另一方为经验丰富的投资银行、商业银行等金融机构，期权交易方式和合约的主要内容由金融机构设计。由于场外期权不能随时转让，又没有结算机构担保履约，使得它的流动性风险和信用风险远远高于场内期权。

在20世纪80年代，美国的期权合约已经扩展到了外汇期权、股票指数期权、期货期权等领域。1982年，芝加哥期货交易所推出了长期国债期货的期权交易；1983年1月，芝加哥商业交易所推出了S&P500股票指数期权；随着股票指数期权交易的成功，各交易所迅速将期权交易扩展至利率、外汇等其他金融品种上。1984年到1986年间，芝加哥期货交易所先后推出了大豆、玉米和小麦等品种的期货期权。费城期权交易所主要从事外汇期权交易；芝加哥期权交易所交易S&P100股票指数期权和S&P500股票指数期权；美国股票交易所交易主要市场股票指数(Major Market Stock Index)期权；纽约股票交易所交易NYSE指数期权。现在绝大部分提供期货合约交易的交易所也同时提供期货期权交易服务。芝加哥期货交易所提供谷物期货期权交易；芝加哥商品交易所提供家畜期货期权交易服务。期权交易所现在已经遍布全世界。

美国国际证券交易所(ISE)成立于2000年5月，是美国期权市场第一家全电子化交易的期权交易所，实行电子化做市商制度。ISE拥有非常优秀的交易系统，鼓励做市商增加报价的数量,所以有最好的报价,买卖差价非常小,市场流动性和市场质量均非常高;为客户提供低成本的交易品种,以及不断地追求创新,使ISE具有了综合竞争力。ISE在1200只股票上开展期权交易,每只股票大概有100个期权合约在交易,每天交易的股票期权合约种类达12万之多,还有股指、ETF、外汇等期权,是目前美国乃至全球最大的股票期权交易所。

芝加哥期权交易所(CBOE)是场内期权的发源地,先后发明、推出股票期权、指数期权等标准化合约,使期权交易发生了革命性的变化,标志着期权交易进入了标准化、规范化的全新发展阶段。CBOE是世界第一家以期权产品为主的交易所,对于期权类产品的开发不遗余力。1985年推出股票期权,1989年推出利率期权产品,1990年推出长期期权LEAPS,1992年推出类股指期权。

除美国之外,全球有影响的期权市场还有欧洲期货交易所(Eurex)、伦敦国际金融期货期权交易所(Liffe)、香港交易所(Hkex)、韩国期货交易所(Kofex)等,期权市场无论从品种上还是地域上都获得了长足的发展。2003年,韩国的Kospi200指数期权合约以28亿手的全年成交量成为全球最活跃的合约,韩国期货交易所也凭此成为全球期权交易量最大的交易所。

2011年2月14日,我国外汇管理局发布《关于人民币对外汇期权交易有关问题的通知》,于当年4月1日在我国银行间外汇市场推出人民币对外汇期权交易,我国期权市场由此诞生。人民币对外汇期权,是指交易者向银行支付一定人民币费用(期权费)后,获得在未来某一特定日期选择是否行使期权合约约定的人民币对外汇交易权利,以约定的汇率从该银行买卖约定金额的外汇。人民币对外汇期权属于基础汇率衍生工具,交易结构简单清晰,是一种有效的风险规避和套期保值风险管控工具。买入人民币对外汇期权具有风险有限而收益无限的特点,能够帮助交易者规避汇率波动风险造成的损失。交易者通过买入人民币对外汇期权进行套期保值,可以把外汇风险的最大损失额度控制在期权费用之内,并且保留从有利的汇率波动中获取利益的机会。人民币对外汇期权采用的是简单欧式期权,有外汇看涨期权和外汇看跌期权两种产品供客户选择,可以满足在中华人民共和国(不含港澳台)境内设立的企事业单位、国家机关、社会团体、部队、外商投资企业等法人客户的套期保值和自身投资需求。

2015年2月9日,我国第一个股票期权试点上证50ETF期权,在上海证券交易所上市交易,这标志着我国证券市场正式步入期权时代。股票期权是国际资本市场成熟的基础金融衍生产品,包含以单只股票(个股)为标的的个股期权,以及跟踪股票指数的ETF基金为标的的ETF期权。个股期权和ETF期权均是国际资本市场重要的期权品种,在风险管理方面具有其他金融工具无法替代的作用。

从长期来看,股票期权有助于完善资本市场的风险管理功能和价格发现机制,有利于丰富交易品种和交易机制,降低市场波动,有利于培育机构投资者,提升行业竞争力,带动各类金融产品创新,对促进我国资本市场健康发展、提高资本市场服务实体经济的能力,提升我国资本市场的国际竞争力具有重要意义。

第二节　期权价格及影响因素

期权的价格也称为**期权费**、**权利金**，由期权的内涵价值与时间价值构成。影响期权价格的因素，有标的价格与执行价格的价差关系、期权合约的剩余期限、标的价格波动率、无风险利率、标的资产是否支付收益等。

一、期权的内涵价值与时间价值

(一) 期权的内涵价值

1. 期权内涵价值的定义、计算和取值

期权的**内涵价值**，也称内在价值，是指在不考虑交易费用和期权费的情况下，买方立即执行期权获得的收益(正净值)。如果该收益大于0，则期权具有内涵价值；如果该收益小于等于0，则期权无内涵价值，其内涵价值=0。

内涵价值由期权的执行价格与标的价格的关系决定，计算公式：

看涨期权的内涵价值＝标的价格 S － 执行价格 X

看跌期权的内涵价值＝执行价格 X － 标的价格 S

如果计算结果小于等于0，则内涵价值等于0。所以，期权的内涵价值总是大于等于0。

2. 实值期权、虚值期权和平值期权

根据不同的标的价格 S 与执行价格 X 的价差关系，可以将期权分为实值期权、虚值期权和平值期权。

实值期权，也称期权处于实值状态，是指在不考虑交易成本和期权费的情况下，买方立即行权可以获得收益(正净值)，即内涵价值大于0的期权，且行权收益等于内在价值。

实值看涨期权的标的物市价 S 高于其执行价格 X；当看涨期权的标的物市价 S 远高于其执行价格 X 时，为深度实值期权。

实值看跌期权的标的物市价 S 低于其执行价格 X；当看跌期权标的物市价 S 远低于其执行价格 X 时，为深度实值期权。

虚值期权，也称期权处于虚值状态，是指在不考虑交易成本、期权费的情况下，买方立即行权将产生亏损，即内涵价值等于0的期权，且亏损值等于内在价值计算结果。

虚值看涨期权的标的物市价 S 低于其执行价格 X；当看涨期权的标的物市价 S 远低于其执行价格 X 时，为深度虚值期权。

虚值看跌期权的标的物市价 S 高于其执行价格 X；当看跌期权的标的物市价 S 远高于其执行价格 X 时，为深度虚值期权。

平值期权，也称期权处于平值状态，是指在不考虑交易成本、期权费的情况下，买方立即行权收益为0，无内涵价值也即内涵价值等于0的期权。对于平值期权，期权的标的物市价 S 等于其执行价格 X。实值、虚值与平值期权的关系见表8.2。

表 8.2 实值、虚值与平值期权的关系

	看涨期权	看跌期权
实值期权	标的物市价 S > 执行价 X	标的物市价 S < 执行价 X
虚值期权	标的物市价 S < 执行价 X	标的物市价 S > 执行价 X
平值期权	标的物市价 S = 执行价 X	标的物市价 S = 执行价 X

如果某看涨期权处于实值状态，相同标的物市价 S、执行价 X 的看跌期权一定处于虚值状态；反之亦然。

【例 8.3】2016 年 9 月 14 日标的证券 50ETF 价格为 2.229 元，执行价格为 2.200 元的 50ETF9 月购 2 200（9 月到期的看涨期权），其内涵价值＝标的价格 S － 执行价格 X ＝ 2.229 － 2.200 ＝ 0.009 元，内涵价值计算结果大于 0，所以该看涨期权为实值期权，内涵价值等于 0.009 元。

该执行价格的看跌期权 50ETF9 月沽 2 200，内涵价值 ＝ 2.200 － 2.229 ＝ － 0.009 元，内涵价值计算结果小于 0，所以该看跌期权为虚值期权，内涵价值等于 0。

(二) 期权的时间价值

1. 时间价值及其计算

期权的时间价值也称外涵价值，是指从期权费中扣除内涵价值后剩余的部分，即期权价格中超过内涵价值的部分，时间价值＝期权费－内涵价值。

时间价值是期权在有效期内，标的物市价波动为未来的期权内涵价值增值的可能性中隐含的价值。由于期权的不对称性，期权卖方的损失机会大于获利机会，这一差距即为时间价值。

图 8.5 中，标的资产的价格 S ＝ 100。对于三种不同执行价格 X ＝ 90、95、100 的看涨期权，当执行价格 X 为 90 和 95 时，期权费 c 由内涵价值与时间价值构成。当执行价格 X 为 100 时，等于标的价格 S，为平值期权，没有内涵价值，期权费 c 中只含有时间价值。

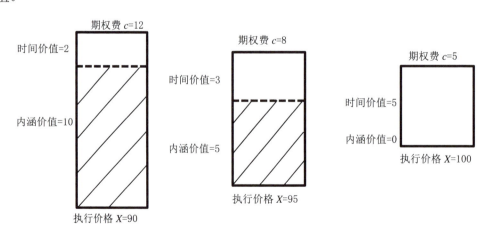

图 8.5 看涨期权的期权费 c、内涵价值、时间价值

一般而言，距离期权到期时间越长，期权的时间价值越大，买方获利的可能性也越大，愿意支付高于内涵价值的期权费以占有盈利机会。期权有效期越长，卖方承担的时间风险更多，因而卖出期权也会要求高于内涵价值的期权费。当临近期权到期日时，如果其他条件不变，期权的时间价值衰减速度会加快；在到期日，期权的时间价值趋近于零。

当其他条件相同，标的物市价波动率越高，越有可能使期权增值，期权的时间价值就越大。如果内涵价值等于 0，时间价值等于其期权价格。

【例 8.4】例 8.3 中 9 月到期、执行价格为 2 200 的 50ETF 看涨期权和看跌期权的期权价格，在 2016 年 9 月 14 日分别为 0.041 8 元和 0.011 9 元，其内涵价值分别为 0.009 元和 0。所以，9 月到期、执行价格为 2 200 的

50ETF 看涨期权的时间价值 = 0.041 8 - 0.009 = 0.032 8 元，

9 月到期、执行价格为 2 200 的

50ETF 看跌期权的时间价值 = 0.011 9 - 0 = 0.011 9 元。

2. 不同期权的时间价值

(1) 平值期权、虚值期权的时间价值总是 ≥ 0。由于平值期权、虚值期权的内涵价值 = 0，而期权的价格不能为负，所以平值期权和虚值期权的时间价值总是 ≥ 0。

(2) 美式期权的时间价值总是 ≥ 0。由于美式期权在有效期内随时可以行权，当期权处于实值时，买方行权便可获利，期权价格与内涵价值的差总是 ≥ 0，所以美式期权的时间价值总是 ≥ 0。当然，在实际交易中会有交易成本发生，实值美式期权的时间价值存在 < 0 的情形。

(3) 实值欧式期权的时间价值可能 < 0。由于欧式期权只能在到期日行权，在到期日前，当期权价格低于内涵价值时，即处于实值状态的欧式期权的时间价值可能为负，但买方不能立即行权获利。

对于深度实值的看涨、看跌期权，由于标的物市价与执行价差距过大，市价进一步上涨、下跌的难度大，时间价值 < 0 的可能性更大。

二、影响期权价格的基本因素

影响期权价格的基本因素主要有：标的物价格 S；执行价格 X；距到期日剩余时间；标的物价格波动率；无风险利率、股票分红 (只影响股票期权)。

布莱克和斯科尔斯的期权模型，可迅速、准确地计算出期权的理论价格，帮助投资者进行决策。

(一) 标的物价格与执行价格的差价对期权价格的影响

对期权价格影响最大的因素是标的物的市场价格 S。标的市场价格 S 与执行价格 X 的相对差额，决定期权内涵价值的有无、大小，也影响期权时间价值的大小。

1. 标的物价格与执行价格的差价对内涵价值的影响

标的市场价格 S 与执行价格 X 的相对差额，决定期权内涵价值的有无及其大小。

对于看涨期权，其收益也就是内涵价值 = $S - X$。当标的市场价格 S 高于执行价格 X

时，期权具有内涵价值，高出越多，期权的内涵价值越大；当标的市场价格 S 等于或低于执行价格 X 时，期权的内涵价值为 0。实值看涨期权，当执行价格 X 一定，S 与内涵价值正相关。当标的市场价格 S 一定，不同的执行价格 X(当 X 上升或下降)，就有不同内涵价值(内涵价值下降或上升)，X 与内涵价值负相关。

对于看跌期权，其内涵价值 $= X - S$。当标的市场价格 S 低于执行价格 X 时，期权具有内涵价值，S 低得越多，期权的内涵价值越大；当标的市场价格 S 等于或高于执行价格 X 时，期权的内涵价值为 0。实值看跌期权，当标的市场价格 S 一定，不同的执行价格 X(当 X 上升或下降)，就有不同的内涵价值(内涵价值上升或下降)，X 与内涵价值正相关；当执行价格 X 一定，标的市场价格 S 与内涵价值负相关。

由期权定价理论可以推知，内涵价值对期权价格的高低起决定作用。对于实值期权，内涵价值越高，期权价格也越高。对于虚值期权和平值期权，由于内涵价值等于 0，所以标的市价的上涨或下跌、执行价格的高低，不会使虚值期权、平值期权的内涵价值发生变化，但会影响内涵价值的计算结果，从而影响期权的时间价值，并决定期权价格的高低。

2. 标的物价格与执行价格的差价对时间价值的影响

标的市场价格 S 与执行价格 X 的相对差额，也决定期权时间价值的大小。一般来说，两个价格的差额越大，期权的时间价值越小；反之，两价的差额越小，期权的时间价值越大。

时间价值是人们预期因标的物市价的变动，能使虚值期权变为实值期权或使实值期权的内涵价值变得更大愿意付出的代价。当期权处于深度实值状态时，标的市价变动使它继续增加内涵价值的可能性极小，而使它减少内涵价值的可能性则极大。因此，人们不愿为买入并持有深度实值期权而支付时间价值，或付出比当时的内涵价值更高的期权价格。而当期权处于深度虚值状态时，人们会认为它变为实值期权的可能性十分渺茫，因此也不愿意为买入这种期权而支付时间价值或期权价格。

对于时间价值趋于 0 或等于 0 的深度实值期权，其价格接近或等于内涵价值，期权价格的变化与内涵价值的变化趋于一致。

对于时间价值趋于 0 或等于 0 的深度虚值期权，其价格趋于 0 或等于 0(因虚值期权的内涵价值等于 0，所以期权的价格等于时间价值)，并且标的市场价格 S 变化对期权时间价值和价格的影响较小。

当标的市场价 S 与执行价 X 相等或相近时，期权处于或接近于平值状态，标的市价 S 的变动才最有可能增加期权的内涵价值，投资人也才最愿意为买入这种期权费等于时间价值的期权而付出代价。所以，处于或接近于平值状态的期权，其时间价值应为最大，任何标的市场价 S 与执行价 X 的偏离都将减少此时的时间价值。

无论是美式期权还是欧式期权，当处于或接近平值状态时，时间价值最大，S 对时间价值的影响也最大。S 与看涨期权价格同方向变动，与看跌期权价格反方向变动。

当期权处于深度实值和深度虚值状态时，时间价值最小，深度虚值期权的价格几乎不受标的市场价 S 变化的影响。

(二)期权合约有效期对期权价格的影响

期权合约的有效期，是指距离期权合约到期日剩余时间的长短。当其他因素不变时，美式期权的有效期越长，期权的时间价值越高；标的物市价向买方预期方向变动的可能性越大，买方行权机会也越多、获利可能性越大；对卖方而言，风险也越大。因此，期权价格就相应较高。

欧式期权只能在到期日行权。到期日之前标的物市价虽可能向买方有利方向变动，但在到期日也存在向不利方向变动的可能性，所以有效期增加，并不必然增加欧式期权的时间价值、期权价格，有可能剩余期限长的期权时间价值、期权价格低于剩余期限短的期权时间价值、期权价格。比如到期期限为 1 个月和 2 个月的两个欧式看涨股票期权，假设 6 周后有大量股利支付，导致股票价格下降，这时期限短的期权价值就会超过期限长的期权价值。

由于美式期权行权机会多于欧式期权，在其他条件相同的情况下，剩余期限相同的美式期权的价值应高于欧式期权的价值。

(三)标的物价格波动率对期权价格的影响

标的物价格波动率是指标的物市价 S 的波动程度，它从波动幅度和波动频率两个方面影响期权价格，是影响期权价格的重要因素之一。当其他因素不变时，标的物市价 S 波动率较小时，期权价格较低；S 波动率越高，S 涨至损益平衡点之上、跌至损益平衡点之下的可能性和幅度也就越大，增加了虚值期权向实值方向转化的可能性，期权买方获取较高收益的可能性增加，但损失却不会随之增加；期权卖方面临的市场风险会随之增加，期权价格就应增加，且价格波幅越大，期权价格就应该越高。

(四)无风险利率对期权价格的影响

无风险利率反映投资者的资金成本。当整个市场的利率上升时，投资者要求的股票收益率会有所增加。同时，期权持有者未来收到的现金流的贴现值会有所降低。市场利率上升的这两种效应的合成效应是：看涨期权的价格会上升，看跌期权的价格会下降。

在实践中，当利率上升时，随之而来的往往是股票价格下降，净效应可能是：看涨期权价格有所下降，看跌期权价格有所上升。类似，当利率下降时，股票价格可能随后上升，净效应可能是：看涨期权价格会上升，看跌期权价格会下降。

(五)标的物支付收益对期权价格的影响

在股票除息日，股息会降低股票的价格，这对于股票看涨期权的价值而言是不利消息，而对于股票看跌期权的价值而言则是好消息。因此，看涨期权的价值与预期股利的大小负相关，而看跌期权的价值与预期股利的大小正相关。

当股票期权的标的股票出现分红、配股等特殊情况时，交易所会对股票做除息除权处理，股价会有相应的折价。与此同时，为了维持买卖双方对应的权益不变，需要将对应期权合约做相应的调整，每份合约的行权价会随股价的折价相应降低，导致对应的期权合约单位增加。

上海证券交易所股票期权交易规则规定，股票期权合约标的除权、除息的，交易所在合约标的除权、除息当日，对合约的合约单位、行权价格按照下列公式调整：

新合约单位＝[原合约单位×(1+流通股份变动比例)×除权(息)前一日标的证券收盘价]/(前一日标的收盘价格－现金红利＋配(新)股价格×流通股份变动比例)

新行权价格＝原行权价格×原合约单位/新合约单位。

如果投资者是备兑开仓，调整之后，因为期权合约单位增加的原因，备兑的标的现货头寸不足，容易触发强行平仓机制。交易所在除权除息日清算时，发现投资者的现货持仓不足，将做强行平仓的提醒，交易者需对标的现货进行补仓，或者平掉部分期权仓位，保证备兑关系能够成立。

如果投资者未在规定时间内完成补仓或者平掉部分期权头寸，交易所为了降低违约风险，将强制平掉投资者部分期权头寸，而强行平仓带来的损失或收益直接由投资者承担。在有多个不同备兑开仓合约的情况下，交易所将按照上一交易日收盘后，备兑开仓证券不足对应合约总持仓量由大到小的顺序，优先选择持仓量大的合约进行强行平仓，直至备兑开仓担保证券数量足额。

【例8.5】某股票考虑两种分红方案，10派3.5元和10派3.5元送5股。股权登记日收盘价38.9元，行权价为36元的该股看涨期权价格为4.65元，期权合约单位为10 000股。设T为两个月，r为4%，分别计算新合约单位、新行权价格？

解：方案1：10派3.5元

新合约单位 $= \dfrac{10\,000 \times (1+0) \times 38.9}{38.9 - 0.35} = 10\,090.79$

新行权价格 $= 36 \times 10\,000 / 10\,090.79 = 35.68$ 元

股票除息0.35元/股，行权价格向下修正0.32元。

方案2：10派3.5元送5股

新合约单位 $= \dfrac{10\,000 \times (1+0.5) \times 38.9}{38.9 - 0.35} = 15\,136.19$

新行权价格 $= 36 \times 10\,000 / 15\,136.19 = 23.78$ 元

股票除权价 $= (38.9 - 3.5/10)/(1 + 0.5) = 25.70$

除权除息值 $= 38.90 - 25.70 = 13.2$ 元/股

行权价格向下修正 $36 - 25.70 = 10.30$ 元。

两种分红方案的股票除权除息值，均大于期权行权价格向下修正值。所以，股票除权对看涨期权多头不利，对空头有利。

如果标的资产支付收益而不调整行权价格，会导致看涨期权价格下移、看跌期权价格上移。如果交易所对行权价格进行调整，要根据调整方式进行具体分析。

第三节　期权交易的基本策略

期权交易有四种基本策略：买进看涨期权、买进看跌期权、卖出看涨期权、卖出看跌期权，其他所有交易策略由此派生。

当标的物市价趋势较明了或标的物市价可能大幅波动时，可以考虑买进策略；当标的物市价出现盘整行情时，可以考虑卖出策略。

一、买进看涨期权

若投资者计划在未来某时间投资某种资产（股票、债券、期货等），担心该资产价格上涨，同时又不想放弃该资产价格下跌的好处时，可以支付期权费 c 买进该资产的看涨期权进行保值，享有按执行价格 X 买进标的资产的选择权，但不负有必须买进的义务。

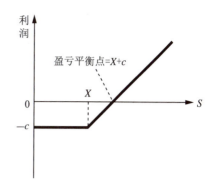

图 8.6 买进看涨期权的损益

一旦标的资产价格 S 上涨到执行价格 X 以上，投资者可以执行期权，以低于标的资产价格 S 的执行价格 X 买入标的资产。此时期权费价格 c 上涨，投资者也可卖出看涨期权平仓，获得期权费价差收益，或者在标的资产价格 S 下跌、期权价格 c 也下跌时避免损失全部期权费。看涨期权多头的损益情况见图 8.6。

（一）损益分析

当标的资产价格 $S \leqslant$ 执行价格 X 时，买方处于亏损状态，可以卖出期权平仓，减少部分期权费 c 损失；或放弃行权，期权到期作废，损失全部期权费 c。

当 $X < S < X + c$ 时，买方仍亏损，但损益随 S 涨跌发生线性变化。

当 $S = X + c$ 时，为盈亏平衡点。

当 $X + c < S$ 时，买方实现盈利，随 S 上涨盈利增加，理论上盈利是无限的。

从图 8.6 中可看到，期权买方的损益呈非线性变化，在执行价格 X 处发生转折。正是期权独特的非线性损益结构，使期权在风险管理、组合投资方面有明显优势。

（二）基本运用

1. 赚取期权费价差

当交易者通过分析认为某标的资产价格 S 上涨可能性大时，可以考虑买入其看涨期权，以赚取期权费价差。标的资产价格 S 上涨，其看涨期权价格 c 肯定上涨，交易者可卖出期权平仓获取期权费价差收益。

2. 追逐更大的杠杆效应

通过购买期权获得标的资产，比直接购买股票等基础资产有更高的杠杆效应。如剩余期限较短的虚值期权，期权费很低，用较少的期权费就可以控制同样数量的标的资产。并且标的资产价格下跌也不存在追加保证金或遭受强行平仓，一旦价格反转则可享受标的资产价格上涨带来的盈利。

【例 8.6】2016 年 11 月 25 日，50ETF 的价格为 2.451 元，该标的有执行价格为 2.20～2.55 元的八个不同执行价格的看涨期权和看跌期权。

实值期权价格较高，执行价格为 2.20 元的看涨期权实值程度最深，其价格也最高，为 0.240 4 元，期权价格接近内在价值 [2.451 − 2.20 = 0.251 0(元)]；深度虚值期权的价格最低，执行价格为 2.55 元的虚值看涨期权的价格为 0.064 0 元，交易量很少；接近平值的执行价格为 2.45 元的看涨期权价格为 0.096 7 元。

所以，购买平值、虚值的看涨期权，权利金远低于标的资产价格，且低于期货保证金，资金的杠杆效应比直接购买标的资产更高。

3. 限制卖出标的资产风险

持有某资产的交易者，想继续获得资产价格上涨的好处，又担心价格下跌，若卖出资产又顾虑价格上涨使收益受损。

在这种情况下，可以利用看涨期权来限制卖出标的资产的风险。操作策略是卖出资产，同时买进该资产的看涨期权，从而限制卖出标的资产后价格上涨的风险。

卖出资产后，如果该资产价格上涨，可以执行看涨期权行按较低的行权价格买进标的资产，或继续持有看涨期权到期行权，享受价格上涨的好处。如果该资产价格下跌，可以将看涨期权平仓减少期权费损失，或弃权损失全部期权费。

采用期货保值，如果卖出资产的同时买进该资产的期货合约，当该资产价格上涨时期货能够盈利，当该资产价格下跌时期货会造成损失，实现不了上述功能。

4. 锁定现货成本，对冲标的资产价格风险

未来采购现货的工商企业，为规避价格上涨导致购货成本上升的风险，可以买入该资产的看涨期权，实现锁定购货成本的目的，并且可以获得标的资产价格下跌带来的好处。

交易者买入看涨期权后，获得了按执行价格买进标的资产的权利，限定了未来购买现货的最高价格，因此规避了现货价格上涨的风险。如果现货价格下跌，交易者可以更低价格买进现货，放弃行权的成本仅为期权费。

与采用买进期货对冲现货价格上涨风险相比，采用买入看涨期权对冲现货价格上涨的特点是：

首先，初始投入更少，杠杆效用更大，因为购买看涨期权支付的期权费比购买期货缴纳的保证金更少。

其次，当现货市场价格上涨时，对冲价格上涨风险，采用买入看涨期权比买入期货要多支付期权费或时间价值的成本。

【例8.7】2015 年 1 月 26 日，CME 挂牌的 MAR15 原油期货合约价格为 45.15 美元/桶。如果原油价格上涨，原油期货合约价格与原油看涨期权价格均会上涨。如果交易者通过期货市场进行保值，当期货合约上涨 20% 达到 54.18 美元/桶，期货市场的盈利 = 54.18 − 45.15 = 9.03 美元/桶。

如果交易者购买期权的价格为 3.69 美元、执行价格为 43 美元的实值看涨期权进行保值，则行权的收益 = 54.18 − 43 − 3.69 = 7.49 美元/桶，比期货收益少 9.03 − 7.49 = 1.54 美元/桶的部分，正好等于期权建仓时的时间价值。

最后，当现货价格下跌时，期货持仓出现亏损（可以由采购成本降低冲抵），交易者需要补交保证金。看涨期权的买方也会产生亏损，但不用追加任何费用。当现货价格下跌

超过期权费时，交易者可以享受现货价格下跌带来的购买成本下降的利润。

二、买进看跌期权

未来要出售标的资产的交易者，为了防止资产价格下跌的风险，同时又想获得价格上升的好处，可以支付期权费 p 买入看跌期权进行保值，享有按执行价格 X 卖出标的资产的选择权，但不负有必须卖出的义务。

一旦标的资产价格 S 下跌至 X 以下时，交易者可以执行期权，按执行价格 X 卖出标的资产。此时期权费价格 p 上涨，交易者也可卖出看跌期权平仓，赚取期权费差价收益，或当标的资产价格上涨、看跌期权价格 p 下跌时避免损失全部期权费。看跌期权多头损益情况见图 8.7。

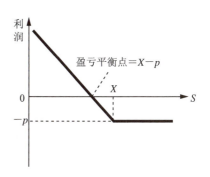

图 8.7 买进看跌期权的损益

(一) 损益分析

当标的资产价格 $S \geqslant$ 执行价格 X 时，买方处于亏损状态，可以卖出期权平仓减少部分期权费 p 损失；或放弃行权，期权到期作废，损失全部期权费 p。

当 $X - p < S < X$ 时，买方仍亏损，但亏损随 S 涨跌发生线性变化。

当 $S = X - p$ 时，为盈亏平衡点。

当 $S < X - p$ 时，买方实现盈利，且随 S 下跌盈利增加，随 S 上涨盈利减少。

(二) 基本运用

1. 赚取期权费价差

当交易者通过分析认为某标的资产价格 S 有大幅下跌可能性时，可以考虑买入其看跌期权以赚取期权费价差。标的资产价格 S 下跌，其看跌期权价格 p 肯定上涨，交易者可卖出期权平仓获取价差收益。如果标的资产价格 S 不跌反涨，期权价格 p 会下跌，交易者可以将看跌期权卖出平仓以减少期权费损失，或弃权损失全部期权费。

2. 追逐更大的杠杆效应

如果预期标的资产价格 S 下跌有较大可能，通过购买看跌期权持有标的资产空头，比直接卖出标的期货或融券卖出标的股票所需要的初始资金少，有更高的杠杆效应。如果标的资产价格下跌，可获较高的资金收益率；如果标的资产价格上涨，不存在追加资金或遭受强行平仓。

看跌期权中价格最低的是深度虚值的看跌期权。购买虚值或接近平值的看跌期权杠杆效应高，但需要考虑由于期权费而额外增加的成本。

【例 8.8】2015 年 1 月 26 日，CME 上市的 Mar15 原油期货价格为 45.15 美元/桶。如果交易保证金为 10%，交易者卖出 1 手 Mar15 原油期货(1 000 桶/手)需缴纳保证金：

$45.15 \times 1\,000 \times 10\% \times 1 = 4\,515$ 美元。

如果交易者采用期权工具来出售 1 手标的期货，则需购买 1 张 Mar15 到期的原油期

货看跌期权合约。某交易者决定购买执行价格为 47 美元的实值看跌期权，期权价格为 3.48 美元/桶，需要投入期权费

$$3.48 \times 1\,000 \times 1 = 3\,480 \text{ 美元}$$，低于期货保证金投入。

如果在 Mar15 到期前，期货价格在 47 美元以下，该交易者以执行价格 47 美元行权卖出期货合约，其实际售价 = 47 - 3.48 = 43.52 美元/桶，比直接卖出期货合约的价格低 = 45.15 - 43.52 = 1.63 美元/桶。

采用期权工具使得期货售价降低的部分，正好等于期货期权建仓时的时间价值

$$3.48 - (47 - 43.52) = 1.63 \text{ 美元/桶}$$

由于实值欧式看跌期权的时间价值可能小于 0，所以采用实值欧式看跌期权来出售期货合约的收入，可能高于直接出售期货合约的收入。但是，大部分情况下期权的时间价值都大于 0，所以采用期货看跌期权出售期货合约的收入是低于直接出售期货合约收入的；并且，采用接近平值的期货看跌期权多头策略出售期货合约，比直接出售期货合约的价格下降得最多。

3. 保护标的资产多头

交易者持有标的资产，既想获得资产价格上涨的好处，又担心价格下跌遭受损失，这时可以买进其看跌期权来保护资产。

如果标的资产价格下跌，看跌期权的价差收益或行权收益可以弥补标的资产的跌价损失，从而保护持有的资产；如果标的资产价格上涨，交易者的持仓将受益，但看跌期权价格会下跌；或者交易者弃权，买入看跌期权的代价会增加标的资产的持仓成本。所以，这一策略可以实现为所持标的资产保险的功能，既能规避标的资产价格下跌的风险，又能留住标的资产价格上涨的获利机会。

【例 8.9】小牛于 2016 年 10 月 10 日以 2.250 元/份的价格买入 50ETF 基金。2016 年 11 月 25 日该基金上涨到 2.451 元/份，小牛想继续持仓，但担心基金价格下跌，因此决定买入 50ETF 看跌期权以保护持仓：以 0.135 7 元的价格买入 2017 年 3 月到期、执行价格为 2.500 元的 50ETF 看跌期权。

如果基金价格上涨到 2.500 元以上，小牛放弃行权，可以享受基金上涨的利润；与未购买看跌期权相比，增加了期权费成本，小牛可以卖出看跌期权平仓以降低期权费成本。

如果基金价格下跌，跌至 2.200 元，小牛可以行权将持有的 50ETF 基金以 2.500 元的价格卖出，实现看跌期权的保险功能，但实际售价比执行价格低 0.135 7 元（即期权成本）；小牛也可以在基金价格下跌、看跌期权价格上涨时卖出期权平仓，以期权费价差的盈利来弥补（或部分弥补）基金价格下跌的损失。

如果采用卖出期货合约保值，期货持仓可以对冲标的资产价格下跌的风险，但标的资产价格上涨，期货持仓会亏损，实现不了看跌期权多头策略的保险功能。

与采用卖出期货保值相比，采用买进看跌期权保值的特征是：

首先，初始投入更少，杠杆效应更大，因为购买看跌期权支付的期权费，远低于卖出期货缴纳的保证金。

其次，当标的资产价格下跌对现货持仓不利时，期货市场的盈利可弥补现货持仓损失；标的资产价格下跌时，看跌期权价格上涨，可以对冲现货持仓的风险，但要比卖出期货多付出期权费或时间价值的代价。

最后，如果标的资产价格上涨对现货持仓有利时，期货市场亏损且要补交保证金，抵销了现货持仓的盈利；标的资产价格上涨，看跌期权买方也会亏损，但不用支付任何额外费用，最大损失限于期权费。当标的资产价格上涨远高于期权费时，交易者可享受现货持仓增加的利润。总之，采用看跌期权多头对冲标的资产价格下跌的风险比采用期货空头更有利。

三、卖出看涨期权

卖出看涨期权可以获得期权费。卖方的目的是赚取期权费，但卖出看涨期权要缴纳高于期权费的保证金，需要投入初始资金，并且在行情发生不利变动时还要追加保证金。

看涨期权卖方卖出期权收取期权费 c 后，就要承担按执行价格 X 卖出标的资产的义务。如果标的资产价格高于执行价格，买方会行权，卖方必须以执行价格出售标的资产；如果标的资产价格低于执行价格，买方放弃行权，卖方将实现赚取期权费的目的；卖方也可在看涨期权到期前买进看涨期权平仓，获取期权费价差收益或减少标的资产价格向不利方向变动的损失。看涨期权空头的损益见图8.8。

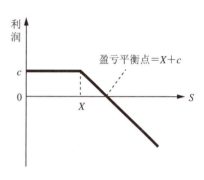

图8.8 卖出看涨期权的损益

（一）损益分析

当标的资产价格 $S \leqslant$ 执行价格 X 时，卖方处于盈利状态。无论 S 上涨或下跌，最大盈利不变，限于并等于期权费 c。

当 $X < S < X + c$ 时，卖方仍盈利，但盈利随 S 涨跌发生线性变化。

当 $S = X + c$ 时，为盈亏平衡点。

当 S 确实上涨且 $X + c < S$，卖方处于亏损状态，随 S 下跌亏损减少，随 S 上涨亏损增加；如果 S 持续上涨，卖方的亏损将远超期权费收入。

（二）基本运用

1. 赚取期权费或赚取期权费价差

交易者经分析标的资产价格变动趋势后，预期标的资产价格会下跌，或即使上涨，涨幅也有限，可以卖出看涨期权，以赚取期权费；或者在标的资产价格下跌后，期权价格也下跌时买进期权平仓，赚取期权费差价；如果坚信标的资产价格不会上涨、买方不会行权，交易者持有期权到期，就可以尽赚全部期权费。

由于卖出期权需要缴纳保证金并可能追加保证金，对于资金有限的交易者，要尽量避免卖出无保护的看涨期权。

2. 对冲标的资产多头

交易者如果对后市谨慎看多，可以在持有标的资产的同时，卖出执行价格较高的看涨期权。

如果标的资产价格下跌，卖出看涨期权收到的期权费可以降低持仓成本；如果标的资产价格上涨，因买方行权需要履约，可以按执行价格卖出标的资产，将持有的标的资产多头平仓。

本策略是一个标的资产多头与一个看涨期权空头的组合，标的资产多头对看涨期权空头形成保护，所以被称为有担保的看涨期权空头策略。

3. 增加标的资产多头的利润

如果投资者对标的资产价格后市谨慎看多，在买入标的资产的同时，可以卖出该标的资产的看涨期权；或已经持有标的资产，当价格上涨到一定水平后担心价格下跌，可以采取卖出看涨期权策略。这就是备兑开仓、有保险的看涨期权空头策略，简称备兑看涨策略。

备兑看涨策略是期权经典策略之一，美国股票及衍生品市场有专门跟踪该策略的指数（BXM 指数），该指数在跑赢市场一般指数的同时，波动率显著小于一般指数，具有较高的稳定性和投资价值。2017 年年中以来，SOETF 基金的价格持续性温和上涨，备兑看涨策略魅力凸显。

【例 8.10】小陈于 2014 年 12 月 12 日以 17.12 港元/股的价格买入招商银行 H 股，持有 20 天后，该股价格上涨到 19.90 港元/股。

小陈认为该股价格有进一步上涨的潜力，但也担心股市下跌，于是在 2015 年 1 月 2 日以 0.52 港元/股的价格，卖出执行价格为 21 港元/股的该股看涨期权。如果股价上涨到 21 元/股以上，买方行权，小陈可以 21 元/股的价格将招商银行 H 股全部卖出，加上卖出看涨期权收到的期权费，小陈卖出股票的价格将 = 21 + 0.52 = 21.52 港元/股。

但是，此后招商银行 H 股的价格一直表现不佳，1 月 26 日股价跌至 18.54 港元，该股的看涨期权价格跌至 0.01 港元/股，小陈决定将股票和期权全部平仓：看涨期权平仓收益 = 0.52 − 0.01 = 0.51 港元/股，相当于股票卖价提高了 0.51 港元/股；股票平仓收益 = 18.54 − 17.12 = 1.32 港元/股。以上未计入交易成本和保证金占用成本。

备兑看涨（看涨期权备兑开仓）策略主要考虑的因素：

首先，是看涨期权的执行价格。执行价格越高，买方行权的可能性越小，卖方赚取期权费的可能性越大。但是，执行价格越高，卖出看涨期权收取的期权费越低，对增加标的资产持仓利润的影响越小。

其次，标的资产价格变化趋势。如果预期标的资产价格将能够大幅上涨到期权的盈亏平衡点之上，则单独持有标的资产更有利，不宜采用备兑看涨策略；如果预期标的资产价格下跌，则不应购买或继续持有标的资产。

所以，本策略只适用于对标的资产价格谨慎看多的情形。

四、卖出看跌期权

卖出看跌期权可以获得期权费。预期标的资产价格只会小幅波动或上升，可以卖出看跌期权赚取期权费，但卖出看跌期权同样要缴纳高于期权费的保证金，需要投入初始资金，并且在行情发生不利变动时还要追加保证金。

看跌期权卖方卖出期权收取期权费 p 后，就要承担按执行价格 X 买进标的资产的义务。如果标的资产价格低于执行价格，买方会行权，卖方必须以执行价格买进标的资产；如果标的资产价格高于执行价格，买方放弃行权，卖方将实现赚取期权费的目的。卖方也可在看跌期权到期前买进看跌期权平仓，获取期权费价差收益或减少标的资产价格向不利方向变动的损失。看跌期权空头的损益见图 8.9。

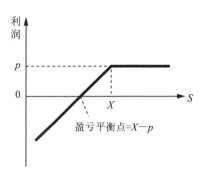

图 8.9 看跌期权卖方的损益

（一）损益分析

当标的资产价格 $S \geqslant X$ 时，卖方处于盈利状态。无论 S 上涨或下跌，最大盈利不变，限于并等于期权费 p。

当 $X - p < S < X$ 时，卖方仍盈利，但盈利随 S 涨跌发生线性变化。

当 $S = X - p$ 时，为盈亏平衡点。

当 S 确实下跌且 $S < X - p$ 时，卖方处于亏损状态，随 S 下跌亏损增加，随 S 上涨亏损减少；如果 S 持续下跌，卖方亏损将远超期权费收入。

（二）基本运用

1. 赚取期权费或赚取期权费价差

交易者经分析标的资产价格变动趋势后，预期标的资产价格会上涨，或即使下跌，跌幅也有限，可以卖出看跌期权，赚取期权费。

如果标的资产价格上涨至执行价格之上，买方不会行权，卖方持有期权到期可以获得全部期权费；当标的资产价格上涨，期权价格下跌时卖方可以买进看跌期权平仓，赚取期权费差价。

由于卖出期权需要缴纳保证金并可能追加保证金，对于资金有限的交易者，应尽量避免卖出无保护的看跌期权。

2. 对冲标的资产空头

交易者如果对标的资产价格后市谨慎看空，可以在卖出标的资产的同时，或持有标的资产空头时，卖出执行价格较低的看跌期权。

如果标的资产价格上涨，卖出看跌期权收取的期权费相当于提高了标的资产的卖价；如果标的资产价格下跌，因买方行权需要履约，可以按执行价格买进标的资产，将持有的标的资产空头平仓。

本策略可视为一个标的资产空头与一个看跌期权空头的组合，标的资产空头对看跌期权空头形成保护，所以被称为有担保的看跌期权空头策略。

计划在未来购买现货的企业，在采用看涨期权进行保值时，可以在买进看涨期权的同时，卖出执行价格较低的看跌期权，选择看跌期权执行价格时应考虑未来购买现货的成本。

如果标的资产价格上涨，看涨期权的头寸会盈利，同时又收获了看跌期权的期权费；如果标的资产价格下跌，交易者可以接受看跌期权买方行权，按执行价格买进标的资产，实现购买标的现货的目的，其卖出看跌期权收取的期权费还可降低购买现货的价格。

【例8.11】2015年1月26日，CME上市的Mar15原油期货价格为45.15美元/桶。

如果交易者在卖出1手期货合约(1 000桶/手)的同时，卖出1张执行价格为43美元的原油期货看跌期权，期权价格为1.54美元/桶，可以收到期权费

$1.54 \times 1\,000 \times 1 = 1\,540$ 美元

如果标的期货价格运行在执行价格以上，看跌期权多头不会行权，交易者可赚取全部期权费，这笔收入能够降低持有的标的期货空头的买入平仓价格或是提高期货合约的卖价，相当于扩大了盈利空间或降低了部分损失。该标的期货合约卖价最多可提高至

$45.15 + 1.54 = 46.69$ 美元/桶，这也是本策略的损益平衡点。

如果标的期货合约价格大涨，涨至100美元时，交易者的期货损益

$46.69 - 100 = -53.13$ 美元/桶

所以，卖出看跌期权不能对冲标的资产空头的风险。

如果标的期货合约下跌到执行价格43美元以下，交易者被要求履约，以执行价格买进标的期货，并对冲其期货空头，交易者的期货、期权总损益

$45.15 - 43 + 1.54 = 3.69$ 美元/桶

当标的资产价格在执行价格43美元以下时，交易者损益不变，为3.69美元/桶，这也是本策略的最大盈利。

因此，当标的期货价格大幅下跌，跌至看跌期权盈亏平衡点 $X - p (= 43 - 1.54) = 41.46$ 美元以下时，单独持有期货空头更有利。

当标的期货价格上涨至本策略的盈亏平衡点46.69美元/桶时，交易者盈亏平衡；随着标的期货价格涨到盈亏平衡点之上，交易者开始亏损(期权费收益不能冲销期货空头的亏损)，标的价格上涨越多亏损越大。

构建标的资产空头与看跌期权空头组合策略，主要考虑的因素：

首先，是看跌期权的执行价格。出售看跌期权的执行价格越低，买方行权的可能性越小，对本策略越有利。但执行价格越低，卖出看跌期权收取的期权费也越少，对增加标的资产空头的持仓利润的影响越小。

其次，是标的资产价格的变化趋势。如果预期标的资产价格下跌至期权盈亏平衡点以下，单独持有标的资产更有利，即预期标的资产价格将大幅下跌时，不应采用本策略。如果预期标的资产价格上涨，则不会卖出或继续持有标的资产空头。

所以，本策略适用于对标的资产价格谨慎看空的市场情形。

3. 低价买进标的资产

当投资者计划买进标的资产但认为价格偏高时，可以卖出执行价格较低的看跌期权。

如果标的资产价格上涨，投资者可以赚取期权费；如果标的资产价格下跌至执行价格以下，投资者被指定履约按执行价格买进标的资产，可以实现其低价买进标的资产的计划。

【例 8.12】2016 年 12 月初，小龚认为 A 股市场投资价值已经显现，决定投资买进 50ETF 基金。经分析他认为近期股市可能回调，最后决定采用卖出较低执行价格的 50ETF 看跌期权，以实现低价买进标的基金的目的。

2016 年 12 月 2 日，50ETF 的收盘价为 2.416 元。2016 年 12 月到期的看跌期权有 2.300、2.350、2.400、2.450、2.500、2.550 元六个不同的执行价格。该期权的行权时间为欧式，合约到期日和行权日为到期月份的第四个星期三 (12 月 21 日)。

小龚认为当股市回调则 50ETF 有下跌至 2.350 元的可能性，并且以该价格购买 50ETF 更合理，于是在 12 月 5 日以 0.015 5 元的价格卖出 2 张 50ETF1612－P－2.350 期权 (2016 年 12 月到期，执行价格为 2.350 元的 50ETF 看跌期权)，当时 50ETF 的价格为 2.390 元。小龚的交易目的是通过看跌期权空头买进 50ETF，因此计划持有期权合约到期。

12 月 21 日，如果 50ETF 价格下跌至 2.350 元以下，买方行权卖出 50ETF，小龚被指定履约时将以 2.350 元的价格买进 50ETF，扣除卖出看跌期权的期权费收入，小龚购买 50ETF 的实际成本 = 2.350－0.015 5 = 2.334 5 元 (不计交易成本)。

如果到期日 50ETF 价格在执行价格 2.350 元以上，期权买方不行权，小龚卖出 2 张 50ETF 看跌期权赚取的期权费 = 2×0.015 5×10 000 = 310 元 (期权合约单位：10 000 份 50ETF/张)。

卖出期权必须缴纳交易保证金是期权交易的规则，交易保证金分为开仓保证金和维持保证金。50ETF 期权开仓保证金的计算公式：

认购期权义务仓开仓保证金 = [合约前结算价 + max(12%× 合约标的前收盘价 - 认购期权虚值，7%× 合约标的前收盘价)]× 合约单位

认沽期权义务仓开仓保证金 = min[合约前结算价 + max(12%× 合约标的前收盘价 - 认沽期权虚值，7%× 行权价), 行权价] × 合约单位

50ETF 期权维持保证金的计算公式：

认购期权义务仓维持保证金 = [合约结算价 + max(12%× 合约标的收盘价 - 认购期权虚值，7%× 合约标的收盘价)]× 合约单位

认沽期权义务仓维持保证金 = min[合约结算价 + max(12%× 合约标的收盘价 - 认沽期权虚值，7%× 行权价), 行权价] × 合约单位

例 8.12 中，50ETF1612－P－2.350 期权上一交易日的结算价为 0.011 6 元、收盘价为 0.011 3 元，认沽 (看跌) 期权虚值 = 执行价格 X - 标的资产市价 S = 2.350－2.390 = －0.040 元，行权价为 2.350 元。小龚卖出该期权须缴纳开仓保证金

min[0.011 6 + max(12%×0.011 3－0.040，7%×2.350)，2.350] ×10 000

= min[0.011 6 + max(－0.038 6，0.164 5)，2.350] ×10 000

= min[0.011 6 + 0.164 5，2.350] ×10 000

= 0.176 1 ×10 000 = 1 761 元

如果标的 50ETF 价格上涨，当小龚保证金账户中的资金低于维持保证金规定时，小龚还要补缴保证金，否则其部分或全部持仓将被强行平仓。

本 章 小 结

1. 期权(options)也称为选择权,是指期权的买方拥有在未来约定期限内,选择以约定价格买入或者卖出一定数量的某种特定资产的权利。期权的交易就是对这种选择权的买卖。

2. 期权合约的主要条款

(1) 标的物(标的资产),是期权合约中约定的、买方执行期权时买进或者卖出的资产种类。

(2) 合约类型,也称为行权方向,是指买方执行期权时是买进还是卖出标的(物)。看涨(认购)期权规定买方行权时买进标的,看跌(认沽)期权规定买方行权时卖出标的。

(3) 期权价格,也称为期权费或权利金,是期权的买方为获得按约定价格买进或卖出标的资产的选择权,支付给期权卖方的对价。

(4) 行权价格,又称为执行价格、履约价格,是期权合约中约定的、买方行使选择权买进或卖出标的的价格。

(5) 行权方式,或称履约方式、行权时间,是指期权合约规定的、买方可以执行选择权的时间。欧式期权规定买方在合约到期日才可以行权,美式期权规定买方在合约有效期内任何营业日都可以行权。

(6) 合约规模或交易单位,通常是指一张(或手)合约未来能买进或卖出标的物的数量。

(7) 有效期是指期权合约生效至期权到期日的期限。最后交易日是指某一期权合约能够在交易所交易的最后一天,过了这一天就不能交易。合约到期日是指期权买方可以执行期权的最后一天,为期权到期月份的某一天。欧式期权规定买方只能在合约到期日方可执行期权。美式期权规定买方在合约到期日之前的任何一个交易日(含合约到期日)均可执行期权。过了合约到期日,未被执行的期权合约失效,停止行权,买方的选择权利作废,卖方的履约义务解除。

(8) 合约月份,是指期货合约到期的月份。

(9) 保证金是期权卖方向期权结算机构缴纳的担保履约资金。

3. 期权交易的特点

(1) 买卖双方权利义务不对等。买方支付期权费后获得了向卖方买进或卖出标的的选择权利,但没有必须买进或卖出的义务。卖方卖出期权收取了买方的期权费后,必须履行当买方执行期权时卖出或买进标的的义务。

(2) 买卖双方的收益和风险不对等。当标的市场价格向有利于买方的方向变动时,买方可能获得巨大收益,卖方会遭受巨大损失。当标的市场价格向不利于买方的方向变动时,买方可以对冲平仓期权收回部分期权费,也可以弃权损失全部期权费;当期权到期,买方不行权,卖方才可以最终获得全部期权费。

(3) 保证金缴纳不对等。由于期权卖方的收益有限且风险很大,为了防止卖方违约,期权结算机构会按照标的资产成交价值的一定比例向卖方收取保证金。买方的风险仅限于已经支付的期权费,无须缴纳保证金。

(4) 独特的非线性损益结构。期权交易的非线性损益状态,与证券交易、期货交易等线性的盈亏状态有本质的区别。

(5) 实行双向交易机制。场内期权的交易与期货交易一致,采用双向交易机制,可以买入开仓,也可以卖出开仓,并可以随时对冲平仓。

4. 备兑开仓是指交易者在拥有标的证券时,卖出相应数量的该标的证券的认购期权。备兑平仓,是指交易者备兑开仓后，作为保证金的标的证券因期权合约调整导致备兑头寸不足，触发强行平仓机制导致发生的强行平仓。

5. 期权头寸的了结方式

(1) 买方和卖方通过对冲平仓的方式了结期权头寸。

(2) 期权的多头可以通过行权来了结期权头寸；期权的空头在多头行权时必须履行合约规定的义务从而了结期权头寸。

(3) 当期权多头弃权时，意味着多头持有的期权合约到期后选择权作废，多头的期权头寸了结；同时，期权空头履约的义务随之解除，空头的期权头寸了结。

6. 实值期权，是指在不考虑交易成本和期权费的情况下，买方立即行权可以获得收益（正净值），即内涵价值大于0的期权。实值看涨期权的标的物市价S高于其执行价格X；实值看跌期权的标的物市价S低于其执行价格X。

虚值期权，是指在不考虑交易成本、期权费的情况下，买方立即行权将产生亏损，即内涵价值等于0的期权。虚值看涨期权的标的物市价S低于其执行价格X；虚值看跌期权的标的物市价S高于其执行价格X。

平值期权，是指在不考虑交易成本、期权费的情况下，买方立即行权收益为0，期权的标的物市价S等于其执行价格X。

7. 期权的时间价值也称外涵价值，是指从期权费中扣除内涵价值后剩余的部分，时间价值＝期权费－内涵价值。

8. 买进看涨期权策略，可以赚取期权费价差，追逐更大的杠杆效应，限制卖出标的资产风险，锁定现货成本，对冲标的资产价格风险。

9. 买进看跌期权策略，可以赚取期权费价差，追逐更大的杠杆效应，保护标的资产多头。

10. 卖出看涨期权策略，可以赚取期权费或赚取期权费价差，对冲标的资产多头的风险，增加标的资产多头的利润。

11. 卖出看跌期权策略，可以赚取期权费或赚取期权费价差，对冲标的资产空头的风险，低价买进标的资产。

本章重要概念

期权　合约类型　看涨(认购)期权　看跌(认沽)期权　期权价格　行权价格　行权价格间距　行权方式　合约规模　最小报价价位　有效期　最后交易日　合约到期日　合约月份　保证金　买入期权开仓　卖出期权开仓　备兑开仓　备兑平仓　欧式期权　美式期权　交易所交易期权　场外交易期权　期权的内涵价值　实值期权　虚值期权　平值期权　期权的时间价值

思 考 题

1. 期权的含义与期权合约的主要条款是什么？

2. 期权交易有什么特点？期权建仓与了结方式有哪些？

3. 期权有哪些基本类型？

4. 什么是期权的内涵价值？什么是实值期权？虚值期权？平值期权？

5. 什么是期权的时间价值？

6. 影响期权价格的基本因素有哪些？

7. 期权交易的基本策略有哪些？

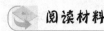

期权套期保值的分析与应用

随着期权衍生品的发展，期权在价值投资、资产配置方面发挥了重要作用，而且越来越多的企业开始选择期权作为套期保值的工具。

1. 期权套期保值的优劣势

期权套期保值是指把期权市场当作转移价格风险的场所，在期权市场买进或卖出与现货商品相同或相关、方向相反、数量相等或相当、月份相同或相近的期权合约，从而在期权和现货两个市场之间建立盈亏冲抵机制，以规避价格风险的一种交易方式。基于期权的非线性特征，期权套保与期货套保有较大差别。下面简要分析期权套期保值的优劣势。

(1) 期权套期保值的优势。

一是期权套期保值可以对冲波动率风险。期权买方具有做多波动率的特征，卖方具有做空波动率的特征，如果标的资产波动率在套期保值期间增大，买方可以通过波动率增加得到额外收益。因此，利用期权套期保值不仅可以实现价格对冲，还可以实现波动率的对冲，套期保值效果更加全面，这是期货套期保值所不具备的。

二是期权套期保值能够赚取额外收益。买入期权风险仅限于权利金成本，但潜在收益无限。这说明买入期权套期保值在满足套保需求的同时，当价格向期权买方反向变动时，现货方面的收益超过权利金成本时，能够赚取额外收益。

假设豆粕期货与现货的价格均为 3 000 元/t，套保者买入 100 手一个月后到期的豆粕平值看涨期货期权，付出权利金 68 元/t，为一个月后将要购进的 1 000t 豆粕现货做买入保值。持有期内，在基差不变的前提下，若豆粕价格大幅下跌 100 元/t，持有期权头寸只损失 68 元/t 的权利金，企业却可以在 2 900 元/t 的低价买入现货，总体购货成本为 2 968 元/t。与买入期货套保期现对冲后盈亏持平相比，期权套保获得超额利润 32 元/t。

(2) 期权套期保值的劣势。

期货套保需要付出保证金，结束套保后，保证金依然返还给套保者。而买入期权套保是实际付出权利金，无论套保效果如何，该权利金都是实际付出了，即期权套保要付出一定的成本。表 8.3 列出了当豆粕期货价格为 3 000 元/t 时，不同期限的平值期权权利金。

表 8.3　不同期限的平值期权权利金

期权期限	一个月	两个月	三个月
权利金成本	68 元/t	97 元/t	118 元/t

由表 8.3 可知,期权套保的成本是比较高的。如果是选择买入期权套保,若标的资产价格窄幅盘整,套保者很可能在期权头寸上白白亏权利金,却无法在现货头寸上获得利润。

一般而言,凡是可以利用期货套保的场合,都可以替换为期权套保。具体采用哪一种套保工具,要根据企业的资金状况、风险承受能力以及对未来行情预期来决定。

投标经营模式的企业,更适合用期权进行套保。假设某电缆企业属投标经营模式,要进行投标以赢得生产合同,中标则生产,不中标则不生产。显然,投标过程企业面临双重风险,一是投标风险,中标要备货生产,不中标则无须备货。二是价格风险,投标过程面临铜价上涨风险,中标后要高价买入现货铜,所以企业需要进行买入套保,首选是传统的期货工具。

表 8.4　铜中标与不中标价格表比对

中标	铜价涨	高价买现货铜,但期货端盈利,风险得到控制
	跌	低价买现货铜,但期货端亏损,风险得到控制,但无法获超额收益
不中标	铜价涨	无须买现货铜,期货端盈利,获超额利润
	跌	无须买现货铜,但期货端亏损,面临较大损失

表 8.4 中最大风险为企业未中标且铜价跌,但在投标结果公布前,企业不得不承受这一风险。

如果采用期权套保,则可以避免这些潜在损失。假设企业买入铜期权(当前我国的交易所尚未上市铜期权),在未中标且铜价下跌的情况下,企业只需将期权平仓,损失部分权利金就可避免潜在的大损失。

2. 期权套保的难点分析

期权是复杂的衍生产品,合约数量多,实际套保过程存在以下难点。

(1) 期权套保策略多样化。

期权以策略多样化著称,也给套保者带来了困难。任何在套保方向上适合的期权组合可以用于套保,且每种方式都有其优劣势。买入套保最常见的是买入看涨期权和卖出看跌期权套保,卖出套保最常见的是买入看跌期权和卖出看涨期权套保。一般而言,如果预期后市价格波幅较大,适合采用买入期权保值;如果预期后市价格波幅较小,则适合采用卖出期权保值。

(2) 套保期权合约的选择。

期货套保往往会选主力合约,不需过多考虑。期权则不然,除了执行价格众多外,还要考虑合约期限的长短,这关系到权利金成本的付出。一般而言,执行价格应当基于企业财务状况、采购成本、权利金高低、合约流动性来确定。到期月份最好要长于套保期限,从时间价值贬值角度考虑,这是降低成本的有效途径。

(3) 套保比例的确定与调整。

期权非线性特征决定了期权套保分为动态与静态两种模式。

静态对冲,考虑到最终会行权,只需要保证期权标的头寸数量与需要保值的数量相同即可,适合于短期保值。如,企业需要为 1 000 吨豆粕做买入套保,那么只需要购入 100 手豆粕看涨期权,后期耐心持有,不需要有太多调整,从操作上讲是比较简单的。

动态套保,即 Delta 值对冲套保,在初始阶段,企业需要购入与现货 Delta 值相符合的期权量,后期随着价格的波动,不断调整期权头寸,以期权的波动来精确规避标的资产的价格波动风险,这对保值者的能力要求较高。

整体而言,期权作为套保工具的新选择,在适应度、风险控制等方面优于期货套保,但操作难度却大于期货套保。企业具体选用期货还是期权进行套保以及如何保值，都需要因地制宜地进行全方面分析，进而得出结论。

资料来源：摘编自 2015 年 10 月 12 日《期货日报》，永安期货，王晓宝．

虚值期权在价值投资与风险管理中的应用

从国外各主要期权合约以及国内上证 50ETF 期权成交状况来看，虚值期权的成交量往往高于平值和实值期权，这是由虚值期权的相关特征决定的。

1. 虚值期权的特征

虚值期权的 Delta 值小于 0.5，表明这是一种对标的资产价格变动不太敏感的期权。此外它还呈现以下特征：

(1) 权利金低。

例如，当上证 50ETF 价格为 2.5 元/份时，利用 B-S 模型计算一个月后到期的、不同状态下的上证 50ETF 认购期权权利金。

实值期权的权利金中包含大于零的内涵价值。平值和虚值期权的内涵价值为零，权利金仅为时间价值，虚值程度越深，权利金越低见表 8.5。

表 8.5　执行价格与其他机关关系

执行价格	内涵价值 (元 / 份)	时间价值 (元 / 份)	权利金 (元 / 份)
2.3(实值)	0.2	0.025	0.225
2.4(实值)	0.1	0.05	0.15
2.5(平值)	0	0.091	0.091
2.6(虚值)	0	0.05	0.05
2.7(虚值)	0	0.025	0.025

(2) 实值和虚值具有等价性。

虚值期权的成交量高于实值和平值期权，除了虚值期权权利金低受投资者偏好外，还涉及虚值与实值期权的等价转换。

由相等头寸概念可知，虚值期权与实值期权的合成关系可分为以下四种：

看涨期权多头 + 标的资产空头 = 看跌期权多头

看跌期权多头 + 标的资产多头 = 看涨期权多头

看涨期权空头 + 标的资产多头 = 看跌期权空头

看跌期权空头 + 标的资产空头 = 看涨期权空头

假设，当上证 50ETF 价格为 2.5 元/份时，对于打算买入一个月后到期、执行价格为 2.4 元/份的实值上证 50ETF 看涨期权的投资者来说，完全可以通过买入上证 50ETF，同时买入 1 手执行价格为 2.4 元/份的虚值上证 50ETF 认沽期权来进行合成构造。由此可见，通过相等头寸概念，实值和虚值期权具有等价性。

最重要的是，第二种合成方式的权利金成本更加低廉，这使打算利用实值期权的投资者也可通过"标的资产 + 虚值期权"的方式间接合成实值期权，从而令虚值期权交投活跃。